AF534023

Volker Schürmann

Präsentisches Verstehen

Einführung in die philosophische Hermeneutik

Meiner

Bibliographische Information der Deutschen Nationalbibliothek

Die Deutsche Nationalbibliothek verzeichnet diese Publikation in der Deutschen Nationalbibliographie; detaillierte bibliographische Daten sind im Internet über ‹http://portal.dnb.de› abrufbar.

ISBN 978-3-7873-4669-1
ISBN eBook 978-3-7873-4670-7

 Satz: mittelstadt 21, Vogtsburg-Burkheim. Druck und Bindung: Stückle, Ettenheim. Gedruckt auf alterungsbeständigem Werkdruckpapier, hergestellt aus 100 % chlorfrei gebleichtem Zellstoff. Printed in Germany.

INHALT

»Es lohnt nicht, wie Thoreau sagt, um die ganze Welt zu reisen, bloß um die Katzen auf Sansibar zu zählen.« (Geertz 1983: 24)

»Sowenig man das, was ein Individuum ist, nach dem beurteilt, was es sich selbst dünkt, ebensowenig kann man eine solche Umwälzungsepoche aus ihrem Bewußtsein beurteilen.« (Marx 1859: 9)

»Das Nachdenken über die Formen des menschlichen Lebens, also auch ihre wissenschaftliche Analyse, schlägt überhaupt einen der wirklichen Entwicklung entgegengesetzten Weg ein. Es beginnt post festum und daher mit den fertigen Resultaten des Entwicklungsprocesses.« (Marx 1872: 106 [MEW 23: 89])

»Die Bedeutung des Affektausdrucks [...] wird durch den sichtbaren Ausdruck nicht repräsentiert, sondern ist in ihm präsent. [...] der Affektausdruck bedeutet nicht mehr als was leibhaftig gegenwärtig ist.« (Misch 1994: 183)

»Ich kann als Athletin ja nicht die Person, die ich bin, einfach hinter mir lassen, oder? Schon alleine deshalb kannst Du den Sport niemals nur von seiner physischen Komponente her betrachten. Ich glaube auch, dass ein normales Leben wichtig ist, weil du nicht für ewig ein Profiathlet sein wirst. Im Moment habe ich viele Menschen um mich herum, weil ich Federica Brignone bin, die Skirennen gewinnt. Aber ich möchte auch, dass Menschen mir nahe sein wollen, weil sie Federica Brignone mögen, die lustig und nett ist, egal welches Resultat sie gerade im Super-G erzielt hat.« (F. B., im Interview mit J. Knuth; SZ v. 6.2.21, S. 25)

reichend klar ist, worum es *im Prinzip* geht, bei dem aber bei Strafe intellektueller Zumutung *offen* ist, was darunter genau zu verstehen ist. Dieses Buch möchte am Ende, und nicht schon am Anfang, den Unterschied und das Verhältnis von Erklären und Verstehen bestimmt haben; aber um das tun zu können, ist es faktisch *und* der Geltung nach ausgeschlossen, bei »Gott und der Welt« zu beginnen. Auch dieses Buch kann nur bei einem der guten alten Vorverständnisse beginnen.

1.3 Was meint Hermeneutik?

Hermeneutik ist hier also die »Lehre vom Verstehen« (Jung 2001: 7), genauer: die Wissenschaft vom Verstehen, also »Verstehenswissenschaft« (Liburkina & Niewöhner 2017: 182). Der eingeführte Gegenbegriff zu Verstehen ist Erklären. Verstehen und Erklären sind verschiedene Weisen, entweder Welten oder Phänomene *in* einer Welt zu begreifen. Etwas zu begreifen, meint hier ganz allgemein, eine Erfahrung zum Ausdruck zu bringen – also etwa auch: eine schlechte Erfahrung adäquat oder eine gute Erfahrung unangemessen zum Ausdruck zu bringen. Verstehen und Erklären bringen somit auf verschiedene Weise Erfahrungen zum Ausdruck. ›Verstehen‹ und ›Erklären‹ sind in einer Hermeneutik terminologische Festlegungen, die sich deshalb nicht mit dem alltäglichen Sprachgebrauch decken. Beispielsweise ist die (wissenschafts-)alltägliche Redeweise, dass man das, was man verstanden hat, auch »erklären« können müsse, eine *andere* Bedeutung als die hermeneutisch-terminologische Entgegensetzung des Erklärens zum Verstehen. Was beides ist, und worin ihr Unterschied im Begreifen besteht, kann erst am Ende dieses Buches klar sein. Als Orientierung, was ungefähr gemeint ist, kann mit Gewinn auf die uns allen bekannte Faustformel verwiesen werden, dass man einen Witz *verstehen* muss, weil ein Witz, den man *erklären* muss, seinen Witz verloren hat und deshalb kein Witz mehr ist. Man hat verstanden, *was* witzig ist – und lacht; man lacht nicht – entweder weil man einen anderen Humor hat (= man hat verstanden, was witzig sein soll, findet es aber gar nicht witzig) oder weil man nicht verstanden hat, was witzig sein soll und eine Erklärung braucht, warum das witzig ist. Wenn schon eine Formel für den Schulunterricht, dann könnte sie lauten: Verstehen heißt nicht, erklären zu können, was gemeint ist, sondern: verstehen, was zum Ausdruck kommt.

Nicht alles Verstehen ist wissenschaftliches Verstehen. Im Gegenteil. Der Übergang vom alltäglichen oder lebensweltlichen, vom künstlerischen, religiösen, rechtlichen, politischen etc. Verstehen zum *wissenschaftlichen* Verstehen ist ein eigen und eigens zu bestimmendes Ding. Literarisches und literaturwissenschaftliches Verstehen eines Romans ist nicht dasselbe und auch nicht aufeinander reduzierbar. Um das Minimale zu sagen: Wissenschaftliches Verstehen ist explizit-methodisch kontrolliertes Verstehen. Immerhin gibt es wissenschaftliches und deshalb gelegentlich auch unwissenschaftliches Verstehen und in diesem Sinne auch verstehende Wissenschaft. Dass Hermeneutik nicht nur eine Lehre vom Verstehen, sondern ihrerseits eine Wissenschaft sei, ist ein programmatisches Versprechen.

Auch für das Erklären gilt: Nicht alles Erklären ist wissenschaftliches Erklären, und der Übergang vom nicht-wissenschaftlichen zum wissenschaftlichen Erklären ist minimal explizit-methodisch kontrolliert (oder ein Übergang zu unwissenschaftlichem Erklären, wenn diese methodische Kontrolle versagt hat). Neben verstehender gibt es also auch erklärende Wissenschaft, aber es gibt keinen eingeführten Begriff von Erklärenswissenschaft als Gegenbegriff zu Hermeneutik bzw. Verstehenswissenschaft. Das mag ein Indiz dafür sein, dass eine erklärende Wissenschaft meint, sich von der Verhältnisbestimmung zum Verstehen freisprechen zu können; eine Hermeneutik ›rächt‹ sich dann dafür, insofern sie den Unterschied zwischen Verstehen und Erklären verstehen und nicht erklären will. Mit Hegel'scher Terminologie kann man sagen, dass das Verstehen »übergreifend« ist über sich als Verstehen (als Gegenbegriff zu Erklären) und »sein« Anderes, das Erklären. In diese Figur ist zum einen die Abwendung von einem objektivistischen Verständnis von Gegenständlichkeit eingegangen, also die transzendentalphilosophische Grundoperation, an einer Erfahrung den Erfahrungsgehalt von dessen Bedingungen der Möglichkeit zu unterscheiden; zum anderen ist ein Akt des Verstehens(2) eingegangen, der das zu verstehende Sinngebilde von zu erklärendem Asinnhaftem, also dem Anderen der Sinngebilde, unterscheidet.[5]

In und für eine Verstehenswissenschaft ist Verstehen die Abkürzung für Sinn-Verstehen. Da Begreifen unhintergehbar gegenständlich ist, ist Verstehen ein Verstehen-von-etwas, und das jeweilige Etwas ist ein Sinn, genauer: ein Sinngebilde. Erklären ist entsprechend ein Erklären eines Gebildes, das kein Sinngebilde ist – sei es, weil es gar keinen Sinn hat, sei es, weil man für das Erklären vom Sinn absieht. Statt »Sinngebilde« kann man, in semiotischer statt in hermeneutischer Tradition, auch »Zeichen« sagen. Ich verwende »Sinngebilde« und »Zeichen« also in einem minimalen Sinn und damit synonym; es meint je verkörperter resp. manifestierter Sinn.

In einem minimalen Sinn des Gerichtetseins-durch ist freilich auch das Erklären ein sinnhaftes Tun. Ein Gebilde, das als Nicht-Sinngebilde erklärt wird, kann nicht begriffen werden als ein Gebilde, auf das das Erklären nicht gerichtet wäre, denn das wäre der Rückfall in ein objektivistisches Verständnis von Objektivität. Dann wäre unterstellt, dass (ontische) Objekte erklärt werden (müssten). Weil und insofern jedes Begreifen gegenständlich ist, kann die Perspektive, in der wir den Gegenstand in den Blick nehmen, nicht gekürzt werden. Bernhard Waldenfels (1980: 86) nennt die transzendentalphilosophische Grundoperation resp. diese basale Sinnhaftigkeit allen Begreifens die »signifikative Differenz«. Gemeint ist die an jedem Gegenstand des Begreifens qua Gegenstand gegebene Differenz von objektivem Moment (»*was* gemeint ist«) und Bedeutung (»*wie* es gemeint ist«; ebd.). In diesem sehr basalen Sinn ist eine »Bedeutungslehre« für ein solches Konzept von Begreifen konstitutiv und gehört somit »von Anfang an zum Grundstock der Phänomenologie« (ebd.) und auch der Hermeneutik. Emmanuel Alloa (2023: 148) nennt es »Korrelation« zwischen dem *Was* einer Sache und dem *Wie* ihres Sich-Darstellens.

Hier ist eine Weichenstellung zu beachten: Für das, was hier Sinngebilde und Zeichen meint, kann man auch »Ausdruck« sagen – unter der Bedingung, dass man damit nicht unterstellt, ein als solches bestehendes ›Innere‹, zu dem man zur Not auch ohne seine Manifestation Zugang hätte, träte in einem Ausdruck lediglich in Erscheinung (vgl. Misch 1994: 145–149). Ein Sinngebilde zu verstehen, heißt hier, einen *manifestierten* Sinn zu verstehen – es macht einen Unterschied, ob man ein Kunstwerk versteht oder ob man glaubt, man könne den vom Kunstwerk ablösbaren Sinn dieses Werkes verstehen. Und genau so: Der Akzent bei »Zeichen« ist hier gerade nicht, dass es etwas Anderes be-zeichnet, sondern dass es primär manifestierter Sinn *ist*. Die je bestimmte Manifestation je bestimmten Sinns für sekundär und bestenfalls als »Auchwichtigkeit« (Plessner) zu nehmen, ist eine Vorentscheidung für ein bestimmtes Verständnis von Sinn-Verstehen, das hier gerade abgewehrt werden soll (vgl. Dworschak 2021: 127–129). Oder mit Misch (1994: 223): »Der Ausdruckscharakter gehört zum Wesen der menschlichen Sprache, das halten wir fest gegenüber den Theorien, die die Worte als bloße Zeichen und die wesentliche Leistung der Sprache im Bezeichnen, Bezeichnen gegenüber Ausdrücken, finden möchten.«

Der Unterschied zwischen Sinn und Sinngebilde ist ein Unterschied ums Ganze. Wenn »Sinn-Verstehen« nicht ›Verstehen eines Sinngebildes‹ meint, sondern nur ›Verstehen von Sinn‹, dann würde es nicht darum gehen, einen Text, eine Gebärde, ein Kunstwerk, einen Traum, allgemein: ein Gebilde, also einen verkörperten oder manifestierten Sinn, zu verstehen, sondern lediglich darum, den Sinn zu verstehen, den ein solcher Text bzw. ein solches Gebilde hat. Das aber unterstellt, dass der Sinn eines Gebildes von diesem Gebilde ablösbar ist, wobei »ablösbar« etwas anderes ist als die (nötige) Unterscheidung zwischen Sinn und ›Sinn-Körper‹ des Gebildes. Die Vorstellung eines ablösbaren und vermeintlich rein als solchen zu verstehenden Sinns unterstellt, dass der Sinn in keiner Weise durch den ›Körper‹ des Gebildes modifiziert ist. Die Aufforderung, lediglich den Sinn eines Traumes, nicht aber den Traum zu verstehen, bestreitet und ignoriert die Materialität eines Sinngebildes – analog zur »Befangenheit des alten Aufklärers Freud«, der »zu schnell der Verbalisierung entgegen [strebte]« und dadurch »das Eigengewicht der Bilder als Vermittlungsinstanzen für die konkrete Auslegung des Unbewußten zu gering [wog]« (Lorenzer 1986a: 58). Der Unterschied zwischen Sinn und Sinngebilde ist daher ein Index des Unterschieds zwischen einer rationalistischen und einer materialistischen Hermeneutik.

Dies mag man den Pascal-Operator nennen: »Ein und der gleiche Sinn wandelt sich mit den Worten, die ihn ausdrücken. Aus den Worten empfängt der Sinn seine Würde, anstatt dass er sie ihnen gibt. Man muss Beispiele hierfür suchen.« (Pascal 1937: § 50, S. 36)

Nun kann man den materialistischen Impuls auch krypto-materialistisch fehlverstehen, wenn man meint, es gehe darum, den Körper eines Sinngebildes und nicht das Sinngebilde zu verstehen (vgl. nachdrücklich dazu Misch 1994: 127–137). Wer z. B. das Wort *Ausdruck* scheut, weil das vermeintlich unrettbar mit der falschen Vorstellung verknüpft sei, dass in einem Ausdruck etwas Inneres an die Oberfläche gelangt, der scheut jede Rede von ausgedrücktem oder manifestiertem Sinn – und wird folglich den Sinn ausschließlich auf und in Oberflächen verorten (was als Impuls gegen »Tiefsinn« selbstverständlich alle Berechtigung hat). Eine materialistische Hermeneutik ist deshalb eine Abgrenzung in beide Richtungen, und sie ist deshalb im strikten Sinne eine Wissenschaft vom Verstehen von Sinngebilden oder abkürzend eine Zeichenwissenschaft (Semiotik) bzw. Ausdruckswissenschaft.

Wenn man den Stand der Begriffsgeschichte akzeptiert, dass Verstehen »ein humaner Grundvollzug« sei (Jung 2001: 8), dann gibt es Sinn als Korrelat zu Verstehen nur in personalen Welten, also in Kulturen.[6] Dort wiederum gibt es ihn nur als verkörperten Sinn, also als objektivierten Geist in Form von Sinngebilden. Dann kann man vom wissenschaftlichen Verstehen als einem ›kultur‹wissenschaftlichen Begreifen von Gegenständen, und vom wissenschaftlichen Erklären als einem ›natur‹wissenschaftlichen Begreifen von Gegenständen sprechen. *Kultur* ist dabei also ein Titel für eine (kleine oder große) Welt, insofern diese Welt durch Personen gestaltet ist; *Natur* dagegen ein Titel für eine (kleine oder große) Welt, insofern sie nicht durch Personen gestaltet ist, sondern als gegeben genommen wird. Dieselbe Welt kann daher als Natur oder als Kultur genommen werden. Das Verstehen hat es dann entweder mit einem Gegenstand ›Kultur‹ (= mit einer personalen Welt) oder mit Gegenständen *in* einer personalen Welt zu tun; abkürzend mit kulturalen Gegenständen bzw. »kulturellen Tatsachen« (Konersmann 2006). Dementsprechend hat es das Erklären mit naturalen Welten und naturalen Tatsachen zu tun.

Das Prinzip, dass es Sinn nur in personalen Welten, also in Kulturen, nicht aber in naturalen Welten gibt, indiziert einen unhintergehbaren Anthropomorphismus des Begreifens. Der steht selbstverständlich in Gefahr, zu einem unhaltbaren Anthropozentrismus zu geraten, aber immerhin ist beides nicht identisch. So oder so liegt auch hier eine entscheidende Weichenstellung: Dass Sinn hier an personale, nicht aber an naturale Welten gebunden ist, will auf einen spezifischen Begriff von Gestaltung hinaus. Am Bau eines Wohnhauses, am Bau eines Dachsbaus, am Bau eines Vogelnests kann man den Aspekt des technischen Vorgangs in den Blick nehmen. Dann nimmt man Veränderungsprozesse, und wenn man will und so sagen möchte: ›Gestaltungsprozesse‹ in den Blick. Am Bau eines Hauses kann man aber auch in den Blick nehmen, dass da ein Hochhaus und kein Bungalow gebaut wird; dass da ein Haus gebaut wird und kein Zelt oder Wohnmobil gekauft wird; dass da ein Haus gebaut wird und keine Wellblechhütte. Kurz: Man kann in den Blick nehmen, dass in personalen Welten der Prozess des Es-sich-wohnlich-Machens prinzipiell und unhintergehbar ein gestalteter Prozess ist, weil man dasselbe Tun – es sich wohnlich zu machen – prinzipiell und unhintergehbar in ganz anderer und je bestimmter Weise tut. Nomadisch zu wohnen ist ein anderes Wohnen, als in einem Bungalow oder in einer Wellblechhütte zu wohnen. Personales Wohnen ist prinzipiell und unhintergehbar sinnhaft und in diesem Sinne gestaltetes Tun, da es mit je bestimmtem – also mit diesem-und-nicht-jenem – Sinn behaftet ist: Man könnte immer auch anders wohnen. Der mit dieser Gestaltung einhergehende technische ›Gestaltungs‹-Prozess ist demgegenüber nicht sinnhaft. Der technische Veränderungsprozess, der jedes personale Tun immer auch ist, kann und muss erklärt werden – das personale Tun selbst kann und muss verstanden werden. Insofern personales Tun sinnhaft ist, bedeutet dasselbe Tun bei je anderer Weise dieses Tuns etwas anderes – nomadisches Wohnen ist und bedeutet etwas anderes als sesshaftes Wohnen –; und dasselbe Tun bedeutet etwas anderes, je nachdem, ob man es als personales oder als naturales Tun nimmt. Nicht-Personen nehmen Nahrung zu sich – Personen essen; Nicht-Personen verlieren ihr Leben oder verenden – Personen sterben; Nicht-Personen konditionieren ihren Nachwuchs – Personen erziehen ihre Kinder; »Menschenkinder werden geboren, Dackelwelpen geworfen« (Schües 2011) usw.

Dies mag man den Marx-Operator nennen: »Hunger ist Hunger, aber Hunger, der sich durch gekochtes, mit Gabel und Messer gegeßnes Fleisch befriedigt, ist ein andrer Hunger, als der rohes

Fleisch mit Hilfe von Hand, Nagel und Zahn verschlingt.« (Marx 1857: 624) Dabei ist der Unterschied zwischen Bedürfnisbefriedigung A und B ein modaler Unterschied, da personales Tun »dem Modus nicht entfliehen« kann (König 1937: 7).

Hier ist eine weitere Weichenstellung zu markieren. Ich hatte auf den mit Heidegger, Misch und Gadamer erreichten Stand der Begriffsgeschichte von Hermeneutik verwiesen: Notwendig sei eine philosophische Hermeneutik, da das Verstehen von Sinn nicht lediglich eine Art des begreifenden Weltverhältnisses neben anderen sei, sondern »die Grundbewegtheit des menschlichen Daseins« (Gadamer), ein »humaner Grundvollzug« (Jung). Ich hatte daher auch schon beiläufig gesagt, dass philosophische Hermeneutik folglich eine anthropologische Bestimmung von Verstehen als humanem Grundvollzug sei. Doch dieser Sprachgebrauch ist beliebig missverständlich. Schon Heidegger hatte darauf insistiert, dass die Daseinsontologie keine Anthropologie sei. Heute gibt es Positionen, die schon Pusteln bekommen, wenn sie das Wort Anthropologie hören oder lesen (etwa Rölli 2011, Röttgers 2012), und damit durchaus verbreiteten philosophischen Zeitgeist einfangen. Dass ich das Wort Mensch vermieden hatte, um von der Sphäre des Personalen zu reden, dürfte solchen Vorbehalten gegenüber auch kein Schutz sein. Im Gegenteil wird das Wort *Person* häufig ausschließlich egologisch gehört, als Betonung der einzelnen Person als Ausgangspunkt. Dass die Sphäre des Personalen von Plessner prominent als Sphäre des Geistes bezeichnet wird, macht es in materialistisch gestimmten Kontexten auch nicht einfacher. Gleichwohl ist dies die genannte Weichenstellung (s. u., Kap. 2): Die Rede ist von der Unterscheidung zwischen Personen und Nicht-Personen und betont nicht von der Unterscheidung zwischen Menschen und Nicht-Menschen. ›Mensch‹ meint gewöhnlich eine Gattungszugehörigkeit, und die Unterscheidung Tier-Mensch ist entsprechend dann eine Unterscheidung entlang von Merkmalen, die solchen Gattungswesen zukommen oder nicht zukommen. Demgegenüber ist ›Person‹ ein Statusbegriff: Ein Wesen *gilt als* Person oder gilt nicht als Person. Deshalb kann man Person nicht allein sein. Frei handelnde Wesen – Wesen, die ihr Tun im obigen personalen Sinn *gestalten* – gelten als Person und umgekehrt. Historisch ist es daher kontingent (wenn auch keineswegs willkürlich), wer als Person gilt. Sklaven, Frauen, Kinder galten lange und vielerorts nicht als Person; im Mittelalter konnten vereinzelt auch Tiere vor Gericht gestellt werden; lange galt Gott als Person, ja mehr noch: als Person in einem ausgezeichneten Sinne. Die Identifizierung von *Person* und *Mensch* ist eine politische Errungenschaft der bürgerlichen Revolutionen: Alle Menschen, und nur Menschen, gelten (seit den Menschenrechtserklärungen) als Person. Auch *diese* Identifizierung ist historisch kontingent. Deshalb kann man auch beobachten, dass an dieser Identifizierung gerüttelt wird. In Bezug auf Koma-Patienten und Menschen mit geistiger Behinderung kann man beispielsweise anfangen zu zündeln, und in Bezug auf Primaten kann man sticheln, dass auch sie als Personen gelten sollten. Peter Singer macht beides. Deshalb hat Anselm W. Müller vorgeschlagen, dass man auch und gerade in der Wissenschaft auf solcherart Versuche der Grenzverschiebung des Personenstatus primär mit Empörung reagieren sollte, weil primäres Darüberredenwollen solche Grenzverschiebungsversuche immer schon hoffähig macht (Anselm Müller 1997).

1.4 Warum eine Hermeneutik sportlicher Bewegungen?

Eine Hermeneutik des Sports wird diesem Vorbegriff entsprechend sportliche Bewegungen als Sinngebilde, als Zeichen, als Ausdrucksgeschehen (Plessner & Buytendijk 1925) nehmen. Das Anliegen ist dementsprechend, sportliche Bewegungen zu verstehen, also die Erfahrung eines Ausdrucksgeschehens zum Ausdruck zu bringen – im Unterschied dazu, den Zeichenkörper dieser Bewegungen, also den äußerlich sichtbaren Bewegungsverlauf, erklären zu wollen. Es gibt in den Sportwissenschaften Situationen, in denen es darum geht, einen Bewegungsverlauf zu erklären; und es gibt Situationen, in denen es darum geht, eine Bewegung zu verstehen. Manchmal kann strittig sein, worum es gerade geht – ob man auf eine Erklärung eines Bewegungsverlaufs hinauswill oder auf ein Verstehen einer Bewegung.

Eine paradigmatische und zuletzt virulent gewordene Situation, in der strittig ist, worum es gerade geht, ist die Frage, ob es sich beim sog. eSport um Sport handelt oder nicht. Die Antwort auf diese

Frage ist selbst sehr strittig, aber darum geht es jetzt nicht. Vielmehr ist strittig bzw. ungeklärt, was überhaupt Kandidaten für eine gute Antwort sind: Muss man, um jene Frage zu beantworten, eine Erklärung des eSports geben? Oder muss man verstehen, was eSport ist? Dies ist zugleich ein Beispiel für die Relevanz und Omnipräsenz einer philosophischen Hermeneutik, denn was hier strittig ist, ist die Differenzoperation jenes Verstehens(2), ob von einem Sinngebilde oder von einem Nicht-Sinngebilde auszugehen ist.

Ein einschlägiges Beispiel aus der Debatte: Es ist klar, dass der ESport-Bund Deutschland e.V. (ESBD) die Position vertritt, dass es sich beim eSport um Sport handelt. Das soll hier nicht diskutiert werden, sondern es soll einfach zugestanden sein, dass es sich beim eSport um Sport handeln könnte. Es geht jetzt ausschließlich um die Begründung, die der ESBD dafür gibt, nämlich: »Die körperliche Ebene ist hier vor allem durch außerordentliche Präzision bei der koordinierten Bedienung des Eingabegerätes in einer meist hohen Frequenz geprägt. Dabei ist ein Bewegungsablauf zu beobachten, der weit über die üblichen und alltäglichen Tastatur- oder Controller-Bewegungen hinausgeht. Es entsteht eine eigenmotorische Betätigung mit keinem anderen Zweck als der Beherrschung des Spielgeschehens, die dem persönlichen Können entspringt und davon maßgeblich gestaltet ist. eSport ist demnach als Präzisionssportart zu verstehen.« (ESBD 2018: 5)

Mit der gleichen Begründung wäre Klavierspielen eine Präzisionssportart. Jeder Versuch, die Abläufe beim eSport zu erklären, verfehlt ganz grundsätzlich, eine geeignete Antwort auf die Frage sein zu können, ob etwas als Sport gilt oder nicht. Denn es ist ganz grundsätzlich so, dass eine Bewegung noch so gleich aussehen kann und noch so viele gemeinsame Merkmale haben kann – daraus allein ist nicht zu entnehmen, ob es sich um eine sportliche Bewegung handelt oder nicht. Ein schnelles Rennen ist ein schnelles Rennen – aber das allein sagt nichts dazu, ob es eine Fluchtbewegung ist oder ein Sprinten auf ein Ziel zu, ob es ein alltägliches Rennen zum Bus oder ein sportlicher Sprint bei den Olympischen Spielen ist. Um entscheiden zu können, ob eSport Sport ist oder nicht, muss man den eSport als Sinngebilde nehmen – und dann erst kann man zu ganz unterschiedlichen Positionen kommen, ob dieses Gebilde den Sinn *Sport* hat oder einen anderen Sinn.

Ein anderes und rein innersportwissenschaftliches Beispiel: Man kann das Speerwerfen bei der Jagd beobachten und auch das Speerwerfen als Sportart. Man kann dann beides miteinander vergleichen. Dann springt das Gemeinsame, nämlich der äußerlich sichtbare Bewegungsverlauf des Speerwerfens, geradezu ins Auge; aber auch nach wichtigen und grundsätzlichen Unterschieden muss man nicht lange suchen: Bei der Jagd ist das Speerwerfen ein Mittel zum Zweck der Nahrungsbeschaffung, im Stadion geht es demgegenüber spielerisch zu, denn dort wirft man den Speer möglichst weit, um den Speer zu werfen, gelegentlich begleitet von einem Kollateralnutzen, etwa einer Medaille. Es ist dann mehr oder weniger plausibel und wäre im Zweifel sehr viel genauer darzustellen, die Entstehung des Speerwerfens als Sportart unter Bezugnahme auf das Speerwerfen bei der Jagd zu erklären. Das Speerwerfen bei der Jagd gehört dann gleichsam zur Vorgeschichte des sportlichen Speerwerfens. Aber wer dieses Fallbeispiel als Modell für die Entstehung von Sportarten nimmt, der verfehlt leicht, was eine *moderne* Sportart ist. Zu modernen Sportarten gehört, dass sie gleichsam am grünen Tisch, ohne jegliches Vorbild eines schon irgendwo anders praktizierten Bewegungsablaufs, entstanden sein könnten. Paradigmatisch dafür steht die Anekdote zur Entstehung des Basketballs, die Allen Guttmann (1979: 48 f.) erzählt, ganz unabhängig von deren Wahrheitsgehalt. Zu modernen Sportarten gehört, dass es so gewesen sein könnte – was dann die Bedeutung von ›Speerwerfen‹, genommen als moderne Sportart, gegenüber seiner Vorgeschichte im jagenden Speerwerfen erheblich relativiert. Zu verstehen, dass etwas eine moderne Sportart ist, heißt eben nicht, eine Liste bestimmter Merkmale anzugeben und Angaben zu dessen Zustandekommen zu machen, sondern heißt, bestimmte Merkmale als symptomatisch, als typisch für die Moderne, oder zunächst vorsichtiger: für modernen Sport, zu nehmen. Symptome zu lesen ist ohne Rückbezug zu Merkmalen nicht möglich, aber es ist nicht identisch damit, Merkmale zu beschreiben (vgl. Eco & Sebeok 1985, darin u. a. Ginzburg).

Die Bezugnahme auf den Sport tritt im Folgenden an die Stelle der sonst üblichen Bezugnahme auf die Kunst. »Im philosophischen Nachdenken über die Grundlagen des Verstehens ist immer ein Bezugspunkt wichtig gewesen, der in jüngeren im weitesten Sinne hermeneutischen Philosophien analytischer Provenienz zunehmend verloren zu gehen droht: die Kunst. […] Mein Anspruch ist es entsprechend, Verstehen so zu rekonstruieren, dass die Kunst als paradigmatischer Gegenstand stets – zumindest implizit – im Blick bleibt.« (Bertram 2024: 20 f.) Ich mache mir diese Passage zu eigen, formuliere sie aber um: ›Im philosophischen Nachdenken über die Grundlagen des Verstehens war noch nie ein Bezugspunkt wichtig, der also erst recht nicht verloren zu gehen droht: der Sport. Bei aller Offenheit in Bezug auf die Frage, inwiefern sportliche Bewegungen überhaupt als Gegenstände des Verstehens im engeren Sinne zu begreifen sind (s. o.), ist es aufschlussreich zu überlegen, welche Rolle Sport mit Blick auf Verstehen spielt. In sehr vereinfachter Weise lässt sich das Ergebnis einer solchen Überlegung zusammenfassen, indem man sagt, dass Sport uns vorführt, dass gerade dort, wo ein (präsentisches) Geschehen alternativlos zu sein scheint, wir anders hätten handeln können. Mein Versuch ist es entsprechend, Verstehen so zu rekonstruieren, dass der Sport als paradigmatischer Gegenstand stets – zumindest implizit – im Blick bleibt.‹

1.5 Was meinen Sinn und Bedeutung?

Es gibt Worte, die mehrere Bedeutungen haben. Zum Beispiel *Bank* oder *Schloss* oder *Hahn*. Deshalb kann man das Kinderspiel *Teekesselchen* spielen. Auch das Wort *Sinn* hat mehrere Bedeutungen. In dem Satz »Es ergibt für mich keinen Sinn, in Köln Wein aus Südafrika zu trinken, wenn ich auch Wein von der Ahr trinken kann«, ist die Bedeutung von *Sinn* eine andere als in dem Satz »Der Sinn von *Wein* ist, ein Genussmittel und kein bloßer Durstlöscher zu sein«. Sinn ergeben – die psychologische Bedeutung von *Sinn* – und Sinn haben – die semantische Bedeutung von *Sinn* – sind etwas Grundverschiedenes.

Es gibt Worte, die haben Synonyme. Dann gibt es zwei verschiedene Worte, die die gleiche Bedeutung haben. Im Folgenden gebrauche ich *Sinn* und *Bedeutung* synonym. In semiotischer Tradition ist eher von der Bedeutung von Zeichen die Rede – in hermeneutischer Tradition ist eher von Sinn-Verstehen die Rede; da hier sehr betont das Verstehen von Sinngebilden und das Verstehen von Zeichen identifiziert wird, gilt Sinn und Bedeutung als synonym. Das ändert selbstverständlich nichts daran, dass die Semiotik und die Hermeneutik auch verschiedene Traditionen sind, deren Unterschiede in anderen Kontexten wichtig sind. Es sei also nicht geleugnet, dass *Sinn* und *Bedeutung* eine andere »Würde« haben (Blaise Pascal, s. o.) – hier liegt der Akzent darauf, dass beide dasselbe meinen, also gleichsam denselben Referenten haben.

Es sind daher zwei Festlegungen mitzuvollziehen. Zum einen ist immer dort, wo nichts anderes gesagt ist oder eindeutig aus dem Kontext hervorgeht, *Sinn* und *Bedeutung* synonym (zu wichtigen Unterschieden vgl. exemplarisch Christoph Demmerling 2010). Diese Festlegung ist rein pragmatischer Natur, um zwischen der semiotischen und der hermeneutischen Tradition wechseln zu können. Zum anderen ist strikt und ausschließlich die semantische Bedeutung von Sinn/Bedeutung gemeint, nicht aber deren psychologische Bedeutung. Durchgehend abgewehrt ist die Vorstellung, dass Sinn/Bedeutung subjektiv zugeschrieben wird.[7] Die semantische Bedeutung von Sinn/Bedeutung sagt, dass ein Zeichen Bedeutung bzw. ein Sinngebilde Sinn *hat* und nicht nicht hat. *Dieses* objektivierte Haben ist an Kulturen, an personale Welten gebunden und insofern ein Haben, das es nur mitweltlich gibt. Semantischen Sinn gibt es nur, weil es Uns gibt. Gleichwohl haben Zeichen nicht deshalb ihre Bedeutung, *weil* Subjekte ihnen diese Bedeutung zugeschrieben haben, sondern es sind kulturelle *Tatsachen*. Um das Paradebeispiel dieser Traditionslinie zu nennen: Eine Geldnote ist in einem bestimmten institutionellen Zusammenhang entweder gültig oder sie ist es nicht, und sie ist nicht deshalb gültig, weil du oder ich sie für gültig halten. »Die Annahme, daß es in diesen Fällen allein auf die Entscheidung der Interpreten ankomme, hat in der Geschichte des Denkens einen Namen: *magischer Idealismus*.« (Eco 1992: 21) Diese Festlegung und entsprechende Ablehnung eines magischen Idealismus' ist nicht bloß pragmatischer, sondern entschieden programmatischer Natur. Sie will andere Positionen abwehren.

Abwehr: Es gibt eingefleischte Empiristen, die schon wissen, dass das Verstehen in den Wissenschaften nichts verloren hat, weil es letztlich ein Synonym für Fabulieren sei. Das ist individuell aller Ehren wert und hier nicht weiter zu kommentieren. Aber es ist nicht nur eine individuelle Position, sondern eine Position in einem wissenschaftspolitischen Klima. Auch in diesem Klima gibt es

Hoch- und Tiefdruckgebiete, aber zweifellos heutzutage auch eine Schlagseite: Im Verhältnis von *sciences* und *humanities* haben es die Letzteren schwer. Insofern ist öffentlich bekundeter Beistand für die Hermeneutik an sich erfreulich, denn Bündnispartner sind willkommen. Bekanntlich aber können Lobreden auch vergiftete Geschenke sein – zum Beispiel die folgende, strategisch wohlweislich als Botschaft an den sportwissenschaftlichen Nachwuchs adressiert: »Eine zweite Vorbemerkung betrifft die Hermeneutik als die konstituierende Methode der Geschichtswissenschaft. Sie stellt eine Bedeutungslehre dar, die scharf von den Methoden der empirischen Sozialwissenschaften und denen der Naturwissenschaften abzugrenzen ist. Hermeneutik steht im Gegensatz zum Anspruch der Objektivität. In diesem Sinne beanspruchen die folgenden Ausführungen keine Objektivität, sondern stellen eine Sichtweise dar.« (Willimczik 2018: 3) Dort steht also: Geschichtswissenschaft steht im Gegensatz zum Anspruch der Objektivität. Das verschlägt einem die Sprache und mag als Unfug für sich stehen.

Abwehr: »Kultur ist immer eine Sache der Wahrnehmung von Menschen in einer Gemeinschaft. Und menschliche Wahrnehmung ist kein Abbild der Welt (als objektiv gegebene Realität), sondern Selektion, Interpretation und Konstruktion von Wirklichkeit, die den Wahrnehmenden bedeutungs- und sinnvoll erscheint. [...] Wie viele aktuelle Positionen gehen wir davon aus, dass Kultur keine objektiv zu vermessende Tatsache ist, sondern das immer wieder andere Ergebnis der konstruktiven (oft kreativen) Leistung von Menschen in ihren Versuchen, die Grundlagen ihres Lebens kognitiv und emotional zu verstehen, ihnen Sinn und Bedeutung zu verleihen [...].« (Treichel, in Treichel & Mayer 2011: 24) Ich bin geneigt, das für einen Fall von geistiger Umweltverschmutzung zu halten, denn diese Diagnose ist in doppelter Richtung verfehlt. Auch Natur ist eine Sache der Wahrnehmung und menschliche Wahrnehmung generell liefert kein Abbild der Welt, und deshalb liefern auch messende Wissenschaften ggf. Tatsachen, aber keine Abbilder. Auch in der Messung steckt Arbeit, also Selektion und Konstruktion. Und der einzig mögliche Gegenbegriff zu Abbild ist ganz sicher nicht ›Verleihung von Sinn und Bedeutung‹. Aus der Aufforderung, im alltäglichen und im wissenschaftlichen Leben nicht einem objektivistischen Verständnis von Objektivität auf den Leim zu gehen

– vermutlich immer noch aktuell, wenn auch spätestens seit Kant etwas langweilig –, wird dort ein Dualismus von Abbild-Repräsentation und Sinn-Zuschreibung, und das haben die Wissenschaften und die Leser*innen von Handbüchern nicht verdient.

Um solchen subjektivistischen Positionen verständlich zu bleiben, sei ausdrücklich darauf hingewiesen, dass eine Unterscheidung noch kein Dualismus ist. Wer zwischen Äpfeln und Birnen unterscheidet, ist deshalb nicht genötigt, beides nicht trotzdem als Obstsorten anzusehen. Wer sex und gender unterscheidet, ist deshalb nicht dazu verdammt zu leugnen, über sex nur mit Bezug auf gender und über gender nur mit Bezug auf sex reden zu können. Unterschiedenes könnte korrelativ oder was auch immer sein und muss nicht dualistisch getrennt sein, wie wir von links und rechts wissen. Eine Unterscheidung signalisiert vielmehr, dass das Unterschiedene nicht aufeinander reduziert werden kann, denn sonst müsste man es nicht unterscheiden. Wenn hier also die semantische und die psychologische Bedeutung von *Bedeutung* – also Sinn haben und Sinn zuschreiben – strikt unterschieden werden, hat das nicht den Zweck, die Relevanz der psychologischen Bedeutung von *Bedeutung* zu bestreiten, und auch nicht den Zweck, die Relevanz dieser Bedeutung für das Sinnverstehen zu bestreiten. Im Gegenteil. *Weil* Sinn nur kulturell, nur mitweltlich zu haben ist, ist ausgeschlossen, dass die Sinngebungen der vielen Personen gar nichts mit der Bedeutung im semantischen Sinn zu tun haben. Ausgeschlossen ist hier nur, dass eine Bedeutung im semantischen Sinn *das Ergebnis* von vielen Sinnzuschreibungen ist. Die vielen Sinnzuschreibungen tragen *zum Wandel* von Bedeutungen bei, und/aber Bedeutungen sind schon mitgegeben, wenn man Sinnzuschreibungen individuiert. Sinnzuschreibung ist die Modifikation oder auch: die Artikulation von Bedeutungen. Dass dies nicht nur (m)eine bloß subjektive Versicherung ist, kann man z. B. bei Aleksej N. Leont'ev (1975: Kap. 4.3 u. 4.4) studieren.

Was hier also entschieden *nicht* angezielt wird, ist eine ›Verstehende‹ (pars pro toto) Soziologie im Sinne von Max Weber. Zunächst ist der Einsatzpunkt derselbe. *Sinn* steht für ein Spezifikum des menschlichen Verhaltens (Weber 1913: 427 f.) resp. von Kulturen. Dann aber scheiden sich die Ansätze grundsätzlich. Eine Verstehende Soziologie, so Webers wirkmächtige Charakterisierung,

»soll heißen: eine Wissenschaft, welche soziales Handeln deutend verstehen und dadurch in seinem Ablauf und seinen Wirkungen ursächlich erklären will« (Weber 1921: 542). Dabei ist der Begriff des Handelns einerseits hinreichend weit – »einerlei ob äußeres oder innerliches Tun, Unterlassen oder Dulden« – und andererseits durch einen bestimmten Sinnbegriff festgelegt: Handeln liegt dann vor, wenn die sich Verhaltenden mit diesem ihrem Tun »einen subjektiven *Sinn* verbinden« (ebd.). *Soziales* Handeln wird dann als ein Unterfall des Handelns begriffen, das dann vorliege, wenn der subjektiv gemeinte Sinn »auf das Verhalten *anderer* bezogen wird und daran in seinem Ablauf orientiert ist« (ebd.).

Weber (1913: 432) insistiert darauf, dass subjektiv gemeinter Sinn nicht in der Sphäre der Psyche lebt, sondern, irgendwie, im Sozialen. Aber das ändert ausdrücklich nichts daran, dass es eine ›Verstehende‹ Soziologie mit dem »subjektiv *gemeinte*[*n*] Sinn« (Weber 1921: 542) zu tun habe. Dies sei gerade »der Unterschied der empirischen Wissenschaften vom Handeln: der Soziologie und der Geschichte, gegenüber allen dogmatischen: Jurisprudenz, Logik, Ethik, Aesthetik, welche in ihren Objekten den ›richtigen‹, ›gültigen‹, Sinn erforschen wollen« (ebd.).

Die Unterschiede zum hier verfolgten Ansatz sind also grundsätzlich: (1) Webers »deutendes Verstehen« bleibt ein Moment kausalen Erklärens – es ist nicht eine andere Perspektive gegenüber einem kausalen Erklären. (2) Handeln bleibt ein Spezialfall des menschlichen Verhaltens – es gibt keinen durch den Sinnbegriff indizierten *kategorialen* Unterschied zwischen (zentrisch-positioniertem) Verhalten und (exzentrisch positioniertem) Handeln – die Grenze gegen ein bloß reaktives Sichverhalten bleibe flüssig, aber es ist explizit keine *Binnen*differenzierung im Raum der Sinn-Unterscheidungen, sondern eine Ausschlussbeziehung (Weber 1921: 542). (3) Soziales Handeln bleibt ein Unterfall; Ausgangspunkt ist individuelles Handeln, das in besonderen Fällen Bezug nimmt auf das Handeln Anderer – dass Handelnde nicht nicht aufeinander Bezug nehmen, ist einem solchen sozialontologischen Atomismus und methodologischem Individualismus nicht denkbar. (4) Die Entgegensetzung von subjektiv gemeintem und objektiv richtigem oder wahrem Sinn verkennt die »Wirform des eigenen Ichs« (Plessner 1928: 303);[8] diese Entgegensetzung will nicht wahrhaben, dass exzentrisch Positionierte schon in einen Raum bestehender zusammenhängender Sinndifferenzierungen ›hineingeboren‹ werden, so dass subjektiv gemeinter Sinn an sich selbst modifizierter geltender Sinn ist.

Die historische Alternative zu Weber in der Soziologie ist Simmel. Simmel macht »die Ebene transsubjektiver Sinnzusammenhänge« geltend (Schneider 2007: 78), und er kann dies tun, weil er auf die Kategorie der Wechselwirkung setzt als Alternative zu einem sozialontologischen Atomismus einerseits und zur Kategorie der Kausalität andererseits. »Dieser Vorrang der *Synchronie* gegenüber der *Diachronie* unterscheidet seinen Ansatz grundsätzlich von einer Kausalanalyse im Weberschen Sinne.« (Lichtblau 1993: 144)

Die systematische Alternative zu einer ›Verstehenden‹ Soziologie mag man dann Kultur-Soziologie nennen, hier vertreten durch Clifford Geertz.

Wer von Bedeutung redet, kann von Bedeutsamkeit kaum schweigen. Das Wort Bedeutsamkeit hat eine unvermeidbare Doppeldeutigkeit, die die postulierte klare Unterscheidbarkeit zwischen dem psychologischen Bedeutung-Zuschreiben und dem semantischen Bedeutung-Haben in Bedrängnis bringt. Bedeutsamkeit hat selbst einerseits eine psychologische Bedeutung: etwas hat für jemanden eine Bedeutsamkeit resp. Relevanz; andererseits kann Bedeutsamkeit ein Moment der semantischen Bedeutung sein, etwa dort, wo es zur *semantischen* Bedeutung ›Angst‹ gehört, dass das Ängstigende den, der Angst hat, ›etwas angeht‹, oder auch dort, wo zur *semantischen* Bedeutung ›Lücke‹ die Aufforderung gehört, ›eine Gelegenheit wahrzunehmen‹ (s. u., Kap. 3.2).

Ein Buch von Jochen Hörisch trägt den Titel *Bedeutsamkeit* (Hörisch 2009). Es ist geradezu eine Programmschrift, mit den Doppeldeutigkeiten von *Bedeutung* und *Bedeutsamkeit* zu spielen, aber wohl mit dem Effekt, die Differenz zwischen Psychologie und Semantik zu verwischen und zu verwirren.[9] Unter der Überschrift *Menschen sind bedeutende Tiere* beginnt das Buch wie folgt: »Menschen sind Wesen, die sich für bedeutend halten und die nach Bedeutung suchen. Menschen glauben, bedeutender als z. B. Atome, Steine, Pflanzen und Tiere zu sein, weil allein sie sich im Medium der Bedeutsamkeit aufhalten, orientieren und bewegen« (ebd. 13).

Hier ist in wunderbarer Weise in einer Nussschale zusammengeworfen, was nicht zusammengehört und was man auf den folgenden ca. 400 Seiten sortieren könnte, aber vielleicht auch nicht wieder entwirrt bekommt. Menschen leben und orientieren sich in einem Medium von (semantischen) Bedeutungsunterschieden und Bedeutungsunterscheidungen. In dieses Medium werden sie hineingeboren. Sie brauchen also nicht nach (semantischen) Bedeutungen zu suchen, sondern finden sie bereits vor. Nach allem, was wir beobachten und wissen, leben Tiere in anderen Medien, aber nicht in einem solchen Medium eines objektivierten Geistes, in dem man semantische Bedeutungsunterschiede bereits vorfindet. Das macht diese Unterscheidung zwischen Menschen und Tieren, von Atomen und Steinen erst gar nicht zu reden, einerseits relativ unspektakulär. Man könnte fast mit Ludwig Wittgenstein ausrufen wollen: Denk nicht, sondern schau! Andererseits ist dieser Unterschied zwischen Menschen und Tieren sehr spektakulär, geradezu ein Wunder der Natur. Noch immer haben wir nicht gut begriffen, wie es die Naturgeschichte wohl angestellt haben mag, dass in ihr dieser Unterschied entsprungen ist, zumal diese Naturgeschichte sicher kein handelndes Subjekt ist. Drittens schließlich kann dieser unspektakulär-wundersame Unterschied Anlass bieten, dass sich (manche) Menschen wichtiger nehmen als sie sind. Zunächst könnte der Unterschied, sich im Medium von Bedeutungsunterschieden zu bewegen, der wunderbar-sympathische Anlass sein, sich wichtig zu nehmen (und sich sogar, qua objektiviertem Geist, darüber verständigen zu können). Angesichts der Klimakrise könnte man sich sogar wünschen, dass die Gattung sich endlich wichtiger nimmt. Aber wir wissen um die Hybris, die ebenfalls in diesem Anlass liegt: Die unsägliche Geschichte des von (manchen) Menschen verbreiteten Anthropozentrismus, der einen bloßen Unterschied zu einer »Sonderstellung« überhöht, erst recht in der Moderne, da Gott gestorben ist: »Menschen sind Wesen, die sich für bedeutend halten.« Und wir wissen viertens um die unsägliche Gegenbewegung des Speziesismus-Vorwurfs, die uns einreden will, eine Unterscheidung sei bereits eine Überhöhung. Deshalb: Menschen sind Wesen, die im Medium von Bedeutungsunterschieden leben, und dann kann es passieren, sich für bedeutend, für nichtig, für wichtiger als andere, für kleiner als andere, sich für kleine

Götter, sich für demütig-gottesfürchtig zu halten. Auch das ist eine »schlichte Evidenz« (ebd. 16).

Weil all diese Aspekte von *Bedeutsamkeit, Bedeutung, Sinn* (Überschrift von Abschnitt 2 des Buches) zusammenkommen, gibt es das Faktum der Pluralität: »Menschen machen sich auf Sinnfragen unterschiedliche Reime – aber ebendies haben sie gemeinsam. Menschen sind außerstande, nicht danach zu fragen, was all dies, was sie da sehen und hören, erleben und erfahren, berechnen und träumen, durchleiden und genießen, denn eigentlich bedeute« (ebd.). Gerade hier klebt aber noch etwas zusammen, was unterschieden gehört. Auf der Oberfläche wird es schon sichtbar: Naja, es gibt sie schon, die Menschen, denen ihre Welt in erstaunlichem Maße gleichgültig ist, die also sehr wohl in der Lage sind, nicht zu fragen, ›was das alles soll‹. Aber das ist, selbstverständlich, auch nur eine der vielen Formen, sich auf Sinnfragen einen unterschiedlichen Reim zu machen. Der Hinweis verweist aber darauf, dass nicht dieses ›sich auf Sinnfragen einen Reim machen‹ das allen Gemeinsame ist, sondern dass das Leben in einem Medium von Sinnunterscheidungen die gemeinsam geteilte Bedingung der Möglichkeit ist, sich auf Sinnfragen Reime zu machen. Das, was wir da sehen oder hören, durchleiden oder genießen, ist bereits sinnhaft erfahren, denn sonst gebe es nichts, worauf wir uns einen Reim machen könnten. Das Verhältnis von »Bedeutsamkeit und Sinn«, auf das Hörisch dort (ebd. 16 f.) anspielt, hat Misch mittels der Unterscheidung zwischen Gedankenmäßigkeit und Unergründlichkeit von Sinn thematisiert (s. u., Kap. 4.3). Wir können etwas »als bedeutsam [erfahren], selbst wenn wir nicht genau wissen, was« es bedeutet; und »für die diskursive Erst-Erfassung solcher Phänomene« steht uns die Formel ›Je ne sais quoi‹ zur Verfügung, die Heinrich Heine wiederum auf die Liedzeile ›Ich weiß nicht, was soll es bedeuten‹ gebracht hat, eine Zeile, die »aufgrund ihrer charmanten Abgründigkeit ungemein populär« geworden ist (ebd. 17). Hier kommt zusammen, dass Bedeutsamkeiten nur in einem Raum von Bedeutungsunterschieden aufkommen. »Ich weiß nicht, was soll es bedeuten« ist in »diskursiver Erst-Erfassung« die dokumentierte Erfahrung, verstanden(2) zu haben, ohne schon zu verstehen(1). Bei Heine kommt glücklicherweise hinzu, »einem Übermaß an Tiefsinn sogleich ins Wort zu fallen. Was im Umkehrschluß natürlich auch heißt, daß er ein ebenso entspanntes wie aufmerksames Verhältnis zu tiefsinnigen Fragen ermöglicht« (ebd. 19).[10]

Die zentrale Grundlage einer materialistischen Hermeneutik als Wissenschaft vom Ausdrucks-Verstehen ist eine doppelte Abgrenzung: Bedeutungen leben in der Sphäre des Geistes und damit weder in der Psyche noch im phänomenalen Bewusstsein. Bedeutungen sind nicht subjektivistisch verständlich, sondern transzendieren die Psyche; aber auch Konzepte, denen das selbstverständlich ist – wie etwa der ›Verstehenden‹ Soziologie Webers und erst recht dem Anti-Psychologismus der Husserl'schen Phänomenologie –, verorten deshalb Bedeutungen nicht schon zwingend in der Sphäre des Geistes. Weber verortet sie letztlich im atomistisch unterstellten Subjekt; die Husserl'sche Phänomenologie verortet sie je nach Lesart und Akzentsetzung entweder in einem von der Psyche vollständig losgelösten Reich idealer Entitäten oder mit Betonung eines Privilegs der Erste-Person-Perspektive im phänomenalen Bewusstseinserleben.

Deshalb stützt sich die hier vorgelegte Version einer Ausdrucks-Hermeneutik im Kern auf drei Autoren. Plessner steht dafür, die *drei* Sphären von Geist, Psyche und Bewusstsein zu unterscheiden: »Denn in Reinheit gefaßt, unterscheidet sich Geist von Seele und Bewußtsein.« (Plessner 1928: 303) Misch bildet den Stachel im Fleische der Phänomenologie: »Man kann gradezu formulieren: in einem Ausdruck gegeben sein und Verstehen, dies beides ist korrelativ zueinander. […] Kurz: wir bewegen uns in einer Ausdruckswelt und nicht in einer Erlebniswelt.« (Misch 1994: 75–78) Leont'ev steht dafür, dass die Unterscheidung jener drei Sphären nicht zu einer Trennung gerät, ohne deshalb zu graduellen Unterscheidungen zu verblassen. Er formuliert das, was man die ›bedeutsame Differenz‹ nennen kann: dass objektivierte Bedeutungen und subjektiver (»persönlicher«) Sinn nicht je für sich, sondern nur im Verhältnis, also nur als Einheit von qualitativ Unterschiedenen bestimmbar sind.[11]

1.6 Präsenz: Nicht diesseits, sondern in der Hermeneutik

Hans Ulrich Gumbrecht (2004) hat die »Produktion von Präsenz« prominent und vehement *diesseits* der Hermeneutik verortet. Für ihn ist definitiv, dass Sinn repräsentischer Sinn ist: dass Sinn also stellvertretend für etwas steht. Wäre das so, dann gäbe es an allen Präsenz-Phänomenen, auf die Gumbrecht so nachdrücklich aufmerksam macht – auch für den Bereich des Sports, etwa »jene Augenblicke realer Präsenz im Stadion oder manchmal auch vor dem Radio oder dem Fernseher« (Gumbrecht 2005: hier 16) –, nichts zu verstehen, da es eben keine Sinn-Phänomene wären. Das Wort »Präsenz« bezieht sich nicht, um »Mißverständnisse« zu vermeiden, auf ein primär »zeitliches, sondern auf ein räumliches Verhältnis zur Welt und zu deren Gegenständen. Was ›präsent‹ ist, soll für Menschenhände greifbar sein, was dann wiederum impliziert, daß es unmittelbar auf menschliche Körper einwirken kann« (Gumbrecht 2004: 10 f.). Das Beharren auf Präsenz hat zwei Seiten. Zum einen ist es ein vergnüglicher Furor gegen das Herunterwirtschaften von *Hermeneutik* auf eine Kunst der Auslegung. Oder akademischer formuliert: »Dieses Buch wird eine weithin institutionalisierte Tradition anfechten, der zufolge die Interpretation – also die Ermittlung und/oder die Zuschreibung von Sinn die zentrale Praxis, ja die alleinige Zentralpraxis – der Geisteswissenschaften ist« (ebd. 17). Solche Praxis des Interpretierens begnügt sich nicht nur nicht mit dem, was präsentisch vor Augen liegt, sondern wittert darin nichts als Oberflächlichkeit. Die Welt und die Gegenstände in ihr »zu interpretieren« heißt, über solchen bloßen Anschein hinaus- oder durch ihn hindurchzugehen, »um einen Sinn (d. h. etwas Geistiges) zu ermitteln, das hinter oder unter dieser Oberfläche liegen soll« (ebd. 42 f.). Es ist aber bloße Schönfärberei, dass sich solcherart Sinnsuche auf die Geisteswissenschaften beschränkt. Im Felde des Sports beispielsweise sind es die Sozial- und Humanwissenschaften, die in diesem Sinne Oberflächen auf der Suche nach Geistigem durchbohren. »Im besten Fall« – lies: im noch harmlosesten Fall – versuchen sie uns »darüber aufzuklären, daß der Sport etwas anderes sei, als es den Anschein hat«, z. B. dass er »allein aus kommerziellen Interessen« stattfindet (Gumbrecht 2005: 21). Der Furor ist also ein materialistischer Impuls, bei klarer Diagnose: *In* der Hermeneutik sei keine

Materialität, sondern nur Sinn, also [!] etwas Geistiges zu finden; die Präsenz und materielle Wirkmächtigkeit weltlicher Angelegenheiten erschließe sich nur *diesseits* der Hermeneutik.

Die andere Seite derselben Medaille ist, dass Präsenzphänomene nicht sinnvermittelt, sondern »unmittelbar auf menschliche Körper einwirken« (s.o.). Das wiederum lässt nur die Option zu, dass ausschließlich Auserwählte und Eingeweihte, also eine Elite irgendeiner Art, einen Zugang – im landläufigen Sinne: ein »Gespür« – für solcherart Phänomene haben. Wieder am Beispiel des (Lob des) Sports: Nur echte Fans wissen, was gemeint ist, und können mitreden – die alltäglichen und die wissenschaftlichen »Interpreten« des Sports dagegen wittern sofort Anderes, für das solch Präsentisches vermeintlich repräsentisch steht. Hier verläuft ein sehr schmaler Grat, die gewöhnliche Außeralltäglichkeit von Präsenzerfahrungen – Gumbrecht (2004: 117 ff.) macht es an der »Insularität des ästhetischen Erlebens« fest – nicht als Argument für die »mystische« Konsequenz (s.u., Kap. 4.1) zu nehmen, dass solches Erleben reine Privat- und Geschmackssache, also nicht streitbar sei. Gerät das Außeralltägliche erst einmal zur »Epiphanie«, dann liegt der Akzent darauf, dass eine solche Erfahrung i) aus dem Nichts kommt, ii) sich räumlich artikuliert und iii) sich zeitlich als Ereignis beschreiben lässt (ebd. 131 f.). Angesichts solcher Blitzartigkeit ist man dann für »Interpreten« wie Pierre Bourdieu (Gumbrecht 2005: 20 f.) dankbar, die einen darauf hinweisen, dass es viel Kosten und Mühe und folglich feine Unterschiede macht, in einem Stadion mitfiebern oder in einem Konzert von der Schönheit einer Arie ergriffen werden *zu können*.

Diese Entgegensetzung von »Präsenz« und »Interpretation« (Gumbrecht 2004: 12) liegt einigermaßen nahe, wenn man die Formel ›verstehen heißt etwas als etwas verstehen‹ im durchaus handelsüblichen Sinn nimmt. Exemplarisch liest man bei Umberto Eco (1987: 28): »Ein Code ist ein Signifikationssystem, das eine Korrelation zwischen gegenwärtigen und abwesenden Entitäten herstellt. Wenn – auf der Basis einer zugrundeliegenden Regel – etwas der Wahrnehmung eines Empfängers Dargebotenes *für etwas* anderes *steht*, so handelt es sich um *Signifikation*.« Wie sollte man diesen Satz anders verstehen als so, dass ›für etwas anderes stehen‹ repräsentisch gemeint ist?

Demgegenüber – also gegenüber jenem mystischen Zug, der einen Zugang zu Phänomenen des Präsentischen nur Eingeweihten vorbehält und folglich auf eine Hohepriesterfunktion angewiesen ist – gilt es, in jene Sinn-Formel des ›Etwas-als-etwas-Verstehen‹ eine qualitative Binnendifferenzierung einzuführen, nämlich einen präsentischen und einen repräsentischen Modus dieser Formel zu unterscheiden (s. u., Kap. 4). Plessner hat für diesen Unterschied die schöne Formel gefunden, dass wir präsentischen Sinn »verstehen, aber wir verstehen nichts darunter« (Plessner 1923: 205). Das Herausfordernde dieser Unterscheidung liegt darin, dass ein präsentisch Gegebenes zwar ein Bestimmtes, aber kein Etwas, kein Ding, kein gegenüberstehender Gegenstand im strengen Sinn ist. Sinn-Verstehen heißt im Falle des präsentischen Sinn-Verstehens nicht im engeren Sinne, ein-Etwas-als-Bestimmtes zu verstehen, sondern es heißt strenggenommen: Bestimmtes-als-Bestimmtes zu verstehen.

Das macht den Gegenstandsbegriff des gegenständlichen Begreifens denkbar weit. Um Bestimmtes zu erfahren, ist einzig vorausgesetzt, unterscheidbar zu sein. Auch so etwas wie »unbestimmte Traurigkeit« ist in diesem Sinne etwas Bestimmtes, denn so unbestimmt sein mag, worauf sich diese Traurigkeit bezieht, ist immerhin noch klar, dass es Traurigkeit und nicht Wut oder Gleichgültigkeit meint. Selbst ein »allgemeiner Weltschmerz«, der sich unterschiedslos auf Alles bezieht, ist immerhin noch als Schmerz bestimmt. Deshalb kommt dieser hermeneutische Begriff der Gegenständlichkeit überein mit dem phänomenologischen Begriff der Intentionalität (Breyer 2023): Dass Bestimmtes begriffen wird, ist gleichbedeutend damit, dass das Begreifen unhintergehbar durch etwas gerichtet, also intentional im phänomenologischen Sinn ist. Jedes Begreifen, auch erklärendes Begreifen, ist daher in einem minimalen Sinn sinnhaft, denn jedes gegenständliche Begreifen hat einen Richtungssinn (s. o.). Genauer gesagt hat jedes gegenständliche Begreifen einen Richtungssinn in einem Raum von Sinn-Unterscheidungen, denn etwas zu begreifen, heißt etwas Bestimmtes, also dieses-und-nicht-jenes zu begreifen. Unbestimmte Traurigkeit kann man nur in einem Sinn-Raum erfahren, der die Unterscheidungen von Traurigkeit, Wut, Gleichgültigkeit oder Ähnlichem schon bereithält.[12]

Weil präsentisches Verstehen Bestimmtes-als-Bestimmtes und nicht im engeren Sinne Etwas-als-Bestimmtes versteht, lädt präsentischer Sinn dazu ein, ihn diesseits der Hermeneutik zu verorten: ihn lediglich spüren, aber nicht verstehen zu wollen. Der entscheidende Schachzug, diese Einladung auszuschlagen, liegt darin, dass präsentisch Gegebenes nur im Vollzug gegeben ist, also nicht als *vor*gegebenes Etwas (vgl. auch Dworschak 2017: 230).

Solche Gebundenheit von Sinn bzw. Bedeutung an einen Vollzug ist zuletzt von den Performanztheorien herausgestellt worden (exemplarisch Krämer 1998; Krüger 2001: Kap. 1), dort geschult durch die Theatermetaphorik und anknüpfend an die Doppelbedeutung von Performanz/*performance*, also von Vollzug und Aufführung. Aber schon die hermeneutische Lebenslogik von Misch (s. u., Kap. 4) und die philosophischen Praxistheorien (Schürmann 2015; 2019) waren Vollzugstheorien. Wirkungsgeschichtlich ist diese Charakteristik freilich nur selten zum Tragen gekommen. Die Lebenslogik ist kaum wirksam geworden; in der Wirkungsgeschichte der Praxisphilosophien ist der Vollzugscharakter verschliffen worden. Dies hat sich in jüngster Zeit mit der Prominenz von soziologischen Praxistheorien noch verschärft. Soziologische Praxistheorien richten (in der Regel) den Fokus nicht auf den Vollzugscharakter von ›Praxis‹, sondern arbeiten sich an intentionalen Handlungstheorien ab, die einen Prozess-Unternehmer in Anschlag bringen, vorzugsweise als logische Vorordnung des Bewusstseins vor dem Tun. Sie stehen deshalb notorisch in der Gefahr, *jeden* Subjektbegriff zu verabschieden, weil sie notorisch Subjektivität und Prozess-Unternehmertum miteinander identifizieren (Versuche dagegen in Alkemeyer et al. 2015). Soziologische Praxistheorien werden deshalb zu Recht scharf kritisiert (etwa von Meyer 2023: 134–138). Solche Kritik steht dann ihrerseits in Gefahr, die Vollzugs-Pointe von Praxis-Konzeptionen zu verpassen. In beiden Fällen, in soziologischen Praxistheorien und deren Kritiken, bleibt ›Praxis‹ im Status eines dinghaft Gegebenen. Der vermeintliche Prozesscharakter wird dort bloß beschworen, aber nicht zur Grundlage genommen. Beide Fälle verraten sich dadurch, dass sie meinen, sich eine Auseinandersetzung mit Hegel einerseits, Karl Marx und Friedrich Engels andererseits ersparen und durch eingefleischte Vor-Urteile ersetzen zu können (s. u., Kap. 5).

1.7 Was Hermeneutik nicht ist

Dass es einen qualitativen Unterschied zwischen Verstehen und Erklären gibt, ist die grundlegende Annahme der hier vorgelegten Hermeneutik. Sie muss daher klären, was Verstehen meint, was Verstehen im Unterschied zum Erklären meint und was dasjenige Gemeinsame – Begreifen – ist, worin Verstehen und Erklären unterschieden sind. Dazu muss sie nicht am Nullpunkt beginnen, sondern es gibt eine Geschichte von Klärungsversuchen und auch von verunglückten Verhältnisbestimmungen. Man kann die Grundannahme der Hermeneutik daher auch vorsichtiger formulieren: Der pure Umstand, dass die Spezifik der Geisteswissenschaften und die Spezifik der Hermeneutik oft falsch bestimmt wurde, und der pure Umstand, dass die Unterscheidung zwischen Verstehen und Erklären eine »unheilvolle Rolle« gespielt hat (Daniel 2001: 400 f.), ist kein hinreichender Grund, diese Unterscheidung zu verabschieden.

Die naheliegende Vermutung ist zunächst, dass der Unterschied zwischen Verstehen und Erklären einem Unterschied des Gegenstandsbereichs geschuldet ist. Wenn Sinn denn an Kultur gebunden ist, könnte man zu der Schlussfolgerung neigen, dass Gegenstände aus dem Bereich der Kultur verstanden und Gegenstände der Natur erklärt werden müssen. Dem ist aber nicht so. Beispielsweise kann ein Gewitter sowohl als meteorologisches Phänomen erklärt als auch als Antwort von Göttern verstanden werden. Oder die *Mona Lisa*, die als Gemälde verstanden werden muss, aber gelegentlich auch als Farbpixelverteilung auf bestimmtem Untergrund erklärt werden muss, um das Original von Reproduktionen und von Fälschungen unterscheiden zu können. Dass die genannte Schlussfolgerung falsch ist, folgt aus der Verabschiedung eines objektivistischen Verständnisses von Objektivität. Natur und Kultur sind dann gerade nicht unterscheidbare Sektoren des Kosmos, sondern Titel für eine Welt, genommen als personale oder als naturale Welt. Die Unterscheidung zwischen Natur und Kultur ist daher selbst eine kulturelle Unterscheidung und nichts, was der Kosmos so bewerkstelligt hätte, dass wir den Grenzverlauf nur noch abbilden müssten. Nach Verabschiedung eines objektivistischen Verständnisses von Objektivität ist die Unterscheidung zwischen Sinn-Verstehen und Erklären eine Binnendifferenzierung von Sinn-Begreifen, die signifikative Differenz kann im Begreifen nicht unterlaufen werden. Alles Begreifen ist perspektivisch und insofern auch situiert.[13] Das hat selbstverständlich Konsequenzen auch für das, was Naturgeschichte, was Geschichte und was das Verhältnis von beidem ist und meint.

Das objektive Moment eines Gegenstandes kann auch, in alter philosophischer Tradition, als das »seiende« oder auch als das »ontische« Moment bezeichnet werden. Dieses Moment macht, dass ein Gegenstand nicht darin aufgeht, in den Blick genommen zu werden, sondern immer auch *ist*, wenn er in den Blick genommen wird. Auch ein reines Phantasiegebilde, das im weitest möglichen Sinne ausgedacht ist, *ist* ein Etwas, das phantasiert ist. Die Unterscheidung des objektiven Moments des Gegenstands vom Moment seines In-den-Blick-Nehmens ist (daher) ein bedeutungslogischer Unterschied: Ohne ein objektives Moment wäre das In-den-Blick-Nehmen eine Creatio des Gegenstandes, und das meinen wir nicht, wenn wir von personalem und nicht von göttlichem In-den-Blick-Nehmen reden. Wenn man sich von einem objektivistischen Verständnis von Objektivität verabschiedet hat, ist eine »Ontologie« eine Gegenstandslehre und nicht das, von dem ihr schlechter Leumund sagt, was sie sei: Sie ist kein Ablauschen dessen, was das Ontische ihr zugeflüstert habe. Das objektive Moment einer Bedeutung (im semantischen Sinn) ist daher auch der Anker der Unterscheidung zwischen Bedeutung-Haben und subjektiver Bedeutungszuschreibung.

Dies mag man den Feuerbach-Operator nennen: »Der Beweis, daß etwas *ist*, hat keinen andern Sinn, als daß etwas *nicht nur Gedachtes* ist. Dieser Beweis kann aber *nicht aus dem Denken selbst* geschöpft werden. Wenn zu einem Objekt des Denkens das Sein hinzukommen soll, so muß zum Denken selbst etwas vom *Denken Unterschiedenes hinzukommen.*« (Feuerbach 1843b: § 25, S. 303 [Ausgabe B]; vgl. Holz 2005: 8)

Die vermutlich populärste Vermutung ist, dass der Unterschied zwischen Verstehen und Erklären an einen Unterschied zwischen Wissenschaftsdisziplinen gebunden ist: Geisteswissenschaften verstehen – Naturwissenschaften erklären. Aber auch diese Vermutung ist falsch, denn auch Geisteswissenschaften müssen gelegentlich erklären und Naturwissenschaften gelegentlich verstehen. Sofern jener Vermutung ihrerseits die Vermutung zugrunde liegt, dass es die Naturwissenschaften mit dem kosmischen Sektor der Natur und Geisteswissenschaften mit dem Sektor der Kultur zu tun haben, ist das oben bereits zurückgewiesen. Insbesondere im 19. Jahrhundert war aber eine andere Vermutung populär, nämlich dass der Unterschied in der unterschiedlichen Rolle des Einzelfalls bzw. des Individuellen liege. Die Naturwissenschaften würden den Einzelfall als einen Fall-von erklären, also den Einzelfall unter ein allgemeines, in der Regel gesetzmäßiges Wissen subsumieren; in diesem Sinne kann auch die Psychologie ›natur‹-wissenschaftlich erklären. Solcherart Subsumtionslogik aber sei den Geisteswissenschaften verwehrt. Beispielsweise könne eine verlorene Schlacht nicht als Einzelfall einer allgemeinen historischen Gesetzmäßigkeit des universellen Verlaufs von Schlachten erklärt werden und solle auch nicht so erklärt werden, weil das der Freiheit von historisch agierenden Personen nicht gerecht wird. Stattdessen müsse eine Schlacht als eine für ihre Zeit typische verstanden werden. Insofern galten Naturwissenschaften als »nomothetische« und Geisteswissenschaften als »idiographische« Wissenschaften. An dieser Vermutung ist und bleibt ein wahrer Kern (vgl. etwa Lorenzer 1970: 113), der aber nicht so weit trägt, um eine grundsätzliche Unterscheidung verschiedener Wissenschaftsdisziplinen zu begründen (vgl. Misch 1924: 145). Der Kern trägt aber die Vermutung, dass man eine nomothetisch-erklärende Perspektive von einer typisierend-verstehenden Perspektive unterscheiden kann – im Einzelnen auch bei ein und demselben Sachverhalt, aber ganz sicher nicht ganz allgemein bezogen auf eine Naturwissenschaft oder eine Geisteswissenschaft.

Der vielleicht brisanteste Fall, dass ein und dieselbe Wissenschaft sowohl erklären als auch verstehen muss, dürfte mit der Medizin vorliegen. Zweifellos hat die Medizin sowohl als Wissenschaft als auch als Heil-Praktik den sogenannten ganzen Menschen zum Gegenstand. Sie ist damit eine Humanwissenschaft par excellence. Um aber heilen zu können, ist das zentrale Anliegen der Teilwissenschaften der Medizin, das Funktionieren des menschlichen Organismus erklären zu müssen und zu wollen. Die medizinischen Wissenschaften müssen also erklärende ›Natur‹wissenschaften sein, wollen sie dem mit ihnen verbundenen Humanitätsauftrag, Menschen zu heilen, gerecht werden – Esoterik kann nicht ihr Geschäft sein. Nach aller Erfahrung steht das in der Gefahr, zu einem Reduktionismus auf Erklärungen und damit zu einer Heil-Technologie zu geraten. Medizinisches Heilen wäre dann nur noch hinsichtlich der Komplexität, aber nicht mehr kategorial von einer Autoreparatur zu unterscheiden. Gegen dieses schwergewichtige Geschäft technologischer Schulmedizin wollen dann die Kügelchen der Homöopathie anrollen. Aber das wechselt lediglich die Maßnahmen der Reparatur und setzt auf eine Reparatur, die der menschliche Organismus von selbst bewerkstelligen würde, ließe man ihn nur in seiner ›natürlichen Authentizität‹. Wenn man den Ball flacher hält, kennt ein und dieselbe Wissenschaft, hier: die Medizin, beide Situationen: In der Regel ist in der alltäglichen Arzt-Patient-Situation eine Diagnose einer bereits bekannten Krankheit gefragt. Es gibt ein Wissen um das Allgemeine, und die Symptome der Patientin müssen als ein Fall dieses Allgemeinen subsumtionslogisch zugeordnet werden. Tritt aber der Fall einer ganz neuen Krankheit auf, wäre eine Subsumtion eine Fehldiagnose. Hier müssen die Symptome als typisch für ein neues Allgemeines gelesen werden. Und allgemeiner: Nichts spricht dafür, die Psychosomatik schon verstanden zu haben, wenn man ihr Funktionieren erklären kann. Erst ihr Verstehen schützt davor, einen Defekt bloß reparieren zu wollen.

Die Einsicht, dass man die Unterscheidung zwischen Verstehen und Erklären weder an eine Bereichsunterscheidung von Objekten noch an einen Unterschied zwischen Wissenschaftsdisziplinen binden kann, weil man sozusagen jedes Phänomen in jeder Wissenschaft sowohl erklären als auch verstehen kann, hat ein Klima geschaffen, die Unterscheidung von Verstehen und Erklären für anachronistisch und obsolet zu halten (s. o., Kap. 1.2 zu Schurz 2004). Die Unterscheidung würde also gar nichts unterscheiden, weshalb man sie ohne Verlust auch aufgeben könne. Verstehen und Erklären seien also noch nicht einmal zwei unterschiedliche, wechselseitig nicht aufeinander reduzierbare Perspektiven, sondern bestenfalls zwei verschiedene Bezeichnungen für dasselbe. Die folgenden Kapitel sind der Versuch, jene Einsicht beizubehalten, aber diese Konsequenz jener Einsicht als nicht zwingend zu erweisen.

Der Kern der folgenden Kapitel ist die These, dass Verstehen und Erklären Antworten auf verschiedene Fragen sind. Ein Erklären liefert eine Antwort, warum etwas unter welchen Bedingungen so ist, wie es ist; so funktioniert, wie es funktioniert; so geworden ist, wie es ist; sich so entwickeln könnte, wie jetzt prognostiziert. Ein Verstehen dagegen liefert eine Antwort auf die Frage, was es ist, was da begriffen (erklärt oder verstanden) wird bzw. begriffen werden soll. Beide Antworten sind nicht durcheinander ersetzbar, da die Frage nach dem Was die Frage nach einem Diskreten, die Frage nach dem Warum und Wie des Funktionierens aber eine Frage nach einem Kontinuierlichen ist. Etwas als Diskretes zu nehmen, hat Individuierungsarbeit hinter sich – jedenfalls unter der Bedingung, dass man der philosophischen anti-atomistischen These folgt, dass eine Welt mehr und anderes ist als ein Haufen (bereits von Haus aus diskreter) Dinge.

In die andere Richtung besteht der, hier durch Gumbrecht repräsentierte, Verdacht, dass die Unterscheidung zwischen Verstehen und Erklären wesentlich nicht erschöpfend ist: Phänomene der Präsenz ließen sich weder verstehen noch erklären. Dieser Verdacht ist in einer typischen Verkürzung in der Geschichte der Hermeneutik angelegt. Eine Hermeneutik fokussiert sich häufig auf die *geschriebene* Sprache der Worte. Schon die gesprochene Sprache der Worte bleibt unterbelichtet; andere ›Sprachen‹ bzw. Zeichensysteme werden häufig höchstens dem Anstand nach erwähnt, aber interessieren dann nicht weiter. Aber selbstverständlich gibt es Hermeneutiken der Bilder, der Statuen, der Töne, des Tanzens, der sportlichen Bewegungen. Es ist ein Vorteil der semiotischen Tradition, dass *diese* Verkürzung dort von vornherein keinen Platz hat. Damit ist freilich noch nichts zum Verhältnis der verschiedenen Zeichensysteme gesagt. Es mag sein, dass eine Hermeneutik des nicht-wortsprachlichen Ausdrucksgeschehens einfach eine Umfangserweiterung über die Texthermeneutik hinaus ist; aber es spricht auch einiges dafür, dass sich bei solcher Erweiterung auch die Art des Verstehens ändert (vgl. Eggert 2014: 27 f.). So oder so: Das Anliegen, Phänomene der Präsenz *in* der Hermeneutik zu verorten – also auch sie zu verstehen –, will die Möglichkeit eines solchen dritten Modus des Begreifens – des ›Spürens‹ neben dem Verstehen und dem Erklären – abwehren.

Die bisherige Ausdrucksweise, insbesondere der Verweis auf das Begreifen, legt nahe, das Verstehen für eine Art zu halten, die Welt und Phänomene in ihr (bloß) zu erkennen. »Verstehen und Erklären sind verschiedene Weisen, entweder Welten oder Phänomene *in* einer Welt zu begreifen. Etwas zu begreifen, meint hier ganz allgemein, eine Erfahrung zum Ausdruck zu bringen [...]. Verstehen und Erklären bringen somit auf verschiedene Weise Erfahrungen zum Ausdruck.« (s. o.) Das würde einer traditionellen Entgegensetzung, wenn nicht gar Trennung von Erkennen und Handeln folgen. Das kann aber nicht gewollt und gemeint sein, denn zum einen verlangt jedes Handeln auch irgendein Erkennen, und zum anderen, wichtiger noch, gibt es Fälle, in denen ein Handeln ein Erkennen ist. Wenn man Fahrradfahren gelernt hat, dann hat man *begriffen*, wie das geht, und in diesem Können dokumentiert sich eine Erfahrung. Dieses Können selbst ist der Ausdruck des Begreifens – nicht erst das freudestrahlende Erzählen, dass und was man da jetzt kann.[14] Begreifen ist insofern nicht bloß ein Erkennen (im Sinne der Entgegensetzung zum Handeln), sondern ein handelndes Sich-Orientieren in einer Welt. Das Begreifen ist insofern ein Prozess, ein Vollzug, ein Geschehen, eine Performation: eine »allmähliche Verfertigung« im Tun (Kleist 1805/06; dazu Holz 1962: 45–49), in der etwas zum Ausdruck oder zur Darstellung kommt. Das auslegende Verstehen eines Sinngebildes ist seinerseits ein Ausdrucksgeschehen, unabhängig davon, ob dieses Sinngebilde ein Geschehen oder ein manifestierter Ausdruck eines Ausdrucksgeschehens ist. Man kann eine Theateraufführung verstehen und man kann das in einem Buch aufgeschriebene Theaterstück, das da zur Aufführung kommt, verstehen, und beides ist nicht dasselbe, aber beides ist ein je eigenes Ausdrucksgeschehen, oder eben: ein Können, in dem eine Erfahrung zum Ausdruck kommt. Prozesse können zwei Aggregatzustände annehmen: fließende Prozesse und geronnene Prozesse, also ihre Produkte: »Der Proceß erlischt im Produkt. [...] Er [der Arbeiter] hat gesponnen und das Produkt ist ein Gespinst.« (Marx 1872: 195 [= MEW 23: 195])

Diese praxeologische Lesart des Verstehens, diesseits der Reduktion des Verstehens auf ein Erkennen, eröffnet ggf. andere als routinierte Perspektiven. Angenommen, man habe gute Gründe für die Vermutung, das Magengeschwür von Herrn Meier habe auch psychosomatische Gründe. Dann ist es das eine, das Zustandekommen dieses Magengeschwürs zu erklären, und zwar ausdrücklich auch unter Einbezug psychosomatischer Bedingungen; aber etwas anderes ist es, das Magengeschwür als Sinngebilde zu nehmen, so dass man verstehen könnte, was Herr Meier hier begriffen hat, will sagen: welche Erfahrung in diesem Magengeschwür zum Ausdruck gekommen ist.

1.8 Bedingungsgefüge und Bedeutungsgewebe

Dass etwas – z. B. eine sportliche Bewegung oder ein Wort – ein Sinngebilde, ein Zeichen ist, heißt, ein Doppeltes von Zeichenkörper (sichtbarer Bewegungsverlauf, Wortlaut) und Bedeutung im Medium eines bestimmten Bedeutungsraums zu sein – also etwa: ein schnelles Rennen mit der Bedeutung *100-m-Sprint*, und nicht *110-m-Hürdensprint*, im Bedeutungsraum der Leichtathletik. Im Einzelfall kann der Zeichenkörper derselbe sein und bleiben, aber eine andere Bedeutung haben: Sprinten zum Bus – Sprinten als Sportart; einen Schäfer im Wettkampf turnen – einen Schäfer trainieren.

Dass man *an* einem Zeichen den Zeichenkörper und die Bedeutung unterscheiden kann, heißt auch, dass eine noch so akribische Untersuchung des Zeichenkörpers keine Antwort auf die Frage nach der Bedeutung des Zeichens liefert. Dies ist dort gewiss, wo der Zeichenkörper derselbe ist – keine noch so akribische Analyse des sichtbaren Bewegungsverlaufs *schnelles Rennen* wird eine Antwort auf die Frage nach dem Bedeutungsunterschied zwischen Sprinten zum Bus und Sprinten als Sportart geben können. Das gilt aber auch dann, wenn man den Kontext der (unterschiedlichen) Bedingungen hinzuzieht, in dem das jeweilige Sprinten sich vollzieht. Dass man beim Sprinten zum Bus ein Ziel erreicht, das einen dann weitertransportiert, während man beim Sprinten im Stadion schlicht über eine Ziellinie rennt und nichts weiter passiert – ggf. bekommt man eine Siegerurkunde oder eine Medaille –, ist ein wichtiges Symptom, aber keine Antwort auf die Frage nach dem Bedeutungsunterschied. Ein hohes Maß an Fingerfertigkeit, vorgeführt in einem Wettstreit, kann auch für Klavierspielen sprechen und spricht nicht zwingend für eine Präzisionssportart. Der Kontext der Bedingungen – das Bedingungsgefüge –, in dem sich ein sichtbarer Bewegungsverlauf – allgemeiner: ein Zeichenkörper – abspielt, ist gerade nicht identisch mit dem Bedeutungsgewebe, in das ein Zeichen verstrickt ist. Denn sonst »[wird] die alte Frage ›Was ist das?‹ ersetzt durch die Frage: ›Wie verhält sich etwas unter bestimmten Bedingungen?‹« (Waldenfels 1980: 83).

Eine Sache als Sinngebilde zu verstehen(2) heißt also, sie nicht nur in Raum und Zeit zu verorten, sondern heißt, ein raum-zeitliches Gebilde in einem Bedeutungsraum zu verorten. Leont'ev spricht von einer fünften Quasidimension der Bedeutungen (s. u., Kap. 2.2). Wenn man also nach dem Sinn resp. der Bedeutung eines schnellen Rennens fragt – ob es sich um eine Fluchtbewegung oder um eine Alltagszielerreichungsbewegung oder um eine sportliche Bewegung oder was immer sonst handelt –, dann geht es *nicht* »um deren Ziel und Zweck bzw. um deren Funktion« (so Demmerling 2010: 43), sondern darum, als was diese Sache gilt. Als was wiederum eine Sache gilt, ist eine Frage der Semantik (oder Semiotik), aber weder eine Frage der subjektiven Sinnzuschreibung noch eine Frage der akribischen Analyse des Zeichenkörpers und seiner Bedingungen, also insbesondere keine Frage, wie der Zeichenkörper funktioniert oder welche Zwecke und Ziele damit erfüllt werden. Freilich ist und bleibt es zutreffend, dass es Sinn, Bedeutung, Geltung nur in Kulturen gibt, also dort, wo exzentrisch Positionierte durch Sachen gerichtet sind und folglich die Sachen den so Positionierten ›etwas angehen‹, und sei es im Modus des interesselosen Wohlgefallens. Das macht aber aus der semantischen Bedeutung von ›Bedeutung‹ noch keine psychologische Bedeutsamkeit. Tisch bedeutet uns im Deutschen Tisch und nicht Stuhl, ganz unabhängig davon, ob Tische und Stühle mir oder dir gerade »von Bedeutung« (Demmerling 2010: 43) sind. Josef König (1937: 5) spricht entsprechend von einem »nur bezüglich einwohnen«.

Wenn von Sinngebilden die Rede ist, sind damit zwei grundsätzlich verschiedene Arten und Weisen des Antwortens im Spiel: erstens beschreibende Feststellungen der Gestalt des Zeichenkörpers und erklärende Feststellungen, wie er in seinem Bedingungsgefüge bedingt ist, und zweitens Beurteilungen, als was dieser Zeichenkörper gilt. Oder anders: Es sind zwei verschiedene Objektivierungsweisungen im Spiel: Ist-Feststellungen und Etwas-gilt-als-etwas-Beurteilungen. Die Form des Ausdrucks, etwa des Wortes oder des Satzes, ist nicht zwingend signifikant für diesen Unterschied – das Wort *Sprinten* kann einfach der Name für einen sichtbaren Bewegungsverlauf sein oder aber Ausdruck einer Bedeutung: Sprinten, und nicht Fliehen. Signifikant für den Unterschied ist aber, dass eine Ist-Feststellung einen Anker in der Sinnlichkeit hat, während eine Als-Beurteilung etwas Nicht-Sinnliches objektiviert. Eine Bedeutung kann man weder wahrnehmen noch wahrnehmbar machen – Sinnhaftigkeit ist nichts Sinnliches. Wohl deshalb gibt es Sinn nicht atomistisch-substantialisierbar, sondern nur als Sinn-Unterschied.

Oder als Formel: Nicht-sinnlicher Sinn, nicht-sinnliche Bedeutung, nicht-sinnliche Geltung kommt in Als-Beurteilungen zum Ausdruck – sinnliche Merkmale kommen direkt oder indirekt in Feststellungen zum Ausdruck. Beide Ausdrucksweisen sind Objektivierungen von Erfahrung, wenn auch von Erfahrungen anderer Art. Den Bedeutungsunterschied zwischen *Fliehen* und *Sprinten* kann man erfahren, aber nicht wahrnehmen.

Objektivierungen von Erfahrung sind, bei Strafe eines objektivistischen Verständnisses von Objektivität, keine bloßen Protokollierungen, weder bei Ist-Feststellungen noch bei Als-Beurteilungen. Immer sind Objektivierungen an die »signifikative Differenz« (Waldenfels) gebunden. Oder auch: Immer ist solches Objektivieren ein »Anerkennen«, nicht lediglich ein »Erkennen« (im Sinne Johann Gottfried Herders; s. u., Kap. 2.7). Auch Beschreibungen von Sinnlichkeiten und erklärende Feststellungen sind also eine Sonderform von Als-Beurteilungen – nämlich diejenigen, die davon abgesehen haben, das Geltungsmoment des Erfahrenen zu objektivieren, also etwa *bloße* Beschreibungen oder Erklärungen des Zeichenkörpers. In diesem Sinne sind alle Objektivierungen von Erfahrung in einem minimalen Sinne normativ, denn sie zeichnen etwas als etwas aus; sie evaluieren etwas, minimal im Sinne bloßer Differenzierung: sie diskriminieren resp. unterscheiden etwas. Objektivierungen des Sinn- bzw. Bedeutungsgehalts bzw. der Geltung von Sinngebilden bzw. Zeichen sind dann in einem engeren Sinne normativ, insofern Sinnhaftigkeit nicht sinnlich ist und insofern in einem engeren Sinn *beurteilt* worden ist. Ein weiterer Modus von Normativität liegt dann mit Bewertungen, mit Beurteilungen zweiter Stufe, vor. Bei

Nichtbeachtung dieser Differenzierungen innerhalb von Als-Beurteilungen droht eine Art kulturalistischer Fehlschluss, denn aus der Beurteilung, angesichts einer Gefahr geflohen und nicht stehengeblieben zu sein, ist ersichtlich noch keine Bewertung ableitbar, dass das auch gut so war.

Im Folgenden ist der weite Sinn von Sinn, Bedeutung und Geltung im Gebrauch, der jede Objektivierung von Erfahrung als Etwas-Bestimmtes-als-etwas-Ausdrücken und insofern als im minimalen Sinne normativ, also als Evaluation, nimmt. Innerhalb dessen sind dann Feststellungen von Beurteilungen (als Ausdruck von Sinn, Bedeutung, Geltung) zu unterscheiden sowie innerhalb dessen Beurteilungen von Bewertungen.

Der theoriestiftende Ausgangspunkt dieses Programms, der insbesondere die Unterscheidung von »Bedingungsgefüge« und »Bedeutungsgewebe« stiftet, ist ein semiotischer Kulturbegriff im Sinne von Geertz, bei allen Fraglichkeiten im Hinblick auf das Verhältnis zu Weber (s. o.): »Der Kulturbegriff, den ich vertrete und dessen Nützlichkeit ich in den folgenden Aufsätzen zeigen möchte, ist wesentlich ein semiotischer. Ich meine mit Max Weber, daß der Mensch ein Wesen ist, das in selbstgesponnene Bedeutungsgewebe verstrickt ist, wobei ich Kultur als dieses Gewebe ansehe. Ihre Untersuchung ist daher keine experimentelle Wissenschaft, die nach Gesetzen sucht, sondern eine interpretierende [= eine hermeneutische = eine Sinn-verstehende], die nach Bedeutungen sucht. Mir geht es um Erläuterungen, um das Deuten gesellschaftlicher Ausdrucksformen, die zunächst rätselhaft [oder umgekehrt: allbekannt] scheinen.« (Geertz 1983: 9) – »Stellen wir uns, sagt er [Ryle], zwei Knaben vor, die blitzschnell das Lid des rechten Auges bewegen. Beim einen ist es ein ungewolltes Zucken, beim anderen ein heimliches Zeichen an seinen Freund. Als Bewegungen sind die beiden Bewegungen identisch; vom Standpunkt einer photographischen, ›phänomenologischen‹ Wahrnehmung, die nur sie sieht, ist nicht auszumachen, was Zucken und was Zwinkern war oder ob nicht gar beide gezuckt und gezwinkert haben. Obgleich man ihn nicht photographisch festhalten kann, besteht jedoch ein gewichtiger Unterschied zwischen Zucken und Zwinkern, wie ein jeder bestätigen wird, der ersteres fatalerweise für letzteres hielt.« Und weiter: »Es ist nicht etwa so, sagt Ryle, daß derjenige, der zwinkert, zwei Dinge tut – sein Augenlid bewegt und zwinkert –, während derjenige, der zuckt, nur sein Augenlid bewegt. Sobald es einen öffentlichen Code gibt, demzufolge das absichtliche Bewegen des Augenlids als geheimes Zeichen gilt, so *ist* das eben Zwinkern. Das ist alles, was es dazu zu sagen gibt: ein bißchen Verhalten, ein wenig Kultur und – *voilà* – eine Gebärde« (ebd. 10 f.).

1.9 Die Programmatik, im Vergleich

Wenn es hier, in Analogie zu einer Kultur-Soziologie und im Gegensatz zu einer *Verstehenden Soziologie*, um eine verstehende resp. hermeneutische resp. Kultur-Sportwissenschaft geht, so ist dieses Programm, zusammenfassend, durch vier »Basisvektoren«[15] charakterisiert:

(1) Festzuhalten und zu aktualisieren ist die Unterscheidung zwischen einer erkenntnistheoretisch-methodologischen und einer ›philosophischen‹ resp. reflexiven Hermeneutik. Das Verstehen ist nicht *nur* ein Instrument oder, ambitionierter, nicht *nur* ein Organon des Auslegens von Sinn, sondern »ist der ursprüngliche Seinscharakter des menschlichen Lebens selber« (Gadamer). Selbst wenn man aus sehr guten Gründen nicht an Heidegger anschließen mag – Misch (1994) konzipiert Hermeneutik nicht als existentialistische Daseinsontologie, sondern als Lebenslogik; Plessner konzipiert sie »als philosophische Anthropologie« (Plessner 1928: 30; vgl. Giamusso 2012) –, so ändert das nichts an der Sachlage, dass jede erkenntnistheoretisch-methodologische Hermeneutik in ihrem Rücken die Frage beantwortet hat, wie Verstehen möglich sei. Eine reflexive Hermeneutik ist deshalb Bestandteil der Hermeneutik bzw.: hat es aus wissenschaftlicher Redlichkeit zu sein. Simmel hat denselben Grundsatz gleich im ersten Satz seiner Abhandlung zum historischen Verstehen festgehalten: »Die Beziehung eines Geistes zu einem anderen, die wir als Verstehen bezeichnen, ist ein Grundereignis des menschlichen Lebens, dessen Rezeptivität und Eigentätigkeit in einer nicht weiter auflösbaren, nur zu erlebenden Weise vereinigend.« (Simmel 1918: 153)

Die Programmatik einer »hermeneutischen Wissenssoziologie« formuliert die wissenschaftliche Notwendigkeit einer reflexiven Dimension der Hermeneutik recht lapidar: Eine Hermeneutik stößt »auf das Problem des Verstehens von Verstehen« und damit auf den Unterschied »zwischen der Deutung der Akte einerseits und den Akten der Deutung andererseits« (Hitzler et al. 1999: 10). Das verweist eo ipso darauf, dass es eine Deutung der Akte nicht mit dem Spezialfall der Akte der Deutung bewenden lassen kann, sondern ein »Grundereignis des menschlichen Lebens« zu bemühen hat, dort: eine allgemeine Handlungstheorie (ebd. 11–13). Das Dekret, dass eine philosophische Hermeneutik *im Namen* der Hermeneutik nicht interessiert (Bühler) bzw. eine Homonymie bemüht und deshalb *nichts* zu einer ›wohlverstandenen‹ Hermeneutik beiträgt (Detel), ist deshalb nicht nur wissenschaftlich unredlich bzw. »einfältig« (ebd. 11), sondern ein Fall der Herrschaftsstrategie des »göttlichen Tricks« (Haraway), also borniert.[16] Wer eine Reflexion der eigenen Präsuppositionen offensiv entsorgt, nur der kann das eigene Programm als alternativlos darstellen und in einen Katechismus gießen.

(2) In Abwehr eines methodologischen Individualismus und sozialontologischen Atomismus, und deshalb in Abgrenzung zu einer *Verstehenden Soziologie*, richtet sich das Sinn-Verstehen nicht auf einen subjektiv gemeinten Sinn, sondern auf einen objektivierten Sinn. Dabei geht es nicht um ein Hin und Her zwischen ›subjektivem‹ und ›objektivem‹ Sinn, sondern um die Programmatik einer Wirform des Ich, basierend auf der »Wechselwirkung« (Simmel) bzw. den »gesellschaftlichen Verhältnissen« (Marx) von Personen.

In der hermeneutischen Wissenssoziologie heißt dieser Programmpunkt »strukturanalytische« Handlungstheorie, die darauf fußt, dass Personen in Gesellschaften ›hineingeboren‹ werden: »In Gesellschaften bzw. durch deren Institutionen stehen den sozialen Akteuren relativ komplexe, teilweise hochkomplexe Wissensbestände zur Verfügung. […] Dieses Wissen und auch die Institutionen, in denen es bewahrt, gestützt und verteilt wird, sind im Laufe der menschlichen Geschichte(n) gesellschaftlich erarbeitet, kontrolliert und auch bewertet worden.« (Hitzler et al. 1999: 11 f.)

(3) Sinn-Verstehen ist nicht das Verstehen eines (bloßen) ideellen Sinngehaltes, sondern das Verstehen von verkörpertem resp. manifestiertem Sinn. Dieser feine Unterschied ist ein wichtiger Baustein für die Unterscheidung zwischen materialistischer und ratio-

nalistischer Hermeneutik. Mit Georg Misch gesprochen: Wir leben in einer Ausdruckswelt, nicht in einer Erlebenswelt.

(4) Der Lackmustest des Programms ist der Freiheitsbegriff: Handeln im Raum von Sinn-Unterscheidungen ist ein freies Gestalten, also weder eine Creatio ex nihilo noch ein fataler Ablauf. Das Freiheitsverständnis des Programms ist ein Index der zugrundeliegenden Sozialontologie. Ein Atomismus macht aus der Idee der Freiheit eine Willkürfreiheit: Was das einzelne Sozialatom tun und lassen will, ist nicht an sich selbst bedingt, sondern findet seine sogenannten Grenzen in den Bedingungen seines Tuns und Lassens: (insbesondere) der Mitmensch als *faktum brutum*. Ein Holismus nimmt demgegenüber die Individuen ans Gängelband einer vorgegebenen Ordnung und macht sie zu bloßen Erfüllungsgehilfen. Freiheit ist dort ein Spielen in der Ordnung, aber nicht mit der Ordnung.

In den Worten der Programmatik der hermeneutischen Wissenssoziologie formuliert: Auch dann, wenn den individuellen oder gemeinschaftlichen Akteuren bereits ein Fundus an Wissen und ein Repertoire an schon bewerteten und insofern naheliegenden Handlungsoptionen gesellschaftlich gegeben ist, »[führt] dies bei den darauf rekurrierenden Akteuren dennoch nicht automatisch zur Ausführung entsprechender typischer Handlungen. […] Angelpunkt einer sozialwissenschaftlichen Theorie des Verstehens sozialer Handlungen ist also die ›freie‹ Stellungnahme des oder der Handelnden zu (den) gesellschaftlich bereitgestellten Orientierungsmustern« (Hitzler et al. 1999: 12).

Dann aber folgt, und das bindet (4) zurück an (1): »Die gesellschaftliche Wirklichkeit und ihr Schicksal ergibt sich […] nicht allein aus den eingefahrenen und verbürgten Vorauslegungen, sondern auch aus den alltäglichen Auslegungen dieser Vorauslegungen durch die agierenden und reagierenden Akteure und deren daraus resultierenden Handlungsentwürfen und Handlungen« (ebd. 13).

Verstehen ist damit immer auch, mit Antonio Gramsci, ein Moment im Kampf um Hegemonie resp. Deutungshoheit im Feld der alltäglichen Auslegungen der Vorauslegungen. Oder auch: »Hier wird mein genuin der theoretischen Philosophie angehörender Gegenstand also praktisch. Wo einander widersprechende Darstellungen aufeinandertreffen, wie beispielsweise vor Gericht oder in

Politik und Geschichte, ist die Frage danach, ob eine Darstellung dem Dargestellten gerecht wird, von alles entscheidender Bedeutung. Denn schließlich wollen wir wissen, was denn nun wirklich der Fall ist, und müssen entscheiden, welcher Darstellung wir folgen. – Vielleicht ist das hervorstechendste Merkmal geistiger Welterschließung die Konfliktnatur umstrittener Weltauslegungen.« (Eva Schürmann 2018: 20)

2. Handeln und Verhalten

Es geht in diesem Kapitel darum, dem begriffsgeschichtlichen Befund zu folgen und jene Sphäre des Verstehens zu bestimmen, innerhalb derer sich auslegendes Verstehen vollzieht. Um es programmatisch zu sagen (s. o., Kap. 1.9, Basisvektor (1)): Vollzüge des Verstehens wollen ihrerseits verstanden werden, und deshalb benötigt es ein Konzept sinnhafter Vollzüge resp. personalen Handelns als philosophische Hermeneutik, die ein erkenntnistheoretisch-methodologisches Konzept des Auslegens von Sinn formatiert. Ich greife dazu im Wesentlichen auf Helmuth Plessner zurück, der Hermeneutik als philosophische Anthropologie konzipiert, und auf Aleksej N. Leont'ev, der personales Handeln als »vergegenständlichende Tätigkeit« konzipiert. Der Grundsatz lautet: Sinnhafte Vollzüge vollziehen sich in kulturellen Welten.

2.1 Personen als exzentrisch Positionierte

Die Rede von »kulturellen Welten« ist hier eine terminologische Festlegung. *Kultur* ist ein Titel für eine (kleine oder große) Welt, insofern diese Welt durch Personen gestaltet ist (s. o., Kap. 1.3). Gestaltung heißt, dass personales Tun »dem Modus nicht entfliehen« kann (König 1937: 7), will sagen: dass ›dasselbe‹ Tun unhintergehbar in einer bestimmten Art und Weise, also auch: mit einer bestimmten Bedeutung vollzogen wird. Wohnen ist Wohnen, aber nomadisches Wohnen ist ein anderes Wohnen als sesshaftes Wohnen. Personales Tun hat insofern je eine bestimmte Bedeutung, hätte also immer auch eine andere Bedeutung haben können. Weil personales Tun immer auch in einem anderen Modus vollzogen werden könnte, ist personales Tun – so die terminologische Festlegung – freies Handeln. Handeln gibt es nur in Kulturen, also in Sinn-Welten, nicht aber in naturalen Welten; und das Tun von Personen ist freies Handeln.

Diese terminologische Festlegung ist selbstverständlich nicht unschuldig, sondern im Gegenteil sehr viel weniger harmlos und selbstverständlich, als ein erstes Lesen klingen mag. Freies Handeln ist – zum Beispiel – nicht gebunden an ein Vermögen von Personen. Mehr noch: Es ist ganz generell kein Merkmal von bestimmten Wesen, die deshalb, also aufgrund dieses Merkmals, Personen wären. Personalität ist eine Charakteristik der Welt, in der bestimmte Wesen als Person gelten. Personen sind hier auch nicht Wesen, die im ›Raum der Gründe‹ leben, sondern sie leben in einer Welt von Sinn-Unterschieden und Sinn-Unterscheidungen. Um nomadisch zu wohnen, muss man keinen Grund haben, geschweige einen Grund geben. Zunächst wird man in eine Welt hineingeboren, in der *man* nomadisch wohnt, in der man aber auch anders hätte wohnen können, etwa so, wie die ›hinter den sieben Bergen‹. Üblichkeiten sind der Default-Fall. Gründe kommen dann ins Spiel, wenn diese Üblichkeiten ihre Unschuld verloren haben; dann erst hat es einen Grund, wie üblich weiterzumachen oder auszusteigen. Nomadisch zu wohnen, ist deshalb: auch-weiterhin-nomadisch-wohnen-und-nicht-sesshaft-werden. Dieser sehr basale Begriff von Freiheit hat immerhin den theoriepolitischen Vorteil, Freiheit nicht mit Willkürfreiheit, also der Vorstellung zu verwechseln, man könne tun und lassen, was man selber will.

Die Freiheit personaler Gestaltung ist also die Freiheit des *Umgestaltens*, nicht eine *creatio.* Plessner und Leont'ev argumentieren je in einer Traditionslinie ›Feuerbach‹: Handeln ist dann eo ipso medial im Sinne der grammatischen Form. Handeln ist *gestaltetes* Tun, also weder fatales noch kreiertes, konstruiertes, konstituiertes. Deshalb ist für Ludwig Feuerbach, für Plessner, für Leont'ev Anthropologie nur als Naturphilosophie zu haben: Gesellschaft, die Welt des Personalen, gibt es faktisch und der Geltung nach nur in der Natur, nur im Kosmos. Handeln als widerfahrendes Gestalten zu konzipieren, ist alles andere als selbstverständlich (vgl. Hogrebe 2009: 68 f.) »Im Grundtenor der Philosophie des vergangenen zwanzigsten Jahrhunderts schwingt als *basso continuo* überall die Überzeugung mit, daß die Weltstellung des Menschen vor allem durch sein [rein aktives] Handeln bestimmt ist, sei dieses Handeln nun konstruktiv, operativ, kognitiv, ökonomisch, technisch oder sogar sprachlich« (ebd. 68).

Ein Ausstieg aus diesem *basso continuo* hin zu einem Verständnis von Handeln als widerfahrendes Gestalten steht und fällt mit dem Konzept von Personalität. Personalität ist ein Statusbegriff, nicht aber ein Merkmal, das bestimmten Wesen zukommt und anderen nicht. Personalität ist deshalb traditionell an Rollen und an *Maske* gebunden (Eisermann 1991, Konersmann 2006: 156–189; Meyer-Drawe 2007). Ein Wesen *gilt als* Person, gebunden an eine näher zu bestimmende Macht. Ein Wesen ist nicht deshalb Person, weil es ein bestimmtes Merkmal hat oder ihm ein bestimmtes Merkmal zugeschrieben wird. Person ist man also nicht aus sich heraus, sondern nur in Unterscheidung von anderen Personen und von Nicht-Personen in einem (Rollen-)Spiel, in das Personen verstrickt sind. Oder als Formel gesagt: Person kann man nicht allein sein.

Personalität lässt daher auch unterschiedliche Akzentsetzungen zu. Ist eine Person als Rollenspielende angesprochen, ist das Typische dieser Rolle im Blick, nicht aber das Konkret-Individuelle der Person. Das kann so weit gehen, von allem Individuellen abzusehen – wenn ein Fahrstuhl für »10 Personen« zugelassen ist, dann sieht eine solche Angabe von allem ab, was solche Personen unterscheiden kann, sondern fokussiert auf einen Durchschnitt, sei es des Gewichts, sei es des Platzes, der pro Person vorgesehen ist. Bei anderer Akzentsetzung ist gerade die Individualität, gar die Unaustauschbarkeit im Blick. Eine Person ist dann ein Wesen, das einen Namen hat und namentlich angesprochen wird, im Unterschied zu einem »Exemplar« (Adorno 1966: 355). Manchmal kommen diese Aspekte auch auf signifikante Weise zusammen; Matthias Koßler (2015) hat deshalb vorgeschlagen, statt von »Person« besser von »Charakter« zu sprechen. Etwa im Film oder auf der Theaterbühne wird eine *individuelle* Rolle gespielt – etwa die der Antigone. Das wäre nicht interessant und keine Kunst, wenn mit *Antigone* bloß ein beliebig-einzelnes und nicht ein typisches Individuum gemeint wäre. Und es wäre schlechte Schauspielkunst, wenn dort nicht die Rolle der Antigone, sondern die Individualität der Schauspielerin aufgeführt würde (Diderot 1770–73). Gleichwohl wird die individuelle Rolle durch die Individualität einer Schauspielerin verkörpert, denn sonst wäre nicht erklärlich, dass man die Antigone zwar gleichermaßen gut, aber dennoch ganz unterschiedlich spielen kann, nämlich abhängig von der Individualität der Schauspielerin und den Regieanweisungen der Gesamtinszenierung (Simmel 1908). Es ist kein Zufall, dass Plessner seine »Wissenschaft von der Person« (Plessner 1928: 74; vgl. Plessner 1923: 19) am Prototyp des Schauspielers verdichten kann (Plessner 1948 b; vgl. auch Baumbach 2012; Zimmer 2024). Personalität fällt nicht mit dem Ich zusammen, sondern hebt sich vom Ich, vom Du, vom Wir, Ihr, Er, Sie, Es ab. Personalität ist eine Art »Zwischenzone«, ein Medium, eine vermittelnde Maske (Plessner 2019: 135).

Plessners Strukturformel lautet: Personen sind exzentrisch positioniert. Ex-Zentrizität meint eine Positionalität, in der man nicht nur ist/steht/lebt, sondern in der man in der Weise ist, dass man sich von außen in den Blick nimmt. Aber weil das zur Charakterisierung dieser Positionalität dazu gehört, ist dieser ›Standort‹, von dem aus exzentrisch Positionierte sich in den Blick nehmen, seinerseits nicht ortbar im Sinne von substantialisierbar. Es ist kein eigener Ort über oder neben der zentrischen Position, sondern ein Strukturmoment der exzentrischen Positionalität selbst. Daher kann man Exzentrizität sehr präzise auf die Formulierung ›sich mit anderen Augen sehen‹ bringen (Plessner 1982). Personen sehen sich und sehen sich zu und sehen, wie man sie auch, mit den Augen der Anderen, sehen könnte. Wegen dieses intrinsischen Sich-beim-Tun-Zusehen könnte eine Person das, was sie tut, auch in einem anderen Modus tun.[17] Schon an der Positionalität der einzelnen Person kann Plessner also ablesen, dass man Person nicht alleine sein kann. Insofern ist Exzentrizität das Charakteristikum einer »Lebensform« (s. o., Anm. 17; Plessner 2019: 129).

Es sei aber darauf verwiesen, dass dies eine spezifische, eine Herder'sche Lesart von Plessner ist, nämlich diejenige, dass Personen nicht nicht exzentrisch positioniert sein können. Die Alternative, dass Personen jederzeit die Option haben, sich exzentrisch zu positionieren, und dies ›normalerweise‹ durchaus tun, ist weit verbreitet, wird hier aber ausdrücklich bestritten. Das Anliegen dabei ist die Abwehr jeder Kulturkritik, auch noch in der Variante des Mängelwesens. Plessner besteht darauf, dass die Vorstellung schlicht »falsch« sei, dass der Mensch je natürlich gewesen sei, um dann kultürlich zu werden. Die Abwehr dieser Vorstellung ist ihm deshalb so wichtig, weil sie oft die Grundlage der Vorstellung war, dass der Mensch in der Kultur ein entfremdetes Leben führe und er zu einer ursprünglichen bzw. authentischen Natürlichkeit zurückkehren möge oder müsse, ggf. auf einem höheren Niveau. Prominent ist diese Vorstellung in der Figur des christlichen Sündenfalls, der Vertreibung aus dem Paradies und einer verheißenen Erlösung manifestiert. Dagegen bleibe festzuhalten, dass die Natürlichkeit des Menschen »immer eine sekundäre Natürlichkeit gewesen [ist], eine, die ihm nur dank seiner künstlichen Fähigkeiten gewährt wird« (Plessner 2019: 128). Insofern kompensiert seine Kultürlichkeit auch keinen Mangel, weil auch in dieser Vorstellung unterstellt ist, dass die Kultürlichkeit zu einer irgendwie ursprünglich gegebenen Natürlichkeit hinzukommt. Stattdessen ist Exzentrizität durch »natürliche Künstlichkeit« (Plessner 1928: Kap. 7.3) charakterisiert. Die »notwendige Möglichkeit« (König) der Kulturalität mag ein Moment von »Zwang zur Kultivierung« (Plessner 2019: 129) haben, weil die Lebensführung des Menschen nicht nicht kultürlich sein kann, aber dies ist kein Zwang, Kulturalität einer vermeintlichen Natürlichkeit abzuringen und insofern allererst herzustellen. Insofern er sein Leben immer schon kultürlich führt, ist der sog. Zwang zur Kultivierung eine Offenheit der Gestaltung. In diesem Sinne mag man eine Art auf Dauer gestellte Unruhe konstatieren, die freilich im Einzelfall auch die Form annehmen kann, sich mit dem bestehenden Modus der Kulturalität zu beruhigen. »Aber der Zwang zur Kultivierung als solcher liegt in der vorgegebenen Lebensform, die das Menschenhafte des Menschen ausmacht. Daß es nicht zur Ruhe im Zyklus des ersten Bedürfnisses […] und seiner Befriedigung kommt, daß der Mensch etwas sein und tun will in Gebräuchen und Sitten, die ihm gelten, die einen Anspruch an ihn haben und die für ihn eben die spezifische Weise des Geltens, nicht des bloßen Seins besitzen, hat seinen Grund nicht im Trieb und nicht im Willen, sondern in seiner eigentümlichen Exzentrizität, in dieser merkwürdig vermittelten Unmittelbarkeit seiner Lebensform.« (Plessner 2019: 129)

Personalität kommt in der »Namengebung« zum Ausdruck. »Wir kennen keine menschlichen Sozialgefüge, deren Mitglieder nicht Namen haben.« (Plessner 2019: 135) – »Der Prozeß der Personifikation, den das Kind mit seiner Geburt beginnt, macht den Einzelnen für sich selber wie für die anderen zu einem Individuum, indem es Ansprechbarkeit durch den Namen erwirbt. Die Namengebung ist das Siegel seiner unteilbaren Einheit, seiner Individualität« (ebd. 139). – »Wir wissen, namenlos ist niemand« (ebd. 140).

Exzentrizität, Personalität und Mitweltlichkeit sind daher keine Inhaltsangaben, sondern Strukturbestimmungen: »Positional liegt ein Dreifaches vor: das Lebendige ist Körper, im Körper (als Innenleben oder Seele) und außer dem Körper als Blickpunkt, von dem aus er beides ist. Ein Individuum, welches positional derart dreifach charakterisiert ist, heißt *Person.*« (Plessner 1928: 293) – »Mitwelt ist die vom Menschen als Sphäre anderer Menschen erfaßte Form der eigenen Position. Man muß infolgedessen sagen, daß durch die exzentrische Positionsform die Mitwelt gebildet und zugleich ihre Realität gewährleistet wird. [...] Die Existenz der Mitwelt ist die Bedingung der Möglichkeit, daß ein Lebewesen sich in seiner Stellung erfassen kann, nämlich als ein Glied dieser Mitwelt. [...] Die Mitwelt *trägt* die Person, indem sie zugleich von ihr getragen und gebildet *wird*« (ebd. 302 f.).

Personalität als Exzentrizität ist, zusammenfassend, durch eine doppelte Triplizität charakterisiert. Erstens führt die Rede von »Person« begriffsgeschichtlich und systematisch drei (gegenläufige) Aspekte zusammen: Personalität ist zum einen etwas, worin die als frei geltenden Teilhabenden am Sozialen alle gleich sind – heutzutage z. B. in der Bedeutung der *Rechtsperson* aufbewahrt oder auch in der alltäglichen Bedeutung, dass ein Fahrstuhl für 15 Personen zugelassen sei – Personalität als Allgemeines. Zum zweiten steht Personalität für *Rollenspiel*, also für den Umstand, jene Statusgleichheit in je besonderer Rolle zu realisieren – Personalität als Besonderes bzw. Typisches. Zum dritten steht Personalität/Persönlichkeit für die unhintergehbare und unaustauschbare Individualität, also für Würde – Personalität als Einzelnes und damit als Gegenbegriff zum »Exemplar«. Zweitens ist exzentrische Positioniertheit eine dreifache, die dadurch Personalität charakterisiert: als Körper, im Körper und außer dem Körper als ortloser Blickpunkt (s. o.).

Eine personale Welt ist damit eine personal miteinander geteilte Welt, eine Mitwelt, an der die drei Aspekte der Mit-, Außen- und Innenwelt unterscheidbar sind. Dass *Mitwelt* einerseits Gegenbegriff zu Außen- und Innenwelt ist und zugleich übergreifend über sich und seine beiden Gegenbegriffe, ist das, was exzentrische Positionalität ausmacht. Diese Strukturangabe »dieser Welt des *Geistes*«

(Plessner 1928: 303) ist das, was allen Personen gleich gemeinsam ist; aber gerade nicht als Schema, sondern als Welt mit einem Feld von personalen Positionen als Basis, die je individuell, also namentlich besetzt sind.

Exzentrisch positionierte Personalität als eine »Zwischenzone« (Plessner, s. o.), als ein Medium zu begreifen, ist eine entscheidende Gemeinsamkeit mit Kurt Röttgers (2012), der das Soziale als »kommunikativen Text« bestimmt und diesen wiederum als »Zwischen«. Diese Gemeinsamkeit sorgt für viel Übereinstimmung, auch und gerade in wichtigen Abgrenzungen. Die Rede von Gesellschaft als Medium sorgt z. B. dafür, dass die Vorstellung außer Kraft gesetzt ist, Gesellschaft bestehe aus Akteuren oder Menschen oder Personen, weil diese Vorstellung untrennbar mit der Vorstellung verknüpft ist, dass die Verhältnisse zwischen solchen Akteuren das Ergebnis einer sekundären, hinzukommenden Auftragsarbeit sind. Gesellschaft dagegen als Medium zu konzipieren macht, dass Gesellschaftsmitglieder nur in ihren Verhältnissen miteinander das sind, was sie sind, nämlich Mitglieder einer Gesellschaft. Gleichwohl sollte diese Gemeinsamkeit nicht einen entscheidenden Unterschied überdecken. Das Personale ist nicht lediglich ein Feld von Positionen (Röttgers), sondern ein Feld von Positionen, die namentlich besetzt sind (Plessner). Röttgers macht geltend, dass es arbiträr ist, wer in welcher Situation welche Position besetzt. Das ist in der Sache und auch für Plessner klar, denn niemand ist auf nur eine Rolle, geschweige auf seine, festgelegt. Deshalb ist, pars pro toto, auch mein Vater gelegentlich mein bester Freund – ob das auch gut so ist, steht jetzt nicht zur Debatte. Röttgers aber schließt daraus, dass es beliebig sei, wer die Positionen des Sozialen besetze. Das wiederum ist mitnichten selbstverständlich, sondern das ist die strukturalistische Lesart von Relationalität, die die Bestimmtheit der Position ausschließlich als Schnittpunkt definiert. Diese Lesart ist hilflos gegenüber dem Umstand, dass je historisch konkret nur *bestimmte* Entitäten überhaupt in Frage kommen, solche Positionen zu besetzen. In Sklavenhaltergesellschaften etwa kommen Sklaven erst gar nicht in Frage, als Person zu gelten. Für eine strukturalistische Lesart ist dieser Umstand eine Art empirischer Zufall, nicht aber eine Charakteristik der Struktur von Sklavenhaltergesellschaften. Die strukturalistische Lesart postuliert formalistisch ein inhaltsleeres Relationengebilde. Dagegen hatte Josef König bereits 1926 festgehalten, dass das in der Sache schlicht nicht stimmt: »N. Hartmann bezeichnet [in Logos III, H. 2 (1912), S. 146; gegenüber der Angabe von König korrigiert] treffend die einzelne Kategorie als den positiv genommenen Schnittpunkt vieler möglicher Relationen im Denkbaren. [...] Nur ist hinzuzufügen, was Hartmann hier übersieht, daß der Begriff zugleich auch ein qualitativ Einmaliges, Diskretes ist, das nicht lediglich durch seine Stellung zu anderen, sondern auch durch eine unverlierbare eigene Nuance zu diesem Bestimmten wird, sonst gäbe es, in abstrakter Bestimmtheit gefaßt, nichts, was ihn von einer Raumfigur z. B. trennte.« (König 1926: 45) Nur zwischen unverlierbaren eigenen Nuancen kann es nicht-formalistisch gedachte, also sozusagen substantielle Relationen geben. Deshalb: Das Feld der Positionen ist je schon nicht-beliebig besetzt, was selbstverständlich verträglich mit der Position ist, dass es arbiträr ist, wer aus dem Kandidatenkreis je konkret welche Position besetzt. Dieser Raster-Charakter (Butler 2010) eines Felds von Positionen ist also eine Aussage zu dem Kreis von nicht-beliebigen Kandidaten, der für die Besetzung der Positionen in Frage kommt – nicht weniger, aber auch nicht mehr. Plessners Rede von Namen als Titel für eine »unteilbare Einheit« behauptet z. B. gerade nicht irgendein Mit-sich-identisch-Sein dieser unteilbaren Einheit – plakativ gesagt: Auch eine noch so gespaltene oder in sich zerrissene Persönlichkeit gilt als einmalige und unaustauschbare Person. Der Name bezeichnet *diese* Dimension der Einmaligkeit eines Würdigen – als Gegenposition zu »Exemplar«. Dass Personen dann unergründlich sind und insofern auch nicht durch ihren Namen festgelegt sind, widerstreitet nicht der These, dass keine Person namenlos ist. Eine Person hat irgendeinen Namen, sie gehört zum Kandidatenkreis der Nicht-Exemplare, um dann ernsthaft und weniger ernsthaft mit und in dieser namentlich gekennzeichneten Rolle spielen zu können, auch mit dem Namen. *Diese* Dimension der Unergründlichkeit und Nicht-Festgelegtheit von Personen, auch und gerade nicht auf *einen* Namen, hat Röttgers (2021) überzeugend an den literarischen Beispielen Peter Bichsel und Samuel Beckett herausgestellt.

Deshalb gilt beides zugleich: »Namenlos ist niemand«, der*die als unaustauschbar einmaliges Würdewesen gilt – aber gerade das zeichnet Unergründliche aus, die deshalb nicht an einen Namen gefesselt sind. Im Zweifel kann eine Person deshalb z. B. insistieren, Stiller gar nicht zu sein (Frisch 1954). Achille Mbembe (2017: 82, 94, 112) fügt dem einen weiteren Aspekt hinzu: Man kann auch Exemplare benennen. Das tut so, als seien sie Individuen. De facto sind solche Namen dann aber Nummern, bar jedes Individualitätsverweises.[18] Wenn derart »alle Namen ihre Vornamen verloren haben, gibt es auch keinen Namen mehr für das Skandalöse, keine Sprache mehr für das Schändliche, denn fast nichts hat mehr Bestand außer dem Rotz, der zäh und eitrig aus den Nasenlöchern fließt, auch wenn man kaum nießen muss, und nichts hilft mehr, auch nicht der Appell an die Vernunft [...]« (ebd. 112 f.). Das macht auch kenntlich, dass die Welt des Sozialen nicht identisch ist mit der Mitwelt. Auch unseren Haustieren geben wir (oft) einen Namen, und das nimmt ihnen den Status, ein Exemplar zu sein. Sie sind eines *von* uns und bewohnen damit die Welt des Sozialen. Aber Haustiere haben keinen Nachnamen; sie sind nicht im Status des Citoyens, sie gelten nicht als Person gleicher Freiheit, Rechte und Würde. Im Zweifel schläfern wir sie ein. Insofern sie einen Namen tragen oder doch tragen könnten, ist Tierquälerei verboten; aber es gibt keinen Tatbestand der Folter von Tieren, da sie nicht in der Mitwelt leben. Sie sind nicht *wie* wir, weil sie – völker- und verfassungsrechtlicher Stand heute – nicht zu den Kandidaten gehören, die sich in einem republikanischen Wir-über-uns zu Würdewesen deklariert haben. Es ist freilich nicht trivial, die aktive Sterbehilfe von dem Vorgang des Einschläferns zu unterscheiden und den Unterschied praktisch zu gewährleisten. Die einfachste ›Lösung‹ ist, aktive Sterbehilfe als mit der Würde von Personen unvereinbar zu verbieten.

2.2 Sinnhafte Welten vs. asinnhafte Umwelten

Der Unterschied zwischen den Sphären der zentrisch und der exzentrisch positionierten Wesen ist ein Unterschied »nach dem Prinzip der Reflexivität«: In der Sphäre der Exzentrizität ist »das, was auf der Tierstufe [will sagen: in der Sphäre der zentrischen Positionalität] das Leben nur ausmacht, noch in Beziehung zum Lebewesen« gesetzt (Plessner 1928: 291; vgl. Schürmann 2002: 100–107).

Diese Reflexivität dokumentiert sich in den typischen Charakterisierungen: Personen verhalten sich in ihrem Verhalten zu diesem Verhalten; ›Personen leben ihr Leben, *indem* sie ihr Leben führen‹ (Plessner 1928: 309 f.); der exzentrisch Positionierte »lebt und erlebt nicht nur, sondern er erlebt sein Erleben« (ebd. 292). Terminologisch kann man das als den Unterschied zwischen *Welt* und *Umwelt* fassen: Ein personales Leben zu führen heißt, ein Leben in einer *Welt* zu leben, während zentrisch Positionierte ihr Leben in einer *Umwelt* leben. In einer Welt im Tun einen exzentrischen Blick auf dieses Tun zu werfen heißt, dieses Tun im Tun zu vergegenständlichen, was heißt, es als *bestimmtes* Tun, als Dieses-und-nicht-jenes-Tun zu nehmen. Mit Plessner gesagt: Personales Tun ist das Realisieren der »Fähigkeit, Realitäten, d.h. eigenständiges, in sich ruhendes Sein zu erfassen, eine Fähigkeit, die gleichursprünglich zum Bewußtsein seiner selbst, zum Erlebnis der Lebendigkeit im Hier, wie zum Bewußtsein fremder Objekte im Dort führt« (Plessner & Buytendijk 1925: 114). Eine personale Welt ist, im Unterschied zu Umwelten, durch »Geistigkeit, Menschlichkeit, Freiheit« charakterisiert, wobei »Geist die Fähigkeit der Abstandnahme [bedeutet] und nur in der Abstandnahme zu ihr wird menschliche Umwelt zur Welt von sachlichem Charakter« (Plessner 1946: 64). Jene Vergegenständlichung, jenes Fassen von in sich ruhendem Sein, jene Sachlichkeit des abständigen Verhaltens nimmt alle »geistigen Kräfte des Gedankens und Herzens« in Anspruch und macht aus, »zu allem eine sachliche, eine hingebende Beziehung zu finden« (ebd.). *Geist* ist hier nicht *mind*, sondern eher *spirit*: Geist ist dasjenige Spezifikum, das eine personale Welt charakterisiert und an dem die in ihr lebenden Personen als miteinander Geteiltes teilhaben. Abstandnahme zu sich, Geistigkeit, ist mithin keine Fähigkeit der einzelnen Person, sondern eine Vermitteltheit durch und in der Mitwelt, eine Vermitteltheit im Verhältnis der Person zu sich, zum Außen, zu anderen Personen: »Die Mitwelt *trägt* die Person, indem sie zugleich von ihr getragen wird. Zwischen mir und mir, mir und ihm liegt die Sphäre dieser Welt des *Geistes*. […]; so beruht der geistige Charakter der Person in der Wir-form des eigenen Ichs […]. Wir, d.h. nicht[!] eine aus der Wirsphäre ausgesonderte Gruppe oder Gemeinschaft, die zu sich Wir sagen kann, sondern die damit bezeichnete Sphäre als solche ist das, was allein in Strenge Geist heißen darf. Denn in Reinheit gefaßt, unterscheidet sich Geist von Seele und Bewußtsein« (ebd. 303).

Hier von einer Welt *des Geistes* zu sprechen – in Kombination damit, eine *Stufen*theorie des Organischen und des Menschen vorzulegen (dazu Wunsch 2013) –, lädt zu Missverständnissen ein. Solche Redeweisen suggerieren in schlechter Tradition, dass eine geistige Stufe additiv zu den unteren Stufen des ›bloß‹ Organischen hinzukommt, um sich darüber zu erheben. Eine Stufung nach dem Prinzip der Reflexivität unterläuft diese Vorstellung, denn das qualitativ Neue der je höheren Stufe ist nicht ein ganz Anderes, sondern ein qualitativ anderer Modus als der, in dem sich die Prozesse der reflektierten Stufe vollziehen – sie nehmen das Alte gleichsam mit und »heben es auf«. Jene schlechte Tradition lebt z. B. in der Vorstellung fort, man könne die Umweltgebundenheit des Tieres in einen ausschließenden Gegensatz zur Weltoffenheit des Menschen bringen. »So einfach ist die Sache aber nicht.« (Plessner 2019: 90; vgl. Plessner 1961: 182) Umwelten sind durchaus offener, als in jenen Vorstellungen suggeriert wird, denn die *biologische* Kategorie der Intelligenz (vgl. Plessner 1946: 55) schafft mehr Spielraum, als die Vorstellung einer strikt mechanischen Determiniertheit zulässt, da intelligentes Verhalten »für Korrekturen durch Erfahrung offen ist« (ebd. 56); und umgekehrt: Personale Welten sind und bleiben umweltgebunden, bei Strafe der Vorstellung, die vitale Seite des Menschen sei lediglich der Träger, der durch die Exklusivität seiner Sonderstellung überformt würde. Diese Differenz zwischen einer vermeintlich ungebundenen und einer umweltgebundenen Weltoffenheit ist ein Unterschied ums Ganze des Freiheitsbegriffs. Lebten wir in einer ungebundenen Weltoffenheit, wäre Freiheit identisch mit Willkürfreiheit und bestünde darin, tun und lassen zu können, was ich, du oder wir wollen. Freiheit in einer umweltgebundenen Weltoffenheit ist dagegen die Macht der (Um-)Gestaltung dieser Welt.

Vergegenständlichendes Tun in einer so verstandenen umweltgebundenen Weltoffenheit meint, wie gesagt, sich in diesem Tun zu diesem Tun als bestimmtem Tun, als diesem-und-nicht-jenem, zu verhalten. Die geistige Abständigkeit *ist*, dass personales Tun dieses-und-nicht-jenes *bedeutet*, dass es den Sinn x-und-nicht-y hat. In diesem basalen Sinn ist eine personale Welt eine Welt von

Sinn-Unterschieden, die nicht im Tun ex nihilo geschaffen werden, sondern die gleichsam bereit liegen und im Tun modifizierend oder bestätigend artikuliert werden. »Der Geist reicht weiter als Zweckmäßigkeit und Zielstrebigkeit. Er fällt mit dem Bereich zusammen, in dem es überhaupt möglich ist zu sagen, daß etwas wertvoll oder wertlos ist. Dies ist die Sphäre des Sinnes.« (Plessner 1923: 150) Personen werden in die Kultur, die sie gestalten, hineingeboren (zum Erbecharakter von Kultur vgl. Orth 2018). Demgegenüber sind die Umwelten zentrisch positionierter Wesen asinnhaft. An dieser Stelle kann die Philosophie Plessners mit Gewinn in die Tätigkeitstheorie Leont'evs übersetzt werden (und umgekehrt). Leont'ev nämlich macht geltend, dass Personen niemals nur in einer vierdimensionalen Welt von Raum und Zeit leben, sondern von vornherein in einer fünfdimensionalen, nämlich aufgespannt durch die vier Dimensionen von Raum und Zeit und der »fünften Quasidimension« der Bedeutungen: »Auf den Menschen, das Bewußtsein des Menschen zurückkommend, muß ich noch einen Begriff einführen – den Begriff von der *fünften Quasidimension*, in der sich dem Menschen die objektive Welt enthüllt. Das ist das ›semantische Feld‹, das System der *Bedeutungen*. Die Einführung dieses Begriffs verlangt eine nähere Erläuterung. Tatsache ist, daß ich, wenn ich einen Gegenstand wahrnehme, diesen nicht nur in seinen räumlichen Dimensionen und in der Zeit, sondern auch in seiner Bedeutung wahrnehme. Wenn ich beispielsweise auf die Armbanduhr schaue, dann habe ich, genau genommen, kein Abbild der einzelnen Merkmale dieses Gegenstands, ihrer Summe, ihrer ›assoziativen Menge‹. Darauf gründet sich, nebenbei gesagt, auch die Kritik an den assoziativen Wahrnehmungstheorien. Es genügt auch nicht zu sagen, daß bei mir vor allem ein Bild ihrer Form entsteht, wie die Gestaltpsychologen behaupten. Ich nehme nicht ihre Form wahr, sondern den *Gegenstand, der eine Uhr ist*.« (Leont'ev 1982: 8)

Das für Plessner systematisch bedeutsamste Moment personaler Welten und personaler Lebensführung ist deren Unergründlichkeit. Bereits 1925 ist das deutlich ausgesprochen, aber noch nicht auf die Sinn-Dimension personaler Welten zugespitzt: »Nur die menschliche Umwelt ist eine Dingwelt von eigenem Gewicht, mit eigener, dem Betrachter teilweise verborgener Tiefe, mit vielleicht mehr Seiten, als uns gegeben sind. Diese Welt ist von einem Horizont umschlossen, nämlich als Gegebenheit plus einen nicht aktuellen Ungegebenheitsrest, eine Welt von Eigenschaften, die jedem Ding auf seine Weise, individuell angehören. […] So steht er in einer Umwelt, die nach der Ichseite wie nach der Esseite aufgebrochen in die Unendlichkeit einer ›Welt‹ weist.« (Plessner & Buytendijk 1925: 114) 1931 wird er in *Macht und menschliche Natur* mit expliziter Bezugnahme auf Georg Misch die Unergründlichkeit nicht nur als Prinzip der Personalität formulieren, sondern diesem Prinzip im Einklang mit Misch eine anti-romantische Fassung geben: Die *Verbindlichkeit* der Unergründlichkeit meint nicht, dass etwas niemals vollständig ergründet werden kann, sondern postuliert, dass Exzentrizität unergründlich ist (vgl. Plessner 1931, Schürmann 2014: Kap. 1; s. u., Kap. 4).

Vielleicht einer der markantesten Punkte der Exzentrizität ist die spezifische Zeitlichkeit der Lebensführung. Personales Leben ist im *Augenblick* verankert, nicht im »abstrakten«, vermeintlich rein punktuellen Jetzt (vgl. Plessner 1928: 180; Krüger 2019: 179). Augenblicklichkeit ist eine Weise von Gegenwart, ›in der die Zukunft Herkunft hat‹ (Marquard 1988/91). Dies als Grundlage einer gewissen revolutionären Unruhe in eine bessere Zukunft hinein (Bloch 1959); aber auch eines orientierenden Geschichtsbewusstseins, also der »Fähigkeit der Erinnerung als eines freien Verhältnisses zu seinem Gedächtnis. Erinnerung als Rückwendung ist eine besondere Art der Abwendung von der aktuellen Umwelt« (Plessner 1946: 64f.), die zentrisch positionierten Lebewesen versagt ist. Oder auch: »Erinnerung (reminiscentia) ist nicht Gedächtnis (memoria).« (König 1937: 174, Anm. 1) Dies als Kontrapunkt zu Milo Raus Charakterisierung momentan herrschender »totaler Gegenwart«, einer Inszenierung von Gegenwart als abstraktes Jetzt, das keine Herkunft und Zukunft mehr kennt (Rau 2023; s. u., Kap. 5.3).

2.3 Personen, Menschen, soziale Akteure

Weil Person ein Statusbegriff ist, ist *Person* weder synonym mit *Mensch* noch mit *sozialer Akteur*. *Mensch* ist der Titel für ein Mitglied einer biologisch bestimmten Gattung; *sozialer Akteur* ist der Titel für einen Teilnehmer der Welt des Sozialen, grob gesprochen also Eine*r von uns. Es sind also drei verschiedene Bedeutungen: die biologisch bestimmte Gattung Mensch, die soziologisch bestimmte Welt des Sozialen und der Statusbegriff mitweltlicher Personalität. Zu unserer Geschichte gehört, dass der Umfang dieser Begriffe traditionell nicht übereinstimmt. Traditionell ist es *nicht* so, dass alle Menschen Personen sind, sondern nur ganz bestimmte Menschen sind Personen, nämlich die, die als freie Bürger gelten. Aber nicht nur Menschen konnten Person sein – beispielsweise galt der christliche Gott als Person, gar in einem eminenten Sinne. Es gibt auch keine Identität von Person und sozialer Akteur, denn es ist nicht so – ganz im Gegenteil –, dass nur Personen soziale Akteure sind. Frauen und Sklaven hatten über Jahrhunderte keinen Person-Status als kategorisch Freie, waren aber gleichwohl sowohl Menschen als auch soziale Akteure. Das ist keineswegs banal, denn nur aus dieser Differenz von *Person* und *sozialer Akteur* wird die Brisanz der Brecht-Frage deutlich, wer das siebentorige Theben baute. Es ist auch nicht so, dass nur Menschen soziale Akteure waren. Götter, Engel, Geister, Hexen konnten wie selbstverständlich in der Welt des Sozialen beheimatet sein, vom Teufel gar nicht zu reden, und Tiere wurden gelegentlich vor Gericht gestellt (Lindemann 2009: Kap. 3.1.3). Auch heute kann man trefflich darüber streiten, ob Haustiere oder Schoßhunde nicht auch Wesen sind wie Du und Ich. Immerhin bekommen auch sie oft einen Namen. Sogar Materie generell gilt in manchen Gegenden der Wissenschaftslandschaft, etwa bei Karen Barad (2003: hier 581), als »Agens«.

Der entscheidende historische Einschnitt in dieser Hinsicht sind die Bürgerlichen Revolutionen, also die Französische, die Amerikanische und die Haitianische. Dieser grundlegende Einschnitt manifestiert sich in den Menschenrechtserklärungen. In ihnen wird deklariert, dass nicht nur einige, sondern *alle* Menschen Personen sind und dass all diesen Personen ihr Status als Person fraglos und kategorisch zukommt. Diese Fraglosigkeit hatte Immanuel Kant mit der Unterscheidung zwischen unbedingter Würde und bedingtem Preis eingefangen, so dass bereits in den allerersten Menschenrechtserklärungen implizit gesagt wurde, dass alle Menschen fraglos und kategorisch Würdewesen sind. Nicht genauso explizit, aber genauso deutlich ist in diesen Erklärungen auch deklariert, dass *nur* Menschen Personen sind, weil nur noch Menschen als freie Akteure, die ihre Welt gestalten (»die ihre Geschichte selbst machen«), angesehen werden sollen. Tiere, Pflanzen, Denkmäler, Maschinen, Götter, Engel sind im Einzelfall hoch zu achten und gesetzlich zu schützen, aber sie zählen qua Deklaration nicht zu den Personen, und deshalb geben wir ihnen nicht denselben Schutzstatus der Würde. Auf der Mensch-Tier-Unterscheidung (als Fall der Unterscheidung Personen-Nichtpersonen) zu beharren, ist daher kein Fall von Tiere abwertendem Speziesismus, wie heute im Anschluss an Singer vielfach behauptet wird. Es ist wahrlich keine Abwertung von Tieren, dass Tierquälerei verboten ist – aber dies ist ein *anderer* Schutz als derjenige, dass wir uns Würde zusprechen (vgl. Krüger 2019: Kap. 8.4 [2014], S. 209 f.). Diesen Punkt hat Jürgen Habermas (2001: 68) im Blick, wenn er sich gegen die »kontraintuitive Überdehnung« verfassungsrechtlicher Begriffe richtet: »Menschen*rechts*verletzungen dürfen nicht zu Verstößen gegen *Wert*vorstellungen ermäßigt werden.« Umgekehrt steht die Rede von »Agency« in der ›Akteur-Netzwerk-Theorie‹ (vgl. Liburkina & Niewöhner 2017) und Barads Rede von der Materie als Agens in der Gefahr – erst recht dort, wenn diese Reden in einem sogenannten Neuen Materialismus allzu ungeschützt gefeiert werden –, diese Differenzen im Schutzstatus von Wesen zu bagatellisieren oder gar zynisch zu entsorgen. Die These, dass Dinge über eine eigene Aktivität verfügen, hat – wie man bei Donna Haraway (1988: 91–97, insbes. 92 f.) nachlesen kann – den guten Sinn, sie nicht als pures Rohmaterial unserer Aktivitäten herunterzuwirtschaften. Gleichwohl gelten Dinge nicht als in ihrer Würde zu schützende Personen, und es ist ein sehr merkwürdiges politisches Interesse, solcherart Differenzen im Schutzstatus, denen man auf »humaniste[n] Umlaufbahnen« glücklicherweise noch begegnet, »drastisch« infrage zu stellen (Barad 2003: 577 f.). Mit solchen politischen Interessen des Neuen Materialismus soll hier entschieden gebrochen werden. Vielleicht kann man dann das Festhalten an solcherart Humanismus so ausdrücken, dass das Feld der Personalität die »Basis« der Welt des Sozialen ist.[19]

Zum Konzept der Menschenrechte gehört freilich das Recht auf Eigentum dazu, und dies ist ein systematischer und praktisch-politischer Sprengsatz, denn man kann sehr ernsthaft zu bedenken geben, ob Eigentum nicht Diebstahl ist (Pierre-Joseph Proudhon). Und zum Konzept der Menschenrechte gehört auch die Haitianische Revolution, die geltend gemacht hat, was die Französische und die Amerikanische Revolution zwar deklariert, dann aber faktisch bestritten haben: dass die Grenze zwischen Personen und Nicht-Personen keineswegs innerhalb der Gattung Mensch verlaufen soll und darf – also z. B. nicht zwischen Personen und Sklaven (Sibylle Fischer 2001). Das ist konstitutiv für die Menschenrechtserklärungen und macht ihr Programm auch und gerade dort aus, wo Menschenrechte systematisch verletzt werden: Die Grenze zwischen Personen und Nicht-Personen hat nicht innerhalb der Gattung Mensch zu verlaufen – also auch nicht zwischen Personen und Frauen (Gouges 1791), nicht zwischen Personen und Menschen mit Behinderung (Graumann 2011) usw.

Eine personale Welt (= eine Gesellschaft = eine Kultur) ist in mehrfacher Hinsicht ein Lebensvollzug: i) Im Hinblick auf die jeweilige Welt gleichsam als Ganze, als gleichsam systemischer Zusammenhang, ist sie ein *gesellschaftlicher Lebensvollzug*, umfassend ein weltgesellschaftlicher Lebensvollzug. Hier geht es um die öffentliche Gestaltung der res publica, also der uns alle (in dieser Welt/Kultur) betreffenden Angelegenheiten. – *In* einer solchen personalen Welt kann man persönliches und gemeinschaftliches Leben unterscheiden: ii) Im *persönlichen Lebensvollzug* geht es – sei es im Schutz, sei es hinter den Mauern der Öffentlichkeit – um die private Gestaltung der je eigenen Angelegenheiten, also um Lebensführung; iii) im *gemeinschaftlichen Lebensvollzug* geht es um die gemeinsame Gestaltung von Interessen verschiedenster Art, in mehr oder weniger großer sozialer Nähe und Ferne, in Zweckverbünden, Organisationen, Vereinen, Nachbarschaften etc.

2.4 Verhalten als Benehmen

Bisher war die Bestimmung von Personalität, einschließlich ihrer philosophisch-anthropologischen Reformulierung als Exzentrizität, allein ein methodologisches Postulat. Der Stand der Begriffsgeschichte, einschließlich aller Vorbehalte gegen eine philosophische Anthropologie (z. B. als ahistorischer Wesenslehre des Menschen), erlaubt es nicht, unbekümmert noch eine weitere Bestimmung sei es des Menschseins, sei es von Personalität vorzulegen mit dem Appell, nun endlich die ›richtige‹ Bestimmung vorzulegen. Vielmehr bedarf es grundlegender methodologischer Vorüberlegungen, *wie* man überhaupt zu einer solchen Bestimmung kommen kann. Den Ausgang von der oben angegebenen Lesart von Personalität und deren Reformulierung gerade in der Philosophie Plessners zu nehmen gibt insofern zunächst lediglich ein methodologisches Prinzip an, nicht aber eine Angabe dessen, was Personen oder auch Menschen *sind*. Die Angabe gerade dieser Lesart von Personalität ist belehrt durch die Begriffsgeschichte, genauer durch die begriffsgeschichtliche Weichenstellung zwischen Personalität als Statusbegriff einerseits und einer Locke'schen Traditionslinie andererseits, die Personalität an ein diskriminierendes Merkmal (man streitet dort, welches das sein mag) bindet. In Locke'scher Tradition (exemplarisch Sturma 2010; dagegen Borsche 2005) ist theoriearchitektonisch abgesichert und pseudolegitimiert, dass lebendige Wesen eine »Aufnahmeprüfung« (erlassen bekommen oder) bestehen müssen, um in den Kreis der Personen aufgenommen zu werden (Stekeler-Weithofer 2002: 22): sie müssen empirisch über jenes diskriminierende Merkmal verfügen. Das wiederum ist mit der politischen Errungenschaft der Bürgerlichen Revolutionen, dass alle Menschen fraglos als Personen zu gelten haben, unvereinbar. Demgegenüber hat die Angabe gerade von Exzentrizität die von Plessner selbst und in seiner Wirkungsgeschichte angegebenen methodologischen Vergewisserungen hinter sich, um nicht zu einer unbekümmerten ›Wesens‹-Angabe zu geraten.

Die wichtigste Konsequenz ist, dass Personalität und Exzentrizität *kategoriale* Angaben sind, die als solche gerade neutral sind gegenüber einer Antwort auf die Fragen, *wer* als Person bzw. *wer* als Mensch zählt. Als methodologisches kategoriales Prinzip postuliert es vielmehr umgekehrt, dass man irgendein solches Prinzip bereits in Gebrauch nimmt und nehmen muss, um Personen von Nicht-Personen bzw. Menschen von nicht-menschlichen (Lebe-)Wesen zu unterscheiden. Die Behauptung der Umfangsgleichheit von Personalität und Exzentrizität einerseits und »alle Menschen und nur Menschen« andererseits kann man aus den kategorialen Angaben als solchen nicht herausklauben; vielmehr handelt es sich dabei um historisch und kulturell geprägte Festlegungen. Freilich handelt es sich dabei nicht lediglich um machtvoll eingerichtete Dezisionen, da solcherart Festlegungen politischen Erfahrungen und politischen Kämpfen gegen Unfreiheit, gegen Ungerechtigkeit und gegen die Antastbarkeit der Würde geschuldet sind. Zugespitzt formuliert: Mit der Strukturangabe *Exzentrizität* ist mitnichten ausgeschlossen, dass auch der christliche Gott exzentrisch positioniert ist: dass er in all seinem Tun einen Blick auf dieses Tun wirft. Oder anders formuliert: Exzentrisch positionierte Wesen müssen nicht zwangsläufig auch *leibhaftige* Personen sein.

Plessner jedoch kennt, im Unterschied etwa zu Max Scheler, ausschließlich leibhaftige Personen (vgl. Schürmann 2021). Er benötigt also eine zusätzliche Bestimmung, um der zunächst strikt formalen Angabe der Exzentrizität eine *bestimmte* Materialität zu geben. Deshalb postuliert Plessner, dass Personalität an Leiblichkeit *gebunden* ist. Damit ist, wie schon gesagt, eine doppelte Abgrenzung formuliert: Weder kann man die Leiblichkeit aus strikt formaler Exzentrizität herausklauben, noch kann man die Leiblichkeit gewisser Wesen so lange analysieren, bis man zum Ergebnis kommt, sie seien exzentrisch positioniert (denn Exzentrizität ist eine *kategoriale* Form, die schon in Gebrauch ist, wenn man bestimmte Wesen und deren Leiblichkeit analysiert).

Diese Bindung von Personalität an Leiblichkeit ist zum einen Ausdruck der Moderne, in der nur noch alle Menschen, nicht aber Götter, Engel, Geister, ›intelligente‹ Maschinen, Tiere als Personen gelten (sollen). Insofern kann man sagen, dass das methodologische Prinzip der Exzentrizität in der Moderne durch eine politische *Deklaration* gebunden wird. Aber auch das wäre ›nur‹ ein Postulat, eine politische Forderung – von der man immerhin zeigen kann, dass sie keine bloße Dezision, sondern eine politische Errungenschaft ist. Plessners Anliegen ist aber darüber hinaus, dieses methodologisch-politische Postulat der Exzentrizität auch noch zu objektivieren – gleichsam als Selbstanwendung der Strukturangabe personaler Welten, durch Vergegenständlichung, durch abständige Sachlichkeit charakterisiert zu sein (s. o.).

Exzentrizität ist dann nicht nur, der Moderne entsprechend, qua Deklaration an Leiblichkeit gebunden, sondern will zum anderen auch »eine in der Struktur der menschlichen Sphäre« gegründete anschauliche Gewissheit (vgl. Plessner & Buytendijk 1925: 117). Plessner fordert, dass sich kategoriale Formate »an dem Realen aussprechen und bemerkbar« machen müssen (Plessner 1928: 128; vgl. auch Krüger 2019: 178). Damit sind kategoriale Formate gleichsam mehr als bloße Formalia. Als Formate fungieren sie i) »wie eine Kategorie, wie eine Anschauungsform«, weil und insofern sie sich »weder dem Objekt noch dem Subjekt zuteilen [lassen], sondern durch ihre subjektiv-objektive Indifferenz die Einheit der Erfahrung mit den Gegenständen der Erfahrung [garantieren]« (Plessner & Buytendijk 1925: 122); ii) ist ihre ihnen eigene Materialität der Gebundenheit an ein Politikum[20] geschuldet; iii) ist ihr Erfahrungsgehalt ausweisbar, etwa in der Anschauung. Solcherart erfahrungsgegründete materiale Transzendentalien (= kategoriale Gehalte) kommen damit dem sehr nahe, was Ernst Bloch »Kategorien als Daseinsformen« nennt (Bloch 1959: 266), was im Anschluss an Michel Foucault »Dispositiv« oder mit Judith Butler »Raster« heißt.

Als Zugang zu dieser Erfahrungsgegründetheit kategorialer Formen wählt Plessner die phänomenologische Methode.[21] In der Anschauung gegeben zu sein, heißt dann, am Phänomen einzusetzen, »wie es im vorproblematischen Leben da ist« (Plessner & Buytendijk 1925: 76; vgl. Plessner 1928: 23). Da es aber um die Erfahrungsgegründetheit von kategorialen Gehalten geht, betonen die Autoren sofort, dass dafür die phänomenologische Methode nicht ausreicht: »Hat sie also sorgsam darauf zu achten, die Nähe zur Sache sich nicht durch Theorien über die Sache, und mögen sie noch soviel wissenschaftlichen Wahrheitsgehalt besitzen, verderben zu lassen, so darf sie doch nicht in der Freude der Anschauung verlorengehen.« (Plessner & Buytendijk 1925: 76) Die Philosophie habe »immer die Aufgabe, zu den Urphänomenen weiterzustreben, was allerdings auf rein phänomenologische Weise nicht mehr gelingt« (ebd.). Aus gleichem Grund[22] habe ich daher hier die Reihenfolge der Darstellung umgekehrt: Zunächst die Strukturangaben der Personalität und Exzentrizität als methodologisches Postulat, das *dann* als politisch gebunden *und* als erfahrungsgesättigt aufgezeigt wird.

Die »Struktur der menschlichen Sphäre«, in der die gesuchte anschauliche Gewissheit zu finden sein muss, zeigt sich für Plessner (und Buytendijk) als »Schicht menschlichen Verhaltens« (ebd. 117). Das Anliegen dieses gemeinsamen Aufsatzes liegt darin, diese »Schicht des Verhaltens« (ebd. 77–89) strikt anschaulich, also diesseits aller alltagstheoretischen und wissenschaftlichen Erklärungen, zu bestimmen – in sogenannter »psychophysischer Indifferenz«. Im Ergebnis laufe das darauf hinaus, dass uns lebendige Wesen in spezifischer Weise, also anders als z. B. anorganische Körper, in der Anschauung gegeben sind. »Man wird sich diese anschauliche Einsicht auch so vergegenwärtigen können, wenn man sagt, daß wir primär Tiere und Menschen als ›sich verhaltende‹ und nicht als bloß Bewegungen ausführende Lebewesen wahrnehmen« (ebd. 82).

Wie kommen die Autoren nun zu diesem Ergebnis? Der Einsatzpunkt liegt darin, dass die Bewegungen von Lebewesen in einem bestimmten Sinne ganzheitlich, als Bewegungsgestalt, erscheinen. Diese »dynamische Gestalt« sei wohl auch experimentell nachweisbar, aber das ist dort ein Hilfsargument als Verweis auf eine nötige »Beobachtungskontrolle« (Plessner 1928: 69), um das anschaulich Gegebene nicht als bloße Einbildung abtun zu können. Anschaulich gegeben sei ein Verlauf »nach einheitlichem Rhythmus«, der nicht »stückhaft abrollt«, also so, als sei seine »Phasenfolge aus einzelnen Elementen assoziiert«; anschaulich gegeben sei kein »Zeitmosaik«, sondern eben eine gewisse »Ganzheit« (Plessner & Buytendijk 1925: 77 f.). Daraus folgt, dass uns Bewegungsgestalten primär bildhaft gegenwärtig sind und dass die Zerlegung dieses Bildes in Aufbauteile sekundär ist. Das wiederum gibt einen Hinweis auf einen anschaulich gegebenen Unterschied zwischen anorganischen Körpern und organischen Leibern: »Das Kind, das gehen lernt, macht nicht einen Kursus in Bewegungsphysiologie durch […], sondern versucht, seinen Leib als ein Ganzes in fortschreitende Richtung zu bringen« (ebd. 78; vgl. ebd. 84). Der zentrale Aspekt ist hier die anschaulich gegebene Gerichtetheit der leiblichen Bewegung auf eine Umwelt, also die »Umwelt*intentionalität* des Leibes« (ebd. 79). Insofern ist die lebendige Bewegungsgestalt mehr als eine bloße Gestalt, als sie eine gleichsam *gerichtete* Gestalt ist. Die Autoren sprechen daher mit v. Uexküll von einer »Bewegungsmelodie« (ebd. 78, Anm. 4).[23] Hier geht entscheidend ein, was *psychophysische Indifferenz* meint: Die *anschaulich* gegebene Bewegungsmelodie und der *anschaulich* gegebene ausführende Leib dieser gerichteten Bewegungsgestalt ist das, was im »vorproblematischen Leben« (s. o.) gegeben ist – eine Analyse der »Aufbauteile« hinsichtlich u. a. der Physiologie, der Physik, der Psychologie sei logisch sekundär, denn dort nimmt man die anschaulich gegebene Bewegungsmelodie gleichsam als »eine tote Melodie« (ebd. 79), die man zwar »vernehmen« und dann auch analysieren kann, mit der man aber nicht mehr mitgeht – »ganz so wie sie dem Unmusikalischen gegeben ist« (ebd.).

Hier wird schon durch die Metaphorik kenntlich, dass die Problematik einer *rein* phänomenologischen Methode wohl früher einsetzt, als Plessner hier noch zugesteht. Auch und bereits die Anschauung ist nicht in dem Sinne rein, dass sie die Phänomene einfach nimmt, wie diese sich vermeintlich bloß zeigen – auch Anschauung ist bereits in ein je bestimmtes Raster eingetragen (schon deshalb, weil sie durch eine phänomenologische Epoché ›bereinigt‹ ist). Einem Unmusikalischen ist auch anschaulich etwas anderes als einem Musikalischen gegeben. Was aber bleibt: Die Gegebenheit einer lebendigen Bewegungsmelodie in der Anschauung und der erklärende Blick auf die Aufbauteile der wahrgenommenen Gestalt sind zwei verschiedene Perspektiven, und der phänomenologisch-methodologische Appell besteht darin, hier der Anschauung einen Primat zuzubilligen. Dass es zwei (gleichermaßen mögliche und insofern gleichberechtigte) Perspektiven sind, ist aber auch für Plessner und Buytendijk klar. Denn sie beharren darauf, dass es Blicke auf dasselbige sind: Der anschaulich gegebene Leib und das zu erklärende »Körperobjekt« sind nicht zwei verschiedene Entitäten. *Leib* ist nicht einfach *belebter Körper* (vgl. auch Koßler 2004), sondern der Unterschied ist ein Unterschied der Perspektive: »Belebter Körper ist dabei nicht eine andere Realität als der Leib, nicht der Leib ›im‹ äußerlich erscheinenden Leib, er ist auch kein Abstraktionspunkt, ein künstliches Gedankending, nur ein Begriff oder eine Fiktion der Wissenschaft, sondern er ist diejenige einheitliche Eigenschaftsfülle, auf welche das Bedürfnis nach exakter Bestimmung den anschaulich gegebenen Leib reduziert.« (Plessner & Buytendijk 1925: 80)

Man mag also darüber streiten, ob die Perspektive der Anschauung einen Primat hat (s. u., Kap. 4); was aber bleibt, ist die (These der) Eigenbedeutsamkeit dieser Perspektive. Diese These wiederum ist aber zunächst kontraintuitiv, um dann genau deshalb auf den zweiten Blick zu zeigen, worin sie eigentlich besteht. Die Anschauung liefere nämlich einen objektivierten Befund – ein Charakteristikum der anschaulich gegebenen Bewegungsmelodie –, der aber nur in der Anschauung, also gleichsam für uns, objektiviert gegeben ist. Befund der Anschauung ist die, anschaulich gewisse, Feststellung eines *Modalcharakters* einer gerichteten Bewegung und also *nicht* ein subjektives Zusprechen einer solchen Modalform in der Weise einer »anthropomorphe[n] Kryptopsychologie« (ebd. 80 f.).

Die Eigenbedeutsamkeit der Perspektive der Anschauung besteht damit darin, dass diese Dimension der psychophysischen Indifferenz die naheliegenden Optionen aushebelt, der Modalcharakter einer Bewegung sei entweder ontisches Merkmal der Bewegung oder aber subjektive Zuschreibung. Anschaulich gewiss ist vielmehr ein psychophysisch Indifferentes, das nur bezüglich auf uns (oder auf ein *man*) objektiviert ist – und es ist gewiss »merkwürdig, daß die eigentlich unsichtbaren Verhältnisweisen von Leib und Umgebung anschaubar sind« (ebd. 81). Die Eigenbedeutsamkeit dieser Perspektive gründet in jenem Unterschied, eine Melodie oder eine gleichsam tote Melodie wahrzunehmen, also entweder eine ›Ganzheit‹ oder die Vielheit der Komponenten; für einen (vorsichtig zu formulierenden) Primat dieser Perspektive spricht die ›Lebendigkeit‹ dieser ›Ganzheit‹, also der Verweis auf jenes Mitgehen mit einer Melodie, im Unterschied zu ihrem bloßen Vernehmen. Das übersteigt allerdings schon die reine Anschauung hin zu einem Zusammenhang von Anschauung und Motorik. Plessner und Buytendijk (1925: 81) verweisen auf eine gemeinsame Teilnahme an gewissen Verhältnisformen: »In verschiedenem Grade, in verschiedener Art nehmen Mensch und Tier an der Sphäre der sensomotorischen Verhältnisformen teil, so daß ein Lebewesen das andere erblicken und anblicken, ergreifen und angreifen kann. Die Gegensinnigkeit der Leib-Umweltrelation ist dafür vielleicht ein nicht weniger wichtiges Merkmal wie ihre psychophysische Indifferenz.«

Für die Eigenbedeutsamkeit der Perspektive der Anschauung sind also die Melodiehaftigkeit der so gegebenen Bewegungsgestalt, die psychophysische Indifferenz und die Gegensinnigkeit von Leib und Umwelt maßgebend. Als viertes Charakteristikum nennen die Autoren dann die »Sinnhaftigkeit und Verständlichkeit« der anschaulich gegebenen Bewegungsmelodie (Plessner & Buytendijk 1925: 81; vgl. ebd. 83 f.). Das meint ausdrücklich nicht, dass jede lebendige Bewegung in ihrem Sinn positiv verstanden wird, denn selbstverständlich gibt es die Situationen des Missverstehens oder des ›Hier-noch-gar-nichts‹-Verstehens, aber die Anschauung verortet eine Bewegungsmelodie im Raum des Verstehbaren. Wir *erwarten* Verständlichkeit, und wir »sind enttäuscht, wenn es nicht gelingt« (ebd.).

Hier wiederholt sich noch einmal jene bemerkenswerte logische Mitte, den Modalcharakter einer Bewegungsmelodie in subjektiv-objektiver Indifferenz anschaulich gewiss zu verstehen: Anschauung ist bezüglich und nicht ›rein‹ objektiv, aber sie ist nicht subjektiv, sondern perspektivisch bzw. »aspektiv« (Plessner 1928: 83). Ihre Verständlichkeit ist bezogen auf *unsere* Erwartung, aber verständlich sind Anschauungsgehalte innerhalb einer bestimmten Sphäre geteilter sensomotorischer Verhältnisformen. So oder so: Sinnhafte Anschauung in einer Sphäre gemeinsam geteilter Verhältnisformen gibt uns die Erfahrungsgegründetheit der kategorialen Unterscheidung von bloßem Bewegen und Verhalten.

Sowohl Grund als auch Lackmustest des von Plessner und Buytendijk vorgelegten Konzepts des Sinn-Verstehens von Ausdrucksbewegungen ist das sogenannte Fremdverstehen, gewöhnlich als Problem des Verstehens fremder Psyche erörtert. Genau dagegen aber richtet sich der Ansatz: »Diesen Ansatz des Problems darf man nicht mitmachen.« (Plessner & Buytendijk 1925: 113) Stattdessen sei eben bei der Anschauung anzusetzen, in der Dimension der Indifferenz von Unterscheidungen, die für Erklärungen notwendig sind: »Zur Voraussetzungslehre der Verständlichkeit des mimischen Bildes des anderen Menschen ist die Brücke zum Psychischen als dem nur im Erlebnis bei sich selbst Faßbaren entbehrlich. Es genügt der Form- bzw. Gestaltcharakter *des Sichverhaltens* der Leiber.« (123; Hervorhbg. VS) Wenn man so will, ist der Verweis auf die Anschauung also eine Art Black-Box-Behaviorismus in einer Verstehenstheorie (statt in einer behavioristischen Theorie psychologischen Erklärens, die aus sachlichen und normativen Gründen anachronistisch geworden ist). Hält man sich an diesen Zugang über so verstandene Anschauung, dann kann man eine Maßangabe zu anschaulich gegebenem Verhalten, im Unterschied etwa zu anschaulich gegebenen bloßen Bewegungen, machen:

»Die Schicht des Verhaltens ist überall da gegeben, wo wir ein Benehmen feststellen, d. h. wo der lebendige Körper in seiner Haltung einen gestaltmäßigen und zugleich verständlichen, einheitlichen Bezug zur Umwelt äußert, wo also zum Habitus des Organismus die Möglichkeit und Tatsächlichkeit der Rücksichtnahme, einer variierbaren Einstellung auf die Umgebung gehört.« (Plessner & Buytendijk 1925: 114) Das sei, Stand damals, bei Tieren und Menschen, nicht aber bei Pflanzen der Fall. Hier zeigt sich noch einmal, dass sich Anschauung immer in ein bestimmtes Raster einträgt, was nichts am Argument ändert. Das Argument zielte auf gewisse anschaulich gegebene Bewegungsmelodien, nicht darauf, dass alle Tiere, aber keine Pflanzen solcherart Bewegungsmelodien zeitigen. Umgekehrt liegt die Härte des Arguments darin, dass man heutzutage gewissen Humanoiden wohl einen Leib zumuten müsste – es sei denn, man bestreitet eine Sphäre gemeinsam geteilter sensomotorischer Verhältnisformen.

Auf eine besondere, in der Sache entscheidende Akzentsetzung sei eigens hingewiesen. In der Anschauung ist erklärtermaßen eine Bewegungsmelodie, also eine Prozessgestalt, gegeben. Die hier mit Plessner vorgenommene Analyse des anschaulich Gegebenen nutzt aber ein gleichsam struktural-statisches Vokabular. Die Rede ist von einem *Verhältnis* Leib-Umwelt, von einer Gerichtetheit, von einer Gegensinnigkeit. Das zentrale Moment der Eigenbedeutsamkeit der Anschauung ist aber, dass das anschaulich gegebene Benehmen ein Vollzug ist (s. u., Kap. 4). Das herausgestellte gerichtet-gegensinnige Verhältnis der Umweltintentionalität des Leibes verweist zurück auf einen Prozess; jenes Verhältnis *besteht* also nicht einfach (um im Benehmen lediglich ratifiziert zu werden), sondern besteht nur im Vollzug. Dieser Unterschied ist entscheidend, denn er setzt alle Vorstellungen eines von Haus aus »harmonischen« Verhältnisses außer Kraft. Leib und Umwelt sind der Anschauung nicht vor-gegeben, um dann, logisch sekundär, durch ein fixes Verhaltensschema in ein anschauliches Verhältnis gesetzt zu werden. Die Analyseeinheit ist vielmehr die Bewegungsmelodie, und jene oben vorgenommene struktural-statische Analyse ist eine Binnendifferenzierung dieser Vollzugsgestalt. Oder aus Sicht des Verhältnisses formuliert: Das anschaulich gegebene Leib-Umwelt-Verhältnis des Verhaltens ist prekär. Oder auch: Das Verhalten ist ein Einspielen. »Der Leib ist nicht darum Leib, weil er von innen her durchfühlbar und impulsiv beherrschbar ist, sondern weil er eine Umwelt hat, auf welche er, die auf ihn einspielt« (ebd. 121 f.).[24]

Die »Umweltintentionalität des Leibes« ist daher ein Modus von *Intentionalität*, der kein Akt ist. Dieser Modus ist eine situierte *Gerichtetheit* des Leibes auf seine Umwelt, aber dieser Modus ist kein *Verhältnis*, sondern ein gerichteter Vollzug, in dem sich ein Leib-Leib-Umwelt-Verhältnis realisiert. Aber ein Vollzug ist auch kein Akt. Dieser Modus ist nicht an die Subjekt-Objekt-Unterscheidung gebunden – der Leib ist kein Subjekt des Verhaltens, sondern Leiber sind »Aktionszentren des Verhaltens« (Misch 1994: 249). Ein leibliches Aktionszentrum besteht nicht, um dann, logisch sekundär, intentionale Akte zu vollziehen. Der Leib hat keine Intentionen, die ihn richten würden, sondern im leiblichen Benehmen ist er gerichtet. Die duale Unterscheidung Leib/Umwelt ist daher eine (nachträgliche) Binnendifferenzierung: Innerhalb des Vollzugs eines übergreifenden Benehmens kann man die *drei* Momente des Aktionszentrums (Leib), der Umwelt und der Aktion unterscheiden (ausführlicher s. u., Kap. 4). Dies ist daher auch mehr und anderes als ein »Vorrang [der Korrelation] vor den Relata« (Alloa 2023: 150), denn es geht nicht (nur) darum, dass sich die Wechselwirkenden erst *in* der Wechselwirkung individuieren, sondern primär darum, dass Wechselwirken kein Verhältnis, sondern ein gegenständlicher Prozess ist. Hier entspringt einer der feinen Unterschiede zwischen Hermeneutik und Phänomenologie. Folgt man Thiemo Breyer (2023), dann kennen gewisse Phänomenologien Intentionalität ausschließlich als Akt, um dann, logisch sekundär, auf »Grenzen der Intentionalität« zu stoßen, mit denen sie freilich auch »schon von jeher« beschäftigt sind. Beispielsweise kann man beim Ausgang von gerichteten Akten auf das Problem stoßen, »den Intentionalitätsbegriff im Hinblick auf eine Phänomenologie der Responsivität« dynamisieren zu müssen (Waldenfels) (ebd. 156 f.). Für eine Ausdrucks-Hermeneutik dagegen gehören gerichtete Vollzüge, die als Vollzüge keine Akte sind, *in* den Bereich des Intentionalen, nicht aber (oder nur in einem ganz anderen Sinne) in ihren Grenzbereich. Insistiert man darüber hinaus darauf, dass jede Intentionalität, und also auch ein gerichteter Vollzug, eine Gerichtetheit durch ein Bedeutungs-vermittelt-Gegenständliches ist, dann ist die Differenz einer Ausdrucks-Hermeneutik zu solchen Phänomenologien der Möglichkeit nach eine zweifache: Intentionalitäten sind nicht ausschließlich Akt-Intentionalitäten, und ›Intentionalität‹ bezeichnet *nicht* mit Edmund Husserl »die Wesensart jeglichen Bewusstseins überhaupt«, sondern tatsächlich »die Bezogenheit des menschlichen Geistes[!] auf die Welt und auf Gegenstände aller Art« (ebd. 153).

Jene logische Mitte, in der uns die Anschauung ihre (historisch situierte) Gewissheit gibt, mag auch noch einmal klären, was in diesem Buch die kategoriale Unterscheidung zwischen Natur und Kultur meint. Die eine Richtung der Abgrenzung meint: Sinnhaftigkeit ist kein ontisches Merkmal der lebendigen Bewegung, sondern ein uns anschaulich mitgegebener Gehalt des Bewegungsbildes. Die andere Richtung der Abgrenzung meint: Sinnhaftigkeit ist keine subjektive Zuschreibung seitens des Organismus, der diese Bewegung vollzieht. Insofern ist anschauliche Erfahrung rückbezogen auf exzentrisch Positionierte, nämlich auf *deren* Modus des Anschauens, »in dem Verhalten der Lebewesen den Sinn […] in der Gestalt wahrzunehmen« (Plessner & Buytendijk: 85). Solcherart Sinn-Wahrnehmung ist also kein subjektives Hineinlesen, sondern eine Art objektives Diagnostizieren. Jedoch reicht das oben angeführte Argument der gemeinsam geteilten Sphäre sensomotorischer Verhältnisformen nicht so weit, um hier mitzubehaupten, auch Tiere würden solche bzw. ihre Bewegungen sinnhaft wahrnehmen. Ob und wie immer man einer solchen Herder-Uexküll'schen Position, Ameisen würden (nur) Ameisendinge und Kröten (nur) Krötendinge ›verstehen‹, empirische Plausibilität verleihen kann, so ist dies doch ein radikal anderer Begriff von Sinn-Verstehen (s. aber u., Kap. 4). Der hier allein angezielte Sinn einer anschaulich gegebenen Bewegungsmelodie ist nicht nur an eine im Verhalten gemeinsam geteilte Sphäre gebunden, sondern darüber hinaus an einen in der Teilhabe an solchem Verhalten exzentrischen Blick auf diese Sphäre – dann nicht mehr Umwelt, sondern Welt, in der auch bereits Sinn-Unterscheidungen zur Verfügung stehen. Ohne solch exzentrischen Blick keine Anschauung im bisher thematisierten Sinne. Banal ausgedrückt: Keine Beobachtung ohne Beobachtenden; mit der keineswegs banalen Konsequenz, dass »jede biologische Umweltinterpretation in letzter Instanz auf einem außerbiologischen Weltbegriff beruhen [muss]« (Plessner 1946: 59; vgl. Krüger 2019: 183–185).

Die hier behauptete Dreierstruktur: Dass die Unterscheidungen zwischen Natur und Kultur und zwischen Welt und Umwelt kategoriale Unterscheidungen und folglich selbst in einer personalen Welt situiert, mithin kultürliche, nicht aber natürliche Unterschiede sind – diese Dreierstruktur also von Natur, Kultur und übergreifender ›Kultur‹ ist völlig verträglich mit der Selbstverständlichkeit, dass auch Kulturen nicht ausschließlich von exzentrisch Positionierten besiedelt werden. Deshalb ist die hier so trennscharf und ausschließend vollzogene – nicht dualistische, sondern triadische – kategoriale Unterscheidung zwischen Natur und Kultur vollständig verträglich mit – ja mehr noch: die wohlverstandene transzendentale Bedingung der Möglichkeit – der prominent (und exemplarisch) bei Haraway forcierten Rede von »Naturkulturen« (Haraway 2016): Selbstverständlich sind in sozialen Welten nicht nur exzentrisch Positionierte beheimatet, sondern auch Tiere, Pflanzen, Anorganisches, Kuscheltiere, technische Artefakte, Geister, Götter, Engel, Winnetou, Pippi Langstrumpf und Sherlock Holmes und nicht zuletzt auch »Cyborgs und Gefährt*innenspezies« (ebd.). Und selbstverständlich macht das immer wieder problematisch und strittig, warum wir wo wie innerhalb solch sozialer Welten die Grenze zwischen Personen und Nicht-Personen gezogen haben. Immerhin: Wenn man Personalität als einen Statusbegriff begreift, jenen Unterschied also nicht an ein diskriminierendes Merkmal bindet, das allein Personen *besitzen*, dann ist man von der Existenz ›hybrider‹ Entitäten nicht überrascht (sondern nur von dem Lärm, der darum gemacht wird), und man weiß dann darum, dass der kategoriale Unterschied zwischen Personen und Nicht-Personen ein qualitativer Unterschied im Schutzstatus ist: Tierquälerei ist dann z. B. verboten, aber die Antastbarkeit der Würde von Personen spielt in einer anderen Liga.

2.5 Handeln vs. Verhalten als Behaviour

Auch menschliches Tun kann man in einer durch Personen gestalteten Welt (Kultur) oder in einer gegebenen Welt (Natur) verorten. Man nimmt menschliches Tun dann entweder als zu verstehendes Sinngebilde/Zeichen oder aber als zu erklärenden Zeichenkörper, also als gegebenen Bewegungsverlauf, bei dem man davon absieht, in ein Bedeutungsgewebe verstrickt zu sein. Personales Tun als

Sinngebilde möge *Handeln* heißen; organismisches Tun als Zeichenkörper möge *Verhalten* (als *behaviour*) heißen. Die terminologische Festlegung ist im Folgenden also: Personen handeln – Nicht-Personen verhalten sich.

Es braucht hier den ausdrücklichen Hinweis, dass es sich um eine terminologische Festlegung handelt. Diese Festlegung erfolgt zwar keineswegs willkürlich, weil sie an der eingeführten Entgegensetzung Verhalten – freies Handeln orientiert ist, aber als rein terminologische Festlegung sagt sie nichts aus über vorliegende Handlungs- oder Verhaltenstheorien. Im Gegenteil. Es bleibt hier ausdrücklich offen, ob prominente Handlungstheorien etwa von Max Weber in den Sozialwissenschaften oder von Jürgen Nitsch in der Sportpsychologie menschliches Tun als Handeln verstehen oder als Verhalten erklären. In *diesem* Sinne ist ein Name Schall und Rauch, und nicht überall, wo Handeln draufsteht, ist auch Handeln drin. Recht unstrittig ist, dass die Verhaltenstheorie mit dem Namen *Behaviorismus* ihren Namen im Sinne der hier vorgenommenen terminologischen Festlegung zu Recht trägt, denn der Behaviorismus will organismisches Tun als Verhalten erklären. Gerade bei Handlungstheorien ist diese Übereinstimmung sehr oft nicht gegeben. Sehr oft unterstellen diese Theorien nämlich einen frei handelnden *Menschen* und verweigern die Umstellung auf *personales* Tun. Die Gestaltungsfreiheit menschlichen Tuns wird dann gerade nicht darin verortet, dass personales Tun dem Modus nicht entfliehen kann und insofern unhintergehbar sinnhaft ist; stattdessen wird die Freiheit der Gestaltung ihrerseits durch Bezugnahme auf spezifische Bedingungen, z. B. auf den Besitz von Intentionen beim Tun, erklärt. Solche Handlungstheorien erweisen sich dann als Sonderfall von Verhaltenstheorien.

Handeln kann dann als exzentrisch positioniertes Verhalten charakterisiert werden. Ein Verhalten in einer personalen Welt, also ein Handeln, ist ein solches Verhalten, das *in* diesem Verhalten einen Blick auf dieses Verhalten eingenommen hat, oder auch: ein Verhalten, das sich im Vollzug dieses Verhaltens zu diesem Verhalten verhält. Dieses Selbstverhältnis *ist* die Freiheit der Gestaltung des Handelns, denn sich im Verhalten zu sich zu verhalten heißt, sich auch anders zu sich verhalten zu können. Weil diese Spezifik eines exzentrischen Verhaltens in einer personalen Welt (also des Handelns) einem In-den-Blick-Nehmen geschuldet ist, ist es keine spezifische Eigenschaft des Handelns, über die bloßes Verhalten nicht verfügt. Der Unterschied zwischen Verhalten und Handeln ist also kein (in alter Tradition so genannter) ontischer Unterschied und folglich kein sortaler Unterschied verschiedener Objekte, sondern ein Unterschied des Gegenstandes, also eines in spezifischer Weise in den Blick genommenen Objekts (ein ontologischer Unterschied). Handeln ist also ein Gegenstand in einer personalen Welt – also anders in den Blick genommen als dasselbe Objekt, genommen als Naturgegenstand.

Nun ist nicht jeder Gegenstand *in* einer Kultur eine Person – z. B. gibt es dort auch Denkmäler, Bücher, Wälder, Maschinen, Haustiere, Sterne, Götter. Wie immer die Unterschiede zwischen solchen Gegenständen einer personalen Welt, und insbesondere die Unterschiede zu Personen, zu bestimmen sind, so ist doch klar, dass personales Tun nicht nur ganz generell Gegenstand einer personalen Welt ist, sondern ein spezifischer Gegenstand: Personales Tun ist das Tun von Personen. Insofern ist auch das In-den-Blick-Nehmen ein doppeltes: Handeln ist i) ein organismisches Tun, das in spezifischer Weise in den Blick genommen ist – nämlich als gestalteter, nicht als gegebener Gegenstand. Das würde für ein Haustier als Sinn-Gegenstand einer Kultur auch gelten, während von dem Sinn-Unterschied zwischen Haustier und wildem Tier abgesehen wird, wenn man ein Tier als gegebenen Naturgegenstand in den Blick nimmt. Für das Handeln als Tun von Personen gilt aber ii) darüber hinaus, dass es ein qua spezifischem Blick vermitteltes Verhalten zu sich ist, also nicht lediglich, wie alles in einer personalen Welt, genommen als gestalteter Gegenstand, sondern genommen als sich-gestaltender gestalteter Gegenstand. Der qua Kultur eingenommene Blick auf die Welt ist beim Handeln zugleich das spezifische Moment des Gegenstands, also gleichsam nicht nur Charakteristikum des perspektivischen, sondern auch des objektiven Moments des Gegenstandes ›personales Tun‹. In diesem, vorsichtigen Sinne hat das Verstehen *von Handeln* den Primat gegenüber dem Verstehen von (anderen) kulturellen Gegenständen. Hier »zeigt sich ein methodisch zentraler Gedanke Plessners« (Dworschak 2017: 178 f., hier 178; s. auch u., Kap. 2.6), mit Konsequenzen für das Verstehen von Personen: »Darum ist eine Untersuchung des [personalen Handelns] nicht eine Folge aus einer schon bereitgestellten Theorie der Emotionen, Absichten oder Wünsche, sondern deren Ausgangspunkt« (ebd.).

Aber auch innerhalb der anderen Entitäten kann und muss man dann weiter differenzieren. Auch Steine, Gewitter und Pflanzen verstehen wir in dem angegebenen basalen, übergreifenden Sinn, da sowohl Erklären als auch Verstehen personales Tun ist – auch und gerade naturale Entitäten nehmen wir als Gegenstände, nicht als Objekte. Aber naturale Gegenstände nehmen wir nicht als Sinngebilde, und deshalb ist in diesen Fällen jenes basale Verstehen ein Erklären solcher Entitäten. Das wiederum ist keineswegs zwingend, also nicht einfach ein Imperativ, den uns diese Entitäten auferlegen. Ein Gewitter kann auch religionssoziologisch verstanden werden, und eine Analyse von Bundesgartenschauen nimmt Pflanzen als Sinngebilde. Kulturale Entitäten i. e. S. sind dann solche, die wir nicht nur, wie alle Entitäten, hinsichtlich des perspektivischen Moments als Gegenstände nehmen, sondern deren objektives Moment ein Sinn ist. Ein Kunstwerk, eine Gebrauchsanweisung, ein wissenschaftlicher Text, ein mathematischer Beweis, der Koran – all dies sind Entitäten, die bereits einen Sinn in sich selbst tragen. Misch spricht hier von »hermeneutischen Gestaltungen« (Misch 1994: 555–559), die ihrerseits grundsätzlich verschieden sind. Aber auch hermeneutische Gestaltungen muss man nicht zwingend verstehen, denn man kann sie auch erklären; dann sieht man davon ab, dass sie durch einen Sinn konstituiert sind und übersetzt diesen Sinn in ein Bedingungsgefüge, aus dem heraus dieser Gegenstand mit erklärt wird. Hier entspringen alle methodologischen ›Spezial‹-Hermeneutiken, denen es darum geht, ihre spezifischen Gegenstandstypen richtig zu verstehen. In diese methodologischen Hermeneutiken ist je eine philosophisch-hermeneutische Unterstellung eingegangen, ob und wie ihre Gegenstände durch einen Sinn konstituiert sind. Das macht solche Hermeneutiken wahrlich komplex und im Einzelfall auch vertrackt. Beispielsweise ist es dann nötig, eine »Maschinenhermeneutik« (Bedorf 2022) zu konturieren. Maschinen sind hermeneutische Gestaltungen, denn sie enthalten einen Sinn – aber der Sinn eines Algorithmus ist gerade, von allem ›Sinn‹ abzusehen. Folglich wird man eine Maschine in anderer Weise richtig verstehen als ein Gedicht.

Zurück aber zum personalen Handeln: Die Aussage, dass das Handeln dem Modus nicht entfliehen kann (s. o.; König 1937: § 2), ist strikt gebunden an eine personale Welt. Dasselbe Tun in je anderem Modus zu vollziehen, ist ein Sinn-Unterschied – z. B. der von nomadischem und sesshaftem Wohnen. Nimmt man dasselbe Tun: *menschliches Wohnen* als naturalen Gegenstand, dann wird der Unterschied zwischen Sesshaftigkeit und Nomadentum für das zu Erklärende eingeklammert und ggf. übersetzt in ein Gefüge von Bedingungen, also von Erklärungsgrößen, die von einer Antwort auf die Frage in Anspruch genommen werden, *warum* es diesen Unterschied gibt, *warum* er wann und wo auftritt etc.

Die Unterscheidung zwischen Handeln und Verhalten ist hier damit eine kategoriale Unterscheidung. Handeln und Verhalten sind in anderen Bedeutungsräumen verortet – *Handeln* in einer personalen Welt als Titel für das Tun von Personen, *Verhalten* in einer naturalen Welt, primär als Titel für das Tun von lebendigen Organismen, gelegentlich aber auch unter Einschluss der Rede vom Verhalten technischer oder anorganischer Dinge (›Verhalten‹ eines Steins oder einer Billardkugel). Näher dann handelt es sich erstens um eine terminologische Festlegung, die weder zwingend ist noch allgemein verbreitet resp. geteilt wird: »Eine terminologische Unterscheidung zwischen Verhalten und Handeln etabliert sich jedoch erst spät und hat sich bis in die Gegenwart nicht durchgesetzt.« (Toepfer 2011d: 676) Zweitens ist beides hier sowohl perspektivisch als auch objektiv bestimmt: Verhalten und Handeln sind *objektivierte* Phänomene; an ihnen kann also ein gegenständliches und ein perspektivisches Moment unterschieden werden. Das wird in der Geschichte dieser Begriffe in der Regel ganz anders gehandhabt (reichlich Material dazu bei Toepfer 2011d), bis hin zu Georg Toepfer selbst.[25]

Verhalten ist hier an organische Materie gebunden. *Verhalten* ist der Titel für die spezifische Bewegungsform lebendiger Organismen in ihrer Umwelt. In *gegenständlicher* Hinsicht nimmt diese Bewegungsform ›Verhalten‹ (analog zu ›Leben‹) als Verbalsubstantiv und meint die Aktivitäten eines Organismus in seiner Umwelt im Zusammenhang und als Ganzes, meint also einen systemischen Begriff. Sekundär bezeichnet ›Verhalten‹ die Elemente eines solchen Systems. Der für diese sekundäre Bedeutung eingebürgerte Begriff ist *Verhaltensweise* (Toepfer 2011: 653); Matthias Wunsch (2021: 7) spricht von F-Verhalten, »wobei ›F‹ für etwas steht, das getan wird«; im vorliegenden Buch ist in der Regel von *bestimmtem Verhalten* (dieses-und-nicht-jenes) die Rede. In *perspektivischer* Hinsicht ist diese Bewegungsform das kategoriale Format des Organischen, also der Umstand, dass und wie der Bedeutungsraum des Lebendigen von den Bedeutungsräumen des Anorganischen, des Personalen und des Künstlich-Technischen unterschieden ist. Die Rede vom »Verhalten eines Steins« oder vom »Verhalten eines humanoiden Roboters« mag dann erlaubt sein, aber es wäre jeweils ein ›Verhalten‹, also ein Verhalten in verschobener bzw. uneigentlicher Bedeutung.

Theoriegeschichtlich ist *Verhalten* an eine wichtige Bedeutungsverschiebung gebunden. Im Verhalten kommt, sozusagen, die Spezifik einer Lebensform zum Ausdruck. Diese Rolle war zunächst der Anatomie und Physiologie vorbehalten (Toepfer 2011d: 653 f.). Die Verhaltenslehre (Ethologie) mit Lorenz als wichtigem Vertreter etabliert dann eine Sicht, die die Aktivitäten von Organismen nicht mehr als bloße Auswirkungen anderer, also etwa anatomischer oder physiologischer Sachverhalte begreift. Die »Neukonzipierung der Aktivitäten von Tieren als ein […] Bewegungssystem« (ebd. 654) ist somit eine Alternative zur Idee eines durch Instinkte verursachten und gesteuerten Mechanismus. Deshalb kann die Ethologie insbesondere das Lernen thematisieren. *Verhalten* ist gegenüber der Idee eines verursachten Mechanismus »stärker deskriptiv«, denn die kausale Konnotation von *Instinkt*, die zudem mit der Vorstellung eines konstanten und angeborenen Bewegungsmusters verbunden ist, ist mit dem Verhaltensbegriff *nicht* verbunden (ebd.). Als systemischer Begriff ist *Verhalten* neutral gegenüber den »Fragen der Auslösung (angeboren *versus* erlernt) und Konstanz (artspezifisch stereotyp *versus* individuell variabel)« (ebd.). Deshalb ist die Umweltgebundenheit des Verhaltens nicht strikt geschlossen, sondern im Prinzip offen für Erfahrungen. Mit dieser Bedeutungsverschiebung von *Verhalten* weg von einem ausgelösten Mechanismus hin zu einem Bewegungssystem, also im Bruch mit dem Behaviorismus, beginnt gleichsam der Siegeszug des Funktionalismus.

Zugleich braucht dieser Siegeszug in der Sache einen Gegenimpuls, um nicht triumphalistisch zu geraten. Ernst zu nehmen ist nämlich, dass in einem solchen System von (spezifischen) Bewegungen des Organismus etwas, eine Lebensform, zum Ausdruck kommt. *Verhalten* kann deshalb nicht *rein* deskriptiv gefasst werden, denn Verhalten ist nicht synonym mit Bewegung, sondern eine spezifische Bewegungsform. Eine *reine* Deskription von Bewegungen wäre dann insbesondere von einem verursachten Mechanismus gar nicht mehr unterscheidbar und ungeschützt gegenüber der Vorstellung eines Organismus als Maschine. Oder kürzer: Die Idee der Funktion ist gegenständlich bestimmt und insofern nicht rein deskriptiv zu haben. Die bloße Deskription ersetzt nicht die Antwort auf die Frage, *was* bzw. welche Funktion dabei beschrieben wird. Deshalb ist Verhalten anschaulich als Benehmen gegeben.

Dieser notwendige Gegenimpuls zeigt sich z.B. bei Tolman in dem Beharren darauf, dass Verhaltenseinheiten nur mittels ›teleologischer‹ Terminologie individuiert werden können. Nicht der Mechanismus als solcher mache eine Verhaltenseinheit aus, sondern dessen Worumwegen (Zweck, purpose, Funktion, telos; vgl. Toepfer 2011d: 661), also die Antwort auf die Frage, worum es in einem bestimmten Verhalten überhaupt geht bzw. welche Funktion durch bestimmtes Verhalten erfüllt wird. Ein solches Worumwegen ist noch kein sinnhaftes Worumwegen (als Antwort auf die Frage, worum es in einem bestimmten *Handeln* geht), aber ohne ein solch ›teleologisches‹ Moment gibt es keine Ethologie, sondern nur Behaviorismus. Hier zeigt sich, dass jener Gegenimpuls ein integrales Moment des Funktionalismus selbst ist, nämlich dessen unhintergehbar systemischer (»emergenter«) Charakter: Nicht die physischen Prozesse als solche realisieren eine Funktion, sondern ihr darauf nicht reduzierbarer systemischer Charakter, der nicht als reine Beschreibung der (Summe der) physischen Prozesse zu haben ist. Freilich ist der systemische Charakter des Verhaltens nicht identisch mit seinem gegenständlichen Charakter, denn nicht nur organische Materie ist systemisch organisiert. Konsequenterweise wurde deshalb in der Kybernetik der *systemische* Ansatz, der zunächst Organismen charakterisiert, verallgemeinert. Dort wird Verhalten ganz unmetaphorisch auf Systeme generell bezogen, egal ob Organismen oder anorganische oder technische Systeme. Das dafür entscheidende Brückenglied ist die Funktionalität von Systemen (vgl. ebd. 661f.), was zugleich (unfreiwillig) mit dokumentiert, dass die Gegenständlichkeit des Verhaltens nicht in der Funktionalität eines Verhaltens aufgeht. Zweifellos können nämlich gleiche Funktionen mit unterschiedlichen Lebensformen verknüpft sein und gleiche Lebensformen durch unterschiedliche Funktionen realisiert sein.

Insistiert man nun, theoriegeschichtlich belehrt, darauf, dass Verhalten etwas anderes ist als eine angestoßene oder ausgelöste Bewegung (umfassend und akribisch dazu Wahsner 2006), dann ist Verhalten genau deshalb ein Kandidat zur Charakterisierung des spezifisch Lebendigen. Das Lebendige ist nun, in Unterscheidung zum Anorganischen, gebunden an eine Aktivität des Organismus. Hier ist begründet, dass die Rede vom ›Verhalten‹ von Steinen oder Billardkugeln letztlich nur eine metaphorische Rede ist. *Aktivität* ist dabei ein Gegenbegriff, nämlich »nicht bloße Widerfahrnisse, Geschehnisse oder Vorgänge [zu meinen], die sich an [Organismen] vollziehen« (Toepfer 2011d: 656). Verhalten ist konstituiert durch eine Selbsttätigkeit, durch eine Spontaneität, die durchaus auch, anders als noch bei Plessner und Buytendijk, Pflanzen zugesprochen wird, denen wiederum »keine aktive Lokomotion« (ebd.; vgl. Toepfer 2011c) zukommt.

Umgekehrt benötigt auch das kategoriale Format des Personalen eine gegenständliche Bestimmung, die wiederum je nach Handlungstheorie verschieden angegeben wird. Ich greife hier auf die Tätigkeitstheorie Leont'evs zurück, nicht zuletzt deshalb, weil dort ein Dualismus von Verhalten und Handeln durch einen reflexiven Theorieaufbau unterlaufen ist, was zugleich die Kompatibilität mit der Philosophie Plessners gewährleistet. »Tätigkeit« ist dort zunächst der Name für organismisches Verhalten und erst im zweiten Schritt unter dem Titel »vergegenständlichende Tätigkeit« auch der Name für personales Handeln (s. u., Kap. 2.9).

Leont'evs Grundlage bei der Bestimmung der Spezifik des Lebendigen ist die generelle naturphilosophische Annahme, die Analyseeinheit könne keine Substanz sein, sondern ein bewegtes und bewegendes Verhältnis zwischen Substanzen – »Wechselwirkung«, was entschieden anderes meint als Hin- und Herwirken. Das gilt dann insbesondere für die organische Materie: »Das Leben ist ein Prozeß spezifischer Wechselwirkungen von Körpern, die auf besondere Weise organisiert sind.« (Leont'ev 1959: 21) Dem entspricht, dass »der Begriff des Organismus« möglicherweise »das grundlegende Konzept der Biologie« sein mag, »der individuenübergreifende Prozess der Veränderung, der für das *Leben* kennzeichnend ist, von ihm aber nur unzureichend abgedeckt [wird], so dass er nicht das Lebendige in seinem Vollbegriff bezeichnet« (Toepfer 2011b: 801).

Der nächste Schritt ist dann Leont'evs Abwehr der Idee, lebendige Körper seien Maschinen. Diese Vorstellung widerspreche den »grundlegenden Lebenserfahrungen« (Leont'ev 1959: 21 f.), was sich im Kern in der Energiebilanz dokumentiere: Jede Maschine, so Leont'ev, verbraucht Energie und lässt dabei die Maschine und ihre Teile unverändert (bis auf Verschleiß, was aber nicht wesentlich für diesen Punkt ist). Ganz anders sei es beim Organismus: Ein solcher kann nur funktionieren, indem er sich selbst verändert. Er verbraucht Energie, um sich selbst zu ändern – deshalb sei auch jede Dissimilation an eine Assimilation gebunden, die wiederum an eine eigene Aktivität gebunden ist. Der Organismus muss ihm eigene Energie aufbauen, eben assimilieren. Leont'ev zitiert das Bonmot von Claude Bernard, dass der Hund nicht vom Fett der Schafe dick werde, die er frisst, sondern dass er sein eigenes Hundefett bilde (ebd. 22). Die eigene Aktivität organischer Materie ist der für Leont'ev definierende Punkt: »Der lebende Organismus befindet sich damit niemals in der Lage eines entladenen Akkumulators. Der Prozeß des Energieausgleichs ist es, der das Leben ausmacht; der Tod dagegen ist der Zerfall des Organismus« (ebd. 23). Toepfer (2011a: 428) kann in diesem Sinne z. B. Eduard v. Hartmann zitieren: »Der Unterschied des Organischen vom Unorganischen liegt weder im Stoff noch in der Form, noch in einer bestimmten Verbindung beider, noch auch in der bloßen Erhaltung der Form im Wechsel des Stoffes, sondern in der Aktivität, mit welcher der Wechsel des Stoffes zur Erhaltung der Form herbeigeführt, und in der Veränderung der Form, durch welche diese etwaigen veränderten Stoffwechselbedingungen angepaßt wird.«

Dasselbe kann man mit anderem Akzent sagen. Wechselwirkungen im Anorganischen sind prinzipiell symmetrisch. Es ist nicht entscheidbar, ob Körper A auf Körper B einwirkt oder umgekehrt. Im Organischen ist in diese grundlegende Symmetrie eine Asymmetrie ›aktiv/passiv‹ eingezogen: Ohne Außerkraftsetzung der Wechselwirkung kann einerseits ein »Subjekt«, vorsichtiger: ein

Aktionszentrum und andererseits ein Gegenstand der Einwirkung hervorgehoben, wenn auch nicht: voneinander getrennt werden (Leont'ev 1959: 25 f.).

Verhalten ist daher hier der Titel für die spezifische Bewegungsform des Lebendigen bzw. der organischen Materie. Diese Bewegungsform unterscheidet sich grundsätzlich, d. h. hier: kategorial von der Bewegungsform anorganischer Materie durch eine eigene Aktivität resp. Selbsttätigkeit von Organismen, die die Wechselwirkung Organismus-Umwelt zu einer (minimal) asymmetrischen, nämlich gerichteten macht: Ein Organismus hat als Organismus einen Subjektcharakter, und minimal heißt, dass dies ausschließlich ein Titel für das Moment eigener Aktivität resp. *Selbst*tätigkeit ist. Diese Subjekt*haftigkeit* ist noch an keine nähere Bestimmung von Subjektivität gebunden, genauso wenig wie die damit korrespondierende Objekt*haftigkeit* der Umwelt eines Organismus eine weitergehende Bestimmung meint als eben jenen Genitiv: Umwelt *des* Organismus, der die Asymmetrie organischer Wechselwirkung zum Ausdruck bringt. Synonym mit dieser Objekthaftigkeit kann man von der *Gegenständlichkeit* des Verhaltens reden, was dann nicht mehr meint als die Bezogenheit von Verhalten auf etwas Bestimmtes – auf dieses-und-nicht-jenes. Insbesondere ist in *diese* Bedeutung von Gegenständlichkeit des Verhaltens noch kein »Gegenüberstehen« hineinzulesen.

Statt *Verhalten* sagt Leont'ev »Tätigkeit«: »Wir werden die spezifischen Prozesse, die ein Lebewesen vollzieht und in denen sich die aktive Beziehung des Subjekts zur Wirklichkeit äußert, von anderen Vorgängen abgrenzen und als Prozesse der *Tätigkeit* bezeichnen.« (Leont'ev 1959: 29) Und statt *Gegenständlichkeit* sagt die Phänomenologie »Intentionalität«, was wiederum ausschließlich Gerichtetheit-durch meint und nicht als solches etwas mit ›Intentionen haben‹ zu tun hat: »Daher ist ›Intentionalität‹ im phänomenologischen Sinn auch nicht mit ›intentions‹ zu verwechseln, wie sie in weiten Teilen der analytischen *philosophy of mind* angesetzt werden (um dann bisweilen zu entdecken, dass Husserl einen ähnlich klingenden Begriff verwendet hat). Statt Verwandtschaften zu zeigen, sind dies zumeist Kategorienfehler.« (Bedorf 2020: 23, Anm. 52)

Ralf Becker (2020) hat grundsätzliche Vorbehalte gegen die Gleichsetzung von Lebewesen und Organismen formuliert. Die Idee des Organismus sei in griechisch-antiker Tradition untrennbar an die Vorstellung eines Organon gebunden, und dies wiederum unablösbar von der möglichen Übersetzung (und Vorstellung) *Werkzeug*. Wer »Organismus« sagt, unterlege damit notwendigerweise ein Zweck-Mittel-Modell und folge damit einem Produktions- bzw. Herstellungsparadigma. »Es greift jedenfalls zu kurz, Organismus und Maschine als Gegensätze zu begreifen. Nicht jeder ist damit einverstanden, die Maschine als ein passendes Modell für Organismen zu verwenden. Aber wer von Organismen spricht, macht selbst von einem Modell für Lebewesen Gebrauch, das der Sphäre von technischen Mitteln entnommen ist und historisch den Raum mechanischer, hydraulischer oder elektronischer Automaten aufspannt.« (Becker 2020: 747; vgl. Toepfer 2011a: 432) Oder noch kürzer: Die Rede von Organismen sei notwendig an einen methodischen Mechanismus gebunden, der Ausdruck eines Herrschaftsanspruches des Menschen über die Natur einschließlich seiner eigenen Natur sei (Becker 2020: 746 f.), weshalb »die Theorie der Biologie der Ergänzung durch eine Kritik der instrumentellen Vernunft [bedarf]« (ebd. 748).

Ich teile diese Vorbehalte ohne Einschränkung. Deshalb dürfte es auch präziser sein, Verhalten an »organische Materie (in ihrer Umwelt)« zu binden und nicht zu vorbehaltlos an »Organismen«. Ich verfolge lediglich eine andere Strategie als Becker, nämlich den Versuch, die Rede von organischer Materie, abkürzend Organismen, nicht-instrumentell zu reformulieren, um die Einsichten der Sach- und Begriffsgeschichte von ›Organismus‹ nutzen zu können. Diese Strategie folgt zum einen den Arbeiten von Horst-Heino v. Borzeszkowski und Renate Wahsner, die seit vielen Jahren darauf insistieren, dass die physikalische Mechanik nicht mechanistisch ist (exemplarisch Borzeszkowski & Wahsner 1989, Wahsner & Borzeszkowski 1992, Wahsner 2006, Wahsner 2015). Zum anderen geht es darum, die in Bezug auf organische Materie lange Geschichte der Verhältnisbestimmung von Funktionalismus und Teleologie anti-funktionalistisch und anti-teleologisch so zu wenden, dass der Raum des Lebendigen nicht klammheimlich auf den Raum des Anorganischen reduziert wird.

2.6 Zwischenfazit I: Ontologie des Lebens

Mit Bloch (1959: Kap. 18, insbes. S. 266) ist Ontologie eine Kategorienlehre. Eine Ontologie ist insofern, gegen beinahe alle landläufige Auffassung, keine Lehre vom Sein, sondern eine Lehre von Konzeptualisierungsformen von Entitäten, genauer: von bestimmten Sphären von Entitäten. Eine Ontologie bringt zwei Momente in einer Form zusammen: ein ontisch-gegenständliches und ein konzeptualisierendes. Ein solches Verständnis von Ontologie folgt »Hegels Einsicht, daß sich der Wahrheits- und Wirklichkeitsbegriff [...] nicht von den jeweiligen *Darstellungsformen* ablösen läßt« (Stekeler-Weithofer 2009: 108). Es ist daher nicht möglich, unsere Konzeptualisierungen einerseits und eine Wirklichkeit an sich andererseits abstrakt entgegenzusetzen (vgl. ebd.). Deshalb haben wir es auch prinzipiell mit »situiertem Wissen« (Haraway 1988) bzw. mit »situierter Ontologie« (Jutta Weber 2003) zu tun: Wirklichkeit kann nicht von Nirgendwo dargestellt werden. »Die Welt spricht weder selbst, noch verschwindet sie zugunsten [einer Darstellung].« (Haraway 1988: 94)

Die hier unterlegte Ontologie handelt von *Bewegungsformen* als den kategorialen Formaten. Auch das ist (selbstverständlich) eine bestimmte Konzeptualisierung.[26] Insofern ist die Rede von Bewegungsformen als kategorialen Formaten nicht rein deskriptiv zu haben und zu verstehen, sondern als eine gegen Alternativen bestimmte Grundauffassung. Postuliert ist, dass für jede bestimmte (dargestellte) Materie gilt, in bestimmter Art und Weise in Bewegung zu sein. Die Bewegtheit von Entitäten ist hier keine Eigenschaft dieser Entitäten, sondern deren Seinsweise. Abkürzend kann von einer Prozess-Ontologie, in Unterscheidung von Ding-, Relationen- und Ereignis-Ontologien, gesprochen werden (vgl. Schürmann 2008a). Deshalb und in diesem Sinne hieß es oben: »*Verhalten* ist der Titel für die spezifische Bewegungsform lebendiger Organismen in ihrer Umwelt.«

Eine solche Prozess-Ontologie zehrt von einer historischen Umstellung im Verständnis von ›Bewegung‹: »Um den neuzeitlichen Bewegungsbegriff, also den, auf dessen Basis die Mechanik zur Physik werden konnte, denken zu können, bedurfte es der Aufhebung der aristotelischen Bewegungsauffassung, die das naturphilosophische Denken jahrhundertelang bestimmt hatte. [...] Der wesentliche und entscheidende Unterschied zur neuzeitlichen Auffassung der Bewegung liegt darin, dass nach dem Konzept der aristotelisch-scholastischen Philosophie die Bewegung nur solange dauert, solange das Bewegte in Kontakt mit dem Bewegenden ist, und aufhört, wenn die verursachende Kraft aufhört, das neuzeitliche hingegen sieht in der Bewegung einen Zustand, der sich als solcher übertragen lässt und von selber weiterdauert, bis er durch äußere Ursachen verändert wird.« (Wahsner 2006: 28) Oder mit Hegel: »[...] so ist die Bewegung der Begriff der wahren Seele der Welt; wir sind gewohnt, sie als Prädikat, Zustand anzusehen; aber sie ist in der Tat das Selbst, das Subjekt als Subjekt, das Bleiben eben des Verschwindens.« (Hegel, HW 9: 59 [Enc § 261 Zusatz]; zit. bei Wahsner 2006: 22)

Wie jede Konzeptualisierung, so hat auch diese bestimmte Ontologie ihr normatives Moment. Das Postulat, in bestimmter Weise in Bewegung zu sein, muss zweifellos minimal mit den Phänomenen verträglich sein – auch dieses Postulat muss sich »an dem Realen aussprechen und bemerkbar« machen (Plessner) –, aber dieses Postulat ist eben ein Postulat und keine Tatsachenbehauptung.[27] Das pure Phänomen der Bewegtheit könnte als Eigenschaft von Entitäten gelten, es könnte als Effekt einer den Entitäten vorgelagerten oder inhärenten bewegenden Kraft gelten, es könnte in seiner Grundsätzlichkeit bestritten werden und als verhinderter Ruhezustand gelten. Bewegtheit all dem gegenüber als eine grundlegende Seinsweise zu postulieren, ist eine Wette im Sinne Blaise Pascals (vgl. Pascal 1937: § 233, S. 120–126), nämlich letztlich eine Wette angesichts derjenigen Alternative, die Friedrich Engels als »Grundfrage der Philosophie« formuliert hat: Das »materialistische« Postulat, dass die Bewegtheit der Natur / des Kosmos aus sich heraus begreifbar ist, nicht aber durch einen ›göttlichen‹ Anstoß einer dem Kosmos (logisch) vorgeordneten Instanz oder Kraft.[28] Eine Prozess-Ontologie kann also qua Wette nicht mehr nach dem Erklärungsgrund des Kosmos fragen, sondern nimmt diesen als gegeben. Dies mag man unbefriedigend finden und deshalb ins »Lager des Idealismus« (Engels 1886: 275) wechseln. Dort kann dann freilich nicht mehr nach dem Erklärungsgrund jener dem Kosmos (logisch) vorgelagerten Instanz gefragt werden, was im Lager des Materialismus als höchst unbefriedigend gilt. So oder so ist es eine Wette – mit praktischen Folgen für das Verständnis von Freiheit in der Welt der Menschen.

Eine solche Prozess-Ontologie ordnet die von Toepfer (2011a: 422) vorgelegte Tabelle »syntaktische[r] und semantische[r] Dimensionen des Lebensbegriffs« in bestimmter Weise:[29] Leben ist grundlegend ›eine *bestimmte* Weise, in Bewegung zu sein‹, also über Toepfer hinaus eine *bestimmte* Weise, um Leben als »Differenzbegriff« (ebd. 438) gegen Anorganisches (und gegen Personales) zu wahren. Die ›naturromantische‹ Vorstellung, die Natur als solche und alles in ihr als lebendig zu veranschlagen (ebd. 437 f.), ist in einer Prozess-Ontologie als universelle Bewegtheit in je bestimmtem Modus reformuliert. Natur als solche gilt als unruhig, aber nicht als unsterblich. Aber um mit Toepfer (2011a: 422, Tab 158) den entscheidenden Punkt einer Seinsweise zu wiederholen: Bewegtheit, und insbesondere Leben, »ist nicht eine akzidentelle Eigenschaft, die bestimmten Körpern zukommt, sondern die ontologisch irreduzible Weise ihres Seins«. Eigens zu betonen ist die Gegenständlichkeit jeder Seinsweise: die irreduzible Weise des Seins *ihrer* Körper bzw. Entitäten. Bewegtheit, und insbesondere Leben, ist in einer Prozess-Ontologie kein Schema in dem ›vitalistischen‹ Sinne, dass diese Seinsweise logisch additiv zu einem noch unbewegten Stoff hinzukäme. Das wäre gerade eine Ereignis-Ontologie als Pfingstwunderideologie. Deshalb: Fokussiert man Leben als bestimmte Bewegungsweise auf die Sicht vom Gegenstand her, ist das Leben einer Entität ein »Inbegriff besonderer Tätigkeiten« (ebd.). Die Rede von einem »Zustand« einer Entität »mit einer besonderen Struktur (einer Organisation)« (ebd.) ist dann ein methodischer Begriff, der dort nötig ist, wo die bestimmte Gegenständlichkeit einer Seinsweise in Anschlag gebracht oder näher bestimmt und analysiert wird, also gleichsam der methodisch angehaltene Prozess – aus der Sicht einer individuellen Entität als »Gestalt« (ebd. 427, 435, 436, 437; vgl. Toepfer 2011b: 802), aus der Sicht einer bestimmten überindividuellen Lebensform als »Population« (Toepfer 2011a: 443; vgl. Toepfer 2011b: 801). *Lebensform* reformuliert die beiden Titel »Summe von Lebewesen einer Region und Zeit« und »Einzelne Körper übersteigende Dynamik« der Tabelle (Toepfer 2011a: 422, Tab 158; s. o., Anm. 13).

Weil lebendige Entitäten sterblich sind, ist *Leben* zudem der Titel für die »Einheit einer individuellen Lebensgeschichte« (ebd.), und weil eine solche Lebensgeschichte sowohl in seinen einzelnen Tätigkeiten als auch als Inbegriff »dem Modus nicht entfliehen kann« (König), ist Leben als Vitalität auch ein Maßbegriff (bei Toepfer: »Mengenbegriff«, aber explizit als »Maß« charakterisiert): Man kann sein Leben vitaler oder unlebendiger führen, gesünder oder ungesünder, ruhiger oder unruhiger, gelangweilter oder aufregender etc. Aber, noch einmal: Ausgeschlossen ist in einer Prozess-Ontologie, Lebendigkeit als eine Eigenschaft von Entitäten zu begreifen, insbesondere also auch *nicht* als »Eigenschaft komplexer Materieeinheiten«.

Im Sinne einer solchen Prozess-Ontologie ist daher der Übergang von Kapitel 1 dieses Buches (Hermeneutik) zu Kapitel 2 (Handeln) kein Übergang zu einem Spezialfall von Verstehen, sondern eine Thematisierung der grundlegenden Einheit des Verstehens.

2.7 Antworten und Reagieren

Die Eigenaktivität resp. Selbsttätigkeit von Personen ist (im Vergleich zu lediglich Organismen) eine ausnehmend besondere. Personales Handeln resp. personale Tätigkeit ist, so die terminologische Festlegung, ein Antworten, nicht mehr nur ein *response*. Beides ist keine bloße Reaktion.

Hält man sich an die oben benannte Bedeutungsverschiebung von *Verhalten*, verabschiedet man sich also von der Vorstellung eines angestoßenen oder ausgelösten Bewegungsmechanismus zugunsten des Konzepts von Verhalten als einer Bewegungsform resp. einer »Vitalkategorie« (Plessner), dann ist das dual-pseudotriadische behavioristische Reiz-Blackbox-Reaktions-Modell einerseits auf ein explizit dreigliedriges Modell Umwelt-Leib-Response umgestellt, aber andererseits, und entscheidender, ein viergliedriges Schema geworden, in dem *Verhalten* eine Einheit resp. Ganzheit ist, die diese drei Momente übergreift. Umwelt, Leib und Response sind innere Momente von *Verhalten*, nicht aber für sich gegebene Ausgangspunkte, die man zu einem Verhalten synthetisieren könnte. Eine so konzipierte Theorie des Verhaltens wird den Ausgangspunkt gerade nicht von Quasi-Reflexen als Einzelreizen nehmen, sondern von der »Einheit der Reize, die erkennbar vom Organismus beantwortet werden« (Plessner 1928: 63–69, hier: 64). Das macht, im Geiste Uexkülls, aus vormaligen Reizen die aktionsrelative Umwelt des Leibes, aus der Blackbox den »Lebensplan« (Uexküll) des Organismus resp. die »Umweltintentionalität des Leibes« (Plessner & Buytendijk) und aus der vormaligen Reaktion eine ›Antwort‹reaktion, ein *response*, typisch für einen Organismus *dieser* Spezies und spezifisch für *diese* individuierte Leiblichkeit. Ein *response* ist, im Unterschied zur behavioristischen Reaktion, kein bloß ausgelöstes fixes Bewegungsmuster, sondern lebendiges Verhalten, eine gleichsam unterbrochene Mechanik, ein durch eigene Aktivität des Leibes vermitteltes Verhalten. Als Binnenmomente einer Bewegungsform gedacht gibt es keine vorgegebenen Reize, auf die das Verhalten re-agiert, aber auch keine vorgegebenen Affordanzen (s. o., Kap. 1, Anm. 6), auf die ein Verhalten gleichsam anspringt. »Diese *an* den Vorgängen sichtbar werdende, selbst unsichtbare Einheit der Sphäre, die den vorgegebenen Rahmen für Reize *und* Reaktionen bedeutet, gehört damit weder dem Körper des Organismus noch der ihn umgebenden Welt allein an.« (Plessner 1928: 64) Auch der Zugang zum Verhalten ist dann an eine die Momente des Verhaltens übergreifende Ganzheit gebunden: »Das lebendige Verhalten und Benehmen ist nur im Habitusbild gegeben« (ebd. 69; vgl. Krüger 2019, Kap. 7 [2019]).

Es ist entscheidend, dieses Viererschema festzuhalten. Gerade dann, wenn man von einer Eigenaktivität des Organismus spricht, also von einem asymmetrisch-gerichteten Verhalten im Unterschied zu symmetrischen Wechselwirkungen im Bereich des Anorganischen, nimmt man eine *Subjekthaftigkeit* des sich-verhaltenden Organismus, ein »Aktionszentrum« (Misch) des Verhaltens an. Aber solche Subjekthaftigkeit ist hier gerade kein vor-gelagertes Subjekt, sondern ein eigenes, auf die anderen Momente bezogenes inneres Moment des übergreifenden kategorialen Formats ›Verhalten‹. Aus gleichem Grund ist es gelegentlich angebracht (wenn auch mit Uexküll überflüssig), in die Asymmetrie subjekthaften Verhaltens auch den »Aufforderungscharakter der Dinge« (also Gibsons *affordances*) einzutragen. Die gegenständlichen Bezugnahmen des Verhaltens sind *auswählende* Bezugnahmen.

Personales Antworten aber ist mehr als bloß ein *response*. Oben war dies so charakterisiert worden, dass personales Tun dem Modus nicht entfliehen kann. Antworten also heißt, dass personales Tun nicht nicht so sein kann, dass sich dieses Tun in *bestimmter* Art – auf diese-und-nicht-jene-Weise – vollzieht. Antworten also deshalb, weil Personen das, was sie tun, immer auch in anderer Weise hätten vollziehen können. In diesem Sinne ist Antworten ein reflexives Verhalten: ein Verhalten, das sich im Verhalten frei zu sich verhält. Die Rede von *Modus* ist dann insofern entscheidend, als die Art und Weise des Tuns nicht logisch additiv zu diesem Tun hinzutritt – so, wie Eigenschaften hinzukommend eine Entität bestimmen. Dem Modus »nicht entfliehen« zu können, meint ein intrinsisches Hinzukommen des Modus zum Tun, eine »notwendige Möglichkeit«, eine »›bestimmte Bestimmtheit‹, wie Hegel den Modus faßt« (König 1937: 6f.). Oder plakativ: Die Freiheit des Handelns liegt nicht nur darin, im Bett bleiben zu können statt zur Arbeit zu gehen, sondern immer auch darin, anders arbeiten zu können.

Dieses Insistieren auf dem kategorialen Unterschied zwischen personalem Antworten und *response*, der nicht an diskriminierende Eigenschaften gebunden ist, mag man den Herder-Operator nennen: »Man nenne diese ganze Disposition seiner Kräfte, wie man wolle, Verstand, Vernunft, Besinnung u.s.w. Wenn man diese Namen nicht für abgesonderte Kräfte, oder für bloße Stufenerhöhungen der Tierkräfte annimmt: so gilts mir gleich. Es ist die ›ganze Einrichtung aller menschlichen Kräfte; die ganze Haushaltung seiner sinnlichen und erkennenden, seiner erkennenden und wollenden Natur;‹ oder vielmehr – Es ist ›die Einzige positive Kraft des Denkens, die mit einer gewissen Organisation des Körpers verbunden bei den Menschen so Vernunft heißt, wie sie bei den Tieren Kunstfähigkeit wird: die bei ihm Freiheit heißt, und bei den Tieren Instinkt wird.‹ Der Unterschied ist nicht in Stufen, oder Zugabe von Kräften, sondern in einer ganz verschiedenartigen Richtung und Auswickelung aller Kräfte.« (Herder 1772: 717) – »Ist nemlich die Vernunft keine abgeteilte, einzelwürkende Kraft, sondern eine seiner Gattung eigne Richtung aller Kräfte: *so muß der Mensch sie im ersten Zustande haben, da er Mensch ist*. Im ersten Gedanken des Kindes muß sich diese Besonnenheit zeigen, wie bei dem Insekt, daß es Insekt war« (ebd. 719).

Der zentrale Punkt, der personales Handeln von lediglich organismischem Verhalten unterscheidet, ist also eine exzentrisch gefasste Form von Reflexivität: ein Blick, der nicht noch weitere

Aspekte des Verhaltens in den Blick nimmt, sondern im Verhalten dieses Verhalten als Verhalten. Eine Person »beweiset also Reflexion, wenn [sie] nicht bloß alle Eigenschaften, lebhaft oder klar erkennen; sondern eine oder mehrere als unterscheidende Eigenschaften bei sich *anerkennen* kann: der erste Aktus dieser Anerkenntnis giebt deutlichen Begriff; es ist das Erste Urteil der Seele.« (Herder 1772: 722) Was Feuerbach und Plessner expliziter machen als Herder: Dieser reflexive Übergang vom induktiven Erkennen weiterer Eigenschaften zum Anerkennen einer unterscheidenden Charakteristik ist logisch an eine Hemmung gebunden – daran, »[e]ine Welle, wenn ich so sagen darf, ab[zu]sondern, sie an[zu]halten« (ebd.). Insofern ist Antworten als ein reflexives Verhalten an ein Moment von Passivität gebunden, das in die Aktivität dieses Agierens eingeschrieben ist. Dieses ausnehmend besondere, nämlich logisch mittlere Verhältnis von Aktivität-Passivität personalen Tuns definiert, was Freiheit des Handelns ist und bedeutet: »Sich bestimmen lassen« (Seel 2002; vgl. Kobusch 2011; s. u., Kap. 2.9).

Das Vorbild dieses Verständnisses von Antworten ist Plessners Analyse des Lachens (und Weinens). Folgt man dieser Analyse, dann ist Lachen ein bedeutungslogisch Mittleres. Man fällt ins Lachen, und es ist nicht so, dass das Lachen rein aktiv hergestellt ist. Das Lachen macht etwas mit der Person, und nicht die Person macht das Lachen. Oder anders: Das Lachen steht nicht in der Verfügungsgewalt der Person, sondern ist durch ein passives Moment konstituiert. Aber dieses passive Moment stößt der Person nicht rein von außen, gleichsam als Schicksal, zu. Es ist ein Charakteristikum der Situation und der Person, worüber sie lacht und lachen kann, und entsprechend: worüber sie in dieser Situation gar nicht lachen kann. Das Lachen ist, so Plessner, noch eine *Antwort* der Person in und auf eine Situation, in der sie zwar die Verfügungsgewalt verloren hat, aber noch die Macht hat, dass der verselbständigte Leib an ihrer Stelle eine Antwort gibt. Das Lachen ist also weder rein aktiv hergestellt noch ein rein passiv ausgelöster Automatismus, sondern ein freies leibliches Sich-Verhalten in und zu der Situation – eine Antwort. Die Person macht nicht das Lachen, aber es ist die Person, die lacht.

In Plessners Analyse ist das Lachen kein bloßer Sonderfall personalen Handelns, sondern im Lachen zeigt sich Exzentrizität als

Exzentrizität. Das heißt dann, dass exzentrisch konzipiertes personales Handeln nicht nur in dem Sonderfall, dass alle Verfügungsgewalt verloren gegangen ist, ein Antworten ist, sondern ganz generell durch ein *Verhältnis* von Verfügungsgewalt und Macht, also als ein logisch Mittleres zwischen reiner Aktivität und reiner Passivität des Agierens, charakterisiert ist. Der allgemeine Plessner'sche Titel für dieses prinzipiell realisierte Verhältnis von Macht und Verfügungsgewalt ist »Unergründlichkeit«. Oder mit Leont'ev sehr lapidar: »Die realisierte Tätigkeit ist reicher, wahrer als das vorwegnehmende Bewusstsein.« (Leont'ev 1975: 117)

Nun ist auch diese Unergründlichkeit personalen Handelns ein Doppeltes von gegenständlichem und konzeptualisierendem Moment. Unergründlichkeit meint in gegenständlicher Hinsicht, dass es nicht machbar ist, dass es nicht funktioniert, personales Handeln restlos zu ergründen. Aber dieses gegenständliche Moment kann in ganz unterschiedlicher Weise konzeptualisiert werden.[30] Naheliegend ist die Version, dass das Ergründen personalen Handelns an kein Ende kommt. Das ist eine Variante der von Hegel so genannten schlechten Unendlichkeit, denn in dieser Konzeptualisierung von Unergründlichkeit hat sich nicht das Anliegen der restlosen Ergründung geändert, sondern dieses Anliegen bleibt ex negativo bestehen, wird aber mit der Kautele versehen, dass es unerreichbar bleibt. Solche Konzeptualisierung schlechter Unendlichkeit praktiziert den »göttlichen Trick« eines Blicks aus dem Nirgendwo (Haraway), denn sie muss um restlose Ergründung schon wissen, um sie als unerreichbar zu markieren. Plessner dagegen konzeptualisiert Unergründlichkeit im Modus der wahren Unendlichkeit. Er insistiert mit Misch auf der von Misch so genannten »Verbindlichkeit der Unergründlichkeit« (Plessner 1931: insbes. 160, 181f.; vgl. Misch 1929/30: 50–53; s.u., Kap. 4.3), um entschieden herauszustellen, dass Unergründlichkeit kein unverbindlicher Verweis auf die Unabschließbarkeit des Ergründens meint, sondern eine positive Charakteristik dessen, was personales Handeln ist und meint – und zwar gegen andere mögliche Bedeutungen personalen Handelns. Dass die gegenständliche Fassung von Unergründlichkeit dem Modus ihrer Konzeptualisierung nicht entfliehen kann, heißt, dass jede Konzeptualisierung von Unergründlichkeit ein normatives Moment hat. Die Verbindlichkeit der Unergründlichkeit besagt

z. B., dass das Ergründen personalen Handelns nicht lediglich eine Frage des Funktionierens ist, sondern dass es zu dem, was wir mit *Person* meinen, gehört, dass Personen nicht auf einen Entwicklungsstand fixiert werden sollen – dass es ihrer unwürdig ist, sie auf einen Stand festzulegen. Und umgekehrt: Wird Unergründlichkeit im Modus der schlechten Unendlichkeit konzipiert, dann muss man schon wissen, was Personalität ist, um dann, in einem nächsten Schritt, darüber zu sinnieren, ob solchen Personen die *Eigenschaft* der Unergründlichkeit zukommt. Auch diese Idee von personalem Handeln ist normativ, denn Personalität ist dort nicht durch Unergründlichkeit definiert, sondern Unergründlichkeit ist durch eine »Aufnahmeprüfung« (Stekeler-Weithofer) definiert, also im freundlichen Fall ein *nice to have*.

Führt man all diese Facetten zusammen, dann heißt das: Dass personales Handeln dem Modus nicht entfliehen kann, kann nicht verständlich, geschweige plausibel gemacht werden, ohne Bezug darauf zu nehmen, was das jeweilige Handeln *bedeutet*. Zum Beispiel: Der Unterschied zwischen ›Würdewesen‹ und ›Wesen, die die Eigenschaft der Würde haben‹, ist ein *Bedeutungs*unterschied, nicht aber ein Unterschied in feststellbaren Merkmalen solcher Wesen. Es handelt sich, im Gegenteil, um dieselben Wesen, die aber *entweder* als Würdewesen *oder* als Wesen mit der Eigenschaft der Würde gelten. Der Unterschied zwischen nomadischem und sesshaftem Wohnen ist ein Bedeutungsunterschied und kein Unterschied feststellbarer Eigenschaften einer Wohnform. Dass Lachen mit Plessner ein Antworten ist, ist keine These zu dem Lachvorgang als solchem, sondern wahrt den Bedeutungsunterschied zwischen gespieltem und ungespieltem Lachen: Würde eine Person Lachen machen (also rein aktiv herstellen), gibt es diese Bedeutungsdifferenz nicht; und sie gibt es erst recht nicht, wenn einem der Lachvorgang als automatisierter Ablauf gilt, verursacht durch einen Kitzel.

Personales Handeln ist insofern ein Antworten von Personen in einer Welt von (ausgedrückten) Bedeutungsunterschieden – abkürzend: Personales Handeln lebt in der Welt der Kultur. Dies im Unterschied zum bloßen Verhalten bzw. ›Antwort‹reaktionen (*responses*) von Organismen. Dieser Unterschied ist kein Dualismus, denn personal zu handeln heißt, sich im Verhalten zu diesem Verhalten zu verhalten, also zu antworten. Oder eben: Die Eigenaktivität von Personen in der Welt der Kultur ist eine ausnehmend besondere.

Es kommen daher unter dem Titel »Verhalten als Bewegungsform der organischen Materie« vier Momente definitiv zusammen: i) Als Bewegungsform ist es ein Viererschema: die übergreifende ›Ganzheit‹ *Verhalten* greift über über ihre Momente Organismus, Umwelt, ›Antwort‹reaktion; ii) als Bewegungsform ist es eine Wechselwirkung von Entitäten-in-Bewegung; dies unterläuft als *Wechsel*wirkung (Relationalität) eine Trennung dieser Entitäten, denn Entitäten-in-Bewegung sind nur in Wechselwirkung das, was sie sind; und als Entitäten-in-*Bewegung* ist die Vorstellung von Materie als bloß passivem Rohmaterial unterlaufen; iii) als auswählende Bezugnahme ist die Vorstellung eines reinen und willkürlichen Anwendungsschemas unterlaufen; iv) als Asymmetrie der eigenen Aktivität – als Auszeichnung eines der Pole als subjekthaft – ist unterlaufen, dass die Bedingtheit des Verhaltens zur Konditionierung, zu einem bloßen Mechanismus gerät.

Hier wird noch einmal deutlich, dass solcherart Konzeptualisierungen normativ nicht neutral sein können. Exemplarisch: »Feministische [emanzipatorische] Objektivität handelt von begrenzter Verortung und situiertem Wissen und nicht von Transzendenz und der Spaltung in Subjekt und Objekt.« (Haraway 1988: 82) Oder auch: »Situiertes Wissen erfordert, daß das Wissensobjekt als Akteur und Aktant vorgestellt wird und nicht als Leinwand oder Grundlage oder Ressource [oder Rohmaterial] und schließlich niemals als Knecht eines Herrn, der durch seine einzigartige Handlungsfähigkeit und Urheberschaft von ›objektivem‹ Wissen die Dialektik abschließt« (ebd. 92 f., hier: 93).

Will man auf dieser Basis die Besonderheit der Eigenaktivität personalen Handelns bestimmen – also in grober Annäherung, diesseits der Thematisierung humanoider Roboter: die Besonderheit der Eigenaktivität des Verhaltens solcher Organismen, die als Person gelten –, dann muss man die Eigenständigkeit der kulturellen Entwicklung in den Blick nehmen. Die Antwort wird davon abhängen, ob man die Besonderheit der kulturellen Entwicklung gegenüber der natürlichen Evolution als lediglich graduellen Unterschied begreift (»Menschen und andere Tiere«) oder aber als einen grundsätzlichen (»Personen vs. Nicht-Personen«).

Leont'evs Position ist hier eindeutig. Die gesellschaftliche Entwicklung ist *nicht* einfach die Verlängerung der biologischen Entwicklung; es gibt grundsätzlich andere und eigene Gesetzmäßigkeiten der kulturellen Entwicklung des Menschen, und auch innerhalb dieser Entwicklung gibt es grundsätzliche Unterschiede (Leont'ev 1959: insbes. 227–229). Im Kern: Der Mensch führt keinen Kampf ums Dasein mehr, sondern »die gesamte vernünftige Tätigkeit des Menschen ist ein *einziger Kampf – gegen den Kampf ums Dasein*« (Timirjasew, zit. n. ebd. 229, Anm. 71).

Terminologisch kann man die Spezifik personaler Tätigkeit dann so fassen, dass es nicht mehr nur gegenständliche, sondern *vergegenständlichende* Tätigkeit ist. Die Umwelt des Menschen sei »eine Welt, die durch die menschliche Tätigkeit umgewandelt wurde«, und als eine solche »Welt gesellschaftlicher Gegenstände, die die sich im Laufe der gesellschaftlich-historischen Praxis gebildeten menschlichen Fähigkeiten verkörpern, wird sie dem Individuum nicht unmittelbar gegeben; in *diesen* Eigenschaften offenbart sie sich jedem einzelnen Menschen als Aufgabe« (ebd. 231). Mit anderen Worten: Weil und insofern sich personale Tätigkeiten in Gegenständen dieser Tätigkeiten – traditionell gesprochen: im objektivierten Geist – vergegenständlichen, deshalb ist personale Tätigkeit in dieser Welt (also nicht mehr bloß Umwelt) ein prinzipiell aktives Aneignen (s. aber u., Kap. 5.5). »Bringt man Gegenstände der menschlichen materiellen Kultur in einen Tierkäfig, dann verlieren sie keine einzige ihrer physikalischen Eigenschaften, und doch können sie jetzt die spezifischen Züge, in denen sie sich dem Menschen offenbaren, nicht mehr äußern. Sie sind nun nur noch Gegenstände der Anpassung« (ebd.). Demgegenüber ist die Aneignung gegenüber bloßer Anpassung ein prinzipiell *vermitteltes* Sich-zu-eigen-Machen. »Der Aneignungsprozeß unterscheidet sich grundsätzlich von dem Vorgang der individuellen Anpassung an die natürliche Umwelt« (ebd. 232); und zwar »gibt es folgenden prinzipiellen Unterschied: Bei der biologischen Anpassung *verändern* sich die Arteigenschaften und das Artverhalten des Individuums. Beim Aneignungsprozeß *reproduziert* dagegen das Individuum die historisch gebildeten Fähigkeiten und Funktionen« (ebd. 233).[31]

Diese Differenz zwischen natürlicher Umwelt und personaler Welt ist verschränkt mit und ermöglicht durch »den Boden und das Medium« (Plessner zu König; s. o., Anm. 17) der Mitwelt. Vergegenständlichende Tätigkeit ist kategorial eine Tätigkeit, die *man* ausführt. Für den konkreten Fall, dass du, ich, er, sie, wir oder ihr sie ausübt, ist das eine Konkretion einer *Man*-Form, und es ist kategorial hier nicht so, dass *Man*-Formen *Ergebnis* einer Verallgemeinerung über das vielfältige Tun vieler Einzelner oder Gemeinschaften ist. Eine *Man*-Form *ist* ein (je konkretes) Allgemeines, das in sich als Vielheit strukturiert ist.

Leont'ev formuliert diesen grundsätzlichen Punkt aus der Sicht der Entwicklung des Individuums in dieser Mitwelt: »Schon im Säuglingsalter sind die praktischen Verbindungen des Kindes mit den von Menschen geschaffenen Gegenständen zwangsläufig in seinen Umgang mit den Erwachsenen einbezogen. [...] Dieser Umgang hat von Anfang an die für menschliche Tätigkeit charakteristische Struktur des mittelbaren Prozesses, der in seinen ersten, ursprünglichen Formen jedoch nicht durch das Wort, sondern durch den Gegenstand vermittelt wird. [...] Mit anderen Worten: Die Beziehungen des Kindes zur gegenständlichen Welt werden zunächst nur durch Handlungen der Erwachsenen vermittelt. [...] Die gegenständliche Wirklichkeit erschließt sich dem Individuum demnach schon in den ersten Etappen seiner Entwicklung über die Beziehungen zu seinen Mitmenschen; *deshalb* offenbart sie sich ihm nicht nur in ihren sachlichen Eigenschaften und in ihrem biologischen Sinn, sondern auch als eine Welt von Gegenständen, die dem Kinde in ihrer gesellschaftlichen Bedeutung durch seine menschliche Tätigkeit allmählich zugänglich wird« (ebd. 234 f.). De facto ist das auch noch ein entscheidender Unterschied zu Michael Tomasello, bei aller sonstigen Übereinstimmung und bei aller Aktualisierung der empirischen Befunde. Tomasello (2002: 80–94) inszeniert die sog. Neunmonatsrevolution als einen Übergang von einer Umwelt *in* die Mitwelt (mit dem Argument, das Interagieren vor dieser Revolution sei noch nicht intersubjektiv[32]), während für und mit Leont'ev das Agieren des Säuglings im Sinne des Herder-Operators auch schon vor dieser Revolution klarerweise über die Erwachsenen vermittelt und ein Agieren in einer Welt von Bedeutungsunterschieden ist. Die Neunmonatsrevolution wäre dann ein Übergang innerhalb der Mitwelt und gerade kein Übergang von einer Noch-Umwelt in eine personale Welt.

Diesen kategorialen Unterschied zwischen organismischer gegenständlicher und personaler vergegenständlichender Tätigkeit bzw. den kategorialen Unterschied zwischen Anpassung und Aneignung bzw. den kategorialen Unterschied zwischen Herders Erkennen und Anerkennen fasst Leont'ev (1981) so, dass Personen in besagter quasi fünfdimensionaler Welt leben, aufgespannt durch die vier Dimensionen von Raum und Zeit und durch die fünfte »Quasidimension« der gesellschaftlichen Bedeutungen. Gegenstände der personalen vergegenständlichenden Tätigkeit sind für und mit Leont'ev per se Sinngebilde. Die beiden entscheidenden Symptome dieses kategorialen Unterschieds sind für ihn: Personale Tätigkeiten werden »mit fremder Hilfe aufgebaut« und sie werden »nach einem Muster übernommen« (Leont'ev 1959: 241).

Wunsch (2021; s. o., Kap. 1, Anm. 6) versucht einen anderen Weg, um von vornherein die Gefahr eines Dualismus von Natur und Kultur zu unterlaufen. Er nimmt bereits das, was oben *auswählende* Bezugnahme hieß – also organismisches Tun bei Gelegenheit einer Affordanz – als ein Antworten, das im minimalen Sinne mehr ist als ein *response* und daher konsequenterweise auch gebunden an einen Sinn-Begriff in minimalem Sinne. Das ist sehr verlockend, und ob dem in der Sache so ist, kann hier offenbleiben. Wohl kann man angesichts dieser Möglichkeit präzisieren, worin die grundsätzliche Spezifik der kulturellen Entwicklung liegt. Angesichts jener Möglichkeit mag es vorschnell sein, Welten der Kultur als Welten von ausgedrückten Sinn-Unterschieden und Welten der Natur als frei von Sinn-Unterschieden zu nehmen. Aber selbst für den Fall, dass man auch gewisses organismisches Verhalten in ›Sinn‹-Welten verorten müsste, bleibt ein grundsätzlicher Unterschied in der Bedeutung von *Sinn-Unterschieden*. In Welten der Kultur sind Sinn-Unterschiede immer auch zugleich normative Unterschiede. In den Worten von Herder: Es mag so sein, dass auch gewisses organismisches Verhalten an *sinnhaftes* Erkennen gebunden ist, aber erst personales Handeln ist ein *An*erkennen eines erkannten Unterschieds als charakteristisch und identifizierend. Diese Gebundenheit der Welten von Kultur an normative Sinn-Unterscheidungen ist eine wirkmächtige Traditionslinie, die man an unterschiedlichen Knotenpunkten festmachen kann. Zum Beispiel kann (oder muss) man die biblische *Genesis* so verstehen, dass die Menschwerdung des Menschen daran gebunden ist – wenn auch gewertet als Sündenfall –, um den Unterschied zwischen gut und böse zu wissen. Aber auch Aristoteles macht geltend: »Daß aber der Mensch mehr noch als jede Biene und jedes schwarm- oder herdenweise lebende Tier ein Vereinswesen ist, liegt amtage. Die Natur macht, wie wir sagen, nichts vergeblich. Nun ist aber einzig der Mensch unter allen animalischen Wesen mit der Sprache begabt. Die Stimme ist das Zeichen für Schmerz und Lust und darum auch den anderen Sinneswesen verliehen, indem ihre Natur so weit gelangt ist, daß sie Schmerz und Lust empfinden und beides einander zu erkennen geben. Das Wort aber oder die Sprache ist dafür da, das Nützliche und das Schädliche und so denn auch das Gerechte und das Ungerechte anzuzeigen. Denn das ist den Menschen vor den anderen Lebewesen eigen, daß sie Sinn haben für Gut und Böse, für Gerecht und Ungerecht und was dem ähnlich ist. Die Gemeinschaftlichkeit dieser Ideen aber begründet die Familie und den Staat.« (Aristoteles, Pol, 1253a 7ff.)

Feuerbach kämpft mit dem Problem. Er ist kein Sensualist, aber um den Preis einer fatalen Nähe zum Kitsch des *Kleinen Prinzen* (»Man sieht nur mit dem Herzen gut«): »Alles ist darum sinnlich wahrnehmbar, wenn auch nicht unmittelbar, doch mittelbar, wenn auch nicht mit den pöbelhaften, rohen, doch mit den gebildeten Sinnen.« (Feuerbach 1843b: § 42, S. 324) – »Die Menschen sehen zuerst die Dinge nur so, wie sie ihnen erscheinen, nicht, wie sie sind, sehen in den Dingen nicht sie selbst, sondern nur ihre Einbildungen von ihnen, legen ihr eigenes Wesen in sie hinein, unterscheiden nicht den Gegenstand und die Vorstellung von ihm. Die Vorstellung liegt dem ungebildeten, subjektiven Menschen *näher* als die *Anschauung*, denn in der Anschauung wird er *aus sich* herausgerissen; in der Vorstellung *bleibt er bei sich*. […] Die Anschauung *widerspricht* mir, die Vorstellung aber gibt mir immer recht« (ebd. § 44, S. 326). Das Gegengewicht gegen empiristische Verkürzungen ist bei Feuerbach die Mitweltlichkeit der sinnlichen Erfahrung einerseits, der Widerfahrnischarakter der Erfahrung andererseits, aber (noch) nicht explizit die normative Dimension des Postulats *gebildeter* Sinne. Plessner ist dann wieder deutlich. Exzentrizität meint wesentlich eine Lebensform, in der »der Mensch etwas sein und tun will in Gebräuchen und Sitten, die ihm gelten, die einen Anspruch an ihn haben und die für ihn eben die spezifische Weise des Geltens, nicht des bloßen Seins besitzen« (Plessner 2019: 129).

Aber auch das klärt die durch Wunsch aufgeworfene Frage nicht restlos. Ist das Moment von Freiheit tatsächlich strikt daran gebunden, dass personale Sinn-Unterscheidungen immer auch normative Unterscheidungen sind? Oder kommt vor, dass auch ein an sinnhaftes Erkennen (also ohne Anerkennen) gebundenes Verhalten mit einem Moment von Freiheit in minimalem Sinne einhergeht – zeugt die Offenheit für Erfahrung des *Verhaltens* für eine Freiheit des Verhaltens? Ist ein Modus-Unterschied des personalen Handelns strikt ein normativ gefärbter Sinn-Unterschied? Oder haben Modus-Unterschiede des personalen Handelns eine strikt deskriptive Seite? Ist das »große Rätsel der Unsinnlichkeit dessen, was ist« (König 1937: 1), nur normativ auf ein Sinngebilde zu bringen? Was wäre durch eine rein deskriptive Fassung von Modusunterschieden des Tuns gewonnen außer der Gefahr, einen normativen Unterschied als einen sinnlich fundierten Unterschied zu behaupten? Ist nicht vielmehr klar, dass auch und gerade unsinnlich-normative Sinn-Unterschiede erfahrbar sind? Plessner und Misch etwa setzen in solchen Fragen deutlich andere Akzente (ausführlicher s. u., Kap. 4).

2.8 Verhaltenstheorie

Der Unterschied zwischen Erklären und Verstehen ist in der Wissenschaft deshalb so brisant, weil er das Thema der Empirie aufwirft. Eine Wissenschaft ist unhintergehbar Erfahrungs-Wissenschaft. Es ist naheliegend und scheint selbstverständlich, dass jede Erfahrung einen Ankerpunkt in sinnlicher Wahrnehmung, noch schärfer: in Sinnesdaten hat. Wenn man dieser naheliegenden Option der Verankerung von Erfahrung in Sinnesdaten folgt, dann folgt man der Option, dass Wissenschaft *empirische* Wissenschaft zu sein hat, also ohne Verankerung in Sinnesdaten aufhört, Wissenschaft zu sein. Bereits eine Wahrnehmung ist selbstverständlich ein Fall *verarbeiteter* resp. *strukturierter* Sinnesdaten, und insofern ist Empirie selbstverständlich mehr und anderes als bloßes Protokollieren von Sinnesdaten. Empirie ist sozusagen ein Doppeltes aus Sinnesdaten und Verarbeitungsinstanzen – also etwa Messungen, mathematische Modelle, Musterbildungen etc. pp., also ein Doppeltes von Sinnlichkeit und Verstand. Aber es wäre eben keine Empirie – so diese Lesart –, wenn die Verankerung in den Sinnesdaten fehlen würde. Das gilt traditionell sogar für die Verarbeitungsinstanzen selbst, die nicht lediglich Sinnesdaten verarbeiten, sondern bei strengem Verständnis von Empirie nicht einfach ausgedacht sein dürfen, sondern ihrerseits eines Ankers in Sinnesdaten bedürfen. In geradezu klassisch gewordener Form und Kürze hat das John Locke auf die Parole gebracht: Nichts ist im Verstand, was nicht zuvor in den Sinnen war. Bereits zeitgenössisch ist das als vereinseitigende Zuspitzung, als Reduktionismus kritisiert worden, und zwar von keinem Geringeren als von Gottfried Wilhelm Leibniz. Dessen Parole musste freilich aus Gründen der Sache ein klein wenig länger sein: Stimmt, nichts ist im Verstand, was nicht zuvor in den Sinnen war – außer dem Verstand selbst. Seitdem gibt es empiristische Verständnisse von Empirie, die diesen Einwand von Leibniz ignorieren, und aufgeklärte Verständnisse von Empirie, die den Verarbeitungsinstanzen der Sinnesdaten keine Verankerung in Sinnesdaten mehr zumuten. Empirische Wissenschaft in diesem aufgeklärten Sinne von Empirie ist dann eine (im weiten Sinne) experimentelle, rechnende und messende Wissenschaft bzw. findet darin ihr Vorbild. Paradigmatisch ist die Physik eine empirische Wissenschaft in diesem Sinne, aber auch alle empirischen Sozialwissenschaften. Im Einzelnen lauern dort überall noch empiristische Selbstmissverständnisse, aber im Allgemeinen kann man von einem aufgeklärten Empirieverständnis ausgehen.

Aber auch dieses aufgeklärte Verständnis von Empirie folgt der Option, dass eine Erfahrung notwendig in Sinnesdaten verankert sein muss. Die Brisanz liegt nun darin, dass eine Verstehenswissenschaft dieser Option nicht folgen kann. Sie benötigt ein *anderes* Konzept von Erfahrung, denn Sinnhaftigkeit ist nichts, was in den Sinnen gegeben ist. Um den Unterschied zwischen einer Fluchtbewegung und einem Hinsprinten wissen wir aus Erfahrung, aber diesen Unterschied kann man nicht wahrnehmen, sondern man muss um ihn wissen – man muss ihn verstehen.[33] Man kann vielleicht von kultureller statt von empirischer Erfahrung reden. Die Bedeutung eines Wortlauts ist nur sehr selten, aber ganz sicher nicht prinzipiell lautmalerisch begründet. Auch Ungerechtigkeit können wir erfahren, aber das ist nichts, was man sinnlich wahrnehmen kann. Hier liegt der Punkt der grundsätzlichen Übereinstimmung zwischen der hermeneutischen und der phänomenologischen Tradition, denn genau hier setzen beide Traditionen auf das Verstehen als Gegenkonzept zum empirischen Erfahren. Es gibt dann dort, zum Beispiel, eine Differenz zwischen Anschauung und Wahrnehmung, und Wahrnehmung ist grundsätzlich ein Wahrnehmen-als. Zugleich entspringt hier deren grundsätzliche Differenz, denn (erlebens-) phänomenologisch konzipierte Erfahrung wurzelt im je eigenen und unvertretbaren *Erleben*,[34] während hermeneutisch konzipierte Erfahrung in der Mitwelt, in der Öffentlichkeit wurzelt.

In dem Hinweis auf Nicht-Wahrnehmbarkeit lauern Missverständnisse. Auch die Zelle eines Organismus kann man nicht sehen, hören, tasten, riechen, schmecken, aber die Nicht-Wahrnehmbarkeit einer Zelle ist von gänzlich anderer Art als die Nicht-Wahrnehmbarkeit von Sinn-Unterschieden. Eine Zelle kann man mittels technischer Apparaturen wahrnehmbar machen, aber Sinn-Unterschiede lassen »das große Rätsel der *Unsinnlichkeit* dessen, was ist, gewahren« (König 1937: 1). Wer an dieser Stelle die Frage verschiebt – nicht mehr danach, was dieser Sinn-Unterschied ist und besagt, sondern danach, wie man sein Zustandekommen erklären kann –, der beantwortet ebenfalls eine wichtige Frage, aber nicht mehr die, um die es einer Hermeneutik geht. Eine Verstehenswissenschaft nimmt daher einen nicht-empirischen Erfahrungsbegriff in Anspruch.

Wer menschliches Tun dann *empirisch* untersuchen will, der ist demnach auf eine Theorie des Verhaltens festgelegt. Moderner Ausgangspunkt dafür war eine Verhaltenstheorie im Sinne des Behaviorismus. Der Behaviorismus hat ein äußerst starkes Argument ins Feld geführt, nämlich: Wer menschliches Tun tatsächlich empirisch untersuchen will, und nicht durch Lektüre von Romanen oder bewertend, der könne und dürfe nur das äußerlich sichtbare Tun von Menschen untersuchen, denn das und nur das sei empirisch erforschbar. Was immer im Inneren, im dort so identifizierten Psychischen, vor sich geht, dazu könne man empirisch gar nichts sagen – aber dazu müsse man auch nichts sagen. Man könne und müsse sich auf das äußere Tun, eben auf das Verhalten, von Menschen beschränken, und das Innere sei für jede empirische Wissenschaft eine *black box*.

Es gibt nun, sehr grob gesprochen, zwei Sorten von Einwänden gegen den Behaviorismus. Zum einen kann man einwenden, dass das schlicht nicht wahr ist. Selbstverständlich könne man Psychisches nicht direkt sehen, hören, riechen, schmecken, tasten, aber genauso selbstverständlich könne man Psychisches mittels technischer Apparaturen und experimenteller Designs, also indirekt, sichtbar machen. Eine Wissenschaft des Psychischen muss, sozusagen von Berufs wegen, darauf insistieren, dass man auch empirisch-wissenschaftliche Aussagen zum Psychischen machen kann, also zu dem, was der Behaviorismus in die *black box* verbannt hatte. In diesem Sinne wird eine empirische Wissenschaft des menschlichen Verhaltens eine *Verhaltens*theorie sein, die nicht nur sachlich (s. o.), sondern auch methodologisch mit dem Behaviorismus gebrochen hat. Eine Ethologie untersucht nach wie vor äußerlich sichtbares und sichtbar gemachtes Tun, eben Verhalten, aber insistiert darauf, dass auch Psychisches empirisch zugänglich ist. Das ist die Analyse menschlichen Tuns in der berühmten sogenannten 3.-Person-Perspektive. Die phänomenologische Gegenposition dazu, die das Verstehen vom Erklären scheidet, ist die 1.-Person-Perspektive des phänomenalen Bewusstseins; die hermeneutische Gegenposition insistiert darauf, dass die Man-Perspektive diejenige ist, innerhalb derer man überhaupt nur die durch ein Personalpronomen charakterisierten Perspektiven einnehmen kann.

Die zweite Sorte von Einwänden gegen den Behaviorismus besagt, dass eine solche Untersuchung des Verhaltens dem menschlichen Tun prinzipiell nicht gerecht wird – vorsichtiger formuliert: dann nicht gerecht wird, wenn man menschliches Tun auf solches Verhalten reduziert. Nichts spricht dagegen, menschliches Tun als Verhalten zu erforschen, aber allein damit sei man noch nicht bei der Spezifik menschlichen Tuns angekommen. Im harten Kern lautet dieser Einwand: Menschliches Tun sei nicht darauf reduzierbar, ein durch zahllose Bedingungen determiniertes Verhalten zu sein, sondern sei ein Tun, das sich frei zu diesem Verhalten und dessen wirkenden Bedingungen verhält – es sei ein Tun, das nicht nur *response* auf Bedingungen sei, sondern das in einer Situation auf diese Situation antwortet. Kurz gesagt: Eine Reduktion auf Verhaltenstheorie gehe grundsätzlich daran vorbei, dass der Mensch als frei handelndes Wesen gilt. Oder als Formel: Eine Verhaltenstheorie analysiert das Tun von ›Menschen und anderen Tieren‹, also von Organismen, insbesondere von menschlichen Organismen. Eine Theorie des Handelns analysiert demgegenüber personales Tun.

Es gibt dann zahlreiche Handlungstheorien, die an diesem Postulat menschlicher Freiheit ansetzen und diesem Postulat gerecht werden wollen. In aller Regel gehen sie dazu den Weg, komplexere Verhaltenstheorien vorzulegen. Sie versuchen, Merkmale menschlicher Freiheit zu identifizieren, um diese Merkmale dann zu den notwendigen Bedingungen des menschlichen Verhaltens zu erheben. So wird man sagen, dass es zu den typischen Merkmalen menschlicher Freiheit gehört, Absichten zu haben, sich Ziele zu setzen und Ähnliches. Eine empirische Handlungstheorie kann dann versuchen, solcherart kognitive Gehalte indirekt sichtbar zu machen, um dann das menschliche Verhalten (auch) aus diesen Bedingungen heraus zu erklären. Eine willkürlich herausgegriffene sportwissenschaftliche Handlungstheorie dieser Art formuliert dies treffend und transparent wie folgt: »Die zentrale Gemeinsamkeit handlungspsychologischer Ansätze besteht in der Auffassung, daß Handeln als zielgerichtete Aktivität (zielgerichtetes Verhalten[!]) beschrieben werden kann.« (Munzert 1995: 77) Innerhalb des weiten Felds des organismischen Verhaltens gilt dort menschliches Handeln als ein spezifisches *Verhalten*, also als ein Verhalten mit spezifischen Eigenschaften (also nicht als reflexives Verhalten). Auch Handlungen wollen und müssen dort aus ihren Bedingungen erklärt werden, aber mit der Aufforderung, die grundsätzliche Besonderheit mancher Bedingungen der menschlichen Handlungen zu beachten. Man muss dann immer noch von einem Determinationszusammenhang sprechen, aber es ist eine Verursachung in Anführungszeichen: »Im Gegensatz zum naturwissenschaftlichen Verständnis geht es dabei nicht um Kausalzusammenhänge, in denen der Mensch als Objekt von äußeren Determinanten agiert. Menschen können sich zu ihrer relativen Autonomie verhalten und sind selbst ›Verursacher‹ des eigenen Musters von Handlungsfreiheit bzw. Determination« (ebd. 81).

Hier ist der Ort, an dem die ansonsten grundsätzlichen Unterschiede zwischen einer behavioristischen Verhaltenstheorie und einer Response-Theorie des Verhaltens nicht entscheidend sind. Sowohl die klassischen als auch die komplexeren Behaviorismen, die fixe Reaktionsmuster auf Basis eines strikten Mechanismus kennen, als auch systemisch gedachtes Verhalten, das die ›Antwort‹reaktionen als Äußerungsweisen eines funktionalen Zusammenhangs nimmt, sind Versuche, das Verhalten unter Bezugnahme auf ein Bedingungsgefüge zu erklären. Dann aber ist und bleibt das Vermögen zur Freiheit selbst eine dieser Bedingungen, die dann, selbstverständlich, ihrerseits bedingt ist. Die Alternative ist, Freiheit an sinnhafte Modus-Unterschiede des Verhaltens zu binden, sei es in der Variante von ›Sinn‹-Unterschieden bei gewissen tierlichen Lebensformen, sei es beschränkt auf personales Handeln. Oder anders herum: Wenn man personales Handeln selbstverständlich auch, aber nicht lediglich in ein Bedingungsgefüge einbettet, sondern in ein Bedeutungsgewebe verstrickt sein lässt, muss man aus solcher Verhaltenstheorie, und sei sie noch so komplex, aussteigen. Ein Beispiel dieses Ausstiegs liegt mit der Tätigkeitstheorie der *Kulturhistorischen Schule der Sowjetischen Psychologie* vor.

Umgekehrt markiert nicht jeder Verhaltensbegriff schon eine Verhaltenstheorie in diesem Sinne. Es ist sogar zwingend, einen *weiten* Begriff von Verhalten in Gebrauch zu nehmen, um die Spezifik personalen Handelns als eines reflexiven Verhaltens – eines Verhaltens, das sich im Verhalten zu sich als Verhalten verhält – so bestimmen zu können, dass ein Dualismus von Verhalten und Handeln unterlaufen wird. Plessner, Thomas Dworschak und Wunsch etwa verstehen *Verhalten* zunächst in diesem weiten Sinne (Verhalten als Benehmen, nicht als *behaviour*) und gerade nicht im Sinne einer wie soeben charakterisierten Verhaltenstheorie. Auch Leont'ev benötigt einen solch weiten Begriff, den er freilich *Tätigkeit* nennt, um darin organismische und personale Tätigkeit zu differenzieren.

2.9 Tätigkeitstheorie

Leont'evs Tätigkeitstheorie verortet selbsttätig-antwortende Personen in der Welt der Sinn-Unterscheidungen. In seiner Terminologie: Er verortet sie nicht nur in der vierdimensionalen Welt von Raum und Zeit, sondern in einer quasi-fünfdimensionalen Welt der vier Dimensionen von Raum und Zeit und der fünften Quasidimension der Bedeutungen (s. o.). Konsequenterweise formuliert er dann als methodologischen Imperativ, dass sich Tätigkeit *nicht* als Ergebnis des Wirkens von Bedingungen fassen lässt: »Denn keinerlei Entwicklung ist direkt aus dem ableitbar, was lediglich ihre notwendigen Voraussetzungen bildet, wie detailliert wir sie auch immer beschreiben mögen. Die marxistische dialektische Methode fordert weiterzugehen und die Entwicklung als einen Prozess der ›Selbstbewegung‹ zu untersuchen, das heißt ihre inneren bewegenden Beziehungen, Widersprüche und wechselseitigen Übergänge zu analysieren, so dass ihre Voraussetzungen als in ihr sich transformierende, als ihre eigentlichen Momente auftreten.« (Leont'ev 1975: 151)

Leont'ev kann und will deshalb Verhaltenstheorien nicht komplexer anlegen, sondern steigt aus ihnen aus. Er kritisiert das allen Verhaltenstheorien zugrundeliegende »Unmittelbarkeitspostulat« (ebd.: Kap. 3.1), das menschliches Tun direkt aus dem Bedingungsgefüge dieses Tuns erklären will, also direkt aus dem, »was lediglich ihre notwendigen Voraussetzungen bildet«. Er insistiert deshalb darauf, dass zwei Analyseschemata grundsätzlich voneinander zu unterscheiden sind. Zum einen das Reiz-Reaktions-Modell, also das Bedingungen-Wirkungs-Schema, das er nicht nur beim traditionellen Behaviorismus diagnostiziert, sondern ganz im Gegenteil auch und vor allem dort, wo dieser Behaviorismus durch die Einführung von Zwischenvariablen überwunden werden sollte. Dem stellt er ein im Grundsatz anderes, ein dreigliedriges Analyseschema gegenüber, in dem das menschliche Tun, genannt Tätigkeit, als eigenbedeutsames drittes Glied Bedingungen und Wirkungen vermittelt. »In der Psychologie entstand also die folgende Alternative: entweder am zweigliedrigen Grundschema *Einwirkung des Objekts → Veränderung der fließenden Zustände des Subjekts* (oder, was prinzipiell das gleiche ist, am Schema S → R) festzuhalten oder ein dreigliedriges Schema anzunehmen, das als mittleres Glied (›mittlerer Begriff‹) die Tätigkeit des Subjekts und entsprechend ihre Bedingungen, Ziele und Mittel umfasst, ein Glied, das die Zusammenhänge zwischen ihnen vermittelt.« (Leont'ev 1975: 79) Auch die Ethologie stellt zwar auf ein dreigliedriges System Bedingungen – Funktion – *response* um, aber die Vermitteltheit qua Funktion ist keine *freie* Vermittlung.

Auch diese Umstellung ist normativ nicht unschuldig. Weil in einem freien dreigliedrigen Analyseschema personales Tun nicht mehr determinierbar, nicht mehr technologisch herstellbar ist, deshalb war die *Kulturhistorische Schule* in der Sowjetunion, und folglich in der DDR, nicht wohlgelitten. Das Politbüro einer realsozialistischen Partei will die Genossen verplanen. Deshalb wurde die Tätigkeitstheorie mit der Handlungstheorie von Sergej L. Rubinstejn amalgamiert. Man durfte und sollte weiterhin »Tätigkeit« sagen, aber es war *zielgerichtetes Verhalten* drin. Das Tun der Genossen wäre so wieder mit den ›richtigen‹ Zielen programmierbar. Leont'ev hat diese Differenz zu Rubinstejn herausgestellt (Leont'ev 1975: 75), aber nicht nur die Leipziger Sportpsychologie (Kunath & Schellenberger 1991) hat dies ignoriert. Ein Schelm, wer Böses dabei denkt.

Weil *Tätigkeit* hier ein drittes, ein frei-vermittelndes Glied, also weder Reaktion noch *response* ist, ist die Tätigkeit selbst eine Gestaltung – eben eine Antwort in einer und auf eine Situation. In einem dreigliedrigen Analyseschema muss deshalb diese Gestaltung nicht besonderen Bedingungen – etwa dem Haben von Intentionen – zugeschrieben werden. Die Freiheit der Gestaltung ist deshalb hier keine Willkür, in der ein Subjekt etwas nach eigenem Gusto aus der Situation macht, also rein aktiv, als ›Verursacher‹ aus dem Nullpunkt heraus. Eine Antwort auf eine Situation ist hier immer zugleich bedingt durch diese Situation. In diesem Sinne ist ein dreigliedrig konzipierter Tätigkeitsvollzug ein Mittleres von *Aktiv* und *Passiv*, also ein Vollzug im Medium (im Sinne der Grammatik).[35]

Damit ist die zentrale Einsicht und der Problemstand von Sigmund Freud gewahrt, nämlich dass »das Ich nicht Herr sei in seinem eigenen Haus« (Freud 1917: 11). Freiheit anders als Willkür-Freiheit denken zu können, setzt den Widerfahrnischarakter des personalen Tuns voraus (Bonnemann 2016). Nicht zuletzt ist damit die minimale Voraussetzung gegeben, um Erfahrungen überhaupt denkbar zu machen, denn damit wir *Erfahrungen* machen, müssen die Erfahrungen etwas mit uns machen. Zwar müssen wir für Erfahrungen auch offen sein – die alte Idee des Staunens, ohne das wir achtlos weitergehen; aber Erfahrungen müssen uns auch zustoßen; sie müssen uns irritieren, denn sonst malen wir nur ein Bild so ganz nach unseren Vorannahmen. Oder mit Feuerbach: Eine Erfahrung widerspricht uns, eine Konstruktion von ›Erfahrung‹ bestätigt uns bloß. Sinnesdaten sind in und für die Wahrnehmung wohl *zu* einer

Wahrnehmung konstituiert, aber nicht selbst durch uns konstituiert. »Eine Philosophie, welche kein *passives Prinzip* in sich hat, [...] – eine solche Philosophie, wie die des Absoluten überhaupt, hat, als eine durchaus *einseitige*, *notwendig* die Empirie zu ihrem Gegensatz. Spinoza hat die Materie wohl zu einem Attribut der Substanz gemacht, aber nicht als ein Prinzip des Leidens, sondern gerade deswegen, weil sie *nicht* leidet.« (Feuerbach 1843a: 253)

2.10 Zwischenfazit II: Handeln als Tätigkeit

Leont'evs Kategorie der vergegenständlichenden »Tätigkeit« (Leont'ev 1975: Kap. 3.2) ist hier *die* Instanz dessen, was oben ›personales Handeln‹ hieß.

Der primäre Aspekt ist deshalb das doppelt konzeptionelle Moment dieser Kategorie: Zum einen – deshalb ist sie eine Instanz von ›personales Handeln‹ – verortet sie menschliches Tun in einer Welt der Kultur, in einer Welt des ›objektiven Geistes‹, in einer Welt von ausgedrückten Sinnunterschieden bzw. einer Welt von Bedeutungsgeweben. Zum anderen – das macht sie spezifisch im Feld der Handlungstheorien – markiert diese Kategorie eine bestimmte und spezifische Theorie personalen Handelns, vornehmlich durch ihre Einbettung in eine Prozess-Ontologie und ihr ausdrücklich dreigliedriges Analyseschema. Eine bestimmte vergegenständliche Tätigkeit ist deshalb ein bestimmtes Tun-das-etwas-Bestimmtes-bedeutet und muss folglich immer auch *verstanden* werden bzw. ist schon in irgendeiner Weise verstanden worden, sobald sie *erklärt* wird.

Dieses doppelt konzeptionelle Moment ist gebunden daran – das unterscheidet ein kategoriales Format von einem Schema –, ein bestimmtes Moment von Wirklichkeit zu konzeptualisieren: Kategorien »als Daseinsweisen, Daseinsformen« (Bloch 1959: 266) und Onto-Logie, weil sich Kategorien »an dem Realen aussprechen und bemerkbar machen« müssen, wenn das kategoriale Verhältnis »überhaupt ontisch und nicht nur logisch möglich sein« soll (Plessner 1928: 128). Personales Handeln ist insofern nicht nur und einfach so, gleichsam dezisionistisch, in ein bestimmtes Licht der Betrachtung gerückt und in einen bestimmten Bedeutungsraum katapultiert, sondern bewahrt den Zusammenhang zur Welt der Natur, indem es in gegenständlicher Hinsicht als reflexives Verhalten bestimmt ist. Dass personales Handeln ein Verhalten sei, dass sich im Verhalten zu sich verhält, darf kein *bloßer* Effekt der Perspektive sein, mittels derer es in der Welt der Kultur verortet ist. In Leont'evs Tätigkeitstheorie macht sich das (in je positiver, antiidealistischer Absicht) a) als terminologische Schwierigkeit und b) als begriffliche Unsauberkeit kenntlich. Terminologisch nämlich ist *Tätigkeit* je nach Kontext einerseits die Kategorie für den Bereich der organischen Materie, also synonym mit *Verhalten*, aber andererseits synonym mit personalem Handeln. Klar ist deshalb aber immerhin, dass Verhalten und Handeln nicht dualistisch auseinanderfallen. Erschwert wird das jedoch durch die Unsauberkeit, dass Leont'ev nicht explizit von der Unterscheidung Tier-Mensch in organismischer Dimension auf die Unterscheidung Nichtperson-Person in gesellschaftlicher Dimension umstellt, sondern weiterhin von menschlicher Tätigkeit spricht, wo der Sache nach personale Tätigkeit gemeint ist. Auch Leont'ev hat sich insofern nicht gänzlich vom göttlichen Trick emanzipiert, wenn er so tut, als könne man menschliches Tun so lange analysieren, bis es quasi selbst sagt, dass es am besten als Tätigkeit im Rahmen der Engels'schen Naturdialektik analysiert sein will. Aber auch diese Konzeptualisierung kann dem Modus nicht entfliehen; sie hat andere Götter, in der ehemaligen Sowjetunion z. B. Rubinstejn, neben sich.

Der harte systematische Punkt an dieser hermeneutisch-tätigkeitstheoretischen Rekonstruktion personalen Handelns ist, dass das Moment der Freiheit des personalen Handelns dem perspektivischen Moment von ›personales Handeln‹ geschuldet ist, nicht aber dem Gegenstandsmoment. In tätigkeitstheoretischer Perspektive ist als Faktum genommen, dass Menschen in Sinn-Welten leben – analog dazu, dass Karl Marx »die Arbeit in einer Form [unterstellt], worin sie dem Menschen ausschließlich angehört« (Marx 1872: 192 f. [= MEW 23: 193]). Für das Argument ist es gleichgültig, ob auch Delphine oder Ameisen in Sinn-Welten leben und folglich auch deren Tun in deren Binnenperspektive dem Modus nicht entfliehen kann. Was *wir* bei offensivem Verzicht auf einen Gottesaugenstandpunkt zu ›Freiheit‹ als *Gegenstands*bestimmung des menschlichen Tuns sagen können, scheint mir erschöpfend von Peter Bieri (1981) gesagt worden zu sein: Wir müssten uns dilemmatisch zwischen einem geschlossenen Determinismus und einem Pfingstwunderverständnis von Kausalität entscheiden. Deshalb hängt die Freiheit des personalen Handelns daran, dass wir es *als frei* konzeptualisieren, und die Art der Freiheit hängt daran, wie wir sie konzeptualisieren – wobei wir als Faktum in Anspruch nehmen können, dass »der Mensch ein Lebewesen [ist], das Anforderungen an sich stellt. So ›ist‹ er nicht einfach und lebt dahin, sondern *gilt* etwas und als etwas.« (Plessner 1928: 317; vgl. Plessner 2019: 129) Auch und gerade Wissen zum personalen Handeln ist nicht nicht-situiert zu haben.

Dieser systematische Punkt ist deshalb hart, weil die gegenteilige Unterstellung Gemeingut ist: Es scheint klar, dass Freiheit ein gegenständliches Moment menschlichen Tuns ist oder zu sein hat. Vor nicht allzu langer Zeit wollte man gar durch bildgebende Verfahren zeigen, dass es kein solches Moment gibt. Marx hat den Mangel einer lediglich gegenständlichen und nicht auch aspektiven Konzeptualisierung klar ausgesprochen: »Der Hauptmangel alles bisherigen Materialismus (den Feuerbachschen mit eingerechnet [woran man auch zweifeln kann; V. Sch.]) ist, daß der Gegenstand, die Wirklichkeit, Sinnlichkeit nur unter der Form des *Objekts oder der Anschauung* gefaßt wird; nicht aber als *sinnlich menschliche Tätigkeit, Praxis*; nicht subjektiv. [...] Feuerbach will sinnliche – von den Gedankenobjekten wirklich unterschiedne Objekte: aber er faßt die menschliche Tätigkeit selbst nicht als *gegenständliche* Tätigkeit.« (Marx 1845: These 1)

Nun ist es zweifellos so, dass die hier vorgelegte Version, personales Handeln als Tätigkeit zu bestimmen, ihrerseits ein Doppeltes von Gegenstandsbestimmung – personales Handeln – und bestimmter Art und Weise der Konzeptualisierung – *als* Tätigkeit – ist. Man muss daher fragen können, welche Art des Philosophierens die Tätigkeitstheorie möglich macht. Die grobe, hier bloß zu Protokoll gegebene Antwort lautet: ein *dialektisches* Philosophieren. »Dialektisch« hier in dem Sinne, dass solches Philosophieren seine Gegenstände in deren Selbstbewegung analysieren will, also weder in Ruhe noch in angestoßener Bewegung. Über diesen allgemeinen Grundsatz hinaus, den auch andere Modi des Philosophierens zugrunde legen könnten, zeichnet sich dialektisches Philosophieren, folgt man einem populär gewordenen Verständnis, durch ein zutiefst entspanntes Verhältnis zur Rede von »Widersprüchen« aus. Zenons Paradoxien sind gleichsam der Stachel im Fleisch der Dialektik, und konsequenterweise konzeptualisiert Hegel Bewegung ganz generell als »der *daseyende* Widerspruch selbst« (Hegel, WdL I: #287 [= HW 6: 76]). Das gilt dann auf spezifische Weise auch für die Bestimmung des Lebendigen: »Die abstracte Identität mit sich ist noch keine Lebendigkeit, sondern daß das Positive an sich selbst die Negativität ist, dadurch geht es ausser sich und setzt sich in Veränderung. Etwas ist also lebendig, nur insofern es den Widerspruch in sich enthält, und zwar diese Kraft ist, den Widerspruch in sich zu fassen und auszuhalten. Wenn aber ein Existirendes nicht in seiner positiven Bestimmung zugleich über seine negative überzugreiffen und eine in der andern festzuhalten, den Widerspruch nicht in ihm selbst zu haben vermag, so ist es nicht die lebendige Einheit selbst, nicht Grund, sondern geht in dem Widerspruche zu Grunde« (ebd.).

Das meint selbstverständlich nicht, dass Hegel offensiv zu formallogischen Widersprüchen einlädt. Es ist offenkundig komplizierter. Die formale Logik basiert auf dem Grundsatz vom ausgeschlossenen Dritten, dialektisches Philosophieren aber kann geradezu durch den Einschluss eines Dritten charakterisiert werden – prototypisch: Identität von Identität und Nicht-Identität. Deshalb hat dieses Philosophieren ein zutiefst entspanntes Verhältnis zu dialektischen Widersprüchen, wobei zum Verhältnis von formaler und dialektischer Logik dabei noch gar nichts gesagt ist. »Jenes dritte Princip ist [im Pantheismus] seiner Bestimmung nach das Auseinanderfahren der substantiellen Einheit, in ihr Gegentheil, *nicht die Rückkehr derselben* zu sich, – das Geistlose vielmehr, nicht der Geist. In der wahrhaften Dreyheit, ist nicht nur Einheit, sondern Einigkeit, der Schluß zur *inhaltsvollen* und *wirklichen* Einheit, die in ihrer ganz concreten Bestimmung der *Geist* ist, gebracht.« (Hegel, WdL I: 325 [= HW 5: 389]) – »Diese Polarität schränkt sich nur auf den Gegensatz ein; durch den Gegensatz ist aber auch die Rückkehr aus dem Gegensatz als Einheit gesetzt, und das ist das Dritte. Dies ist es, was die Notwendigkeit des Begriffs mehr hat als die Polarität. [...]; im Geiste ist die Grundform der Notwendigkeit die Dreiheit.« (Hegel, HW 9: 30 [Enc § 248 Zusatz])

In der Tätigkeitstheorie Leont'evs dokumentiert sich dieses dialektische Philosophieren zunächst grundlegend darin, *dass* Tätigkeit als ein Prozess der Selbstbewegung gefasst werden soll, was nicht auf das Gefüge der vorausgesetzten Bedingungen der Tätigkeit reduzierbar sei (Leont'ev 1975: 151). Das freilich würde auch noch für organismische Tätigkeit gelten. Näher dann ist diese Theorie eine *mediale* Theorie, die diesseits von Dualismen und reduktiven Monismen grundlegend von Dreiheiten und vom Medium als einem (nicht-instrumentellen) Dritten ausgeht. Eine kleine Liste zur Erinnerung: i) Die Kategorie *Tätigkeit* ist selbst ein dreigliedriges Analyseschema mit dem Prozess als drittem, vermittelndem Glied; ii) personale Tätigkeit ist nur im Medium bzw. im Lebenselement der Mitwelt resp. des Geistes das, was sie ist und bedeutet; iii) beides zusammen macht, dass das dritte vermittelnde Glied nicht additiv zu (schon vorausgesetzten) Personen und (schon vorausgesetzten) Objekten hinzutritt, sondern die eigenbedeutsame Vermittlung *ist*. *Personal* und *vergegenständlichend* sind insofern intrinsische Bestimmungen von Tätigkeit. Insbesondere sind Personen keine Täter, keine Prozess-Unternehmer; oder auch: Personalität »ist kein dem einzelnen Individuum inwohnendes Abstraktum. In seiner Wirklichkeit ist [sie] das ensemble der gesellschaftlichen Verhältnisse.« (Marx 1845: These 6) iv) Tätigkeit ist ein Drittes, ein logisch Mittleres, ein Medium (im Sinne der Grammatik) zwischen reiner Aktivität und reiner Passivität – auch dies, *weil* sie durch ihr Medium (ihr Lebenselement der Mitwelt) bestimmt ist.

2.11 Relevanz am Fall: Lernen, Erziehen, Bilden

Man kann und muss das Tun von Menschen empirisch untersuchen. Dann abstrahiert man davon, dass dieses Tun sinnhaft ist, und nimmt es als Verhalten. Eine solche Analyse liefert objektivierte Erfahrungen, und eine empirisch-wissenschaftliche Analyse von Verhalten liefert methodisch kontrollierte objektivierte Erfahrung. Insbesondere eine empirisch-psychologische Analyse von Verhalten liefert Erfahrung dessen, was sich Menschen bei solchem Verhalten so denken, was sie treibt, was sie fühlen etc. Kann man auf wissenschaftlichem Weg mehr und anderes erreichen? Inwiefern kann eine ausschließliche Analyse von Verhalten als ein Reduktionismus kritisiert werden? Was gibt es noch zu verstehen, wenn man Verhalten (gut) erklärt hat? Dies ist die entscheidende Frage, wenn man der Vermutung nachgeht, dass eine Verstehenswissenschaft nicht auf eine Erklärenswissenschaft reduzierbar ist.

Die Antwort wird am Konzept der Freiheit bzw. der Gestaltung ansetzen. Personen handeln, sie verhalten sich nicht lediglich. Sie sind in Sinn-Unterschiede verstrickt, und insofern ist das, was sie gerade tun, nicht lediglich ein schnelles Rennen, sondern sie *fliehen* oder sie *sprinten auf ein Ziel zu*. Weil Sinnhaftigkeit »das Rätsel der Unsinnlichkeit« aufwirft, deshalb ist die Erfahrung, was es heißt zu fliehen, nicht aber stehen zu bleiben und sich der Gefahr zu stellen, eine Erfahrung anderer Art als die empirische, erfahrungsgesättigte Antwort auf die Frage, warum man geflohen ist. Man wollte kein Wissen, warum man wie wozu in dieser Situation reagiert hat, sondern dazu, was es für eine Art von Antwort in und auf die Situation war. Diese Unterscheidung folgt Kants Abgrenzung einer Anthropologie in physiologischer Hinsicht von einer Anthropologie in pragmatischer Hinsicht. Die erste fragt, »was die *Natur* aus dem Menschen macht«, die pragmatische fragt, »was er, als freihandelndes Wesen, aus sich selber macht, oder machen kann und soll« (Kant AprH: Vorrede).

Wenn es um Lernen, Lehren, Erziehen geht, wird dieser Unterschied zwischen Arten von Erfahrung brisant. Wenn man Lernen als Verhalten analysiert, dann ist Lernen eine aus Bedingungen heraus erklärbare Verhaltensänderung. Im gleichen Sinne lernen auch Vögel, ihr Nest zu bauen, wobei freilich das Lernen eines mathematischen Zusammenhangs komplexer sein dürfte (aber wer weiß). Wohlgemerkt: Das Gelernte dokumentiert sich nicht lediglich in einer Verhaltensänderung, sondern *ist* eine solche. Das Gelernte kann hier keine Einsicht sein, die sich in einer Änderung des Handelns (oder in Sturköpfigkeit) dokumentiert. Wenn man Erziehen als Verhalten analysiert, dann ist Erziehen eine aus Bedingungen heraus erklärbare Anleitung zu oder Unterstützung von einer Verhaltensstabilisierung oder -änderung auf Seiten der zu Erziehenden. Wenn man Erziehen auf ein Verhalten reduziert, dann ist diese Anleitung oder Unterstützung eine Determination, wenn auch keine direkt ableitbare Reaktion auf Reize im Sinne des alten Behaviorismus, aber doch im Sinne einer *response* auf ein Bedingungsgefüge. Wenn man Erziehen also auf ein Verhalten reduziert, dann gibt es keine Bedeutungsdifferenz zwischen *response* und Antwort und in diesem Sinne keine Bedeutungsdifferenz zwischen Erziehen und Dressieren.

Ein *pädagogischer* Begriff von Lernen und von Erziehen kann deshalb keine Reduktion von Lernen und Erziehen auf Verhalten vollziehen. Im pädagogischen Ethos ist beides ein Handeln, denn in pädagogischer Perspektive ist Gelerntes nichts Bewirktes, sondern etwas Angeeignetes – etwas, das man sich zu eigen gemacht hat (s. aber u., Kap. 5.5) –, und auch das Erziehungsergebnis ist nichts Bewirktes, nichts Andressiertes, sondern etwas, was zu Erziehende autonom – nach selbstgegebenem Maßstab – gebildet haben. Oder auch: Eine Reduktion auf Verhalten kann »keine Rücksicht auf die ›Eigenstruktur des Pädagogischen‹ (so Herwig Blankertz)« nehmen (Gruschka 2011: 25; vgl. Benner 2019).

In den Gründungsannalen der Sektion ›Sportpädagogik‹ der Deutschen Vereinigung für Sportwissenschaft (dvs) ist ein Beharren auf dieser Eigenstruktur des Pädagogischen dokumentiert, und es ist mitdokumentiert, woran der Zeitgeist eines ›positivistischen‹ Wissenschaftsverständnisses nagen konnte: Handeln ist, im Unterschied zu Verhalten, nicht ohne normativen Wetteinsatz zu haben. Es braucht eine verstehend-beschreibende Sportpädagogik, »weil Erziehung kein ›factum brutum‹ ist. Erziehung ist kein Neutrum, an ihr hängen vielmehr unlöslich Werte, Urteile, Regeln und Setzungen, sie erfordert Parteinahme.« (Meinberg 1987: 39) Darin liegt zweifellos die Gefahr normativistischer Pseudo-Wissenschaft, die offenkundige naturalistische Fehlschlüsse begeht. Aber wer nur auf diese Gefahr starrt, der zernagt die Eigenstruktur des Pädagogischen: »Es ist dabei nicht selbstverständlich, Lernen als einen pädagogischen Grundbegriff zu behandeln [Verweis auf Ruhloff]. Seit gut einhundert Jahren ist er Gegenstand der empirischen Psychologie. Vor knapp dreißig Jahren nahmen sich die *kognitiven Neurowissenschaften* dieser Thematik an.« (Meyer-Drawe 2008: 16) Das Problem dabei ist, wie gesagt, nicht, dass das Lernen dort empirisch als Verhalten erklärt werden soll, sondern das Problem liegt in der Reduktion von Lernen auf Verhalten. Und im Sinne solcher Reduktionsversuche kann geradezu von einer »Landnahme« (Dörre 2012) der Pädagogik durch die empirische Psychologie, Neurowissenschaft, empirische Bildungsforschung und empirische Ökonomie in den letzten Jahren gesprochen werden (woran selbstredend auch die Erziehungswissenschaft nicht unschuldig ist). Diese Landnahme findet nicht zwingend auf der Ebene der Theoriebildung statt; nicht zwingend will jede psychologische oder neurowissenschaftliche oder ökonomische Theoriebildung schon pädagogische Fragen mitbeantworten. Die Landnahme findet auf der Ebene der Strukturen statt – etwa, wenn pädagogische Forschung mit denselben Gütekriterien der empirischen Verhaltensforschung gemessen wird, wenn pädagogische Stellen durch Psycholog*innen besetzt werden etc. Die Konsequenz ist dann, einen spezifisch pädagogischen Begriff von Lernen preiszugeben und es nur noch pädagogisch zu nennen. »Die pädagogischen Konsequenzen aus dem Spektrum dieser empirischen Forschungen sind vielfältig, laufen insgesamt aber häufig darauf hinaus, dass ein Verhaltensmanagement gefordert wird, welches auf ein möglichst hohes Maß an Effektivität im Hinblick sowohl auf das Ergebnis als auch auf die Kürze der Zeit abzielt.« (Meyer-Drawe 2008: 17)

Zum Beispiel haben Andreas Gelhard (2011) und Andreas Gruschka (2011) auf je ihre Art kenntlich gemacht, dass jene Landnahme der Erziehungswissenschaft in eine neoliberal imprägnierte, staatlich geradezu verordnete Bildungsreform eingebettet ist. Anlass, Legitimationsinszenierung und ständige Begleitmusik dieser Bildungsverkehrung sind weltweite Vergleichsuntersuchungen von Schul- und Schüler*innen-Leistungen, prominent die von der OECD getragenen PISA-Studien. Diese Bildungsreform kann nur – in Umkehr unserer Rede von »Kernsanierung« – als »Kernaushöhlung« des alten, wie auch immer maroden Bildungsbegriffs bezeichnet werden. Es ist ein zutiefst formalistisches Programm, das jeden Inhalt vergleichgültigt, also Bildung in ihrem Kern aushöhlt. Formalistische Kriterien für ›Leistung‹ haben den propagandistischen Vorteil, quantifizierbar, messbar und vergleichbar zu sein, und zahlen dafür den offenkundig gewollten Preis, dass das, was schulische Leistung heißt, in Köln schlicht dasselbe ist wie in einem Township in Südafrika, und selbst innerhalb von Köln in Köln-Chorweiler dasselbe wie in Köln-Hahnwald.

Das zentrale Vehikel der formalistischen Aushöhlung von Bildung, und dies ist die Reduktion von Handeln auf Verhalten für das Bildungssystem, ist die Umstellung von Bildung auf Kompetenzen. Das formalistische Programm tritt ganz offen zu Tage: »Den zuerst festgelegten ›Kompetenzen‹ folgen die schulischen Inhalte, nicht aber folgen aus Inhalten Kompetenzanforderungen.« (Gruschka 2011: 12) Plakativ, und keineswegs eine bloße Karikatur, was es zweifellos auch ist: Gute Softskills hat man sich erworben, wenn man bei einem Referat die Schriftgröße auf Powerpointfolien angemessen gestaltet hat, nicht aber, wenn man den Referatsinhalt nachvollziehbar vermittelt hat. Schriftgrößen kann man messen, Nachvollziehbarkeit müsste man ggf. beurteilen. Gruschka belegt die Konsequenzen dieser »misslingenden Reform mit drei Fallstudien zu den zentralen pädagogischen Begriffen der Bildung, der Didaktik und der Erziehung« (ebd. 25). Durchgehend werden die – gemessen an der Eigenstruktur des Pädagogischen: katastrophalen – Folgen der Reduktion pädagogischen Handelns auf Verhalten sichtbar. Pars pro toto: »Unmerklich geht Erziehung über in Drill« (ebd. 119), und man weiß nicht so recht, ob das größere Problem der Übergang in Drill oder die Unmerklichkeit dieses Übergangs ist. Die *Kritik der Kompetenz* von Gelhard trägt in dieses Bild einer unmerklich misslingenden Bildungsreform einige Konturen ein, vor allem durch die Analyse entscheidender Verschiebungen »auf dem Gebiet der psychologischen Testentwicklung« (Gelhard 2011: 11).

Zweifellos muss man heutzutage die Entgegensetzung zweier Analyseschemata noch vorsichtiger formulieren als Leont'ev. Die Bezugnahme auf das Reiz-Reaktions-Modell bleibt missverständlich, in bestimmter Hinsicht falsch, weil auch der Funktionalismus ein dreigliedriges Analyseschema praktiziert. Es ist daher noch schärfer zu betonen, dass Leont'evs »Dreigliedrigkeit« ein personales, ein freies Vermitteln meint. Verhaltenstheorien verweisen qua eingenommener naturaler Perspektive dagegen auf ein Bedingungsgefüge, nicht auf ein Bedeutungsgewebe. Darin, und in der daraus folgenden Einschränkung von *Erfahrung* auf *Empirie*, liegt die zentrale Gemeinsamkeit zeitgenössischer Verhaltenstheorien mit dem Behaviorismus. Deshalb taugt der Behaviorismus noch immer als Warnschild, gerade weil ihn niemand mehr zu vertreten glaubt. Der Verweis auf ihn ist kein Einwand gegen Verhaltenstheorien, sondern gegen die Reduktion personalen Handelns auf Verhalten. Dieses Warnschild wiederum kann nicht drastisch genug sein:

»Geben Sie mir ein Dutzend gesunder Kinder, wohlgebildet, und meine eigene besondere Welt, in der ich sie erziehe! Ich garantiere

Ihnen, dass ich blindlings eines davon auswähle und es zum Vertreter irgendeines Berufes erziehe, sei es Arzt, Richter, Künstler, Kaufmann, oder auch Bettler, Dieb, ohne Rücksicht auf seine Talente, Neigungen, Fähigkeiten, Anlage, Rasse oder Vorfahren.« (Watson 1930: 134 f.) – »Die Jugend muß sich aber hüten, in Soldatenspielerei, in der Erlernung und Übung äußerer militärischer Formen, wahres Soldatentum zu sehen. Sie mag sich immer der Worte unseres Führers bewußt bleiben: ›Man gebe der deutschen Nation sechs Millionen *sportlich tadellos trainierte Körper*, alle von fanatischer Vaterlandsliebe durchglüht und zum höchsten Angriffsgeist erzogen, und ein nationaler Staat wird aus ihnen, wenn notwendig, in nicht einmal zwei Jahren, eine Armee geschaffen haben‹ (Hitler)« (Altrock 1935: 58).

Deshalb dient hier der Verweis auf pädagogische Situationen als Paradigma dessen, was sich nicht auf Verhalten reduzieren lässt: »Wer beispielsweise insbesondere im behavioristischen Stil unterrichtet wird, lernt vor allem zu gehorchen.« (Meyer-Drawe 2021: 21)

3. Bewegungspädagogik

Es geht in diesem Kapitel darum, die Relevanz der Unterscheidung zwischen Verstehen und Erklären herauszustellen. Dies geschieht am Fall des Feldes pädagogischer Konstellationen, und zwar mit der These, dass die Wahrung der Eigenstruktur des Pädagogischen keine Reduktion des Verstehens auf das Erklären zulässt. Exemplarisch soll das anhand von Lehr-Lern-Situationen sportlicher Bewegungen gezeigt werden.

Es ist klar und selbstverständlich, dass es in den Sportwissenschaften vielfach darum geht und gehen muss, wissenschaftlich zu begreifen, wie sportliche Bewegungen gelernt und gelehrt werden können. Diese Frage stellt sich nicht nur in Bezug auf den Schulsportunterricht, sondern ebenso für sportliches Training, für sporttherapeutische Kontexte, nicht zuletzt für den Freizeit- und Breitensport. Das wissenschaftliche Begreifen des Lernens und Lehrens von sportlichen Bewegungen ist das zentrale Thema der Sportpädagogik und Sportdidaktik einerseits, der Sportmotorik[36] andererseits.

Nach dem bisher Gesagten ist klar, dass es einen gravierenden Unterschied bedeutet, ob man dabei sportliche Bewegungen als Verhalten oder als Handeln nimmt. Selbstverständlich werden innerhalb der Sportpädagogik beide Ansätze vertreten. Manche Ansätze propagieren (oder unterstellen), dass es darum geht, (zunächst einmal) einen äußerlich sichtbaren Bewegungsverlauf zu lernen und zu lehren, also ein Bewegungsverhalten oder, synonym, eine Bewegungstechnik. Andere Ansätze dagegen propagieren, dass es grundsätzlich und von allem Anfang an darum gehen müsse, ein Bewegungshandeln zu lernen und zu lehren. Die Differenz beider Ansätze kann man freilich nur aus der Sicht des zweiten Ansatzes darstellen. Die Ansätze, die das Lernen und Lehren von Verhalten propagieren, sehen entweder den Unterschied gar nicht (und banalisieren ihn zu einem Unterschied des Namens) oder vertreten eine Handlungstheorie, die Handeln als komplexes Verhalten nimmt, also sportliche Bewegungen gerade nicht als Sinngebilde. Den zweiten Ansatz dagegen gibt es nur in Kritik an sportwissenschaftlichen Verhaltens-Pädagogiken, weshalb ihr Thema nicht lediglich das Lernen und Lehren von Bewegungshandeln ist, sondern darin immer auch die Differenz von Bewegungsverhalten und Bewegungshandeln. Ich greife exemplarisch die Autoren Jörg Bietz, Jürgen Loibl und Hans-Georg Scherer heraus (Loibl 2001, Scherer & Bietz 2013) und bezeichne sie abkürzend als *Bewegungspädagogik*, womit ich eine Selbstbezeichnung aufgreife. Die *Bewegungspädagogik* ist also eine Bewegungshandeln-Pädagogik, die sich von einer Bewegungsverhalten-Pädagogik absetzt.

3.1 Techniklernen

Die Grundintuition könnte einfacher und überzeugender nicht sein: Körperliche Bewegungen im Sport sind standardisiert (oder auch »routinisiert« [Nitsch et al. 1997: 42] oder auch »fertig« [Göhner 2013: 7]) und im Hinblick auf diesen Standard optimierbar. Häufig ist ein Teil dieser Standardisierung den Regeln der jeweiligen Sportart geschuldet – beim Hürdensprint sind die Hürden eben zu übersprinten, nicht umzulaufen oder zu umlaufen –, aber dieser Anteil wäre besser als Normierung der Bewegung gefasst. Der eigentliche Punkt der Standardisierung oder Typisierung (zugleich eine Normierung 0. Stufe) liegt darin, dass es ganz verschiedene Möglichkeiten geben mag, über Hürden zu sprinten, einen Ball weit zu werfen, einen Aufschlag beim Tennis regelkonform auszuführen etc., dass es dabei aber einleuchtender Weise mehr oder weniger gute resp. »zielführende« Möglichkeiten gibt. Beim Hochsprung könnte man, durchaus regelkonform, auf den Anlauf verzichten, um aus dem Stand zu springen. Aber das wäre »augenfällig unzweckmäßig« (Hossner & Künzell 2022: 47). Eine sportliche Bewegung ist daher nicht eine x-beliebige Bewegung, sondern eben »standardisiert« in dem minimalen Sinne, eine typische Bewegung zu sein, die personenübergreifend, wenn auch keineswegs für alle, eine in der jeweiligen Situation ›gute‹ oder zweckmäßige Bewegung ist.[37] In diesem Sinne ist eine sportliche Bewegung eine sportliche Technik, wenn man darunter »eine anerkannt gute Lösung einer sportlichen Bewegungsaufgabe und damit einen anzustrebenden Sollwert im

Rahmen des Techniktrainings« versteht (ebd. 20). Insofern sind sportliche Bewegungen als Techniken typisiert. Damit ist zugleich gesagt, dass sich die aktuell anerkannt gute Lösung selbst verbessern kann, im Einzelfall auch durch Ersetzung durch eine ganz andere Technik (klassisch: Fosbury-Flop beim Hochsprung); vor allem aber ist mitgesagt, dass sich die individuell realisierten sportlichen Bewegungen an dieser typisierten Güte orientieren, aber diese Standards nicht von vornherein erfüllen. Jene Grundintuition ist daher mit einem sehr basalen Lernverständnis verknüpft, das dann von der Sportmotorik explizit gemacht werden kann: »Lernprozesse im Sport sind vor diesem Hintergrund dadurch charakterisiert, dass bewegungsbezogene Istwerte bewegungsbezogenen Sollwerten angeglichen werden« (ebd.).

Diese Überlegungen zu typisierten und damit optimierbaren Bewegungen im Sport sind an kein bestimmtes Verständnis von Sport gebunden. Die bisherigen Beispiele stammten aus institutionalisierten Sportarten des Leistungssports, aber das ist nicht zwingend. Die angesprochene Optimierbarkeit hinsichtlich eines Standards muss keine Leistungsoptimierung sein. Schon im Breiten- und Freizeitsport der gleichen Sportarten ist der Standard gegenüber dem Leistungssport verschoben (oder sollte es sein), denn dort darf der Ehrgeiz zur Verbesserung der Bewegung nicht den Spaß an der Sache verderben; der Gesundheitssport ist geradezu dadurch definiert, dass sportliche Bewegungen im Hinblick auf ein gesundes Moderatsein optimiert werden; und auch ex negativo: Beim individuellen Joggen im Park begegnen einem derart unterschiedliche Laufstile, dass dies einerseits eine Übung in Toleranz gegenüber Vielfalt ist, aber andererseits unwillkürlich die Frage aufwirft, welchen Zweck so mancher Laufstil wohl erfüllen mag. Das theoretische Problem liegt hier also nicht in einer vermeintlichen Verkürzung auf den Leistungssport, sondern eher umgekehrt darin, dass jene Grundintuition nicht spezifisch für den Sport ist. Jedes Handwerk beispielsweise verlangt standardisierte und optimierbare Bewegungen (vgl. die beeindruckenden Bemerkungen zum Zigarrendrehen bei Hossner & Künzell 2022: 209). Aber das ist kein Einwand dagegen, dass es eben im Sport auch so sei – und nur um Bewegungen im Sport geht es hier.

Die Grundintuition, sportliche Bewegungen als standardisierte Techniken zu begreifen, samt ihrem hohen Ausmaß an Plausibilität, ist also: Wer einen Speer möglichst weit werfen will – das Anliegen der Sportart ›Speerwerfen‹ –, der muss über eine möglichst gute Bewegungstechnik verfügen, um das eben tun zu können. Es mag so sein, dass man über eine andere Bewegungstechnik verfügen muss, wenn man einen Speer (beim Jagen) möglichst genau werfen muss, aber das muss bei der Sportart ›Speerwerfen‹ nicht interessieren – so die Grundintuition des Techniklernens. Diese Grundintuition trägt auch dort, wo eine Sportart nicht mit *einer* Bewegung zusammenfällt (Speerwurf, Hammerwurf, Hochsprung, Weitsprung etc.), sondern verschiedene Bewegungen zum Einsatz kommen, etwa beim Gerätturnen oder bei allen Sportspielen. Immer ist es so, dass die jeweilige Bewegung eine bestimmte Aufgabe löst und dass sie deshalb mehr oder weniger zweckmäßig sein kann. Eine Flanke beim Fußball kann verunglücken – kein Problem. Aber wer immer nur Flanken ins Aus schießt oder wer (z. B. als erfahrener Eckenspezialist) immer den Ball erst stoppt, um dann den ruhenden Ball zu ›flanken‹, der beherrscht die einschlägige Bewegungstechnik des Flankens nicht. Eine Ecke zu treten oder eine Flanke zu schlagen gilt nicht als dieselbe Bewegung mit je unterschiedlicher Bedeutung, sondern es handelt sich – so die plausible Grundintuition – um zwei verschiedene Bewegungstechniken (mit je inneren Varianten; vgl. Hossner & Künzell 2022: 21). Deshalb gehe es darum, sich beim Lernen von sportlichen Bewegungen an typisierten beobachtbaren Bewegungsverläufen zu orientieren, also an Bewegungstechniken als anerkannt guten Lösungen einer Bewegungsaufgabe. Gelernt werden individuelle Bewegungsfertigkeiten, aber dies ist kein individualistisches Lernen, weil es an überindividuellen Soll-Werten orientiert ist. Dies sei abkürzend hier »Techniklernen« genannt.

Der Bewegungsverhalten-Pädagogik geht es dann darum, methodische Übungsreihen zu entwerfen, die solches Techniklernen ermöglichen und unterstützen. Das ist als solches eine genuin pädagogische Entscheidung. Es ist durchaus denkbar, sich am Bewegungslernen von kleinen Kindern oder am Lernen von ›Bewegungstricks‹ in gewissen Skater-Cliquen zu orientieren, also auf methodisch geleitetes Lehren von Bewegungen zugunsten von Nebenbei-Lernen und Lernen durch Nachahmung zu verzichten. Abgesehen davon, dass man dann zahlreiche Lehrberufe für überflüssig erklären würde (vgl. Hossner & Künzell 2022: 239), ist es offenkundig nicht zweckmäßig, in *allen* sportlichen Lernsituationen auf methodisch strukturierte Lehre zu verzichten. Wenn ein Salto im Schulsport gelernt werden soll, gebietet es bereits die Dienstpflicht der Gefahrenvermeidung, die Schüler*innen nicht mit der Aufforderung allein zu lassen, mal einen Salto auszuprobieren. Eine Sportdidaktik, die ihren Namen verdient, kann nicht auf methodische Anleitungen im Lehren von Bewegungen verzichten – wohl kann sie ganz unterschiedliche Fälle vor Augen haben, an denen sie sich, sei es prinzipiell, sei es je situativ wechselnd, orientiert. Aber auch eine Methodik, die die zu lernende Bewegung nicht direkt anzielt, sondern Lernumgebungen und Anforderungen gestaltet, in denen sich das zu Lernende ›nebenbei‹ ergibt, ist eine methodische Strukturierung. Die Überzeugung, dass nur die Lernenden selbst es sein können, die den Lernprozess vollziehen, ist nicht identisch mit der Zumutung, sie müssten es von selbst und von allein lernen.

3.2 Techniklernen, aus der Sicht der Bewegungspädagogik

Jene Grundintuition des Techniklernens hat sich (lange dominant) in den sogenannten klassischen methodischen Übungsreihen manifestiert, die das methodisch strukturierte schrittweise Einüben einer sportlichen Technik einüben woll(t)en. Scherer (2001a) gibt ein Beispiel anhand des Lehrens und Lernens des Speerwerfens im Sportunterricht. Das Grundprinzip dieser Methodik besteht darin, eine »anerkannt gute Lösung« der Aufgabe, den Speer möglichst weit zu werfen, zur Grundlage zu machen, um diese Grundlage dann in Teilschritte zu zerlegen. Wer einen Speer weit werfen will, der muss im ersten Schritt lernen, wie man einen Speer greift und wie man ihn beim Laufen hält. Im zweiten Schritt kann man dann lernen, wie man ihn aus dem Stand wirft, im dritten Schritt, wie man ihn aus der Wurfauslage wirft, sodann, wie man ihn aus dem ›Anlauf‹ mit zwei Gehschritten wirft etc. bis zum letzten Lernschritt, der die Einzelschritte zu einer Gesamttechnik ›Speerwerfen‹ zusammensetzt. Scherer (2001a) schildert plastisch die dabei auftretenden typischen Lernschwierigkeiten einer solchen »analytisch-synthetischen Lehrmethodik«. Wohlgemerkt: Es geht um Lernschwierigkeiten, die ihre Wurzel in der gewählten Methodik haben. Scherers

»Lerngeschichte« ist so gebaut, dass der Lehrer engagiert und der Schüler motiviert ist und bisher »zu den besten Werfern der Klasse zählt«.

In Scherer (2001b) werden diese auftretenden Lernschwierigkeiten dann als typische für die gewählte Methodik herausgestellt. Der zentrale Zugang dieser Analyse ist die Diagnose von Grundannahmen resp. Präsuppositionen dieser klassischen Übungsreihen. Es geht also nicht um eine mangelhafte Durchführung der Methode oder um die immer gegebenen Verbesserungsmöglichkeiten dieser Methode, sondern darum, warum diese Methode im Grundsatz zu solchen, deshalb eben typischen Lernschwierigkeiten führt. Scherer macht seine Kritik an zwei Grundannahmen fest, nämlich dem Lern- und dem Bewegungsverständnis dieser Methodik.

Sowohl diese klassischen Übungsreihen als auch die Kritik an ihnen sind noch im Geiste des Behaviorismus verfasst bzw. im Geiste eines Verständnisses von *Verhalten* als bewirkter Mechanismus, also noch vor dem Siegeszug des Funktionalismus (s. o., Kap. 2.5). Ich nehme das hier als methodologischen Vorteil, weil dadurch klarer wird, worin die Kritik an (der Reduktion auf) Verhaltenstheorien genau besteht und dass ein Bruch mit dem Behaviorismus noch keine Theorie des personalen Handelns macht. Verhalten als *response* und nicht mehr als Reaktion zu konzipieren, ist immer noch eine ›Antwort‹ auf ein Bedingungsgefüge und kein Antworten in einem Bedeutungsgewebe. Auch eine wahrgenommene ›Bewegungsaufgabe‹ oder antizipierte Bewegungseffekte sind im Rahmen einer Verhaltenstheorie *Bedingungen* des Verhaltens und nichts, was sich sinnhaft, also so-oder-anders beantworten ließe.

Scherer (2001b: 3 f.) konstatiert als lerntheoretische Grundannahme der klassischen methodischen Übungsreihen eine von ihm so genannte »Linearität« des Lernens. Unterstellt sei eine »zielgerichtete Logik« des Lernens, die sich in »klassischen ›Von … zu‹-Formulierungen« dokumentiere. Die Unterstellung einer solchen »pfeilförmige[n] Richtung des Lernens« sei »sowohl aus praktischer Erfahrung als auch aus theoretischer Sicht in Frage zu stellen«. Zu konstatieren seien nämlich »ausgeprägte Momente nichtlinearer Dynamik« des Lernprozesses sowie ein hohes Maß an Selbstreflexivität des Lernens, d. h. einer Abhängigkeit »von der Lerngeschichte und den inneren Zuständen des Lernenden«. Zudem macht Scherer mit Bezug auf eine systemdynamische Sicht von Bewegung geltend, dass Lernleistungen »Ganzheiten« seien, was heißt, dass sie »übersummativ« seien und folglich »weder von Teilen des Prozesses noch des Ergebnisses her bestimmbar«. Hier verdichtet sich der harte Kern der bewegungspädagogischen Kritik an den klassischen methodischen Übungsreihen: Die Unterstellung einer zielgerichteten Logik des Lernens ist zugleich die Unterstellung, das Ergebnis des Lernprozesses (der Lerneffekt) sei herstellbar resp. technologisch machbar. Dem stellt die Bewegungspädagogik ein anderes Lernverständnis und darüber vermittelt auch ein anderes Verständnis von Pädagogik entgegen: »Lernprozesse sind vom Lernenden aus gesehen als Suchprozesse in Aufgabenräumen beschreibbar, in denen die Lösungswege alles andere als geradlinig sind und in denen Informationen neu geschaffen und nicht vorgegebene Informationen verarbeitet werden« (ebd. 4).

Es sind solche Formulierungen, die ein wenig ihr wissenschaftliches Alter verraten. Auch für eine zeitgenössische Sportmotorik ist es relativ selbstverständlich, Lernen als Suchen einer geeigneten Lösung einer Bewegungsaufgabe zu konzipieren. Das aber sollte nicht den harten Kern verschleiern: Es gibt Lernverständnisse, mit denen die Idee der technologischen Machbarkeit des Lerneffektes einhergeht. Diese vermeintliche *Herstellbarkeit* der »Lernleistung« ist das, was die Bewegungspädagogik pädagogisch-lerntheoretisch kritisiert. Diese Kritik richtet sich nicht zwangsläufig gegen ein sportmotorisches Verständnis von Lernen, sondern ist zunächst eine normativ-pädagogische Kritik: Die Herstellbarkeit von Lernergebnissen funktioniere erfahrungsgemäß nicht; aber, und wichtiger, sie solle auch nicht sein, denn anderenfalls wäre eine erzieherische methodische Strukturierung von Lernprozessen begrifflich nicht von einer Dressur unterscheidbar (auch dann nicht, wenn man das Wort Dressur durch freundlichere Worte ersetzt). Der sportmotorische Lernbegriff ist demgegenüber in einer ganz anderen, einer apädagogischen Dimension verortet und insofern zunächst ein völlig anderer als ein pädagogischer Lernbegriff. Aus sportmotorischer Sicht ist Lernen der Befund einer relativ überdauernden Veränderung des Vermögens, »in bestimmten Situationen durch bestimmtes Verhalten bestimmte Effekte zu erzielen« (Hossner & Künzell 2022: 208). Dieses sportmotorische Lernverständnis ist nicht als solches und per se mit der Konsequenz der technologischen Herstellbarkeit von Lernleistungen verknüpft. Im Gegenteil ist es heutige sportmotorische Einsicht, dass »Bewegungslernen gar nicht von außen ›gesteuert‹ werden [*kann*]« (ebd. 451). Diese Einsicht dokumentiert den Bruch heutiger Verhaltenstheorien mit dem Behaviorismus, also den Unterschied zwischen Reaktion und *response*. Der gerade dann auch dort nötige Verweis auf eine Lerngeschichte und auf innere Zustände des lernenden Organismus (oder des lernenden neuronalen Netzwerkes oder einer Maschine) ist jedoch in sportmotorischer Sicht – eine spezifische Analyse des *Verhaltens* von Lernenden – ein Verweis auf Variablen und Bedingungen des (zu erklärenden) Verbesserungsprozesses. Pädagogisch dagegen bedeutet Lernen ein Sich-zu-eigen-Machen; Lernen bedeutet in pädagogischer Sicht nicht einfach, gewissen Bedingungen ausgesetzt zu sein (oder ›pädagogisch sinnvollen‹ Bedingungen ausgesetzt zu werden), sondern es bedeutet, etwas aus diesen vorliegenden Bedingungen zu machen, sich sinnhaft-lernend zu ihnen zu verhalten. Der Verweis auf eine Lerngeschichte und innere Zustände des*der Lernenden ist hier kein Verweis auf Bedingungen, sondern auf eine Pfadabhängigkeit der Art und Weise des Umgangs mit Bedingungen. Im pädagogischen Sinne ist Lernen tatsächlich eine *Antwort* eines*einer Lernenden in und auf eine Situation und nicht lediglich eine *response* auf situative Bedingungen. »Aufgabenräume« (s. o.) sind pädagogisch gesehen, und im Unterschied zu Verhaltenstheorien, *Bedeutungs*räume. Für die Sportmotorik dagegen ist die Gleichsetzung von ›Antwort‹ und ›Response‹ definitiv (vgl. Hossner & Künzell 2022: 127), weil sie eine Verhaltenstheorie ist. Gleiches gilt für die Gleichsetzung von »Situation« mit einer Reihe von Bedingungen (vgl. ebd.: Kap. 6.1) – im Unterschied zu »Situation« als einer ›Sinn-Ganzheit‹, die einer solchen Reihe von Bedingungen ihre spezifische Färbung gibt. Insofern kann die Bezugnahme von Bewegungspädagogik und Sportmotorik hinsichtlich des Lernverständnisses prinzipiell nur eine vermittelte sein; direkte Bezugnahmen der Bewegungspädagogik auf sportmotorische Befunde sind genauso verstörend wie Empfehlungen für Lehr-Lern-Situationen in sportmotorischen Lehrbüchern.[38]

Weitaus wichtiger, weil grundlegender, für die bewegungspädagogische Kritik an technologischen Lehrmethodiken als die lerntheoretische ist aber die bewegungstheoretische Grundannahme. Die aufgezeigte Kritik an der lerntheoretischen Grundannahme ist zwar ganz eigenständig, gleichwohl aber eine Art sekundäre Kritik: die lerntheoretische Annahme ist in einer bewegungstheoretischen Annahme grundgelegt. Man kann gleichsam nur auf die Idee kommen, das Ergebnis eines Lernprozesses sei determiniert – sei es im Sinne einer Reaktion, sei es im Sinne einer *response* –, wenn man ein *bestimmtes* Verständnis von Bewegung unterstellt, nämlich dann, wenn man Bewegung als Verhalten unterstellt. In diesem Sinne kann Scherer (2001b: 8) im Fazit zur Kritik an den technologischen Lehrmethodiken festhalten: »Damit erweist sich das Bewegungsverständnis als zentrales Problem.« Deshalb stellt die Bewegungspädagogik ihre Entwicklung von Lehrmethodiken auf eine Grundlegung in Handeln, statt in Verhalten, um.

In dieser Umstellung liegt freilich zugleich das pragmatische Problem. Wer sportliche Bewegungen verhaltenstheoretisch als Techniken begreift, dem steht ein naheliegendes Prinzip der didaktischen Reduktion zur Verfügung: Bewegungsverhalten ist mehr oder weniger leicht, mehr oder weniger intuitiv oder kriterial begründet in Teilbewegungen einteilbar. Eine verhaltenstheoretisch begründete Methodik ist daher nicht genötigt, sich beim Lehren von Techniken sofort und auf einen Schlag an der einen großen ganzen Technik zu orientieren. Von dieser Plausibilität zehrten die alten technologischen Lehrmethodiken, denn ein Anlauf ist offenkundig eine andere (Teil-)Bewegung als das Werfen des Speers. So ist es auch und gerade dann, wenn man sich von der »Linearität« des Lernens verabschiedet hat, offenkundig, dass man im Hinblick auf eine erfolgreiche Teilnahme an einem Schwimmwettkampf einen Startsprung gesondert von einer Wende lehren und lernen kann. Ein Bewegungshandeln kann man dagegen nicht in Teile zergliedern (vgl. Koßler 2001), denn jedes Handeln ist qua *einer* Bedeutung auch nur *ein* Handeln. Eine methodische Strukturierung muss dieses eine Bewegungshandeln didaktisch reduzieren, aber das ist nicht dadurch möglich, dass man es analytisch unterteilt, um es dann wieder synthetisch zusammenzufügen. Man übt dann prinzipiell den ganzen Wurf, aber z. B. mit unterschiedlichen Wurfgeräten (vgl. Scherer 2001a: 3). Hier dürfte die empirisch bezeugte Überlegenheit metaphorischer Instruktionen (vgl. Hossner & Künzell 2022: 245) begründet sein, denn mit Metaphern wird *ein* Bild angeboten von dem, was (insgesamt) zu tun ist. Sportmotorische Erläuterungen der Vorteile metaphorischer Instruktionen haben ihre eigenen Plausibilitäten, müssen disziplingemäß aber ohne Verweis auf die ›bündelnde‹ Rolle von Bedeutungen zu *einer* Bewegung auskommen (vgl. ebd. 243 f.).

Loibl (2001) stellt ebenfalls das bewegungstheoretische Grundverständnis, also den Unterschied zwischen Verhalten und Handeln, in den Mittelpunkt. Er knüpft in seinen Überlegungen zum Lernen des Basketballspielens dort an, wo die pädagogische Kritik fachwissenschaftlich bereits akzeptiert ist. Es gab bereits vielerlei Konzepte, die die klassischen Übungsreihen (für Sportspiele) überwinden wollten bzw. programmatisch überwunden hatten. Fast alle Methodiken waren sich, bei allen Unterschieden in den je vorgeschlagenen Methodiken, einig, dass es darum gehen müsse, Basketball *spielen* zu lernen, und nicht darum, Techniken des Basketballspiels zu lernen und im Spiel anzuwenden. Die entscheidende gedankliche Zuspitzung von Loibl liegt dann in der Feststellung, dass diese fachwissenschaftliche Einigkeit keine Konsequenzen im Schul- und Trainingsalltag zeigen würde. Dort herrsche »nach wie vor weitgehend das klassische Konzept der Vermittlung von Techniken in Methodischen Übungsreihen, losgelöst vom Spielkontext, vor« (ebd. 24). Nimmt man diesen Befund ernst, dann hilft es nicht, die pädagogische Kritik immer nur zu wiederholen – zumal von den »Lehrern, Trainern und Ausbildern stets angegeben« wird, dass sie hier nicht weiter überzeugt werden müssen, da auch für sie »das Erleben des Spiels das Wesentliche« sei (ebd.). Die Grundhaltung ist dort, in dem Plädoyer für spielgemäße Konzepte *und* für methodische Übungsreihen gar keinen Widerspruch zu sehen. Die Wahl von methodischen Übungsreihen ist dort lediglich Ausdruck der alltagspraktischen Überzeugung einer ›sinnvollen‹ Reihenfolge: Wer tatsächlich Basketball spielen und dieses Spielen erleben wolle, der müsse nun einmal minimal ein paar basale Techniken des Basketballspiels gelernt haben. Der pädagogischen Einsicht wird daher eine bewegungstheoretische Grundannahme entgegengehalten: Bewegungstechniken seien die Voraussetzung, um spielen zu können (ebd. 24 f.). Hier dürfte auch der eigentlich harte Punkt der oben aufgezeigten Plausibilität liegen, sportliche Bewegungen als Sporttechniken anzusehen. Die Bewegungspädagogik benötigt daher »eine *bewegungstheoretische* Gegenargumentation« (ebd. 25).

Der kritische Befund auf dem Wege zu einer solchen Gegenargumentation ist, dass eine Bewegungstechnik eine Bewegung losgelöst vom Spielkontext ist. Das hat die zweiseitige Konsequenz, dass jemand, der eine Technik gut beherrscht, nicht *dadurch* schon jemand ist, der diese Technik in einer Spielsituation anwendet; was darin begründet ist, dass eine Bewegung losgelöst von einer Spielsituation eine andere Bewegung ist als ›dieselbe‹ Bewegung in einer Spielsituation. So mag ein Korbleger als Bewegungstechnik zweckmäßig eine Aufgabe lösen – eben die, den Ball möglichst perfekt in den Korb zu legen. Im Spiel ist eine solche ›Technik‹ aber ein Spielzug und keine bloße Technik. Die jeweilige Spielsituation – eine ›Ganzheit‹ – eröffnet oder verschließt bestimmte Spielzüge; sie gibt den vermeintlich bloßen Techniken eine bestimmte Bedeutung, denn der Spielzug ›Korbleger‹ löst nicht die Aufgabe, den Ball in den Korb zu legen, sondern die durch die Spielsituation gestellte Aufgabe. Insofern gilt es Spielsituationen zu üben, die »erfolgreiche[] Korbleger-Durchbruchaktionen« ermöglichen (Loibl 2001: 42). Hier ist noch einmal der Ort, an dem es darauf ankommt, was mit »Lösung einer Aufgabe« gemeint ist. Auch eine verhaltenstheoretische Sportmotorik situiert eine Bewegungstechnik in einer Spielsituation, in der diese Technik eine Bewegungsaufgabe löst. Aber verhaltenstheoretisch gesehen ist das keine Aufgabe, die in einem Bedeutungsraum lebt, sondern die sich aus einer Wahrnehmungs-›Handlungs‹-Kopplung ergibt (Hossner & Künzell 2022: Kap. 7). Der harte Punkt einer handlungstheoretischen Gegenargumentation ist daher, dass es um sinnhafte Spielzüge als Lösungen sinnhafter Aufgaben geht.

Hier ist aber auch der Ort, an dem sowohl eine funktionsanalytische Verhaltenstheorie als auch eine Theorie des Handelns sich selbst reflektieren kann und sollte. Bisher war, vielleicht nicht zufällig, von Spielsportarten, von Leichtathletik, von Skater-Kulturen die Rede. Aber ist die Argumentation tatsächlich so unabhängig von der Sportart bzw. Bewegungskultur, wie bisher behauptet? Sind tatsächlich alle Bewegungstechniken anerkannt gute Lösungen von Bewegungsaufgaben? Und sind dann alle bewegungstechnischen Lösungen tatsächlich Antworten in und auf sinnhafte Situationen? Technisch-kompositorische Sportarten wie Gerätturnen oder Wasserspringen sind in dieser Hinsicht schon rein phänomenal eine Herausforderung. Dort werden Bewegungstechniken gezeigt, die sich nur sehr gekünstelt als »Lösungen« einer Aufgabe begreifen lassen. Dort ist die Bewegung, die zu zeigen ist, einfach vor-gegeben. Zwar ist es eine Vorgabe aus einer Reihe von Alternativen, aber dann eben eine Vorgabe, die es möglichst optimal zu erfüllen gilt. Von einer »Suche in Aufgabenräumen« kann da nur schwer die Rede sein, und zwar weder im funktionsanalytischen noch im handlungstheoretischen Sinne. Zugespitzt gesagt: Hier scheint es die Sportart auszumachen, dass der (vorgegebene) Lerneffekt hergestellt werden muss und soll. Es ist daher durchaus naheliegend, dass Kohei Uchimura, einer der bis dato erfolgreichsten Gerätturner, sein eigenes Tun so versteht, dass es ihm um die »Schönheit« der Darstellung geht, um die »Perfektion, die er Übung für Übung« anstrebe. Uchimura zieht daraus auch die Konsequenz, dass er im Wettkampf nur seine eigene Leistung bedenke, nicht die der anderen. Diese Konsequenz ist zwar ein Selbstmissverständnis, weil sie u. a. jedes taktische Moment eines Wettkampfs negiert und damit den Unterschied zwischen einem sportlichen Wettkampf und der Perfektion einer Artistenaufführung (im Zirkus oder bei einer Turnshow) nivelliert, aber sie hat phänomenal ein wahres Moment: Bei einem Wettkampf im Gerätturnen geht es darum, eine Vorgabe so perfekt wie möglich umzusetzen, und in diesem Sinne um »den stete[n] Versuch, sein bestes Training zu wiederholen«.[39] Auch in Spielsportarten kann man das ›technologische‹ Verständnis pflegen, dass der Wettkampf nichts anderes sei als Training unter härteren Bedingungen, aber dort ist man immerhin auch zu der Alternative eingeladen, den prinzipiellen Unterschied des Wettkampfs zur »ganz anders gearteten Trainingssituation« (Seel 1993: 190) herauszustellen: »Die Wahrheit ist auf'm Platz!«[40]

Wenn es aber um sinnhafte Lösungen sinnhafter Bewegungsaufgaben geht, dann muss man handlungstheoretisch gesehen lernen, Situationen zu »lesen« (wie man so sagt); und wer eine (Spiel-)Situation liest, sie also in ihrer Bedeutung und nicht bloß in ihren Merkmalen wahrnimmt, der sieht keinen (messbaren) Abstand zwischen zwei Gegenspielerinnen, sondern der nimmt eine *Lücke* (Loibl 2001: 42) wahr[41] – im doppelten Sinne von ›sehen‹ und ›eine Gelegenheit wahrnehmen‹. Durch diesen hier gegebenen Doppelsinn des

Wahrnehmens bekommt der *semantische* Sinn der Bedeutung ›Lücke‹ zugleich die Untertöne der Bedeutsamkeit und der Relevanz (s. o., Kap. 1.5). Aber auch noch hier gilt: Primär ist der semantische Sinn von ›Bedeutung‹: Ein gewisser Abstand zwischen Gegenspielern hat die Bedeutung ›Lücke‹, und erst auf dieser Basis kann man sich einig oder uneinig sein, ob das (Nicht-)Wahrnehmen dieser Gelegenheit für die Spielsituation oder für das Spiel bedeutsam/relevant war oder nicht. Anders gesagt, ist die semantische Bedeutung ›Lücke‹ mehr als bloß statisch: Sie ist nicht lediglich von der Art, in einem Wörterbuch hinterlegt werden zu können, sondern zudem an einen Vollzug gebunden. Es ist *semantisch* bedeutend, dass ›Lücke‹ eine situativ wahrzunehmende Gelegenheit ist; eine Lücke wahrzunehmen ist ein »tatgebundenes« resp. »werktätiges« Wissen (Misch 1994: 191, 200). Dies trägt eine Doppeldeutigkeit in die »Bedeutsamkeit« des Spielzuges hinein: Es ist bedeutsam, die Gelegenheit wahrzunehmen, aber dieses *semantische* Bedeutungsmoment ist noch keine (psychologische oder soziologische) Relevanz derselben Spielsituation.

In diesem Sinne ist umgekehrt die Ausführung einer Bewegungstechnik das Vorführen eines Bewegungs-Kunststücks (Loibl 2001: 42). Eine Bewegungstechnik ist ein Verhalten, also eine Bewegung ohne (semantische) Bedeutung (die dieser Bewegung erst als Spielzug in einer Spielsituation zukommt). Die bewegungstheoretische Grundentscheidung ist daher: Bewegen als Verhalten oder aber Bewegen als Handeln. »Die Wirkung der bewegungstheoretischen Grundannahme wird an dieser Stelle deutlich: Nicht die Techniken Abspiel, Wurf, Korbleger als Bewegungsabläufe sind die Voraussetzungen für Spielfähigkeit, sondern die Handlungen Abspiel, Wurf, Korbleger als Lösungsmöglichkeiten einer Spielsituation« (ebd.). Und auch bei Loibl wird klar, dass sich daraus grundsätzlich andere Weisen der methodischen Strukturierung ergeben: »Statt komplizierte Techniken in vereinfachten Situationen zu üben, werden [in einer Bewegungshandeln-Pädagogik] die komplexen Situationen des Spiels prinzipiell erhalten und mit vereinfachten Techniken gelöst« (ebd. 43).

Die aufgezeigte Fundierung der lerntheoretischen in einer bewegungstheoretischen Grundannahme sowie das bewegungspädagogische Plädoyer, Bewegungen als Handeln zu konzipieren, ist auch eine Schutzmaßnahme gegen normativistische Pädagogiken. Das bewegungspädagogische Votum *gegen* ein Lernverständnis, das auf die Determiniertheit des zu Lernenden setzt, und – die Eigenstruktur des Pädagogischen einklagend – *für* ein Verständnis von Lernen als Sich-zu-eigen-Machen kann leicht als normative Setzung und bloße Dezision verstanden werden. Die Fundierung der eigenen lerntheoretischen Grundannahme in einem bestimmten Bewegungsverständnis: ›Bewegen als Handeln‹ nimmt den normativen Gehalt keineswegs zurück – pädagogisch verstandenes Lernen ist an eine Freiheit des Handelns gebunden, was rein deskriptiv nicht zu haben ist; aber es beseitigt den Charakter einer Dezision und bloßen Setzung. Sportliche Bewegungen und auch Lernen als Handeln zu nehmen, ist eine (im weiten Sinne) kultur-anthropologische Einbettung oder Fundierung des bewegungspädagogischen Lernverständnisses und deshalb (an dieser Stelle) keine Dezision. »Handlungs- und erfahrungsorientiertes Lehren und Lernen ist folglich nicht mehr eine Sache normativ-pädagogischer Entscheidung – vielmehr ein anthropologisches Apriori, eine *conditio humana* des Lernens.« (Scherer 2011: 78; vgl. Bietz 2015; Bietz & Scherer 2013: Teil I)

3.3 Bewegungslernen, aus der Sicht der Sportmotorik

Das Lehrbuch *Einführung in die Bewegungswissenschaft* steht hier als Paradebeispiel für die sportwissenschaftliche Teildisziplin der Sportmotorik. Die ausnehmende Güte dieses Buches liegt in dem Versuch, *eine* klare Perspektive einzunehmen und durchzuhalten, von den Autoren »funktionale Perspektive« genannt (Hossner & Künzell 2022: 13). In dieser Bezeichnung bündelt sich Doppeltes. Zum einen, formal, ein erfreulich scharfes Verständnis von Wissenschaft, nämlich die Einsicht, dass man – bei wissenschaftlicher und nicht-esoterischer Absicht – Fragen der Biologie nicht mit Erkenntnissen aus der Physik, Fragen der Psychologie nicht mit Erkenntnissen aus der Soziologie etc. pp. beantworten kann, obwohl und weil wir alle wissen, dass Physisches und Biotisches nicht von Haus aus fein säuberlich unterscheidbar, geschweige trennbar ist und obwohl und weil wir alle Wissenschaftsdisziplinen wie Biochemie, Biomechanik oder Sozialpsychologie kennen. Dieses Moment stellen die Autoren als Grundcharakteristikum von *Perspektivität* heraus (ebd. 453–457); aber man kann dieses Moment auch als »Funktionalismus« bezeichnen (wie es im Folgenden gelegentlich geschieht), etwa wenn man den mathematischen Begriff der Funktion und/oder die Luhmann'sche Rede von funktionaler Differenzierung im Hinterkopf hat. Ein so verstandener Funktionalismus beharrt auf der Eigenlogik der jeweiligen Perspektive. Das zweite, nämlich materiale Moment ist dann die Charakterisierung der Sportmotorik als funktionale Perspektive. Die sportmotorische Perspektive »fokussiert auf interne Prozesse der Bewegungskontrolle, die dem beobachtbaren Bewegungsverhalten zugrunde liegen« (ebd. 14). Sportmotorik hat es dann mit motorischer Kontrolle, motorischem Lernen und motorischer Entwicklung zu tun. Funktional wiederum ist diese sportmotorische Perspektive dann und dadurch, dass es ihr ausschließlich und allein um »eine modellhafte Architektur für Mechanismen der Bewegungskontrolle« geht, strikt getrennt von allen Fragen der »Realisierung in einem physikalischen Körper oder einem biologischen System«. Hinsichtlich dieses zweiten Moments ist »funktional« also ein Gegenbegriff: Unbenommen dessen, dass auch die sportphysikalische und die sportbiologische Perspektive eigenlogische und insofern (im Sinne des ersten Moments) ›funktionale‹ Perspektiven sind, bezeichnet »funktional« im zweiten und engeren Sinne die sportmotorische Perspektive, im Unterschied zur biologisch implementationalen, zur physikalischen, zur psychologischen, soziologischen, pädagogischen Perspektive (ebd. 454). Will man die Doppeldeutigkeit von »funktional« an dieser Stelle vermeiden, bietet es sich an, die sportmotorische Perspektive als informationsverarbeitende oder (hier so genannte) kognitionswissenschaftliche Perspektive von den anderen zu unterscheiden (ebd. 216, 217, pass.).

Um es zuspitzend anders zu formulieren: Die erfreuliche Schärfe dieses Wissenschaftsverständnisses liegt darin, dass die in der Sportmotorik konzipierte Bewegungskontrollarchitektur der »internen Modelle« so begriffen werden soll und muss, »dass der Körper (einschließlich Gehirn) letztlich *außerhalb* der Kontrollarchitektur anzusiedeln ist« (ebd. 455). Man ahnt die Missverständnisse und Shitstorms, die das provoziert, analog zu all dem Unverständnis, das Niklas Luhmann mit der Einsicht provoziert hat, dass die Psyche

Umwelt für das Soziale sei. Weil auch für Ernst-Joachim Hossner und Stefan Künzell selbstverständlich ist, dass kognitive Mechanismen der Bewegungskontrolle physikalischen Kräften ausgesetzt und in Organismen implementiert sind, sind die sportphysikalische und die sportbiologische Perspektive Gegenstand dieses Lehrbuches (ebd.: Kap. 3 u. 4). Aber sie sind das weder in deren eigenständiger Perspektive geschweige als innerer Teil der sportmotorischen Perspektive, sondern je als »Randbedingung« der sportmotorischen Perspektive. Diese klare und methodisch kontrollierbare Bezugnahme ist weit entfernt von dem Gestus »Schön, dass wir mal drüber geredet haben!«, denn sie hat angebbare Konsequenzen. Z. B.: Gerät die Sportmotorik in die Situation, über intern gleich plausible theoretische Modelle zu verfügen, dann ist die Frage von deren wahrscheinlicher oder unwahrscheinlicher Implementierbarkeit ein *innerhalb* der Sportmotorik wirksames Kriterium (vgl. ebd. 457).

Die Bezeichnung »funktional« im angegebenen zweiten Sinne zur Bezeichnung der spezifisch sportmotorisch-kognitiven Perspektive rechtfertigt sich in diesem Lehrbuch durch eine dritte Bedeutung von ›funktional‹: Die sportmotorische Perspektive sportlicher Bewegungen sei, dies im Bruch mit dem Behaviorismus, fundamental an eine »Funktionsanalyse« dieser Bewegungen gebunden (ebd. 51–56). Das wiederum meint, dass Zwecke angegeben werden können und müssen, die diese Bewegungen erfüllen – nicht als inhärentes Merkmal solcher Bewegungen, sondern weil und insofern man sie als ›Bewegungen, die eine Bewegungsaufgabe lösen‹, perspektiviert. Das wiederum heißt, dass solche Zwecke diesen Bewegungen nicht im Vorhinein oder nachträglich zugeschrieben werden, sondern diese Bewegungen werden eben als ›zur Lösung von X zweckmäßige Bewegungen‹ betrachtet (ebd. 53). Um diesen alles entscheidenden Aspekt, Bewegungen gleichsam nicht als solche (mit ihren vermeintlich inhärenten Merkmalen), sondern als Lösungen von Bewegungsaufgaben zu perspektivieren, sprechen die Autoren in Anlehnung an Ulrich Göhner (2013) von einer »aktionsorientierten Funktionsanalyse«. Die kleinste Analyseeinheit einer solchen Funktionsanalyse ist damit nicht der sichtbare Bewegungsverlauf als solcher, sondern die Bezogenheit dieses Verlaufs auf eine Aufgabe. In dieser Bewegung-Aufgabe-Einheit erfüllt die Bewegung die »Funktion«, Lösung der Aufgabe zu sein. Das macht die soeben gebrauchte Rede von »Zweck« doppeldeutig, denn eine Funktionsanalyse perspektiviert die Bewegung *nicht* als ein Mittel zu einem ›Zweck‹, denn dann käme sie für sportliche Bewegungen gar nicht in Frage. Sportliche Bewegungen nämlich sind in dem Sinne ›zweckfrei‹, als sie keinen Zweck erreichen wollen, der außerhalb dieser Bewegung liegt (vgl. Göhner 2013: 4). Der »Zweck«, den eine Bewegung *als Funktion* erfüllt, ist daher eine Antwort auf ein funktionales »Wozu?«, keine Angabe eines »Um-zu«. Eine dritte Bedeutung von ›Zweck‹ ist dabei de facto anwesend, wenn sie auch, zunächst wenigstens, von einer Funktionsanalyse ausgeblendet werden kann: Was ist der ›Zweck‹ dieser Aufgabe? Warum stellt sie sich? Was ist die Pointe dieser Funktion als Lösung gerade dieser Aufgabe?

Eine solche Perspektive der Funktionalität sportlicher Bewegungen ist die Grundlage für eine Analyse dieser Bewegungen im engeren Sinne, nämlich für eine zergliedernde Betrachtung in Teilaktionen. In aller Regel wird nämlich eine Bewegung ihren funktionalen (Gesamt-)Zweck resp. ihre »Hauptfunktion« nicht auf einen Schlag, sondern durch verschiedene nacheinander zu bewältigende Teilaktionen erfüllen. In Bezug auf solche Teilaktionen ist eine Funktionsanalyse doppelt vermittelt: Welche Funktion hat die Teilaktion in der Gesamtfunktion der Gesamtbewegung, eine Lösung von X zu sein? Je nach Kontext kann man freilich auch eine Teilaktion ihrerseits als eine Gesamtaktion analysieren. Eine solche Funktionsanalyse ist dann auch die Grundlage für die Optimierbarkeit sportlicher Bewegungen, denn sowohl sie insgesamt als auch ihre Teilaktionen lassen sich nach dem Grad ihrer Zweckmäßigkeit bestimmen. Hier ist dann auch explizit von »Aktionsmodalitäten«, also von verschiedenen Weisen der Ausführung dieser Bewegung und ihrer Teilaktionen, die Rede (Hossner & Künzell 2022: 53).

Eine solche funktionsanalytische Sicht der Sportmotorik legt damit genau jenes Bewegungsverständnis zugrunde, das die Bewegungspädagogik aus pädagogisch-anthropologischen Gründen kritisiert. Wenn man aber jenen funktionalen Perspektivismus zugrunde legt, um in aller Schärfe festzuhalten, dass die Sportmotorik keine sportpädagogischen Fragen beantworten kann, dann kann das nicht sinnvoll eine Kritik an der Sportmotorik sein. Beinahe umgekehrt: Das von Hossner und Künzell vorgelegte Lehrbuch liest sich an vielen und entscheidenden Stellen so, als hätten sie die bewegungspädagogische Kritik an klassischen methodischen Übungsreihen als Randbedingung ihrer Konzeption von Sportmotorik genommen (vgl. etwa den ausdrücklichen Verweis auf Scherer und Bietz am Punkt Selbsttätigkeit des Lernens; ebd. 451). Zum Beispiel: Gelegentlich rutscht ihnen zwar noch das Wort »Idealbewegung« (als vermeintliches Synonym für »Soll-Bewegung«) heraus, aber in der Sache haben sie sich dezidiert von der Vorstellung verabschiedet, dass es genau eine optimale Lösung einer Bewegungsaufgabe gibt, vermeintlich durch den je aktuellen Weltmeister der Sportart realisiert. – Ihr ganzes Modell ist *gegen* die Idee der Herstellbarkeit eines Lernergebnisses gerichtet (s. o.). – Immer wieder wenden sie sich gegen die Vorstellung, sportmotorisch verstandenes Bewegungslernen laufe darauf hinaus, »Bewegungskunststücke« zu lernen (vgl. Hossner & Künzell 2022: 49, 251, 293, 448). Die Bewegungspädagogik hat hier zu lernen und entschieden(er) herauszustellen, was sie sowieso tut: Ihre Kritik richtet sich nicht gegen ein Bewegungsverständnis, das eine zergliedernde Analyse zulässt, rein als solches, sondern gegen ein solches Bewegungsverständnis als Grundlage sportpädagogischer Überlegungen und sportdidaktischer Strukturierungen von Lehr-Lern-Situationen. Dann kann sie nicht sinnvoll die Sportmotorik (für ihr Bewegungsverständnis) kritisieren, aber sie kann auch keine Ergebnisse der Sportmotorik oder eines »systemdynamischen Bewegungsverständnisses« zum sportpädagogischen Argument machen, sondern kann solche Ergebnisse klugerweise nur zur Randbedingung einer pädagogischen Argumentation erheben.

Die (im Rahmen eines Konzepts von Perspektivität gegebene) Unmöglichkeit *direkter* wechselseitiger Bezugnahmen von Sportmotorik und Sportpädagogik bekommt mit der Version der Bewegungspädagogik, also einer Bewegungshandeln-Pädagogik, jedoch einen weiteren Aspekt, der über einen lediglich ›funktionalen‹ Perspektivismus hinausgeht. Hat sich die Bewegungspädagogik nämlich auf sportliches *Handeln* als kleinste Analyseeinheit festgelegt, so hat sich eine kognitionswissenschaftliche Sportmotorik durch den Schachzug, eine aktionsorientierte Funktionsanalyse von Bewegungen zu ihrer Grundlage zu machen, auf eine Verhaltenstheorie festgelegt. Nur äußerlich beobachtbare (oder technischexperimentell beobachtbar gemachte) organismische Bewegungen, also Verhalten, können analysierend in Teile zergliedert werden; Handeln kann ggf. vereinfacht werden oder aber hinsichtlich seiner allgemeinen Struktur in Momente und Dimensionen unterschieden werden (so etwa Leont'ev 1975: 95–111), aber jedes je besondere Handeln ist qua Bedeutung *ein* Handeln (s. o.). Die Bedeutung *fliehen* ist keine Zweckangabe, sondern eine Antwort auf die Frage, *was* da jemand tut. Es ist eine Angabe, worum es bei diesem Handeln geht, und keine Angabe dazu, wozu dieses Handeln funktional dient (oder zu welchem Zweck es ein Mittel sein mag). Deshalb kann man Handeln nicht analytisch in Teil›handlungen‹ gliedern: Eine Flucht kann man abbrechen, aber man kann nicht ›teilfliehen‹. Es ist freilich nicht einfach, diese Unterscheidung zwischen Funktionsanalyse und Sinnhaftigkeit gedanklich festzuhalten; dies schon deshalb nicht, weil sowohl das sinnhafte Worumwegen eines Handelns als auch der Zweck bzw. das Ziel bzw. das funktionale Wozu, also das asinnhafte Worumwegen eines Verhaltens, eine Übersetzung des griechischen *telos* ist.

Deshalb ist auch Lernen bei Hossner und Künzell ein beobachtbares Verhalten und kein bedeutungsvermitteltes Handeln. Als theoretisches Modell ist Lernen verhaltenstheoretisch gleichsam eine ›Funktionalgleichung‹, die bestimmte Variablen zueinander in Beziehung setzt und die unter bestimmten Bedingungen bestimmte Lösungen hat. Es ist dann z. B. möglich, dass die in diesem Modell repräsentierte Soll-Bewegung keine vermeintlich für alle Lernsituationen geltende Ideal-Bewegung ist, sondern als abhängig von den situativ-konkreten Bedingungen x, y und z modelliert wird. In der *Darstellung* halten die Autoren diese verhaltenstheoretische Rede gelegentlich nicht durch, bezeichnender Weise dort, wo Erfahrungen der leistungssportlichen Praxis für die sportmotorische Theoriebildung fruchtbar gemacht werden sollen oder wo Ergebnisse der eigenen Theoriebildung für die Trainingspraxis empfohlen werden sollen. Dort kann man dann z. B. lesen: »Unser Handballspiel kann sich dadurch verbessern, dass wir lernen, die Bewegungen der Mit- und Gegenspieler zu beachten, wahrzunehmen, ob es sich bei der Bewegung des Angreifers um eine Täuschung oder einen echten Durchbruch handelt.« (Hossner & Künzell 2022: 208) Eine Täuschung und ein echter Durchbruch aber sind Sinngebilde, nicht, wie dort allein zulässig wäre, äußerlich sichtbare Verhaltensweisen (vgl. Misch 1994: 153 f. am Fall des Behaviorismus). Ihr verhaltenstheoretisches Verständnis von Sportmotorik verlangt daher, solche Reden als abkürzende und uneigentliche Reden zu nehmen – was sie eigentlich meinen, sind äußerlich sichtbare Bewegungen mit gewissen, ›lern‹geschichtlich bereits grob verfügbaren und zu verfeinernden oder noch zu ›lernenden‹ unterschiedlichen Charakteristika. Entsprechend nehmen sie konsequenterweise einen Begriff von Wahrnehmung in Gebrauch, der Wahrnehmung als ein konstruktives Registrieren von *sensations* nimmt – ›Wahrnehmung‹ meint dort nicht, und kann nicht meinen, dass man einen solchen Sinneseindruck *als* Täuschung oder *als* Durchbruch sieht. Dort liegt eben ein aufgeklärt-empirischer und kein kultureller Erfahrungsbegriff zugrunde (s. o., Kap. 2.8). Nimmt man dann, dem Selbstverständnis der Autoren folgend, ein so repräsentiertes konstruktives Registrieren von *sensations* als Kognition, dann handelt es sich also um einen Begriff von Kognition, der von der Dimension von Sinn resp. Bedeutung unabhängig ist. Ein solcher Begriff wird sachlich nicht leer sein, sondern etwas treffen, wenn wir die Annahme teilen, dass es Wahrnehmungen auch bei Tieren, also außerhalb des Kulturraums von Sinn und Bedeutung, gibt. Wenn dem aber so ist, und es wird wohl so sein, dann muss auch eine Hermeneutik in diesem Falle aushalten, was sie ansonsten als Perspektivität von Wissenschaft einklagt: Dann muss eine kognitionswissenschaftliche Perspektive möglich sein, für die die semantische Dimension Umwelt, also äußerlich, ist. Hier gilt dann das strukturgleiche Argument wie für das Verhältnis von kognitionswissenschaftlicher und psychologischer (vgl. Hossner & Künzell 2022: 453 f.) und wie für das Verhältnis von semantischer und psychologischer (s. o., Kap. 1.5) Perspektive.

Aber in Bezug auf *sportliche* Bewegungen, also für Bewegungen *im* Kulturraum von Sinnhaftigkeit, ist das nur schwer auszuhalten. Zwar kann man es einsehen: Kognitionen sind nicht ohne neuronale Korrelate zu haben, aber Kognitionen sind nicht diese Korrelate. Deshalb auch: Personale Kognitionen sind nicht ohne mitweltliche Objektivationen, ohne ihre Ausdrücke zu haben, aber sie sind nicht diese Ausdrücke. Und dennoch: Wo wären sie zu verorten, ohne sie in einem platonistischen Kognitionshimmel anzusiedeln? Und wie soll man sie außerhalb ihrer Ausdrücke empirisch-wissenschaftlich zugänglich machen? Der Unterschied zwischen Handeln und Verhalten ist, vielleicht, mehr als ein bloß funktional-perspektivischer Unterschied.

Hier ist der Ort, an dem ein funktionaler Perspektivismus perspektiviert werden muss. Das Beharren auf einer Eigenlogik der kognitiven Dimension organismischen Tuns, unterlegt durch den Blick auf eine Funktionalität dieses Tuns, ist das eine: Diese kognitive Dimension ist notwendig an eine (biologische oder technische) Implementation gebunden, aber sie *ist* nicht diese Implementation; diese kognitive Dimension ist bei menschlichen Organismen in aller Regel an ein bewusstes phänomenales Erleben und an eine (semantische) Bedeutungs-Dimension gebunden, aber sie *ist* weder das Erleben noch das Bedeuten. Das andere aber ist, dass der Funktionalismus in eine Debatte eingebunden war und ist, ob diese kognitive Dimension naturalisierbar ist oder nicht (vgl. etwa Schlicht 2018). Diese Debatte hängt selbstverständlich davon ab, was jeweils unter »naturalisierbar« verstanden wird. Allen Verständnissen gemeinsam ist ein Anti-Spiritualismus, also das Postulat, Phänomene ohne Rückgriff auf außer-naturale Entitäten begreifen zu wollen. Ein harter Naturalismus formuliert dies als strikten Physikalismus, also als Bestreiten jedes Perspektivismus: Die kognitive Dimension hat dann gerade keine Eigenlogik, sondern ist nichts anderes als eine besondere, ggf. komplexe physische Dimension, erklärbar in physikalischen Modellen. Aber auch ein funktionaler Perspektivismus ist in aller Regel in einen weichen Naturalismus eingebunden, der besagt, dass die typisch kulturalen resp. personalen Dimensionen des (menschlichen) organismischen Tuns – also die Dimensionen des phänomenalen Bewusstseins und der Semantik – nicht einmal zu den Randbedingungen dieses Tuns zu zählen sind (im Unterschied zur biomechanischen und zur biologisch-technischen Perspektive). Aus der eigenen Logik der kognitiven Dimension – dass sie nicht identisch mit dem Erleben oder dem Ausdruck dieser Dimension ist –, ist dann ein Reduktionismus geworden, der unterstellt und durchführen will, dass die kognitive Dimension rein aus sich selbst heraus, ohne *jeden* Bezug auf phänomenales Bewusstsein und ohne *jeden* Bezug auf Semantik, begreifbar ist. Dies ist die Reduktion jeden Verstehens auf ein Erklären – sei es durch Bestreiten jedes Verstehens, sei es durch ein Erklären dieser ›Verstehens‹-Leistung. Das harte Argument dieses weichen Naturalismus ist der Verweis auf den schlichten Umstand, dass es kognitive Funktionen wie etwa das Wahrnehmen auch bei nicht-personalen, bei tierlichen Organismen gibt, deren Funktionieren also ohne *jeden* Rückgriff auf Semantik und phänomenales Bewusstsein erklärt werden müsse. Der von Hossner und Künzell vorgeschlagene funktionale Perspektivismus ist demgegenüber der Versuch, auch einem weichen Naturalismus gegenüber neutral sein zu wollen. Das ist sehr deutlich in der von Hossner eingeführten Metapher des Badischen Zimmers (Hossner & Künzell 2022: Kap. 8.2.1) dokumentiert. Dies ist eine Variation der von John R. Searle eingeführten Metapher des Chinesischen Zimmers. Dort ging es um die Frage (des Turing-Tests), ob Maschinen denken können oder nicht. Searle wollte das mit Verweis auf sein Gedankenexperiment bestreiten; er wollte zeigen, dass ein lediglich regelbasiertes, algorithmisches ›Antworten‹ einer Maschine noch nichts mit personaler »Intelligenz« (Verstehen, worum es geht) zu tun hat. Hossner hat mit dem Badischen Zimmer nicht nur eine Übertragung der Frage nach der *Intelligenz* von Künstlicher Intelligenz auf Fragen der menschlichen Bewegungskontrolle geleistet, sondern sich bei dieser Übertragung auch jeden Kommentars zum ursprünglichen Streitpunkt enthalten. Das Badische Zimmer will keine Antwort auf die Frage sein, ob die kognitive Dimension menschlicher Motorik wohl echtes oder ›künstliches‹ Denken ist, sondern will ausschließlich anschaulich machen, dass der gewählte sportmotorische Ansatz interner Modelle es leisten kann, die eigene kognitive Dimension der Bewegungskontrolle zu erklären – jedenfalls dann und dadurch, dass man unter ›Kognition‹ eine rein regelbasierte, algorithmische Informationsverarbeitung von zweckmäßigen Bewegungen begreift. Damit ist aber noch nicht die Frage beantwortet, ob dieses Beharren auf einem Perspektivismus tatsächlich neutral gegenüber dem Naturalismus ist. Kann man tatsächlich *offen* lassen, ob Bewusstsein und Semantik zu den Randbedingungen der kognitiven Dimension gehören oder nicht?

Hossner & Künzell (2022: 460) argumentieren, dass »[wir] gut begründet Aspekte des phänomenalen Bewusstseins aus unseren Betrachtungen ausklammern [können]«. Dies sei hier zugestanden.[42] Hinsichtlich der Dimension der (semantischen) Bedeutung ist der sportmotorische Blick »über den Tellerrand« aber offener.

Es bleibt ausdrücklich zu klären, ob und wie Sportmotorik und Bedeutungslogik gebaut sein müssten, um sich wechselseitig als Randbedingungen zu konzipieren (Hossner & Künzell 2022: 463). Damit ist aber auch zugestanden, dass ganz offen ist, ob eine *Verhaltens*-Motorik überhaupt zulässt, Bedeutungen als Bedeutungen zu thematisieren, da sie ihnen gegenüber ausdrücklich neutral ist. Hier genau ist der oben benannte Ort, an dem die Forderung einer rein funktional-perspektivischen Analyse *sportlicher* Bewegungen »nur schwer auszuhalten« ist. Plessner z. B. gibt zu bedenken, dass die philosophische Anthropologie herausgestellt habe, dass ein Verhalten in einer Umwelt etwas grundsätzlich anderes ist als ein Handeln in einer Welt. Im Kontext der Verhaltensforschung würde das, mit Hans-Peter Krüger (2019: 204), heißen: »Wenn schon die zentrische Positionalität die o. g. Pause (Unterbrechung) der Verbindung zwischen Sensorik und Motorik beinhaltet, dann lässt die *ex*zentrische Positionalität eine Steigerung davon erwarten, nämlich die *Pause von dieser Pause*, eben die *soziokulturelle Unterbrechung von der biosozialen Unterbrechung*«.

Der Stachel, der hier entspringt, ist die Frage, ob nicht auch eine Handeln-Motorik möglich oder gar zwingend wäre. Der Verdacht entspringt spätestens beim Studium von Tabelle 8.2 (Hossner & Künzell 2022: 225 f.). Dort findet man zur Charakteristik einer Lernsituation in den Begriffen der sportmotorischen Kontrollarchitektur den Satz: »Die einzige evolutionäre Funktion des Organismus ist es, das Überleben der Spezies zu sichern.« Dieser Satz ist eine Übersetzung und eine Rechtfertigung der funktionsanalytischen Betrachtung von organismischen Bewegungen. Hier wird explizit auf die oben benannte dritte Bedeutung von ›Zweck‹ zurückgegriffen: Die Aufgaben, deren Lösungen die funktionsanalytisch perspektivierten Bewegungen sind, haben ihrerseits einen evolutionären Zweck, nämlich letztlich das Überleben der Spezies zu sichern. Das ist einerseits eine (auch für die Motorik selbst) problematische Einschränkung. Ein funktionaler Perspektivismus sieht vor, dass man ein und dieselbe Bewegung in verschiedenen Perspektiven betrachten kann, u. a. eben auch in sportmotorischer Perspektive. Aber einen Luftsprung aus purer Freude (vgl. Koßler 2001: 299) könnte man dann nicht in einer verhaltensmotorischen Perspektive betrachten, denn was sollte es diesseits von Absurdität heißen, dieser Bewegung einen

Überlebenszweck zu unterlegen? Könnte man einen solchen Luftsprung hinsichtlich seiner ›Zweckmäßigkeit‹, nichts als Freude zum Ausdruck zu bringen, optimieren? Hier wurzelten die genannten Vorbehalte von Ralf Becker (2020) gegen die Gleichsetzung von Lebewesen und Organismen (s. o., Kap. 2.5). Andererseits haben genau solche Beobachtungen von ›Unnützem‹ auch im Bereich der Natur zu alternativen Evolutionstheorien geführt. Beispielsweise stehen die Arbeiten von Adolf Portmann für ein Verständnis evolutionärer Entwicklung, das sich gerade nicht auf Prozesse der Arterhaltung reduzieren lässt. Exemplarisch: »Die Richtung der Biologie, welche den erhaltenden Stoffwechsel als oberste Lebensfunktion ansieht, steht den Färbungen der Schleimtiersporangien ratlos gegenüber.« (Portmann 1957: 34) Diese Richtung der Biologie habe keinen Sinn für den Umstand, dass »die Strukturen des Äußeren in beträchtlichem Ausmaß Selbstdarstellung des betreffenden Organismus [sind]« (ebd. 35). Der Erklärungsgrund des Verhaltens muss also nicht zwingend der Zweck des Überlebens sein; ansonsten wäre es schon hier mit der Zweckfreiheit sportlicher Bewegungen vorbei. Wichtiger aber ist: Wenn die Sportmotorik gar nicht umhin kann, auch einen ›Zweck‹ der zu lösenden Bewegungsaufgaben anzugeben, dann liegt es an dieser Stelle mehr als bloß nahe, solche Zwecke als personal, also frei gesetzte Zwecke zu begreifen, denn es ist »schwer auszuhalten«, in sportlichen Bewegungen eine Überlebens- oder Selbstdarstellungsnotwendigkeit der Spezies zu sehen. Genau dagegen steht z. B. Hans Ulrich Gumbrechts *Lob des Sports*.

Man muss den Vergleich mit einer Bewegungshandeln-Pädagogik nicht von außen an eine Verhaltens-Motorik herantragen. Hossner und Künzell schlagen selbst den Bogen zu den Arbeiten von Scherer und Bietz. Sosehr sie darauf insistieren, dass ihre sportmotorische Theorie interner Modelle einem Funktionalismus geschuldet ist, also eben eine *sportmotorische* Theorie ist, die sportphysikalische, sportbiologische, sportpsychologische, sportsoziologische, sportpädagogische Theorien als (relevante!) *Umwelten* betrachtet, so sehr sind sie auch überzeugt, dass diese Theorie nicht ausschließlich eine Theorie *sportlichen* Verhaltens ist, sondern durchaus Aussagen über Verhalten generell erlaubt. Es wird dann deutlich, dass die »Theorie interner Modelle in ihrem Anwendungsbereich weit über das Gebiet der sportbezogenen Bewegungskontrolle und der technomotorischen Leistungssteigerung im Sport hinausweist. Letztlich geht es in der Theorie um die zunehmend sichere Vorhersage der Konsequenzen des eigenen Verhaltens, also um die Aneignung der Welt und damit letztlich – wie Scherer und Bietz [Verweis auf Scherer & Bietz 2013] betonen – um einen Wesenskern der menschlichen Bestimmung.« (Hossner & Künzell 2022: 451 f.)

Dies dürfte ein Paradebeispiel für einen sonnenklar herausgearbeiteten Berührungspunkt von Erklären und Verstehen sein. Die ganze Brisanz liegt in dem kleinen Wort »also«. In der hier verfolgten Perspektive der Unterscheidung des Verstehens von sinnhaftem Handeln vom Erklären asinnhaften Verhaltens ist das formulierte »also« eine (falsche) Reduktion des Verstehens aufs Erklären. Die »Vorhersage der Konsequenzen des eigenen Verhaltens« ist noch keine »Aneignung von Welt«. Die Konsequenzen des Verhaltens, also seine Lustgewinne und funktionalen Kosten, nur zu diagnostizieren hat sie z. B. noch nicht gewertet. Konsequenzen kann man billigend in Kauf nehmen, man kann sich vor ihnen erschrecken, man kann sie nachdrücklich begrüßen – was immer. Hier lohnt beinahe ein Schritt zurück zu Aristoteles (oder ins biblische Paradies): Vorhergesagte Konsequenzen können Lust oder Unlust bereiten, aber Menschen haben einen Sinn »für Gut und Böse, für Gerecht und Ungerecht und was dem ähnlich ist« (s. o., Kap. 2.7). Oder anders ausgedrückt: Für Konsequenzen des *Verhaltens* kann man nicht Verantwortung übernehmen. Verantwortung setzt voraus, dass das Tun sinnhaft ist, und folglich auch die Konsequenzen des Tuns. Will sagen: *Aneignen* kann man sich die Welt nur handelnd – sich in der Welt wie auch immer zu verhalten, ist keine Aneignung.

Hossner und Künzell müssten daher – in der hier eingenommenen Perspektive – entweder ihre eigene Perspektive ändern oder die Reichweite sportmotorischer Analysen deutlicher auf spezifische *Erklärens*leistungen einschränken. Sie müssten das sportmotorische Paradigma entweder umstellen von der Analyse des Verhaltens von sporttreibenden menschlichen Organismen (im Hinblick auf die motorische Kontrolle, des motorischen Lernens und der motorischen Entwicklung solchen Verhaltens) hin zur Analyse sporttreibender handelnder Personen oder sie müssten sich (noch) aktiver davor schützen,[43] dass sich ihre sportmotorischen Analysen als Einladungen zu Landnahmen anderer Perspektiven lesen lassen –

analog zu den Landnahmen der Pädagogik durch eine verhaltenstheoretische Psychologie oder zu den Landnahmen des Strafrechts durch gewisse Versionen von Neurobiologie (Motto: Es gibt keinen freien Willen, also sind Menschen nicht verantwortlich, also können sie nicht bestraft, sondern nur therapiert werden; vgl. dagegen Hossner & Künzell 2022: 455–457).

3.4 Zwischenfazit: Bewegungspädagogik und Sportmotorik

Bei der Unterscheidung und Verhältnisbestimmung von Sportpädagogik und Sportmotorik sind ihrerseits drei verschiedene Unterscheidungen im Spiel, nämlich die Unterscheidung von Perspektiven, die zwischen Erklären und Verstehen und die zwischen Verhalten und Handeln. Grundlage und Ausgangspunkt ist dabei zunächst der herausgestellte funktionale Perspektivismus, der weder ein Konstruktivismus noch ein Relativismus ist.

Jede (hier: disziplinäre) Perspektive hat nach diesem Verständnis das Ganze im Blick, aber eben perspektivisch (Hossner & Künzell 2022: 455). Deshalb können sportmotorisch keine pädagogischen Fragen beantwortet werden und umgekehrt, und deshalb liegt die Güte des Buches von Hossner & Künzell gerade darin, *eine* Perspektive zu behandeln und durchgehend zu betonen, dass sportmotorische Antworten keine sportbiologischen und keine sportphysikalischen Fragen beantworten können, wie umgekehrt sportmotorische Fragen nicht sportbiologisch, sportphysikalisch, sportpsychologisch etc. beantwortet werden können, wiewohl solche Perspektiven füreinander relevant sind. Davon zu unterscheiden ist die Frage, ob das so perspektivierte Wissen ein erklärendes oder ein verstehendes Wissen ist, und, damit eng verwandt, ob in den Perspektiven auf sportliches Bewegen dieses Bewegen als Verhalten oder als Handeln begriffen wird.

Die Bewegungspädagogik macht gleichsam zwei verschiedene Aspekte zugleich geltend. Zum einen perspektiviert sie sportliches Bewegen eben pädagogisch, nicht aber physikalisch, soziologisch, psychologisch, sportmotorisch etc. Hier greift dann alles, was man zur »Abgeschlossenheit« bzw. Eigenlogik je bestimmter Perspektiven sagen kann und muss – dass es schlicht und einfach Kategorienfehler sind (ebd. 454), wenn man sprachlich und/oder theoretisch Perspektiven miteinander vermischt. Sportmotorische Aussagen dazu, wie manche Leute wohl einen Stabhochsprung zustande bekommen, haben (selbstverständlich) nichts mit pädagogischen Einschätzungen von Stabhochsprüngen im Kontext der Persönlichkeitsentwicklung zu tun, wie umgekehrt das entsprechende sportmotorische Wissen sich nicht davon abhängig gemacht hat, dass das Erleben eines Stabhochsprungs eine bereichernde Erfahrung sein mag. Sportmotorische Forschung mag gelegentlich auch aus sportpädagogischen Anregungen heraus erwachsen, sportpädagogisch Wünschenswertes mag durch Erkenntnisse sportmotorischer Machbarkeit gelegentlich geerdet werden – aber beides bleibt füreinander »Randbedingung« (s. o.). Zum zweiten aber vertritt die Bewegungspädagogik einen Typus von Pädagogik, der darauf insistiert, dass menschliches Tun in pädagogischer Perspektive nur als Handeln begriffen werden kann. Die These ist dort, dass die Eigenstruktur des Pädagogischen von vornherein verfehlt wird, wenn menschliches Tun als Verhalten begriffen wird. Das ist, wie oben ausgeführt, zunächst eine innerpädagogische Positionierung, die aber mit der Härte verbunden ist, den Verhaltens-Pädagogiken abzusprechen, im strengen Sinne Pädagogiken zu sein. Bietz (2015) macht es an einem wichtigen Aspekt kenntlich: Bewegungsverhaltens-Pädagogiken werden der Spezifik des Lernens *von Bewegungen* nicht gerecht. Der Gegenstand des ›pädagogischen‹ Tuns ist dort austauschbar – entworfen werden allgemeine pädagogische Anliegen und Prinzipien, die im Sportunterricht mit dessen Bedingungen genauso gelten wie im Mathematikunterricht mit dessen Bedingungen. Konsequenterweise überlässt eine solche Bewegungsverhaltens-Pädagogik den Gegenstand ›Bewegung‹ der sportwissenschaftlichen Bewegungswissenschaft, die wiederum qua beteiligter Disziplinen keine pädagogischen Aspekte thematisiert. Oder um das Unpädagogische einer Verhaltens-Pädagogik noch einmal am Lernbegriff festzumachen: Der im strengen Sinne *pädagogische* Lernbegriff fasse Lernen als Sich-zu-eigen-Machen, und dies sei nur als *handelndes* Sich-in-der-Welt-Bewegen denkmöglich. Das schließt selbstverständlich ein, dass auch eine Handelns-Pädagogik auf Erklärungen des menschlichen Verhaltens zurückgreifen kann und sollte (z. B., um pädagogisch Wünschbares zu erden); aber solche Erklärungen sind im Rahmen einer verstehenden Handelns-Pädagogik klarerweise, und entschieden nicht despektierlich, Hilfswissenschaften.

Das heißt dann umgekehrt für die Sportmotorik, dass sie in der funktionalen Perspektive von Hossner und Künzell klarerweise eine Erklärungswissenschaft des motorischen Verhaltens von sporttreibenden menschlichen Organismen ist (ggf. mit einer verstehenden Handelns-Anthropologie als Hilfswissenschaft), aber um den Preis, dass die Anleihen der eigenen Theoriebildung bei der leistungssportlichen Trainingspraxis und die eigenen Anwendungsempfehlungen für diese Praxis entschieden klarer methodisch kontrolliert werden müssten (denn auch die Übergänge zwischen Theorie und Praxis sind Perspektivenwechsel; s.o.). Aufschlussreich wäre hier ein inner-sportmotorisches Konkurrenz- und Vergleichsprojekt, das die motorische Kontrolle des motorischen *Handelns* auf die Theorie bringen möchte, analog dazu, dass die Tätigkeitstheorie Aleksej N. Leont'evs eine Handelns-Psychologie und keine Verhaltens-Psychologie ist.

Der entscheidende Punkt wäre, dass eine solche Handelns-Motorik ein anderes Grundverständnis von ›Kognition‹ hätte. Personale Kognition ist *als Kognition* eine andere als nicht-personale ›Kognition‹ (die einer Verhaltens-Motorik zugrunde liegt), weil sie mitweltlich formatiert ist resp. weil Personen in Welten, Organismen aber in Umwelten leben. Oder um es mit dem vieldeutigen Begriff der Bedeutung zu sagen: Die psychologische Perspektive – wer warum welche Bedeutungen *zuschreibt* – wäre weiterhin nur Randbedingung einer Handelns-Motorik, aber die semantische Perspektive – welche Bedeutung welche Kognition *hat* – wäre innerer Bestandteil einer Handelns-Motorik.[44] Dieser andere Begriff von Kognition schlägt sich dann auch in einem anderen Verständnis von »Aktionsmodalität« nieder (oder umgekehrt). Dass das *Verhalten* funktionsanalytisch verschiedene Modalitäten zulässt, heißt, dass die Bewegungstechnik mehr oder weniger zweckmäßig (und insofern optimierbar) sein kann. Dass das *Handeln* dem Modus nicht entfliehen kann (König), heißt, dass schlenderndes Gehen eine andere Art und Weise des Gehens ist als schlurfendes Gehen. Aber diesen *Bedeutungs*unterschied kann man nicht ›wahrnehmen‹ im Sinne von Hossner und Künzell, sondern man nimmt ihn nur wahr, wenn man Wahrnehmen als ›Sehen des Bewegungsablaufs *als* Schlurfen‹

oder ›*als* Schlendern‹ konzipiert, wie dies etwa in der Hermeneutik oder auch in der Phänomenologie geschieht. Zur Ehrenrettung der Phänomenologie muss in diesem Zusammenhang daher auch betont werden, dass bei allem Schillern der dortigen Rede von einer »Erste-Person-Perspektive« (und allen sich daraus auch innerhalb der Phänomenologien ergebenden Unklarheiten) *phänomenales* Bewusstsein alles andere als ein rein privates Bewusstsein ist (vgl. dagegen Hossner & Künzell 2022: 458 ff.), schon deshalb nicht, weil das transzendendalphänomenologische Ich kein empirisches Ich und das phänomenale Bewusstsein nichts Psychisches ist.

3.5 Kritik der Bewegungspädagogik

An der entschiedenen Frontstellung der Bewegungspädagogik gegen alle Spielarten einer Verhaltens-Pädagogik muss man nichts zurücknehmen: »Die Rahmung impliziter Kontroll- und Lernprozesse durch Einheiten des Handelns ist nicht hintergehbar.« (Scherer & Bietz 2013: 72)

Allerdings ist das dortige Verständnis von Handeln durch eine intentionale Handlungstheorie unterlegt. Das ist innerhalb der gemeinsamen Frontstellung gegen Verhaltens-Pädagogiken ein Unterschied ums Ganze, denn eine intentionale Handlungstheorie psychologisiert und subjektiviert den Bedeutungsbegriff. Die Bewegungspädagogik kann deshalb den entscheidenden Unterschied zwar thematisieren, aber nicht festhalten, dass die Gerichtetheit des Handelns – die Intentionalität des Handelns im *phänomenologischen* Sinne – ein Strukturmerkmal des Handelns ist und deshalb kein Intentionen habendes Täter-Subjekt benötigt, das durch Intentionalität im *psychologischen* Sinne solche Gerichtetheit allererst bewerkstelligt. Qua Gerichtetheit im phänomenologischen Sinne *haben* die Gegenstände des Handelns eine (semantische) Bedeutung – qua Intentionalität im psychologischen Sinne *bekommen* sie eine (psychologische) Bedeutung. Das obige Postulat, dass die Rahmung durch Einheiten des Handelns unhintergehbar sei, war wie folgt vorbereitet: »Es bleibt aber zu unterstreichen, dass all diese Teilsysteme und -prozesse [der Steuerung, Regulation und Kontrolle] untrennbar an intentionale Handlungseinheiten gebunden sind: Ohne die Absicht, das Brett zum Schaukeln zu bringen und ohne die Konkretisierung in einem Bewegungsentwurf […] könnten die situationsspezifischen kybernetischen Gleichgewichtsregulationsprozesse nicht in Gang kommen usw.« (ebd.).

Diese subjektivistische Schlagseite der Bewegungspädagogik – Handelnde müssen Absichten haben, damit das Handeln gerichtet ist – ist den dort gewählten Bezugsautoren geschuldet. In einer durch Ernst Cassirer geprägten Kulturanthropologe (ebd.: Kap. I.1) ist es nicht so, dass das Handeln in einer Welt Weltaneignung *ist*, sondern eine solche Weltaneignung ist dem Handeln *auf*gegeben. Das Verständnis von Handeln ausgerechnet an Arnold Gehlen zu binden (ebd. 71), fasst den Menschen gerade nicht als eo ipso und von Haus aus handelndes Wesen (wie programmatisch gewollt), sondern nimmt das Handeln bekanntlich als Kompensation eines Mangels, eben als eine »Bestimmung des Menschen *zur* Handlung« (Gehlen, zit. n. ebd.; Hervorhebung VS). Sosehr also zu betonen ist, dass aus einer handelnspädagogischen Sicht Bewegen und Bewegungslernen ein »anthropologisches Apriori« hat (s. o.), so sehr ist zu betonen, dass die konkrete Version einer Handelns-Pädagogik von der gewählten Anthropologie abhängt, in der dieses Apriori bestimmt wird.[45] Deshalb wurde oben (Kap. 2) sehr betont auf Plessner und auf Leont'ev Bezug genommen, um mit der Figur der Exzentrizität jene subjektivistische Schlagseite mitweltlich zu unterlaufen und um mit dem Konzept der Tätigkeit eine Alternative zu intentionalen Handlungstheorien ins Spiel zu bringen (vgl. ergänzend und ausführlicher Schürmann & Temme 2015).

Es sei nachdrücklich betont, dass dieser Aufweis eines grundsätzlichen Unterschieds nicht die gemeinsame Frontstellung gegen Verhaltens-Pädagogiken relativiert. Dies schon deshalb nicht, weil die Bewegungspädagogik die diagnostizierte subjektivistische Schlagseite vermutlich bestreiten würde. Programmatisch verfolgt auch sie den Grundsatz des unhintergehbaren und nicht bloß aufgegebenen Handelns in der Welt. Erst dort, wo sie völlig zu Recht die prinzipiell zu unterstellende Selbsttätigkeit, also die eigene Aktivität von Handelnden, betont, gerät ihr – so die hier gegebene Diagnose – das Programm der mit dem Handeln prinzipiell gegebenen Freiheit der Weltgestaltung zur Willkür-Freiheit der Schaffung von (Bedeutungs-)Welten (s. o., Kap. 2.7). Scherer und Bietz würden aber sicherlich eine andere Cassirer-Lesart geltend machen, als es hier geschieht. So oder so: Der aufgezeigte Unterschied hat seine Wichtigkeit als *systematischer* Unterschied verschiedener Anthropologien und Theorien des personalen Handelns. Ob dieser Unterschied philologisch zu Recht an der Bewegungspädagogik festgemacht ist, ist demgegenüber sekundär und bleibt möglicherweise ein klein wenig spitzfindig (was ich selbstverständlich bestreiten würde, denn mir scheint der Unterschied zwischen Cassirer und Plessner und der zwischen Gehlen und Leont'ev offenkundig; s. u., Kap. 5.3).

Um es im Kontrast zu sagen: Der konzeptionelle Unterschied zur Bewegungspädagogik ist sehr fein, aber von systematischem Gewicht. Der Unterschied zum Subjektivismus von Tim Bindel (2015), der unter Berufung auf Jochen Hörisch (2009; s. o., Kap. 1.5) den Unterschied zwischen Bedeutung-Haben und Bedeutung-Zuschreiben programmatisch zum Verschwinden bringt, ist schreiend. Dort sind die Konsequenzen subjektivistischer Schlagseiten (die auch dann angelegt sind, wenn sie programmatisch eingehegt sein wollen) offen ausgeplaudert. Das beginnt mit der erstaunlichen Kunst des Schlechtlesenkönnens. Clifford Geertz (1983: 9) spricht von einem »selbstgesponnenen Bedeutungsgewebe« im Rahmen eines »semiotischen Kulturbegriffs«, in das menschliches Handeln »verstrickt« ist – sehr deutlich also: Das Bedeutungsgewebe macht Kultur aus, ist also selbstgesponnen und nicht einfach von Natur aus da; aber das, was ›Wir Menschen‹ da geschichtlich gesponnen haben, findet dein und mein Handeln je schon vor, denn es ist darin verstrickt, und es ist nicht so, dass es sich mit selbstgesponnenem Faden erst in dieses Gewebe einfädelt. Bindel (2015: 79) dagegen belegt die Rede von der »subjektive[n] Deutung von Sport« mit dieser Geertz'schen Formulierung eines selbstgesponnenen Bedeutungsgewebes. Das ist dort programmatisch, denn bemüht wird das »Menschenbild« des »*Homo socius*, der die Bedeutungen schafft« (ebd. 62). Dieser Subjektivismus ›gelingt‹ nur, weil die gegenläufigen Einsichten nur versichert, aber nicht verstanden werden. Z. B. auf engstem Raum: Die Lebenswelt sei »eine Welt, in die man hineingeboren wird« und zugleich eine Welt, »deren Themen, Traditionen und Menschen man gegenübersteht« (ebd. 75). Die Bezugnahme auf eine Welt, in die man hineingeboren wird, ist jedoch derjenige theoretische Schachzug, der einen unterstellten Subjekt-Objekt-

Dualismus, in dem einem etwas »gegenübersteht«, unterlaufen will. Kurz und gut: Dieser Subjektivismus zeigt sich dann (leider) auch dort, wo Bindel sehr berechtigt auf einen wichtigen Unterschied aufmerksam macht, nämlich auf den Unterschied zwischen »Deuten« und »Interpretieren« (ebd. 70–73), nahe verwandt mit dem, aber entschieden anders konzeptualisiert als der Unterschied zwischen präsentischem und repräsentischem Sinn. Unterschieden wird dort zwischen Sinngebilden, denen man einen Urheber unterlegt und die deshalb interpretiert werden, insofern man nach dem sucht, was in und mit diesen Sinngebilden gemeint ist, auf der einen Seite; das Leben, die Liebe, der Himmel, der Sonnenuntergang, ein Gewitter – dies wiederum seien Sinngebilde, bei denen man keinen Urheber unterstellt und die deshalb frei gedeutet, aber nicht interpretiert werden können, »weil ein Gewitter nicht irgendwie *gemeint* ist« (ebd. 71). Musikstücke etwa könne man sowohl interpretieren als auch deuten; den informellen Sport könne man (nur) deuten, den formellen interpretieren. Was diese Unterscheidung wichtig mache, sei der Umstand, dass Interpretationen wahr oder falsch sein können, Deutungen aber nicht. Bei Interpretationen habe man gleichsam den Inhalt, den ein Urheber hineingelegt habe, als Maßstab, so dass man ggf. von *Fehl*interpretationen sprechen kann. Bei Deutungen entfalle ein solcher Inhalt, und deshalb sei eine Deutung ein freier, rein subjektiver Entwurf von Sinn. Daher könne es keine Fehl*deutungen* geben. Dieser offensive Verzicht auf Beleg- und Rechenschaftspflichtigkeit (vgl. ebd.) ist pädagogisch bemerkenswert, um es milde auszudrücken. Es ist die Scheinlegitimation, Entwicklungsprozesse nur noch ›moderierend begleiten‹ zu wollen, wie man dann so sagt, sich aber nicht mehr einmischen und auseinandersetzen zu wollen. »Wenn ich ein Gewitter als Vorboten für den baldigen Tod eines Familienmitglieds deute, kann mir niemand widersprechen« (ebd.); »niemand ist legitimiert, dem frei spielenden Kind zu sagen, dass es etwas Falsches tut und niemand kann dem informellen Sportler vorhalten, dass seine Deutungen der Sportart falsch sind« (ebd. 73). Wenn dann das Kind frei spielend das Lieblingshemd von Herrn Bindel zerschneidet, dürfte aus einer freien Deutung sehr schnell eine falsche Interpretation werden und mit der Pseudo-Liberalität und Pseudo-Toleranz des bloßen Moderierens dürfte es sehr schnell vorbei sein.

Die Bewegungspädagogik ist sehr weit von solch programmatischem Subjektivismus entfernt, weil es (auch) ihr darum geht, *Erfahrungen* auf eine Theorie zu bringen. Aber durch ihre subjektivistische Schlagseite ist sie nicht hinreichend gegen die Bequemlichkeit einer Streitunlust im Hinblick auf gemachte Erfahrungen geschützt. Der unhintergehbare Umstand, dass ich eine bestimmte Erfahrung genau so gemacht habe, wie ich sie eben gemacht habe, verleitet eine subjektivistische Schlagseite allzu leicht zu dem Verlust der Einsicht, dass ich diese Erfahrung nur in einem miteinander geteilten Raum von Erfahrungen machen konnte – es also streitbar bleibt, warum ich dieser X-bedeutenden Man-Erfahrung gerade diesen, meinen persönlichen Sinn gebe (zu dieser hier in Anspruch genommenen Unterscheidung von gesellschaftlicher Bedeutung und persönlichem Sinn vgl. Leont'ev 1975: Kap. 4.3 u. 4.4).

3.6 Fungierendes Wissen

Was beim Lernen und Lehren von Bewegungen besonders prominent ins Auge springt – im Unterschied etwa zum Lernen eines Handwerks oder zum Lernen künstlerischen Schaffens –, ist der Umstand, dass das Lernen von Bewegungen oft ein Nebenbei-Lernen ist. Es erfolgt dann implizit und nicht explizit. Auch die Lerneffekte bleiben dann oft implizit: Man hat es nebenbei gelernt und kann es nun – aber man kann keine Auskunft geben, wie man es getan hat. Sportler und Sportlerinnen können im Vollzug ihrer Bewegung diese Bewegung korrigieren, also deren Modus ändern, ohne dass dies explizit erfolgen würde und ohne dass sie im Nachhinein explizit angeben könnten, wie sie das gemacht haben. Scherer & Bietz (2013: 158–162) stellen diese Charakteristik impliziten Lernens von Bewegungen in Analogie zum Lernen von Grammatik. Wir haben im Sprechen unserer Muttersprachen gelernt, uns an die Grammatik zu halten, auch ohne dass wir deren Regeln kennen und nicht so, dass wir gewusste Regeln anwenden, um grammatisch korrekt zu sprechen. Selbst »eingefleischte Deutschlehrer« tun das nicht, auch wenn sie (hoffentlich) »besser explizieren und erklären [können], welche Grammatikregeln (implizit) hinter dem Sprachgebrauch stehen und ihn steuern« (ebd. 159). Hossner & Künzell (2022:

252–261) heben auch aus sportmotorischer Sicht den Unterschied zwischen explizitem und implizitem Wissen hervor. Auch dort ist der Vergleich mit grammatischem Können, das kein Wissen-dass ist, gleichsam theoriestiftend. So, wie wir einen grammatischen Fehler bemerken, ohne zwingend »die genaue Regel verbalisieren [zu können], die die Grammatikverletzung begründet« (ebd. 253), so korrigieren Sportler und Sportlerinnen ihre Bewegungen, ohne dabei eine Regel anzuwenden und in der Regel ohne dieses Tun auf eine verbalisierte Regel bringen zu können. Oder auch: Bewegen ist ein Können, und ein Können ist ein fungierendes resp. empraktisches resp. prozedurales Wissen, das nicht zwangsläufig durch explizite Lernprozesse erworben wurde und das nicht zwangsläufig als explizites Wissen verbalisierbar ist. Das Kriterium für den Unterschied zwischen impliziten und expliziten Prozessen ist also die Verbalisierbarkeit im Vollzug oder im direkten Anschluss des Prozesses, wobei dies nicht zwingend eine wortsprachliche Verbalisierung sein muss. Verschiedene Kombinationen sind möglich: Explizite Lernprozesse können zu implizitem Wissen führen – das Beispiel des Bindens von Schnürsenkeln (ebd. 254) oder das Beispiel der Fahrschule (Gang einlegen, Kupplung kommen lassen etc.); die Implizitheit dieses Wissens ist eine Unverbalisierbarkeit gleichsam im Augenblick, keine prinzipielle, denn im Prinzip könnte man es auch wieder verbalisieren. Implizite Lernprozesse können zu implizitem Wissen führen – das Beispiel des Fahrradfahrens; die Implizitheit des Wissens ist hier eher prinzipieller Natur, mindestens in dem Sinne, dass das Fahrradfahren keine Anwendung von Wissen auf bzw. in ein Tun ist. Gleichwohl ist auch hier, wie in allen anderen Fällen auch, nicht auszuschließen, dass implizites Wissen durchaus auch explizit gemacht werden könnte. Aber es ändert dann gleichsam seinen Aggregatzustand und ist in diesem Sinne nicht strikt dasselbe Wissen – gefrorenes, flüssiges, dunstiges Wasser mag identisch H_2O sein, aber als Wasser ist es je anderes.

Dieser Umstand des großen Stellenwerts des Impliziten – in der Sicht der Sportmotorik ist »Bewegungslernen in fundamentaler Weise ein impliziter Prozess« (Hossner & Künzell 2022: 258) – kann leicht suggerieren, dass das Lernen von Bewegungen ein naturaler, kein sinnhafter Prozess sei. Die Suggestion ist: Da implizite Prozesse nicht verbalisiert sind, laufen diese Prozesse außerhalb des

Raums von Sinn und Bedeutung ab. Der exzentrisch-reflexive Blick auf die Bewegung im Vollzug der Bewegung ist in dieser Suggestion bei impliziten Prozessen nicht gegeben. Das basale Laufen-Können, das basale, gleichsam ursprüngliche Fahrradfahren-Können, der Herzschlag, die Atem›technik‹, das Gleichgewichthalten-Können und Ähnliches sind daher in dieser Suggestion dem Modus entflohen, so dass implizite Prozesse nicht kultural formatiert wären, sondern (nachträglich) kulturalisiert werden – die alte Vorstellung der kulturellen Überformung eines naturalen Trägers. Selbst noch bei Michael Tomasello (2002: 80–82), der mit am entschiedensten die menschliche Kultur als dessen ›Natur‹ begreift, gibt es diese Vorstellung, dass der menschliche Säugling bis zur sog. Neunmonatsrevolution gleichsam außerhalb einer Bedeutungswelt lebt, in die er dann erst mit dieser Revolution erwacht. In den ersten neun Monaten haben die Betreuungspersonen also in dieser Sicht den Status von Reizmaschinen für den Säugling, aber führen ihn nicht in eine Bedeutungswelt ein (s. o., Kap. 2.7).

Diese Vorstellung hält sich mit einer gewissen Hartnäckigkeit. Plessners Konzept der Exzentrizität, dass personales Handeln ein Sich-beim-Handeln-in-den-Blick-Nehmen, ein Sich-mit-anderen-Augen-Sehen *ist*, scheint verstörend. Selbst dort, wo man diese Figur plausibel findet, scheint sie ein Beleg dafür zu sein, dass das Tun von Säuglingen eben deshalb noch kein personales Handeln sei. Letztlich wurzelt hier die Vorstellung, dass der Mensch auch nur ein anderes Tier sei, denn er sei ja lediglich das sich kulturalisierende Tier. Dort liegt der Herder-Operator noch immer als unverdauter Klotz im Magen: »Im Traume, im Gedankentraume denkt der Mensch nicht so ordentlich und deutlich, als wachend, deswegen aber denkt er noch immer als ein Mensch – als Mensch in einem Mittelzustande, nie als ein völliges Tier. [...] Nicht jede Handlung der Seele ist unmittelbar eine Folge der Besinnung; jede aber eine Folge der Besonnenheit: Keine, so wie sie beim Menschen geschiehet, könnte sich äußern, wann der Mensch nicht Mensch wäre, und nach solchem Naturgesetz dächte.« (Herder 1772: 773 f.; s. o., Kap. 2.7)

Diese Hartnäckigkeit treibt dann gelegentlich auch Stilblüten, nämlich dort, wo *Reflexion* identisch mit *Nach-Denken* ist. Dort löst es dann auch mitunter *deshalb* – »quatschen *oder* turnen« –

Polemiken aus, die am Stand der Diskussion zum Verhältnis von Können und Wissen völlig vorbeigehen und offenkundig von keiner Kenntnis dieser Debatten getrübt sind (etwa Krüger & Hummel 2019; dagegen exemplarisch Bockrath 2008). Aber auch noch die (am ganz anderen Pol angesiedelte) phänomenologische Rede des Präreflexiven unterstellt begrifflich und deshalb auch gedanklich eine Phase menschlichen Tuns, die noch vor und also außerhalb des Reflexiven verläuft. Auch dort kulturalisiert sich eine Natur des Menschen, freilich immer begleitet von den Versicherungen, dass menschliches Tun »immer schon« in Kultur stattfinde.

Bietz (2015: 204) verweist mit Bezug auf Arbeiten von Elk Franke auf den entscheidenden konzeptionellen Unterschied, der jene Suggestivkraft außer Kraft setzt, implizite Prozesse seien asinnhafte, naturale Prozesse. Selbstverständlich ist es immer möglich und oft sicher auch sehr sinnvoll, *über* das Tun zu reflektieren. Um aber der Spezifik des Lernens von Bewegungen und nicht zuletzt dem Bildungspotential von (sportlichen) Bewegungen gerecht zu werden, müsse es um eine »Reflexion im Vollzug« gehen, also um eine Reflexion, die eine personale Bewegung exzentrisch begleitet, ohne als ein eigenständiger Ort außerhalb der Bewegung ortbar zu sein. Zu unterscheiden ist also eine repräsentische Reflexion-auf-X von einer präsentischen, einer im Vollzug fungierenden Reflexion-von-X. Eine fungierende Reflexion resp. ein reflexiver Vollzug ist keine Reflexion-auf-den-Vollzug, sondern eine Reflexion-des-Vollzugs.[46]

In einer Herder'schen Tradition kann man mit Verweis auf die vielen entsprechenden Kursangebote in Stadtmagazinen und mit Verweis auf Marcel Mauss (1935) durchaus darauf wetten, dass auch personaler Atem und Herzschlag »Techniken des Körpers« sind – und nicht erst solche werden.

4. Präsentisches Verstehen

Es geht in diesem Kapitel darum, mit Hilfe der Lebenslogik von Georg Misch (und Josef König) und der Philosophischen Anthropologie von Helmuth Plessner das Präsentische, das bei Hans Ulrich Gumbrecht diesseits der Hermeneutik platziert wird, innerhalb der Hermeneutik zu verorten.

4.1 Vorabversicherungen

Gumbrecht steht selbstverständlich prototypisch für eine Position. Gumbrecht hat sie in Konfrontation zur Hermeneutik formuliert, weshalb sich seine Texte hier anbieten. Aber innerhalb und außerhalb der Hermeneutik gibt es zahlreiche Unternehmungen, unter Titeln wie Präsenz, Latenz, das Unmittelbare, das Unsagbare, das Präreflexive einem stellvertretenden Repräsentischen etwas ausschließend entgegenzusetzen. Insbesondere die Lebensphilosophie von Henri Bergson über Ludwig Klages bis hin zur Neuen Phänomenologie von Hermann Schmitz könnte hier ebenfalls Pate stehen (Misch 1924: 135 f.; Schürmann 2011).

Zunächst sei versichert, dass die Problemstellung von Gumbrecht und einer hermeneutischen Lebenslogik dieselbe ist – sonst würde sich die Auseinandersetzung nicht lohnen. Gumbrecht (2009) hat sie auf die Frage gebracht, ›wie (wenn überhaupt) wir das entschlüsseln können, was in Texten latent bleibt‹. Er darf selbstverständlich nicht fragen, wie (wenn überhaupt) wir das Latente verstehen können – das macht die Differenz aus –, aber auch bei Misch geht es um ein Verstehen, das das Latente nicht bloß als ein noch nicht genügend Repräsentisches traktiert.

Die Differenz ist eine der theoretischen Mittel. Es sei versichert, dass es nicht darum geht, bloß die Namen zu wechseln nach dem Motto, nicht so pingelig zu sein und eben das Entschlüsseln von Latenz kurzerhand Verstehen von Latenz zu *nennen*. Es geht darum, dass Gumbrecht Semantik und Prosodie ausschließend entgegensetzt (aber selbstverständlich weiß und betont, dass beides nötig sei und zusammenkomme, gelegentlich auch konvergiere; ebd. 11); es geht darum, dass er unter Ausdruck ausschließlich ein Ausdrücklichmachen eines schon Vorhandenen versteht (ebd. 5); es geht darum, dass er Hermeneutik als ein ausschließlich aktivistisches Unterfangen ansieht, dem man eine passive Haltung und Martin Heideggers ›Gelassenheit‹ entgegenstellen müsse (ebd. 13). Die theoretischen Mittel von Misch bestehen darin, die Ausschließlichkeit der genannten Unterscheidungen zu unterlaufen – also zu zeigen, dass die Prosodie zur Bedeutung beiträgt; dass an einem Ausdruck, insbesondere an einem Text, auch das Latente des Ausgedrückten ausdrücklich wird; dass das Verstehen keineswegs eine rein aktivische Anstrengung ist, weil es eine ausgedrückte Erfahrung versteht und insofern immer auch ein Vernehmen ist. Ein Hin und Her von zwei nötigen Dingen ist logisch etwas anderes als ein notwendiges Wechselwirken zwischen Momenten eines Sachverhalts. Aber Wechselwirken zwischen Momenten ist logisch nur zwischen qualitativ Unterschiedenen möglich – es ist kein Wirken eines homogenen Einen, in dem es graduelle Verteilungen gibt. Oder mit Gumbrecht: Latenz kann nicht durch Zeugenschaft entschlüsselt werden.

Mit *Latenz* will Gumbrecht auf Texte hinaus, die »mehr zu ›wissen‹ scheinen als diejenigen, die sie lesen, rezitieren, zitieren, und in manchen Fällen sogar mehr als diejenigen, die sie schreiben« (ebd. 7). Bei Misch ist der Einstieg in die Suche nach Latenz gewissermaßen alltäglicher. Er macht die Selbstverständlichkeit stark, dass ein Text nicht alles wortwörtlich in den Zeilen sagt, sondern dass auch zwischen den Zeilen stehen kann, was er bedeutet. Ein Gedicht verstehen wir nicht als Gedicht, Ironie verstehen wir nicht als Ironie, wenn wir sie nur wortwörtlich verstehen. Aber deshalb braucht und darf man keinen Tiefsinn *hinter* den Zeilen vermuten, denn ein Gedicht hat ausschließlich seine Worte, um seine, nicht wortwörtlich zu nehmende Bedeutung zu sagen. Wo sonst, wenn nicht im Text, sollte dessen Sinn stehen? Um dem Ansatz von Misch gerecht zu werden – gegen die Verflachung des Unterschieds zwischen wortwörtlichem und zwischenzeiligem Sinn einerseits, gegen die Zumutung von Tiefsinn andererseits –, ist daher alles entscheidend, mit ihm den Unterschied zwischen ›aussagen‹ und

›aussprechen‹ mitzumachen. Ein Text sagt nicht zwangsläufig alles (wortwörtlich) aus, aber er kann nicht anders, als das von ihm Gemeinte auszusprechen. »Nicht alle Aussagen sind von der Art, daß man aus ihnen das Gemeinte voll entnehmen kann.« (Misch 1994: 115) Gleichwohl muss solch unausgesagter Sinn »doch irgendwie aussprechbar sein und durch Ausspruch vernehmbar zu machen sein«, denn sonst könnten wir ja schlicht »nicht davon reden« (ebd. 107). Das wiederum verflacht den qualitativen Unterschied nicht zu einem bloß graduellen. Das in den Zeilen stehende und aussagbare Sinnmoment des Sinngebildes ist (in Ist-Aussagen) feststellbar – das zwischen den Zeilen stehende mitgesagte Sinnmoment des Sinngebildes ist (nur) evozierbar.

Eine letzte Versicherung: Es ist kein bloß akademischer Streit um zwei verschiedene Hermeneutik-Konzepte. Es ist ein Unterschied, der normative Unterschiede macht. Phänomene des Präsentischen und der Latenz diesseits der Hermeneutik zu verorten, ist Ausdruck der These, dass die Sprache resp. das Verstehen nicht an das Gemeinte heranreicht, also eine, wie Misch das charakterisiert, typisch »mystische« Diagnose.[47] Das ist praktisch normativ. Wenn Sprache nicht ans Präsentische und Latente heranreicht und wir trotzdem darüber reden, dann scheidet dies die Eingeweihten von den Banausen bzw. Barbaren. Der mystische Zug solcher Anti-Hermeneutik-Konzeptionen ist, mit Hegel, ein Appell ans inwendige Orakel: »Indem jener sich auf das Gefühl, sein inwendiges Orakel, beruft, ist er gegen den, der nicht übereinstimmt, fertig; er muß erklären, daß er dem weiter nichts zu sagen habe, der nicht dasselbe in sich finde und fühle; – mit andern Worten, er tritt die Wurzel der Humanität mit Füssen. Denn die Natur dieser ist auf die Uebereinkunft mit andern zu dringen, und ihre Existenz nur in der zu Stande gebrachten Gemeinsamkeit der Bewußtseyn.« (Hegel PhG: 47 f. [= HW 3: 64 f.])

Weil Gumbrecht diese Konsequenz *nicht* will, deshalb stellt er in Aussicht, dass auch der erreichbare Sinn, »ohne daß das, was latent geblieben sein mag, jemals zu dessen Entbergung kommt«, zur »Erlösung« kommt, nämlich im Urteil (Gumbrecht 2009: 15 f.). Doch das Urteil kommt zu spät. Wer keine Erlösung will, muss früher ansetzen: beim Ausdruck.

4.2 Der Einsatz beim Ausdruck

Misch (1994) legt ein Konzept vor, in dem Verstehen und Ausdruck »korrelativ zueinander« sind (ebd. 75). Was mit einem Ausdruck gegeben ist, kann und muss verstanden werden, und das, was verstanden wird, ist ein Ausdruck. Oder um es, der Sache angemessener, »dynamisch-verbal« (ebd. 87) zu sagen: »Das Verstehen entspricht dem Sichausdrücken wie Reaktion der Aktion – Verstehen von Bedeutung« (ebd. 83). Das verbale statt nominale Sprechen ist hier angemessener, weil es dieser hermeneutischen Lebenslogik um die Analyse des Lebens, genauer: des Lebens als Geistigem (ebd. 79) geht. Daher sind Ausdrücke und ihre Bedeutungen nichts »in sich Stehendes, auf sich selbst Beruhendes« (ebd. 87), sondern »Objektivationen des Lebens« (ebd. 72). Den Einsatz beim Ausdruck zu nehmen ist damit nicht der Gestus, bei einem archimedischen Punkt zu beginnen: »Wir glauben ja überhaupt nicht mehr daran, daß es ein festes Fundament für die Begründung der Philosophie oder der Theorie des Wissens gibt oder geben kann« (ebd. 139). Der Einsatz beim Ausdruck ist vielmehr der methodologische Vorschlag, das Leben des Geistes indirekt an seinen Objektivationen, also mittels des objektivierten Geistes und nicht in seinem Fluss, zu studieren, verbunden mit der Aufforderung, Ausdrücke als eben Objektivationen eines ihnen zugrunde liegenden Lebens und nicht als erste Ausgangspunkte zu nehmen. Hierin kommt der lebensphilosophische Grundzug eines Rückgangs ›zum Leben‹ zum Ausdruck (vgl. auch Park 2022).

Zudem grenzt sich der Einsatz beim Ausdruck gegen einen Einsatz bei der »Innenschau in das seelische Binnenleben« (Misch 1994: 78) ab. Nimmt man Ausdrücke als Objektivationen, dann ist klar, dass Bedeutungen weder in der Sphäre der Psyche noch in der des phänomenalen Bewusstseins leben (s. o., Kap. 1.5). Misch bringt das auf die Formel, dass wir »uns in einer Ausdruckswelt und nicht in einer Erlebniswelt« bewegen (ebd.). Dabei unterscheidet Misch nicht ausdrücklich zwischen Psyche und Bewusstsein; aber nach der auch von ihm ohne Vorbehalt akzeptierten Psychologismus-Kritik Edmund Husserls (s. u.) ist naheliegend, dass hier mit »Erlebniswelt« trotz der Rede von einem »seelischen« Binnenleben phänomenales Bewusstseinserleben gemeint ist und damit eine Abgrenzung gegen die Husserl'sche Phänomenologie mit ihrem Verweis auf die Erste-Person-Perspektive.

Der phänomenologische Verweis auf eine Erste-Person-Perspektive ist nicht zwingend ein Verweis auf einen Subjektivismus. Im Gegenteil. Spätestens mit der »korporalen Phänomenologie seit Maurice Merleau-Ponty« darf es »als Common Sense« gelten, dass dieser Verweis nicht solipsistisch als Ausgang von einem einzelnen Subjekt gemeint ist und auch nicht kognitivistisch und auch nicht autonomistisch als Ausgang von einem autarken Verstehens-Unternehmer (Bedorf 2023: 935 f., hier: Anm. 5). In der Phänomenologie ist deshalb, typischerweise etwa mit Bernhard Waldenfels oder mit László Tengelyi, begrifflich längst von »Erleben« auf »Erfahren« umgestellt. Dies konnte Misch selbstverständlich noch nicht im Blick haben, aber auch heute gleicht es, vor allem außerhalb der Phänomenologie, einem Windmühlenkampf, den Verweis auf eine Erste-Person-Perspektive von einem Subjektivismus abzugrenzen (vgl. ebd.). Der rationale Kern dieser Hartnäckigkeit, der zugleich Mischs Verweis auf eine »Erlebniswelt« rechtfertigt, liegt denn auch nicht in dem Vorwurf des Solipsismus, sondern in der Diagnose bzw. dem Verdacht, nicht hinreichend zwischen Geist und phänomenalem Bewusstsein zu unterscheiden. Mischs Abgrenzung gilt einer Erlebens-Phänomenologie, die dadurch charakterisiert wäre, dass sie die Bedeutungen, die mit der von Waldenfels herausgestellten signifikativen Differenz entspringen, *nicht* in einer eigenen Sphäre des Geistes verortet, sondern in der Sphäre des phänomenalen Bewusstseins belässt. Bedeutungen im Sinne einer Erlebens-Phänomenologie wären insofern im Erleben von Bedeutsamkeit fundiert; Bedeutungen »transzendieren« (Scheler 1927/28: 190) dort zwar das psychische Geschehen hin zum phänomenal-bewussten Erleben, aber sie transzendieren nicht das phänomenale Bewusstsein. Dass wir in einer Ausdruckswelt, nicht in einer Erlebniswelt, leben, heißt dagegen, dass das Verstehen öffentlich, nicht privatistisch ist (Schmidt & Volbers 2011).

Das Verhältnis von Hermeneutik und Phänomenologie ist alles andere als klar und eindeutig. Nicht jede Phänomenologie ist Erlebens-Phänomenologie. Tengelyi (2007) etwa setzt den Akzent deutlich anders, weil er den Ausgang von der Erfahrung nimmt, also von einem »Vorgang, der sich nicht in Gänze einer Leistung des Bewußtseins zuschreiben lässt«, weil eine Erfahrung immer auch etwas mit uns bzw. mit dem Bewusstsein macht (ebd. xi; vgl. Luckner 2010: hier 74). Das passive Moment steht dafür, dass die Sache in einer Erfahrung sozusagen ›ein Wort mitzureden hat‹. Erfahrbar wird die Erfahrung dann im Ausdruck, gerade nicht im Erleben. Das stiftet eine programmatische Quasi-Übereinstimmung mit Misch, aber auch eine gleichwohl bestehende Differenz (s. u.). So oder so: Das Verhältnis von Hermeneutik und Phänomenologie wird in diesem Kapitel begleitend mitlaufen, um das Verhältnis von Geist und phänomenalem Bewusstsein auszuloten.[48]

Zwei Erläuterungen zu dem Vorgehen von Misch: Erstens kommt Misch zu diesem Einsatzort des Ausdrucks *nicht* deshalb, weil er das Verstehen verstehen will. Der Befund der Korrelativität von Ausdruck und Verstehen ist gleichsam ein Kollateralnutzen, der seine Lebenslogik dann als eine hermeneutische Lebenslogik qualifiziert. Sein eigentliches Anliegen ist eine Neubestimmung des Logischen, mit der zentralen These, dass der Ort des Logischen in der traditionellen Logik (bis hin zu Husserls *Logischen Untersuchungen*; vgl. Misch 1994: 61) das Urteil und insofern der Bereich der Wissenschaften sei. Das aber sei eine Verengung des Logischen, von Misch »Logismus« genannt, sichtbar z. B. daran, dass dort nur das Urteil wahrheitsdefinit ist. Das Logische sei aber auch diesseits von Urteilen in Aussagen, Aussprüchen, Fragen und Bitten und auch diesseits der Begriffe in Worten und Namensnennungen am Werk – mit dem Ergebnis, die Welt des Ausdrucks als diejenige Sphäre zu identifizieren, innerhalb derer es gelingen kann, das Logische zu bestimmen (ebd. 51–83). Mit König kann man noch klarer sagen, was Misch dort im Blick hat. Auch eine, pars pro toto, Frage ist ›wahrheitsfähig‹, weil das Fragen »dem Modus nicht entfliehen kann«. Man fragt – und immer fragt man in einer bestimmten Weise: rhetorisch, schulmeisterlich, neugierig, bloßstellend etc. Insofern ist jedes Fragen seiner Situation angemessen oder unangemessen oder kann sie gar nicht treffen. Dass es Misch wiederum gerade um die Bestimmung des Logischen geht – um die »Wahrheit des getreuen Ausdrucks« (Misch 1994: 519–524; Meyer-Drawe 2018b) –, ist seinem grundsätzlichen Anliegen geschuldet, eine Lebensphilosophie *gegen* den damals »breiten Einfluss der irrationalistischen Lebensphilosophie« (Misch 1994: 88; vgl. 74, 80 f., 232) auszuarbeiten.[49] ›Irrationalistisch‹ meint dabei, dass der lebenslogische Grundzug eines Rückgangs ›zum Leben‹ einen »romantischen« und/oder einen »mystischen« Charakter hat (s. o.): die Unterstellung, dass der Ausdruck das Ausgedrückte sei es verfälscht, sei es erst gar nicht erreicht. Mischs Lebenslogik ist insofern eine Logik »im Sinne einer *Explikation von Formen* und *Normen*« (Stekeler-Weithofer 2010b: 270 f.) eines je schon gelebten Lebens; sie ist eine hermeneutische resp. Bedeutungslogik, weil es um Bedeutungsunterschiede qua Formen und Normen geht; sie ist eine ›geistige‹ resp. mitweltliche Bedeutungslogik, weil sie die Fundierung allen expliziten Wissens in einem gemeinsamen Können anerkennt, und sie deshalb insistiert, dass nur das expliziert werden kann, was schon gemeinsam geteilt gelebt resp. empraktisch-miteinander gekonnt wird.

Zweitens geht es um die Bestimmung des geistigen Lebens, also des spezifisch ›menschlichen‹ Lebens. Aber zugleich geht es darum, diese Sphäre des Geistes nicht schon vorab vorurteilsmäßig einzuschränken. Die Sphäre des Ausdrucks umfasst das Ausdrucksverhalten von Menschen und Tieren, und das nutzt Misch als methodologischen Vorteil. »Sie merken, wenn wir vom Ausdruck ausgehen, kommen wir wie von selbst auf die Frage, wie sich das menschliche Vermögen, sich auszudrücken und etwas auszudrücken, von der tierischen Ausdrucksbewegung abgrenzt. [...] Diese radikale Trennung aber war ein Vorurteil, denn auch die Tiere haben Verstand und Einsicht in gewissem Sinne, und die antike Lehre, der Mensch sei das animal rationale, also vom Tier unterschieden durch den Verstand, läßt sich nicht aufrechterhalten [...]; die Abgrenzung muß genauer gemacht werden« (ebd. 77).

In diesem Sinne *sucht* Misch, wo innerhalb der Sphäre der Ausdrucksbewegungen die Grenze verläuft, ab der vom Walten des Logischen und/oder von Objektivationen eines geistigen Lebens gesprochen werden kann. Deshalb macht er zwar von vielen Ausführungen von Plessner lebhaft Gebrauch – die Passagen zum Ausdruck beziehen sich oft wortwörtlich auf Plessner & Buytendijk (1925) (vgl. Misch 1994: 96, Anm. 7; Lessing 2000) –, aber er macht keinen Gebrauch von der kategorialen Differenz Zentrizität/Exzentrizität, weil er diese kategoriale Grenze erst sucht. Sein methodologisches Vorgehen ist daher »aus pädagogischen und systematischen Gründen« (ebd. 89 f.) wie folgt: Die Analyse zur Bestimmung des

Logischen beginnt *nicht* beim Ausdruck generell, sondern beim Spezialfall der Rede (Misch 1994: Kap. II). Das methodologische Argument ist, dass es sich dabei ganz zweifelsfrei um eine geistige Ausdrucksbewegung handelt, denn »die Macht der Rede« sei (in Abgrenzung zu sprachlichen, auch tiersprachlichen Verlautbarungen und Kundgaben) eine »dem Menschengeschlecht eigene[] Gabe« (ebd. 93). »Keineswegs trifft zu, daß der Mensch allein ein denkendes Wesen sei. Aber er ist das einzige Lebewesen, das den *logos*, die Macht der Rede hat« (ebd. 98). Erst von dort aus kann Misch dann auch Nichtrede-Ausdrücke auf das Logische hin analysieren (ebd.: Kap. III).

Dieses Vorgehen entspricht dem Vorgehen, das Karl Marx auf das berühmte Biene-Baumeister-Beispiel gebracht hat: »Dem Zustand, worin der Arbeiter als Verkäufer seiner eignen Arbeitskraft auf dem Waarenmarkt auftritt, ist in urzeitlichen Hintergrund der Zustand entrückt, worin die menschliche Arbeit ihre erste instinktartige Form noch nicht abgestreift hatte. Wir unterstellen die Arbeit in einer Form, worin sie dem Menschen ausschließlich angehört. [...] Was aber von vorn herein den schlechtesten Baumeister vor der besten Biene auszeichnet, ist, daß [...]« (Marx 1872: 192 f. [= MEW 23: 193])

Die hermeneutische Lebenslogik erlaubt daher die folgenden terminologischen Unterscheidungen, hier zur vorläufigen Orientierung und zur Anknüpfung an Kapitel 2 genannt: *Leben als elementares Verhalten (Verhalten = Benehmen)*: Leibliche Ausdrucksbewegungen von Organismen, die in einer Gemeinschaft ›verständlich‹ sind (Misch 1994: 92); was ›verständlich‹ meint, ist hier gerade offen: Mit Plessners Exzentrizität kann es *nicht* sinn-verständlich meinen, sondern lediglich, dass ›Verständliches‹ in einem beobachtbaren Sinne Anschlussverhalten ermöglicht bzw. auslöst; mit Misch dagegen meint ›verständlich‹ sinn-verständlich (auch bezogen auf zentrisch positioniertes elementares Verhalten), weil ansonsten das Wort »Verstehen« in der Luft hinge.

Geistiges/personales Leben: Verhalten und Wissen um dieses Verhalten, also quasi Exzentrizität; dies müsste einerseits als Leben in Gesellschaft, als Differenz von Umwelt und Welt rekonstruierbar sein: »Da tritt an die Stelle des isolierten denkenden Subjekts die Totalität des geistigen Lebens als das sich Ausdrückende« (ebd. 76); andererseits gibt Misch eine logische Struktur alles Geistigen an, nämlich »Einheit in der Mannigfaltigkeit« (ebd. 94). Dementsprechend *geistige/personale Ausdrücke*: Nicht nur Kundgaben, sondern Kundgaben, die etwas meinen und insofern »produktiv-objektivierende Verlautbarung[en]« (ebd. 99) sind; also *produktives* Leben (Marx) in einem sehr basalen Sinn. Dem wiederum entsprechend nimmt *geistige/personale Gegenständlichkeit* die Form der »Vergegenständlichung« (ebd. 83) an, da personale Gegenständlichkeit nicht einfach vorliegt und als fertige nur ausgedrückt werden müsste.

4.3 Das Logische der Rede

Rede meint wortsprachliche Rede – im Unterschied zu nichtwortsprachlichen Ausdrucksbewegungen. Gleichwohl unterscheidet Misch zwischen Rede und Sprache. Rede ist Mischs Übersetzung von *logos*, und er gebraucht dieses Wort im Singular, um auf »die Einzigkeit dieser beim Menschen auftretenden Ausdrucksform« hinzudeuten (Misch 1994: 91). Für Sprachen sei es dagegen wesentlich, im Plural aufzutreten, »weil sie von Grund auf notwendig je besondere Sprachen sind« (ebd.). Am wortsprachlichen Sprechen lassen sich daher zwei verschiedene Dimensionen und unterschiedliche Weisen der Gliederung dieser Dimensionen unterscheiden. Misch will die »innere Gliederung oder Struktur« der Rede, im Unterschied zur Dimension der jeweilig besonderen Sprache, bestimmen, um an dieser Struktur der Rede (und nur an dieser) »die logischen Phänomene« herauszustellen (ebd.).

Selbstverständlich sind auch die je besonderen Sprachen gegliedert. Z. B. »[ist] das Sprechen als solches artikuliert« (ebd. 91), und als solches gibt es das Sprechen auch schon in tierlichen Gemeinschaften. Es sei »keine bloße Vermenschlichung, vom Sprechen der Tiere zu reden«, da auch Tiere in »ihrem gemeinschaftlichen Lebensverhalten in ihrer Umwelt [...] geordnet entfaltete Sprachbewegungen hervorbringen und dadurch bestimmte Emotionen, Wünsche und Affekte eindeutig kundgeben können, so daß die Artgenossen es verstehen und sich danach richten« (ebd. 92). Dennoch falle das Sprechen nicht mit der Rede zusammen; die Frage sei nämlich, was das Phänomen der geordnet entfalteten Sprachbewegungen »für eine logische Bewandtnis hat, d. h. wie es hier mit dem Verhältnis von Ausdruck und Bedeutung steht« (ebd.). Die Antwort von Misch ist klar: Die Gliederung der Sprachen ist noch keine Gliederung der Rede, obwohl die Rede eine wortsprachliche Ausdrucksbewegung ist. »Die artikulierte, lautliche Kundgabe einer gemeinschaftlich verständlichen Lebensbewegung, wie beim Lallen des Säuglings oder den Tiersprachen, ist noch keine Rede« (ebd. 93).[50]

Die Rede – oder vielleicht muss man es der Deutlichkeit halber paradoxer sagen: der Redecharakter des Sprechens[51] – ist, so Misch, von zweifacher Struktur. Sie gliedert sich »gleichsam horizontal und vertikal« (ebd. 93). In horizontaler Richtung ist sie in Sätze und Worte gegliedert, und in vertikaler Richtung ist sie dreifach gegliedert »in Wortlaut, Bedeutung oder Sinn und [drittens] das von der Bedeutung irgendwie eingeschlossene Gegenständliche« (ebd.). In Bezug auf die horizontale Gliederung der Rede spricht Misch vom »diskursiven Charakter« der Rede. ›Diskursiv gegliedert‹ ist hier eine doppelte Abgrenzung. »Die Rede strömt nicht stetig dahin, absatzlos verrauschend wie das Heulen des Sturmes« (ebd. 93 f.), sondern setzt sich ab in Sätze, die sich wiederum in einzelne Worte gliedern – mit dem Spezialfall des Einwortsatzes. Eine Rede ist daher kein »Kontinuum ohne Einschnitte«. Andererseits ist die Rede eben *ein* Logos. Sie ist nicht zusammengesetzt aus »einzelnen selbständig bestehenden Elementen, die vor dem Ganzen vorherbestünden wie die Zahlen einer Summe. Eine Rede ist hinsichtlich ihres diskursiven Charakters, also hinsichtlich ihrer horizontalen Gliederung, weder Kompositum noch homogenes Kontinuum, »sondern ein in sich gegliedertes Ganzes, in dem die einzelnen Glieder, Sätze und Worte nur verhältnismäßig selbständig sich absetzen. [...] Die Einheit in der Mannigfaltigkeit – diese Grundform alles Geistigen charakterisiert auch die Rede« (ebd. 94).

Die vertikale Dimension der Gliederung der Rede nennt Misch »Bedeutungsgliederung« (ebd. 95). Diese Gliederung handelt, wie gesagt, vom Zusammenhang von Wortlaut, Sinn und im Sinn eingehüllter Gegenständlichkeit. Hier sei der Sinn das Zentrale der Struktur, »sozusagen das Organisationszentrum der Rede« (ebd.). Da nun

›Sinn‹ aber sehr vieldeutig ist, bezeichnet Misch die Weise des Sinns der Rede als Meinung, und es geht dann darum zu bestimmen, was Meinung dabei meint (ebd. 95 ff.). Misch nennt verschiedene Bedeutungen von ›Sinn‹: Gerichtetheit, Zweck, Idee, Meinung. Trotz ihrer Verschiedenheit kämen sie darin überein, ein »Gerichtetsein durch irgend etwas« (Plessner & Buytendijk 1925: 86; zit. bei Misch 1994: 97) zu sein, was berechtigt, tatsächlich bei allen von Sinn zu sprechen. Die »Intentionalität« (Misch 1994: 97) ist gleichsam das Was von Sinn – aber es gibt ganz unterschiedliche Weisen, in denen diese Intentionalität realisiert ist. Der Sinn eines Gesetzes beispielsweise sei eine Gerichtetheit durch den Zweck des Gesetzes; und die Gerichtetheit von Worten ist realisiert, »indem sie etwas meinen« (ebd.). In terminologischer Hinsicht heißt das: Auch nicht-wortsprachliche Ausdrucksbewegungen ›meinen‹ (oder intendieren) das von ihnen Ausgedrückte, aber sie ›meinen‹ es nicht im (Rede-) Modus des Meinens. So auch innerhalb des Redens: Auch wissenschaftliche Reden ›meinen‹ das von ihnen Ausgedrückte, aber sie ›meinen‹ es nicht im bloßen Modus der Meinung, sondern im Modus des Wissens i. e. S. (*episteme*).

Es gibt eine weitere methodologische Eigenart bei Misch. Seine Ausgangsthese der sachlich unzulässigen Verengung des Logischen auf das Urteilen verweist positiv auf den eigenen ›Wahrheits‹gehalt von Worten und Namensnennungen diesseits von Begriffen. Dies führt er durchgehend auch selbst vor, indem er zur ersten Vergewisserung des je Gemeinten auf die Etymologie der Wörter zurückgreift, auf typische, aber oft vergessene Sprachgebräuche, wie sie typischerweise in Grimms Wörterbuch dokumentiert sind etc. Aber er verwechselt diese Wortbedeutungen nie mit den Bedeutungen gleichnamiger Begriffe, weil er um die Produktivität des Übergangs von Wort zu Begriff weiß. Insofern gehört zu diesem Vorgehen, einen gleichsam alltäglichen und immer vielfältigen Wortgebrauch philosophisch sehr ernst zu nehmen, um zugleich darauf zu insistieren, dass eine begriffliche Verwendung desselben Wortes nicht durch Ablauschen einer bestimmten, gar ›eigentlichen‹ Wortverwendung zustande kommt. »Dem Volk auf's Maul schauen«, wie es z. B. Dietrich Kittner programmatisch wollte, ist etwas grundsätzlich anderes, als »dem Volk zu lauschen« (etwa Hubert Aiwanger), was prinzipiell nur einem Teil des Volkes lauscht. Misch ist in dieser

Hinsicht äußerst klar und ggf. scharf in seiner Kritik; prominent etwa in seiner Kritik an Heidegger, dessen Sprachbelauschung er »metaphysisch verfehlt« findet, vorgeführt am griechischen *logos*, dessen Prägung bei und durch Heraklit eine »geschichtliche Tat« sei und nicht lediglich eine graduelle Anreicherung, wie Heidegger unterstellen müsse (ebd. 120–122).

Angesichts dieser doppelten Abgrenzung ist äußerst bezeichnend, wie feinsinnig und scheinbar umständlich Misch den Zusammenhang zwischen *Rede* und *logos* (immerhin in einer Vorlesung) formuliert. Würde er eine *take-home message* loswerden wollen, könnte er schlicht sagen: ›Das griechische *logos* zeigt, dass es eine innere Einheit von Rede und Meinung gibt.‹ Aber so kann und will er nicht formulieren – schon deshalb nicht, weil dann die griechische Sprache ein für alle Mal und für überall die Weisheit gefressen hätte. Er formuliert deshalb, dass es die These bzw. Vermutung einer solchen Einheit von Rede und Meinung schon (von woanders her) gibt und dass der Verweis auf das griechische Wort *logos* einen (ersten) Hinweis gibt auf dem Weg, diesen Zusammenhang auch tatsächlich aufzuweisen: »Der innige, einige Zusammenhang von Meinung und Rede, auf den uns die systematische Erörterung führte, stellt sich sozusagen plastisch dar in einem unmißverständlichen Hinweis, in dem griechischen Wort *logos* selbst« (ebd. 97).

Im Griechischen bedeute *logos* beides zugleich, »in einem Wort, mit einem Schlage«, nämlich »Wort, Rede und es bedeutet zugleich Sinn oder Gedanke oder Vernunft« (ebd. 98). Im Deutschen gebe es kein solches Wort, das beides zugleich meint. Wenn man also *logos* durch Rede übersetzt, dann muss man zwei Worte gebrauchen, nämlich Rede und Meinung, also: *logos* ist meinende Rede oder auch Rede-die-etwas-meint. Deshalb ist das Wort Rede (als Übersetzung von *logos*) doppeldeutig, da es zum einen, gleichsam abkürzend, die ›übergreifende‹ Bedeutung *meinende Rede* hat, aber zugleich, innerhalb der ausführlichen Übersetzung, die Gegenbedeutung zu *meinen* hat. Aber Misch betränt nun diesen Umstand nicht in einem melancholischen Gestus, eigentlich lieber und nur noch Griechisch sprechen zu wollen. Im Gegenteil nimmt er auch das Auseinandertreten der einen Bedeutung von *logos* in zwei verschiedene deutsche Worte als Indiz einer historischen Entwicklung. Die ›Wahrheit‹ eines Wortes einer Sprache nimmt er, im Unterschied zur Wahrheit von Urteilen, als Weisheit: »Die Weisheit der griechischen Sprache hat diese Einheit von Rede und Meinung durch das Wort *logos* ausgeprägt und festgestellt« (ebd. 98). Aber dieses weise Feststellen ist nicht nur eine Feststellung, dass es so sei, sondern auch ein Arretieren, eine Fest-Stellung. Die Weisheit der Sprache sei in diesem Fall auch »verführerisch« gewesen. Jenes innige Zugleich sei eben nicht nur ein Verweis darauf, dass das Reden an ein Meinen gebunden ist, sondern verführe zugleich zu der Auffassung, dass es Sinn und Bedeutung nur redend gibt: »Denken, Trachten, Sinnen gilt als von Grund aus wurzelhaft eins mit der Rede, die auseinanderlegt und sammelt, so daß es kein wortloses, schweigendes Denken gibt, kein Denken diesseits oder jenseits der Sprachen, sondern alles Denken leises Sprechen ist, Selbstbesinnung, d.h. Selbstgespräch ist. Kurz formuliert: es gibt hiernach nur ein diskursives Denken, Denken und diskursives Denken ist ein und dasselbe.« Hier wurzelt der Logismus: »In dieser Gleichung des Denkens und diskursiven Denkens ist die Verengung angelegt, die sich in der Tradition auswirkt bis zu Kant, der, wie wir wissen, den Verstand gradezu als ein Vermögen zu urteilen bestimmte« (ebd. 98). Und umgekehrt: Das deutsche Wort ›meinen‹ ist schon etymologisch »grade dazu angetan, jenen griechischen Vorgriff zu durchbrechen, der in der Angleichung des Denkens an das diskursive, an die Worte gebundene Denken bestand« (ebd. 101). Wenn aber der Mensch keineswegs »allein ein denkendes Wesen« ist, sondern »das einzige Lebewesen, das den *logos*, die Macht der Rede hat« (ebd.), dann heißt das eben auch, dass in der Welt des Geistes Verstand und Vernunft nicht identisch sind – dass die lateinische Übersetzung von *logos* durch *ratio* verführerisch ist; dass das Verdienst des Deutschen Idealismus darin liegt, die Differenz zwischen Verstand und Vernunft (wie überzeugend auch immer) herausgestellt zu haben; dass das angelsächsische Philosophieren von vornherein zu einer Schlagseite verführt wird, da es im Englischen nicht zwei Worte für Verstand und Vernunft gibt, was dann zur ›ausgleichenden‹ Gegenbewegung des Metaphysik- und Hegel-Bashings in schlechter Analytischer Philosophie führt. Aber das wiederum ist kein Privileg englischsprachigen Philosophierens. So oder so: Die innige wörtliche Einheit von *logos* gibt a) nur einen Hinweis auf das zu bestimmende Verhältnis von Reden und Meinen und lockt b) nur verführerisch zu einer Identifizierung des dort innig Geeinten.[52]

Nun ist der Hinweis auf das griechische *logos* zugleich auch ein Hinweis auf den Zusammenhang von Sinn und Verstehen. Fragt man nämlich im Griechischen: *ti legeis* – Was sagst/redest Du?, dann »bedeutet das: was meinst du mit deinen Worten?« (ebd. 98). Nimmt man das als Hinweis für den Zusammenhang von Ausdruck und Verstehen, dann kann man die ins Deutsche gebrachten Fragen als Hinweis für das gemeinte Sinn-Verstehen nehmen. Im Deutschen bittet man: »Ich habe Dich nicht verstanden. Kannst Du es bitte noch einmal sagen.« Das könnte meinen: Ich habe dich akustisch nicht verstanden. Dabei geht es also nicht um Sinn-Verstehen. Es könnte auch meinen: Du hast ein wenig genuschelt; ich konnte die letzten Worte nicht auseinanderhalten und verstehen. Das ist kein akustisches Problem, sondern ein Nichtverstehen aufgrund einer verunglückten horizontalen Gliederung des Redens. Der diskursive Charakter war unverständlich – auch dabei geht es nicht um Sinn-Verstehen. Wenn man dagegen meint: Ich habe nicht verstanden, was deine Worte meinen, dann hat man die Rede akustisch verstanden und man hat auch alle Sätze in ihrer relativen diskursiven Selbständigkeit verstanden, gegebenenfalls sogar die Bedeutungen jedes einzelnen Wortes; aber dann hat man nicht *den* Sinn der Rede verstanden, also nicht verstanden, was die Rede meint – und *diese* Situation ist gemeint, wenn von Sinn-Verstehen die Rede ist. Insofern »[hat] die griechische Sprache im Grunde recht, daß die sogenannte sinnlose Rede entweder überhaupt keine Rede ist, sondern nur ein Sprechen, Verlautenlassen; oder aber wenn sie Rede ist, daß sie dann gar nicht sinnlos, sondern sachlich sinnwidrig oder absurd ist; d. h. also, daß da etwas Absurdes gemeint ist, aber gemeint ist immer etwas, auch eine sachlich ihrem Inhalt nach sinnwidrige Rede steht als Rede im Bereich des Sinnes« (ebd. 100). Hier gibt es eine mögliche Veranlassung, zwischen Sinn und Bedeutung zu unterscheiden, »indem wir den Sinn dem Satz [der Rede als eben *einer* Rede] zuordnen und die Bedeutung dem Worte« (ebd. 102).

Davon noch einmal unterschieden ist die Situation, in der mit der obigen Bitte gemeint ist: Ich habe nicht verstanden, was Du *mit* Deiner Rede sagen willst. Hier hat man den Sinn im Sinne des gerade genannten Sinn-Verstehens durchaus verstanden, aber kann damit ›nicht so recht etwas anfangen‹. Man unterstellt oder sucht nach einem zweiten Sinn, für den der durchaus verstandene primäre Sinn stellvertretend steht. Dies ist ersichtlich ein Sonderfall des Sinn-Verstehens, aber nicht der Fall, um den es einer Hermeneutik zunächst einmal als Ausgangspunkt weiterer und nötiger Differenzierungen geht. Eine scheinbar analoge Situation liegt vor, wenn man eine ironische Rede hört und wenn man dann fragt, was der Redende *mit* dieser Rede sagen will. Dann hat man den Sinn der Rede verstanden, aber man hat diesen Sinn selbst *falsch* verstanden – man hat das Gesagte wortwörtlich (ggf. durchaus korrekt) verstanden, aber die Pointe verpasst. Die Pointe wiederum liegt hier nicht in einem anderen, einem zweiten Sinn, der »damit« stellvertretend gemeint war, sondern die Pointe liegt im primären Sinn selbst, den man aber als eben ironisch gemeinten Sinn verpassen kann. Der primäre Sinn ist hier eine Differenz zum wortwörtlichen Sinn, aber er steht nicht stellvertretend für anderen Sinn, sondern er ist in der Rede präsent – ein Fall von präsentischem Verstehen. Genau dies ist die Situation unserer Intuition, dass man einen Witz *verstehen* muss und dass er seinen Witz verloren hat, wenn man ihn erklären muss. Und genau dies ist die Situation, dass und warum die berühmte Deutschlehrerfrage »Was wollte uns der Dichter damit sagen?« so sehr nervt und in die falsche Richtung weist, denn das, was der Dichter sagen wollte, steht im Gedicht oder im Roman und nicht irgendwo außerhalb, für das das Gedichtete stellvertretend stehen könnte, bei Strafe eines banausischen Kunstverständnisses. Dies sieht man auch im Kontrast: Bei Gebrauchsanweisungen (oder mathematischen Beweisen) kann man sehr wohl an deren (ggf. formalsprachlich) wortwörtlich gemeintem Sinn verzweifeln, aber man kann qua Textsorte keine Pointe verpassen, denn eine Gebrauchsanweisung lebt davon, das von ihr Gemeinte wortwörtlich zu sagen.

Nun ist eine Nuance von *Sinn* bisher noch gar nicht thematisiert, nämlich diejenige, die sich in unseren Reden vom Sinn der Welt oder vom Sinn des Lebens niederschlägt (vgl. ebd. 106). Die bisher thematisierten Reden und deren Sinn waren gerichtet auf Gegenständlichkeiten *in* einer Welt, *in* einer Sphäre, *in* einer Situation, also in einer ›Ganzheit‹. In einer Rede vom Sinn der Welt ist aber unterstellt, dass auch solche ›Ganzheiten‹ eigensinnig sind. Oder anders: Nicht nur Endlich-Bestimmtes hat Sinn, sondern auch Bestimmt-

Unendliches. Der zur Würdigung des Konzeptes von Misch wohl wichtigste Punkt liegt hier. So wichtig auch die Quasi-Gebietserweiterung des Logischen durch Misch über die Aussagen hinaus hin zu Wunschsätzen, Bitten, Fragen, Ausrufen ist, so liegt der nach seinem eigenen Verständnis (vgl. etwa ebd. 115, 119) wichtigere Punkt darin, dass das griechische Wort *logos* auch diesen meta-physischen Sinn mitmeine – *logos* kann, muss und wird auch mit *Vernunft* übersetzt. Dies ist ihm wiederum ein nachdrücklicher Hinweis (vgl. ebd. 106) darauf, dass diese Nuance von Sinn ein Moment des Logischen, und d.h. ja zuletzt: des Wahrheitsfähigen, ist. Dieser ›Einschluss‹ des Sinns des Unendlichen in das Logische sei nun, so Misch, die »geschichtliche Tat« Heraklits gewesen (ebd. 120). Heraklit habe *logos* »zu einem philosophischen Urwort geprägt, d.h. er hat dieses Wort, das zu den geläufigen Worten der griechischen Umgangssprache gehört, zwar aus der Umgangssprache aufgenommen, aber es in einem neuen, gesteigerten, gar nicht alltäglichen, eben metaphysischen Sinn genommen und es zum Ausdruck des metaphysischen Wissens vom absolut Unendlichen gemacht« (ebd. 108).

So harmlos das zunächst klingen mag, so hat es doch wahrlich Sprengkraft bis heute. Der nunmehr durch Heraklit »gesteigerte« Sinn von *logos* ist keineswegs ›nur‹, freilich auch, eine Gebietsausdehnung des Logischen auf Unendliches, sondern auch eine Anreicherung dessen, was *das Logische* meint. Bisher, also nur auf Endliches *in* Ganzheiten bezogen, war das Logische »Gedankenmäßigkeit« (ebd. 109), also die These bzw. der Nachweis, vernehmbar, also verstehbar und letztlich erkennbar zu sein (ebd.). Dies wird nun *auch* ausgedehnt auf Reden von Unendlichkeiten, also vom Sinn der Welt oder des Lebens, die jetzt auch als *verständlich* gelten – gegen jede Form von metaphysischem Agnostizismus. Zugleich ändert sich dort, bei der Gedankenmäßigkeit von Unendlichem, aber das, was dabei Gedankenmäßigkeit heißt, weil Unendliches eo ipso nicht feststellbar ist. Es ist nicht an einem fixen Punkt arretierbar, denn ›es geht ja noch weiter‹, sonst wäre es nichts Unendliches. Das, was Misch an Heraklit festmacht: eine produktive Kraft der Umbildung des alltäglichen Verständnisses von *logos*, das gelingt Heraklit gleichsam dadurch, dass er dem *logos* eine produktive Kraft zuspricht: der *logos*, »der sich selbst mehrt« (Heraklit; zit. n. ebd. 109 f.). Folglich kann sich metaphysischer Sinn nicht in Feststellungen, in So-ist-es-Aussagen ausdrücken, sondern sich nur in, an und mit gewissen ›treffenden‹ (oder ›schiefen‹) Aussagen *zeigen*. Terminologisch gesagt: Die Gedankenmäßigkeit des Sinns von Unendlichkeiten ist »unergründlich« (ebd. 109 f.).

Die eigentümliche philosophische Leistung von Misch dokumentiert sich daher in dem von ihm eingeführten und stark gemachten »Prinzip der Verbindlichkeit der Unergründlichkeit« (ebd. 110). Diese Rede von Verbindlichkeit (über die pure Diagnose der Unergründlichkeit hinaus) ist keine subjektive Emphase, sondern eben ein eigenes Prinzip, das das Logische als Logisches kennzeichnet. In den *Vorlesungen* betont Misch daran den Punkt, dass sich dieses Prinzip der Verbindlichkeit (der Unergründlichkeit) »gegen die traditionelle Beschränkung des Logischen auf das verstandesmäßig Durchsichtige [stellt]« (ebd. 110). Das Prinzip besage, dass die Gedankenmäßigkeit nicht alleine das Logische der Reden ausmache, sondern dass »das Verhältnis von Gedankenmäßigkeit und Unergründlichkeit als grundlegend für die Theorie des Wissens« – eben als verbindlich – herauszustellen sei (ebd. 111). Aber nur diesen Punkt zu betonen, belässt das Prinzip der Verbindlichkeit noch im Status der subjektiven Emphase. Der Sache nach könnte man es dann einfach streichen, um festzuhalten, dass das *Prinzip* der Unergründlichkeit ein Moment des Logischen sei. Aber sowohl der Einstieg in die Thematisierung des Unergründlichen (ebd. 107) als auch die Erläuterung zur Verbindlichkeit (ebd. 110 f.) greift nicht von ungefähr die Abkehr von der mystischen Diagnose auf, dass das Unergründliche unsagbar sei. Mischs Rede von Verbindlichkeit ist deshalb ein eigenes Prinzip – und nicht bloße Emphase –, weil es nicht nur festhält, *dass* das Unergründliche Moment des Logischen ist, sondern weil es auch – gegen die Option der Unsagbarkeit – postuliert, dass das Unergründliche gedankenmäßig ist, also ausdrücklich gegeben, vernehmbar und erkennbar. Oder übersetzt in Hegel'sche Terminologie: Das Doppelprinzip der Verbindlichkeit der Unergründlichkeit ist eine Abkehr von der Vorstellung der »schlechten Unendlichkeit«, also der unendlichen Annäherung mit immer unerreichtem ›Rest‹, zugunsten der »wahren Unendlichkeit«, also der gegenwärtigen Wirksamkeit *in* (mindestens metaphysischen, wenn nicht gar in allen) Reden. Diese Betonung der Gegenwärtigkeit leugnet nicht die Offenheit eines Unendlichen, sondern wechselt den Modus dieser Offenheit.[53] In seinen veröffentlichten Schriften, in denen Misch das Prinzip der Verbindlichkeit einführt, ist diese Umstellung auf eine bestimmte Art und Weise, in der das Unergründliche geltend – und eben verbindlich – gemacht wird, deutlicher als in den *Vorlesungen* (vgl. Misch 1929/30: 50 f.; dazu Schürmann 1999: 298–301, 377–395; Schürmann 2011: Kap. 4.2).

Mit diesem Verweis auf die Verbindlichkeit der Unergründlichkeit erweist sich die hermeneutische Lebenslogik als eine »umständliche« (Günther Stern [Anders]; Martin Seel im Anschluss an Johann M. Chladenius[54]) resp. mundane Logik. Ohne Bezugnahme auf Misch hat Stern dies der Sache nach herausgestellt. Jedes Erkennen, jedes Verstehen, jedes Diskutieren, jedes Handeln überhaupt setze eine gemeinsam geteilte Welt voraus. Übereinkunft liege daher »nicht in Sätzen, die von beiden Parteien vertreten werden, sondern in einer prinzipiell früheren Schicht. In jener selbstverständlichen Umwelt, dem ›Umstand‹, der für keinen diskutabel ist, insofern er überhaupt diskutiert, auf den man sich nicht erst einstellen kann, da man ohnehin in ihm steht. Diese unausgesprochen, aber bedingungsmäßig gemeinsame Welt ist für uns jedoch gleichzeitig gegenstandstheoretisches Thema.« (Stern 1926: 360 f.) Entsprechend wäre auch ein Dissens nicht primär ein Unterschied in den Sätzen, sondern ein ›Aneinander-Vorbeireden‹, insofern man den je undiskutablen ›Umstand‹ nicht teilt. Der Verweis auf eine gemeinsam geteilte Welt leugnet also nicht die Alterität, die Konflikthaftigkeit. Im Gegenteil. Man kann durchaus in ganz verschiedenen Welten leben. Um dann jedoch miteinander zu merken, dass man aneinander vorbeiredet, nimmt man seinerseits eine gemeinsam geteilte Meta-Welt in Gebrauch. Dieses Insistieren auf einer in jedem Handeln mitgegebenen Welt macht Unterschiede, die es auch terminologisch kenntlich zu machen gilt: Ein Ansprechen von etwas als etwas, »d. h. gegenständliche[s] Ansprechen[]« (ebd. 361) ist kein Prädizieren, und generell ist nicht jedes Erfahren ein *Er*kennen: »Wir möchten unsere Untersuchungen eher ›kenntnistheoretisch‹ nennen. Denn sie fragen: ›auf Grund welcher *kennender* Verhaltungen sich uns bestimmte Weltsphären bzw. bestimmte Gegenstandstypen gegeneinander abgrenzen‹. Das *Erkennen* ist dann nur *eine* Weise, und zwar die, in der Kenntnis *genommen* werden kann. Andere bestimmte Kenntnisse können garnicht genommen werden, sondern sind prinzipiell *da*, damit überhaupt von anderem Kenntnis *genommen* werden kann. ›Kennen‹ aber heißt soviel wie ›Sich-auskennen-in‹, ›Bescheid-Wissen-in‹. Es ist eine Verhaltung der Vertrautheit *innerhalb* der nahen Umwelt, des ›Umstandes‹. Der ›kenntnistheoretische‹ Ansatz ist also nichts als das Korrelat des Ausgangs vom ›Umstand‹. Von *ihm* aus kommen wir auch in dieser Beziehung erst zum ›Gegenstand‹: erst aus der Kenntnis des Umstandes werden ›Gegenstände‹ *erkannt*« (ebd. 363). Mit Hans Heinz Holz (2005: 146 f.) kann man den Kern einer mundanen Logik auf die folgende Formel bringen: »Die Welt ist kein ›Objekt‹, sondern das Wirkungsfeld, in das der denkende Mensch als ein Teil und Moment eingelassen ist. Er hat die Welt nicht *vor* sich, sondern *um* sich. Sie zeigt und gliedert sich ihm nicht nach Eigenschaften, sondern nach Bedeutungen.«

Die Sprengkraft der hermeneutischen Lebenslogik geht also gegen den Logismus – gegen die Einschränkung des Logischen auf das verstandesmäßig Durchsichtige, gegen jeden logischen Intellektualismus – *und* gegen die mystische Diagnose, das Unendlich-Unergründliche sei unaussagbar, also unvernehmbar, unverstehbar, unerkennbar, also gegen die Diagnose, das Unergründliche sei *diesseits* der Hermeneutik, nicht aber in der Hermeneutik, zu verorten (Gumbrecht). Der Sache nach sind die durch das Doppelprinzip der Verbindlichkeit der Unergründlichkeit gestifteten Abgrenzungen aber viel weitreichender und auch schärfer. Zum einen verweist Misch darauf, dass das Prinzip der Verbindlichkeit eine Umkehrung des Verhältnisses von Verstand und Vernunft ist: Nicht von verstandesmäßigen Aussagen zur Vernunft, sondern die Vernunft als das Primäre, innerhalb dessen sich das Verständige differenziert (vgl. ebd. 119). Das ist der Schritt weg von Kant und hin zu Hegel: Das Vernünftige ist nicht aufgegeben (Kant), sondern ganz gegenwärtig mitgegeben (Hegel), also Hegels Umstellung des Vernünftigen vom Status des »schlecht« Unendlichen zum »wahren« Unendlichen. Das macht zugleich »die wesentliche Geschichtlichkeit der Philosophie geltend« (ebd. 121). Misch zeigt diesen Punkt anhand von Heidegger auf. Heidegger nehme den Ausgang beim alltäglichen griechischen Sprachgebrauch von *logos*, um zu zeigen, dass logos »Vernehmenlassen des Seienden« meint, um *daraus* zu schließen, dass *logos* auch Vernunft bedeuten kann. Dem stellt Misch entgegen, dass die Prägung von *logos* als Vernunft gerade nicht schon im alltäglichen Sprachgebrauch lag, sondern »eine geschichtliche Schöpfung Heraklits« war, worin sich die *wesentliche* Geschichtlichkeit der Philosophie geltend mache. Hier ist der Ort, an dem Misch festhält, dass ›die sprachliche Ableitung, die Heidegger gibt, metaphysisch verfehlt ist‹ (s. o.; ausführlicher Misch 1994: 115–122). Misch kennt also die Differenz zwischen einer »linearen« resp. »organischen« und einer »geschichtlichen Kontinuität« (vgl. König 1967: 164–174).

Man kann nicht genügend herausstellen, *wie* fulminant dasjenige ist, das Misch dort, auch ohne Kenntnis der *Schwarzen Hefte*, gegen Heidegger einwendet. Dass *Sein und Zeit* ein politisch fataler, weil existentialistischer Text ist, könnte man spätestens seit Christian Graf v. Krockow (1958) wissen. Das existentialistische nackte Dass ist die philosophische Einladung, dass ein starker Führer von diesem, jeder Bedingtheit enthobenen Nullpunkt aus eine Dezision trifft und den Gordischen Knoten der Fesselung ans ›Uneigentliche‹ durchschlägt. Mit Carl Schmitt heißt so etwas dann, bis heute quasi ungebrochen auch noch in den vorzeichenvertauschenden Kritiken daran, »Souveränität«. Mischs Analyse ist nicht weniger fulminant als die von Krockow und schlägt in dieselbe Kerbe: Heideggers Lesart von *logos* sei eine Absage an die menschliche Freiheit. »Bei dem Aristotelischen Einsatz sogleich mit der aufweisenden Aussage bedarf es keines Rückgriffs auf die menschliche Freiheit, die sich in der Macht der Rede überhaupt äußerte. Ja, ich möchte sagen, daß dieser Einsatz – den Heidegger für verbindlich hält und übernehmen will – dadurch mitbedingt ist, daß den Griechen die Idee der menschlichen Freiheit in dem vollen, gefährlichen, wesentlich (protestantischen) Sinne nicht aufgegangen ist. Freiheit besteht nach der antiken, vorchristlichen Ansicht wesentlich in dem Vermögen, sich durch die Vernunft, die Einsicht, bestimmen zu lassen. […] daß die Freiheit in dem bewußten einsichtigen Sicheinfügen in die Ordnung der Vernunft besteht, in die der Mensch wie alles Seiende von Natur her schon eingefügt ist« (ebd. 116). Antike und von Heidegger übernommene Freiheit also als Spielen in der Ordnung, aber bloß nicht *mit* der Ordnung (zu diesem Unterschied Richter 2005). Das Man hat dann nicht mitzureden, es ›reicht‹, dass Auserwählte die Ordnung vorgeben. Selbstverständlich geht der Existentialismus darin nicht auf (zu seinen Grundmotiven vgl. Marquard 2013). Aber das Postulat des Zurückgeworfenseins auf ein nacktes Dass der Existenz *ist* der Appell an ein aristokratisches, im Einzelfall dann faschistoides, im strengen Sinne Geist-loses Freiheitsverständnis, das nicht wahrhaben will und im Einzelfall bekämpft, dass man frei nur miteinander sein kann, aber nicht als pure Existenz (zur analogen Kritik am ›linken‹ Existentialismus Jean-Paul Sartres vgl. Holz 1951).

Derselbe Heidegger'sche Grundsatz der sprachlichen Ableitung neuer philosophischer Bedeutungen einheimischer Wörter kann sich auch ex negativo geltend machen. Eine ›Philosophie‹ der Normalsprache sieht sich außerstande, geschichtlich-produktive Bedeutungs-Neuerungen philosophisch ernst zu nehmen – was dann freilich nicht einmal Philosophieren möglich macht. Eike v. Savigny diskutiert die philosophische Hypothese, dass das ganze Leben vielleicht bloß ein Traum sei (Savigny 1969: 8 f.). Er misst diesen Satz an unseren normalen Gebrauchsweisen des Wortes *träumen*. Zu denen gehört, dass man bei bestimmten Gelegenheiten einen Traum auch als Traum erkennt bzw. erkennen kann. Das ist nun in jener philosophischen Hypothese ganz offenkundig nicht der Fall, denn wenn das ganze Leben ein Traum ist, könnten wir bestenfalls träumen, dass wir träumen, aber eben nicht von außerhalb des Traums, aus dem Wachen heraus, entscheiden, dass es ein Traum war. Für Savigny ist die Konsequenz deshalb klar. Jene philosophische Hypothese sei ein unklarer Satz; man müsse ihn eindeutig machen durch Gebrauch der normalen Verwendungsweisen und sehe dann schnell, dass jene Hypothese falsch sei.[55]

Im Ergebnis: Logos in der Dreiheit von Rede, Meinung und Vernunft meint: »vernehmbarer, offenbar werdender Sinn, der auch unergründlich sein kann« (Misch 1994: 112).

4.4 Korollare der Verbindlichkeit der Unergründlichkeit

Legt man das Doppelprinzip der Verbindlichkeit der Unergründlichkeit zugrunde, sind damit mehrere Momente mitgegeben, die nicht offen zutage liegen, aber leicht herauszustellen und von erheblichem systematischen Gewicht sind:[56]

(1) Die *Verbindlichkeit* der Unergründlichkeit führt die Nebenbedeutung mit, dass sie *für uns* Verbindliches schafft, also ein Maß darstellt, das die Gedankenmäßigkeit z. B. auf Wahrheit und Falschheit befragbar macht. Dies gilt in Zuspitzung, wenn menschliche Freiheit in »vollem« Sinne geltend gemacht wird, also der Idee eine Absage erteilt wird, Wahrheit liege schon in der ›vernünftigen‹ Ordnung beschlossen, um von uns lediglich ratifiziert werden zu müssen. Darin ist der Übergang angelegt, auch ein verbindliches Maß »in unserm rechten Tun« zu sein, so dass der »das Geschehen regelnde *logos* zum sittlich Verbindlichen, zum *ethos* [wird]« (Misch 1994: 109). Misch stellt an anderer Stelle heraus, dass Ontos, Logos und Ethos im ursprünglichen metaphysischen Wissen eines gewesen seien (Misch 1926: 115 f.; vgl. Misch 1924; Schürmann 1999: 276, 304–316).

(2) Zur Not kann man Reden, die Gegenständliches *in* Welten meinen, noch als einen rein aktiven Vorgang nehmen. Schließlich geht man bei der Rede von »Rede/logos« von einem »Redenden aus, der seine Meinung oder seine Gedanken ausdrückt, und damit zugleich das, wovon die Rede ist, offenbar macht, d. h. also kurz, einem produktiven Verhalten« (Misch 1994: 123). Aber wenn man (im Sinne der Verbindlichkeit der Unergründlichkeit) *logos* tatsächlich auch als Vernunft und nicht lediglich als verstandesmäßige Durchsichtigkeit nimmt, dann stößt man darauf, dass Vernunft von *vernehmen* kommt »und also auf ein rezeptives, aufnehmendes Verhalten hinweist« (ebd. 106 f.), also auf ein passives Moment *im* aktiven Reden. Spätestens beim »Sinn der Welt« tritt dieses Moment auch heraus. Zur Not, wenn auch nicht überzeugend, mag man das Verstehen von Phänomenen *in* einer Welt noch radikal-konstruktivistisch konzipieren – als Gegengift gegen einen Abbild-Realismus (und gegen den Neuen Realismus) ist das aller Ehren wert, wenn auch mittlerweile etwas verbraucht; aber die jeweilige Welt, in der das Phänomen dann verortet ist, steht uns nicht gegenüber, sondern liegt dem Verstehen von Phänomenen *in* dieser Welt mitgegeben im Rücken. Das (in irgendeiner Weise schon verstanden habende) Unendliche einer Welt *formatiert* also unser Verstehen von endlichen Phänomenen, was eine radikal-konstruktivistische Lesart generell verbietet resp. als Hybris sichtbar macht. Jegliches personale Benehmen ist ein Benehmen *in* einer Welt, nicht zur Welt; und insofern

»[ist] das elementare Wissen, das als leibgebundenes Verstehen […] auftritt, selber ein realer Lebensbezug und keine ideelle Beziehung« (ebd. 262; vgl. Schürmann 1999: 285). Das gilt jedenfalls unter der Bedingung der Verbindlichkeit der Unergründlichkeit, denn damit ist ausgeschlossen, dass der Sinn eines Unendlichen gewonnen ist in Extrapolation des Durchlaufens von vielen einzelnen endlichen Sinngebilden. Die *produktive* Rede, die nicht einfach nur Sprachrohr eines schon ontisch verbürgten Sinns ist, ist dann an sich selbst ein Vernehmen, ein ›Hören‹ auf den Sinn (Misch 1994: 122f.), also eine bedingte Produktivität, ein Verhalten im Medium (als Mittleres von reiner Aktivität und reiner Passivität): *Man* redet, also weder ein gespenstisches Es noch ein Ich, Du, wir oder ihr allein aus sich heraus.

Das Wort »radikal-konstruktivistisch« legt nahe, dass eine solche Position niemand ernsthaft vertritt. Doch dem ist nicht so. Dieselbe Position wird unter dem Namen »Konstitutionstheorie« sehr wohl vertreten und scheint dann, in der philosophischen Zeitrechnung nach Kant, sogar selbstverständlich zu sein. Relevante Phänomenologien begreifen sich z. B. so: »In der Phänomenologie ist Bewusstsein der Name für eine Tätigkeit. Zu sagen, das Bewusstsein sei eine Tätigkeit, bedeutet ferner zu sagen, dass hierin eine synthetische Leistung zum Ausdruck kommt. Synthesis definiert, was Bewusstsein tut: Bewusstsein ist eine Tätigkeit der Bedeutungszuweisung, die die Einheit bedeutungsvoller Gegenstände konstituiert. Um die verschiedenen Momente der Konstitution nachvollziehen zu können […], sind folgende drei Grundbegriffe unerlässlich: Synthesis, Intentionalität und Zeitlichkeit.« (Warren 2023: 162) In einem solchen Ansatz kommt der Hinweis auf eine Passivität prinzipiell *hinzu* – als Verweis auf (unhintergehbare) Bedingungen, denen die Konstitution unterliegt, nie als Verweis auf eine Passivität *in* der Aktivität der Konstitution. Man möge dann Konstitution nicht als »Macht« begreifen, die auf eine »Leere der Gegenstände« treffe (ebd. 164). Es ist ein Unterschied ums Ganze, dass Synthesis a) eine Leistung und b) eine Leistung der Bedeutungszuschreibung ist, während Produktivität ein Geschehen (mit dem Charakter geschichtlicher Kontinuität) ist, und zwar im doppelten Sinn ein *mediales* Geschehen. Zum einen vollzieht ein produktives Geschehen keine Bedeutungszuschreibung, sondern vollzieht sich im Medium von

Bedeutungsunterschieden, und zum anderen vollzieht es sich im Medium, also als logische Mitte von reiner Passivität und reiner Aktivität.

(3) Hier ist dann noch einmal sichtbar, dass eine im Namen der Verbindlichkeit der Unergründlichkeit konzipierte Theorie des Logos resp. Theorie des Wissens eine *hermeneutische* Logik ist. Wenn bereits die Rede, also die Artikulation von Sinn, ein Vernehmen ist, dann ist der Wechsel zum Verstehen von Sinn nur ein Wechsel der »Blickrichtung« (Misch 1994: 123). Misch hat keinen Grund, Hermeneutik und Rhetorik zu zwei Disziplinen auszubauen. Die hermeneutisch-vernehmende Blickrichtung und die rhetorisch-artikulierende sind zwei Momente der Einen Hermeneutik.

(4) Die Geschichtlichkeit der Tat des Heraklit hat Misch daran festgemacht, dass die neue Bedeutung von *logos* als Vernunft (seinerzeit) nur im Singular möglich war, während der alltägliche Sprachgebrauch selbstverständlich *logos* auch im Plural kannte – die vielen Reden oder *logoi* (ebd. 108). Eine neue Bedeutung von *logos*, die es nur im Singular gibt: dies ist der Ausweis einer damals qualitativ und nicht nur graduell neuen Bedeutung von *logos* – so der Hinweis von Misch. Wenn man das dann seinerseits nicht für eine endgültige Errungenschaft der Philosophiegeschichte nimmt, sondern seinerseits die Geschichtlichkeit der Philosophie geltend macht, dann kann man gewahrwerden, dass die Moderne eine Verbindlichkeit von Unergründlichkeiten im Plural kennt. Die Welt selbst hat sich vervielfältigt. Die Welt des Kulturellen, die Gesellschaft, steht nach dem Tode Gottes auf gleichsam eigenen Füßen und ist nicht mehr lediglich ein Mikrokosmos im gleich- und vorgeordneten Makrokosmos. Aber selbstredend ist die gesellschaftliche Welt noch nicht die große Welt des Kosmos resp. der Natur, ganz abgesehen davon, dass diese große Welt selbst in eine nicht so recht überschaubare Anzahl von Galaxien pluralisiert ist. Moderne Gesellschaften wiederum differenzieren sich in je eigenlogische Sub-Welten, je nach theoretischer Brille als Subsysteme, Felder oder ähnlich konzipiert. Nicht zuletzt ist jedes einzelne Verstehen in einer eigenen kleinen Welt, genannt Situation, verankert. Mir scheint eine solche Pluralität von Welten ein Faktum der Moderne zu sein. Diesen Umstand der Pluralität von Welten hat Georg Cantor (1885) auf die Struktur gebracht, indem er Transfinites – plural und von je bestimm-

ter, damit ggf. auch ganz unterschiedlicher »Mächtigkeit« – vom Absolut-Unendlichen unterschieden hat. Niklas Luhmann hat (in *Die Gesellschaft der Gesellschaft*) darauf aufmerksam gemacht, dass man gleichwohl die Verweise auf eine (je bestimmte) Welt im Singular – traditionell: auf eine absolute Welt – auch in der Moderne nicht ersatzlos streichen kann. Zum Beispiel: Die vielen modernen Gesellschaften sind Gesellschaften der Einen Weltgesellschaft, und außerhalb dieser Weltgesellschaft im Singular ergibt die Rede von Gesellschaftlichkeit keinen Sinn, jedenfalls nicht den gleichen wohlbestimmten Sinn, der mit »Gesellschaft« gemeint war. Außerhalb der Weltgesellschaft mag es Gemeinschaften geben, aber nichts Gesellschaftliches. Absolut-Unendliches ist deshalb keineswegs geschlossen-totalitär, sondern seinerseits historisch-kulturell situiert.

Tengelyi (2007: 86) ist der Meinung, dass das moderne Faktum von Welt(begriff)en im Plural philosophisch erstmalig von Husserl in dessen Auseinandersetzung mit Kants »Weltbegriff« eingeholt wurde. Der rationale Kern daran ist, dass sich Husserl bereits explizit auf Cantors Unterscheidung zwischen plural Transfinitem und Absolut-Unendlichem und damit auf eine Strukturangabe von plural gedachtem Aktual-Unendlichen beziehen konnte und tatsächlich bezog. Die entscheidende Umstellung von einem Potentiell- resp. Schlecht-Unendlichen (Kant) zu einem ganz gegenwärtigen, also nicht transzendenten Aktual-Unendlichen aber ist von Hegel vollzogen worden. Bei Hegel mag man darüber streiten wollen, ob solcherart Wahr-Unendliches den Plural verträgt – wobei die Textlage gegen alle Vorurteile eindeutig ist: »[I]n *allen* Gegenständen aller Gattungen, in *allen* Vorstellungen, Begriffen und Ideen« befindet sich die Antinomie der Vernunft (Hegel Enc: § 48) –; klar ist aber, dass Hegel gerade das Absolut-Unendliche nicht mehr im Status des Transzendenten belässt.[57] Cantor hatte dann wieder den Preis bezahlt, das Absolut-Unendliche der Theologie zu überantworten, worin ihm, so Tengelyi (2007: 85), Husserl nicht folge. Mischs Doppelprinzip der Verbindlichkeit der Unergründlichkeit ist, so gelesen, das Konzept eines aktual-Unendlichen, das den Plural verträgt – von Misch selbst auf die Formel der »Immanenz des Transzendenten« (Misch 1923: XXIVff.; vgl. Misch 1994: 325) gebracht. Offen bleibt aber zunächst, welche Rolle Absolut-Unendliches dort spielt (s. u., Kap. 4.10).

4.5 Zwischenfazit I: Reden und Verstehen

So wie Ausdruck und Verstehen generell, so sind auch Reden (wortsprachliche Ausdrücke) und Verstehen korrelativ zueinander, wobei das Verstehen hier »auf die Bedeutung der Worte hin« bezogen ist (Misch 1994: 124). Dabei ist das Verstehen zwar immer auch, jedoch nicht primär »auf die einzelnen Worte je für sich bezogen«, sondern zunächst auf den *einen* Sinn der Gesamtrede, den man im Zweifel auch dann versteht, wenn man einzelne Wortbedeutungen ›verpasst‹ hat. Verstehen *des* Sinns der Rede heißt daher primär zweierlei, nämlich den »Hin- und Rückweisen« der Worte folgen können *und* »diese Worte richtig zu nehmen wissen als Bemerkung, Frage etc., Wunsch, d. h. man versteht, was die Worte *sollen*« (ebd. 124 f.). Die Rede weist also in eine bestimmte Richtung, und sie zu verstehen, heißt zunächst, diese Richtungsanzeige zu verstehen, also zu verstehen, was die Rede (im Nacheinander ihrer Worte) *meint*. Oder anders gesagt: Die vertikale Gliederung der Bedeutungsgliederung der Rede ist das Richtungsgebende der Rede (ebd. 125). Terminologisch gesprochen: Das Verstehen des Sinns der Rede durch das Nacheinander ihrer Wortbedeutungen hindurch ist das Verstehen des Meinens der Rede.

Gleichwohl ist das Verstehen des Sinns kein Überfliegen des Verstehens der Bedeutungen der Worte der Rede. Aus der Sicht des Redens, also der produktiven Sinn-Artikulation, ist es die Artikulation eben eines Sinngebildes, nicht von (gleichsam freischwebendem) Sinn (s. o., Kap. 1.3). Das *Ausdrücken* des Sinns ist nichts logisch Sekundäres, also nichts, was einem ›rein selbständigen Gedanken‹ allererst Ausdruck verleihen würde. Schon und gerade auf der basalen Ebene jedes Redens greift der Kleist-Operator der ›allmählichen Verfertigung‹ (s. o., Kap. 1.7): »Es ist nicht so, daß man beim Reden erst den Gedanken hätte und ihm dann den sprachlichen Ausdruck wie ein Gewand überzöge, sondern der werdende Gedanke gestaltet sich in und mit dem sprachlichen Ausdruck, klärt sich selber erst in der Verkörperung durch den Ausdruck auf. Das Finden des rechten Ausdrucks, des eigentlich bezeichnenden Ausdrucks, ist zugleich ein Sichfinden des Gedankens selber, ein Bestandteil der produktiven Denkbewegung« (ebd. 136). *Im* Reden sind sowohl die Rede insgesamt als auch die von ihr gebrauchten Worte keine bloßen Wortlaute (die erst noch Bedeutung bekommen müssten), sondern »[sind je] nur in der strukturellen Beziehung von Meinen oder Ausdrucksintention und Verstehen ein Wort, ohne sie aber ein bloßer Komplex von Lauten« (ebd. 126).

Aus der Sicht des auslegenden Verstehens, also der rezeptiv-vernehmenden Sinn-Aneignung, ist diese intrinsische Einheit von Sinn und Ausdruck noch einmal fraglich. Platon diskutiert das Beispiel des Hörens einer fremden Sprache. Da scheint ein Fall vorzuliegen, nur Laute zu hören, aber nichts zu verstehen. Der Platon, den Misch gelesen hat, zieht daraus die idealistische Konsequenz, das Geistige, hier: den Sinn einer Rede, für etwas Eigenständiges zu halten, das von woanders her entspringt und zu dem Wortlaut der Rede erst hinzukomme. Misch spricht hier von einer »falschen Trennung« von sinnlichen Daten einerseits und hinzutretendem, ver-geistigendem Sinn andererseits (ebd. 133 ff.). Bedeutungen transzendieren dort also das subjektive Erleben, aber um den Preis eines Dualismus.

Die Herausgeber nehmen dort eine Kürzung des Textes vor und verweisen darauf, dass Misch an der gekürzten Stelle Husserl zitiere und den »platonischen Schnitt« (Misch) kritisiere, »den Husserl zwischen Sinnlichem und Geistigem mache« (Misch 1994: 136, Anm. 56). Die dort angegebene Stelle – § 8 des Abschnitts I: Ausdruck und Bedeutung der *Logischen Untersuchungen* – ist freilich nicht so eindeutig, und Nicolas de Warren (2023: 165) spricht gar von einem »unsäglichen Platonismus-Vorwurf«. Husserl hebt sogar explizit hervor, dass das Wort aufhört, Wort zu sein, »wo sich unser ausschließliches Interesse auf das Sinnliche richtet, auf das Wort als bloßes Lautgebilde« (Husserl 1900: 35). Der § 8 handelt von den »Ausdrücken im einsamen Seelenleben«; dort »begnügen wir uns ja, normalerweise, mit vorgestellten, anstatt mit wirklichen Worten« (ebd. 36), und insofern »[stört uns] die Nicht-Existenz des Wortes nicht. Aber sie interessiert uns auch nicht. Denn« – und diese Formulierung legt einen platonischen Schnitt zwischen Bedeutung und Sinnlichem durchaus nahe – »zur Funktion des Ausdrucks als Ausdruck kommt es darauf gar nicht an«. Aber das ist ja ›nur‹ der korrekte phänomenale Sachverhalt, und Husserl hatte ausdrücklich vermerkt, dass die Bedeutung nicht frei schwebt, sondern, immerhin, an ein vorgestelltes Wort gebunden ist. In § 10 hebt er dann hervor, dass zu diesem »einsamen Seelenleben« durchaus gehört, dass »wir dort ganz und gar nicht im Vorstellen des Wortes, sondern ausschließlich im Vollziehen seines Sinnes, seines Bedeutens« leben (ebd. 39). Auch dies lässt den Akzent zu, eine korrekte phänomenale Beschreibung zu sein, wie es auch den Akzent zulässt, dass das Leben im Sinnvollzug nicht einmal ein vorgestelltes Wort braucht. In jenem Paragraphen ist die (naheliegende) Möglichkeit, dort eine falsche Trennung am Werk zu sehen, *auch* der Darstellung von Husserl geschuldet. Die Darstellung macht zunächst einen (völlig korrekten) »deskriptiven Unterschied« geltend zwischen »der physischen Zeichenerscheinung und ihrer [...] Bedeutungsintention« (ebd. 40), und dies ist in der Tat schlicht lediglich ein Unterschied, nämlich genau der, um den es geht: zwischen einem bloßen Wortlaut und einem Wort als Ausdruck. Wir haben eine »äußere Wahrnehmung«, wenn wir lediglich den Wortlaut wahrnehmen, bei der »ihr Gegenstand den Charakter des Wortes [verliert]« (ebd.). So weit, so unstrittig auch zwischen Husserl und Misch. Der Verdacht besteht dann darin, dass Husserl auf die Frage, was dann den Ausdruck zum Ausdruck mache, allein mit Bezug auf die Bedeutungsintention antwortet, so dass ein Ausdruck zur Not auch dann noch Ausdruck wäre – oder zugespitzt: im eigentlichen Sinne dadurch *Ausdruck* ist –, wenn die Bedeutungsintention gar keinen Bedeutungsträger hätte. Und *diesen* Verdacht nährt, wie gesagt, die Darstellung Husserls: Die Bedeutungsintention »stempelt« die physische Zeichenerscheinung zum Ausdruck (ebd.), und die Darstellung macht dann in jenem Paragraphen durchaus die Denkbewegung vom Sinnlichen zum geistigen Ausdruck. Und umgekehrt: Es gibt keinen Verweis (etwa mit Blaise Pascal) darauf, dass der Wortlaut die Bedeutung des Wortes mit bestimmen könnte. Gleichwohl muss man diese Darstellung nicht zwingend als Beleg für einen platonischen Schnitt nehmen, aber es ist auch nicht »unsäglich«, es zu tun.

Die dort »falsche Trennung« liegt vielmehr in der klaren Trennung zwischen einem einsamen Seelenleben und einem gemeinsamen Kommunikationsleben. Dort hätten die Ausdrücke, so Husserl, eine je verschiedene »Funktion«, aber dieser Unterschied der Funktion ändere nichts daran, dass die Bedeutungen selbst in beiden Funktionen »dieselben« bleiben (ebd. 35). Und *diese*, von jedem Bedeutungsträger unabhängige Bedeutung, wird dann in § 11 ganz explizit herausgestellt und als »ideale Einheit« charakterisiert.

In diesem Paragraphen wird der Wechsel vollzogen von der »subjektiven Betrachtung« derjenigen Perspektive, eine Bedeutung (im einsamen Seelenleben oder in der Wechselrede) zum Ausdruck zu bringen, und der »objektiven Betrachtung« dessen, was »in gewisser Weise ›in‹« diesem Sich-Ausdrücken gegeben ist, nämlich »den Ausdruck selbst, seinen Sinn und die zugehörige Gegenständlichkeit« (ebd. 42). In diesem Paragraphen wird dann sehr vehement herausgestellt, dass diese »objektive« Bedeutung immer dieselbige bleibt, ganz unabhängig davon, wer sie wo und in welchem Wortlaut äußert. Hier ist völlig klar, dass das Ausdrücken der Bedeutung ein rein subjektiver Akt ist, der die »objektive« Bedeutung selbst nichts angehe. Hier ist völlig klar, dass Husserl die Wirform des Ichs nicht kennt. Weil das vermeintlich Subjektive vom vermeintlich Objektiven klar getrennt ist, kann das Sprechen nur als subjektives Urteilen gelten, und man vermenge »die einsichtig erfaßte ideale Einheit mit dem realen Urteilsakt, also das, was die Aussage kundgibt, mit dem, was sie besagt«, wenn man »die fundamentale Äquivokation des Wortes Urteil« nicht beachte (ebd. 45). Insofern kann Husserls nachdrückliche Rede von idealen, unwandelbaren Bedeutungseinheiten durchaus als Beleg für das gelten, was Misch als platonischen Schnitt kritisiert.

Das Ausmaß der programmatischen Übereinstimmung zwischen Misch und Tengelyi (2007) ist überraschend. Der formulierte Kern seines Forschungsvorhabens könnte auch von Misch stammen: »die Idee einer Sinnbildung aus dem Unverfügbaren« (ebd. xi). Das verlangt einen Begriff von Sinn, der sich im Erfahren gebildet hat, denn das Erfahren hat als Erfahrung ein passives Moment, das nicht in rein aktiven Konstitutionsleistungen des Subjekts des Erfahrens aufgeht. Bereits in diesem basalen Sinne ist der Sinnbildungsprozess »unverfügbar« – er steht nicht in der Verfügungsgewalt des erfahrenden Subjekts, sondern macht auch etwas mit diesem Subjekt (Tengelyi sagt in der Regel »Bewusstsein« statt »Subjekt«). Aber auch dort, wo Tengelyi das Verhältnis dieses Sinnbildungsprozesses zum Unendlichen thematisiert, wird deutlich, dass Unverfügbarkeit und Unergründlichkeit in wesentlichen Hinsichten übereinkommen. Unendliches ist Aktual-Unendliches und steht für eine *offene* Ganzheit, was freilich Cantors Unterscheidung von Transfinitem und Absolut-Unendlichem voraussetzt. Unter dieser Voraussetzung gilt dann: »die Idee des Unendlichen ist selbst einsichtig gegeben« (ebd. 74), also ›gedankenmäßig und nicht unsagbar‹ (Misch). Zum anderen steht die Horizonthaftigkeit allen Sinngeschehens für dessen Unarretierbarkeit, und zwar ausdrücklich nicht als »bloßes Faktum«, sondern als »apriorische Notwendigkeit« (Husserl; zit. n. ebd. 79, Anm. 163). Es bedarf dann eines langen theoretischen Ringens, diesem Sinnüberschuss des Horizonts auch Verbindlichkeit zu geben (vgl. Tengelyi 2007: Kap. V, S. 87–106), aber letztlich schreibt Tengelyi einen Satz, den wohl auch Misch hätte ähnlich schreiben können: »Die Unmöglichkeit, alle verfügbaren Möglichkeiten zu verwirklichen, läßt dem Horizont den Charakter einer Unerschöpflichkeit zukommen, die ihn von einem bloßen Motivationszusammenhang im Bewußtseinsleben scharf unterscheidet. Erst diese Unerschöpflichkeit und die von ihr untrennbare Unverfügbarkeit befähigen den Horizontgedanken dazu, den Begriff der Welt faßbar zu machen« (ebd. 104). Man ahnt aber auch, wie schwer sich diese Analyse von Sinnpotentialen und unausschöpflichen Möglichkeiten mit der Verbindlichkeit tut, also mit der These der aktualen Wirklichkeit und Wirksamkeit dieses Horizonts offener Möglichkeiten im Sinnbildungsprozess.[58]

Bedeutungen transzendieren dort also Psyche und phänomenales Bewusstsein, und im Unterschied zu Husserl liegt gleichwohl kein platonischer Schnitt vor. Für Tengelyi ist deshalb fraglos, dass sich Erfahrungen und deren Sinn in Ausdrücken manifestieren; schon deshalb, weil man sonst von diesen Erfahrungen »auch für sich selbst […] keine Rechenschaft ablegen [kann]« (ebd. xii). Ausdrücke sind also für Erfahrungen *nötig*, und dies in einem durchaus innigeren Sinne als einem dringend Wünschenswerten (so, wie ein Leben ohne Kuchen machbar, aber ›sinnlos‹ ist). Nachdrücklich sind Erfahrung und Ausdruck »Kontrastphänomene«: Wer *Erfahrung* sagt, hat es auch nötig, über *Ausdruck* zu reden, und umgekehrt; beide Phänomene bilden, mit Merleau-Ponty gesprochen, »ein diakritisches *System*« (ebd. 20). Fraglich aber ist, und dies wäre dann die Differenz zu Misch, ob der Ausdruck für Erfahrung auch *notwendig* ist, also ob man dann, wenn man *Erfahrung* sagt, *Ausdruck* schon mitgesagt hat (oder ob es nur nötig ist, dann, *auch noch,* Ausdruck zu sagen, also etwa dann, wenn es nötig wird, über die Erfahrung Rechenschaft abzulegen). Zunächst einmal ist klar, dass der

Vorgang der Sinnbildung im Erfahren nicht identisch ist mit dem dieser Sinnbildung entsprechenden Vorgang der Ausdrucksbildung; in diesem Sinne sind sie Kontrastphänomene, die wechselseitig aufeinander verweisen und nicht miteinander zusammenfallen. Aber diese Nicht-Identität gestattet es Tengelyi, im gesamten ersten Teil seiner Abhandlung vom »unausdrücklichen Erfahrungsgeschehen« zu sprechen, also von einer Sinnbildung im Erfahren, die erst noch ihren Ausdruck sucht (ebd. xiif.). Ganz explizit ist dann dort, wo »der Erfahrungssinn zur Sprache gebracht und in Worte gefaßt« wird (ebd. 17), von einem »Bedeutungsüberschuß« des sprachlichen Ausdrucks resp. einer »Sinnstiftung« im und durch sprachlichen Ausdruck die Rede, die sich auf *den Sinn* des Vorgangs des Erfahrens »nicht zurückführen läßt« (ebd.). Allerdings identifiziert Tengelyi dort das ›in Worte fassen‹ sofort mit dem *begrifflichen* »Ausdruck einer Erfahrung« (ebd.), was Misch nachdrücklich nicht nur nicht tut, sondern ausdrücklich unterläuft, wenn er das Wort und die Namensnennung vor dem Begriff verortet. Aber mindestens für das Verhältnis von Erfahrung und begrifflichem Ausdruck kann man Tengelyi dort als »Romantiker« einstufen: Erfahrung und Ausdruck bleiben »wie durch eine Kluft getrennt«, und *erst* beim Sprung über diese Kluft kommt es zu einer Einheitsbildung: zur Bestimmtheit *dieser* Erfahrung, im Unterschied zu einem im Vergleich noch »formlosen und gestaltlosen« (Misch 1994: 79) Erfahrungsprozess. Insofern leben Bedeutungen doch im phänomenalen Bewusstsein; sie transzendieren es erst sekundär.

An dieser Stelle ist das Programm von Misch das direkte Gegenteil: »Es ist nicht so, daß man beim Reden erst den Gedanken hätte und ihm dann den sprachlichen Ausdruck wie ein Gewand überzöge« (s. o.). Misch bestreitet also eine (eigene) Sinnstiftung (nur) durch den Ausdruck, weil der Sinn*überschuss*, der mit einer Erfahrung als Erfahrung gegeben ist, eine Selbstfindung dieser Erfahrung im Finden des Ausdrucks ist. Hier kann also von »unausdrücklicher« Erfahrung gar nicht erst gesprochen werden; hier ist nicht gemeint, dass man Gedanken hat, die sich dann, *auch noch*, im Sprechen niederschlagen (dagegen z. B. auch Lev S. Vygotskij 1934); oder dass man Vorstellungen hat, die sich dann, *auch noch*, in Darstellungen kleiden (dagegen z. B. Eva Schürmann 2018). Die »allmähliche Verfertigung« (Kleist-Operator) der Erfahrung im

Ausdrücken ist keine Emanation, keine Epiphanie, sondern ein produktives Sich-Bilden, also ein Umbilden der schon »dunkel« (Kleist) *ausgedrückten* Erfahrung in eine (mehr oder weniger) treffend ausgedrückte Erfahrung. Mit Misch ist es kein Vorgang vom Nicht-Ausgedrückten zum Ausgedrückten. Tengelyi macht die Differenz in einem ungewollten sprachlichen Unfall selbst kenntlich: Er muss den Akt der Stiftung als Ereignis fassen, wodurch man »die Erfahrung sehr wohl als ein Vorgang verstehen« könne (Tengelyi 2007: 13). Aber ein Ereignis ist kein Vorgang. Die Produktivität des ausdrücklichen Sinnbildungsprozesses gerät dort zu einem pfingstwunderhaften Einschlagen eines Ereignisses in einen als solchen unproduktiven Verlauf.

Abgesehen davon, dass Tengelyi selbst das ggf. anders konzipieren würde, wenn er nicht den sprachlichen Ausdruck mit dem begrifflichen Ausdruck gleichsetzen würde, so ist die soeben formulierte Diagnose *auch* eine Vereindeutigung des Textes von Tengelyi. Er sagt nämlich auch, dass das »Zu-Sagende« des unausdrücklichen Erfahrungssinns »auch kein außersprachliches Seiendes« ist (ebd. xiii). Der noch nicht gesagte, in diesem Sinne (mit Merleau-Ponty) »wilde« Erfahrungssinn »gehört bereits ins *Umfeld* oder *Vorfeld* des Ausdrucks, obgleich er mit keiner Ausdrucksbedeutung zusammenfällt« (ebd.). Doch diese Einsicht schlägt sich dort, wo Tengelyi von Sinn-Stiftung redet, nicht mehr nieder. In diesem Sinne hat Misch auf die unscheinbare, aber alles entscheidende Differenz, die ihn dann auch (gleichsam vorausschauend) von Tengelyi unterscheidet, aufmerksam gemacht: Es ist ein Unterschied ums Ganze, ob man die Einheit eines Phänomens – hier: von Erfahrung und Ausdruck – konstruktiv-aufbauend: von der Erfahrung zum Ausdruck oder aber rückbeugend-zergliedernd: eine ›Einheit‹, an der Momente unterscheidbar sind, erweisen will (Misch 1994: 119, 128, pass.). Tengelyi verfährt konstruktiv-aufbauend. Er geht aus von einem rein aktiven Verständnis von »Bewusstsein«, dass die Intentionalität des Bewusstseins identifiziert mit *Akten* des Bewusstseins. Er stößt *dann* auf das Problem, dass der Erfahrungssinn nicht auf Akte reduzierbar ist, weshalb jene »traditionelle Vorstellung vom intentionalen Bewußtsein« eine »tiefgreifende Verwandlung« erfahren muss, denn nunmehr muss auch von einem »phänomenologischen Unbewußten« gesprochen werden (Tengelyi 2007: xiv). Aber die

Diagnose ist falsch: Intentionalität ist ein Gerichtetsein-durch – im basalen Richtungssinn ist von einem Akt des Sich-Richtens-auf gar nicht die Rede (und auch von keinem Stellung*nehmen*; vgl. anders Erhard 2023), sondern dort ist nur eingefangen, dass das Gerichtet-Sein des Bewusstseins keine reine Passivität, also kein purer Reflex auf äußere Stimuli ist, sondern eben ein Gerichtet-Sein (im Medium). Die Unterscheidung von Bewusstem und Unbewusstem ist eine Binnendifferenzierung von Bewusstsein und nichts, was man von einem einseitigen Verständnis her erst noch konstruktiv aufbauen müsste. Wichtiger noch: Im Konzept des Ausdrucks-Verstehens transzendieren Bedeutungen auch das Doppelte von Bewusstem und Unbewusstem. Auch die Sphäre des Geistes ist nicht vom Bewusstsein her konstruktiv aufgebaut, sondern die Unterscheidungen von Psyche, Bewusstsein und Geist sind Binnendifferenzierungen einer je schon gelebten übergreifenden Sphäre des Geistes resp. der Mitwelt.

Misch macht geltend, dass auch die Situation des Nichtverstehens einer fremden Sprache (zwar eine echte Aufgabe, aber dennoch) kein gutes Argument für jenen idealistischen Schnitt sei. Beim Hören einer fremden Sprache verstehen wir nicht, was geredet wird, aber wir haben verstanden, dass es eine Rede ist und kein bloßes Verlautenlassen von akustischem Material. Wir vernehmen also Wort-Laute, deren Sinn wir auch und gerade deshalb nicht verstehen, weil wir verstanden(2) haben, dass sie Sinn haben – auch in dieser Situation hören wir nicht bloße Laute, die wir erst noch zu sinnhaften Wortlauten machen müssten, um sie zu verstehen. Hier ist der Ort der Heine-Frage (s. o., Kap. 1.5): Wer seufzt ›Ich weiß nicht, was soll es bedeuten‹, der hat verstanden(2), dass es etwas bedeutet. Künste können sich deshalb zur Aufgabe machen, den Verlauf dieser Grenze zwischen bloßen Lauten oder Geräuschen einerseits und einem Sinngebilde andererseits auszuloten; gewisse Gedichte von Ernst Jandl etwa oder gewisse Stücke der Neuen Musik. Italo Calvino inszeniert den Übergang in *Ein König horcht* am Beispiel des Hörens: »Der Palast ist ein Gewebe aus regelmäßigen Lauten […]. Gibt es eine Geschichte, die ein Geräusch mit dem anderen verbindet?« (Calvino 1987: 81)

Gegen die Vorstellung *rein* geistiger, also eigenständig-losgelöster ›Bedeutungseinheiten‹ spricht zudem der Pascal-Operator, dass der je bestimmte Wortlaut den Sinn eines Wortes modifiziert, ihm also seine unverwechselbare Einmaligkeit, seine »Würde« gibt (s. o., Kap. 1.3; vgl. Misch 1994: 276). *Hund* und *Köter* meinen dasselbe, weil sie auf dasselbe referieren, aber sie meinen dieses Selbige in erkennbar anderer Weise.

Unabhängig von aller Platon-, Husserl- und Tengelyi-Philologie: Misch macht geltend, dass die Dualität von Verlautbaren (Sprechen als ›subjektiver‹ Akt) und Sinnvollzug, im Unterschied zu einem dualistischen Schnitt, ein vermittelndes Drittes hat, nämlich das Reden resp. das ›objektiv‹ vernehmbare Ausdrucksgeschehen. Das diakritische *System* von Erfahrung und Ausdruck ist deshalb ein »Kontrast« (Tengelyi), weil es eine triadische Struktur ist, nämlich die *Einheit* von *Erfahrung* und *Ausdruck*. Es ist nicht so, dass die beiden Kontrastierten auch außerhalb ihrer Einheit eine fixe Bedeutung haben, die man dann zu einer ›neuen‹ Bedeutung synthetisieren könnte; diakritisch ist das Verhältnis eben deshalb, weil sie nur in ihrem Verhältnis die Bedeutungen haben, die sie (dort) haben. Wechselwirkung ist etwas anderes als Hin- und Her-Wirkung.

4.6 Ästhesiologie des Geistes

Wer mit dem Wort *Sinn* konfrontiert ist, ist zunächst mit der »groben Zweideutigkeit« konfrontiert, dass wir auch vom Gehörsinn, Geruchssinn, also nicht nur von Sinn(haftigkeit), sondern auch von den Sinnen und von Sinnlichkeit sprechen. Doch diese Zweideutigkeit, die den Eindruck einer Homonymie macht, sei »leicht durchsichtig« (Misch 1994: 95 f.). Sinn ist nämlich gerade nichts Sinnliches, sondern gehört zu dem »große[n] Rätsel der Unsinnlichkeit dessen, was ist« (König). Das Verstehen einer Wahrnehmung ist daher eine geistige Leistung und nicht das bloße Buchstabieren eines Protokolls von Sinnesdaten. So weit, so klar: Wer von Sinn redet, redet nicht von Sinnlichkeit.

Komplizierter wird es nun in der Moderne, wenn das antike Verständnis, der jeweilige Sinn sei im Seienden eingeschlossen – was dann, so Misch, Moderne hin oder her, Heidegger noch einmal für verbindlich erklären will –, anachronistisch geworden ist. Dann ist die Pluralität der Erfahrungen nicht mehr nur der Mannigfaltigkeit der Seienden geschuldet, sondern das Verstehen ist seinerseits produktiv geworden; es bringt von Haus aus eine eigene (eben geistige) Leistung mit. Das Vernehmen des Sinns ist nunmehr (endgültig) kein bloßes Ablauschen mehr; oder auch: Das *Was* einer erfahrenen Sache und das *Wie*, in dem sich diese Sache in der Erfahrung darstellt, sind unhintergehbar korrelativ, so Emmanuel Alloa (2023) für die Phänomenologie (vgl. Breyer 2023, Keiling 2023; s. o., Kap. 1.3). Deshalb kann Kant an jeder Erfahrung den Erfahrungsgehalt i. e. S., der gleichsam dem Gegenstand der Erfahrung geschuldet ist, unterscheiden von den einer Erfahrung mitgegebenen transzendentalen Bedingungen der Möglichkeit dieser Erfahrung. Kurz: Kein Erfahren, ohne formale Apriori in Gebrauch genommen zu haben. Zunächst Herder und dann Plessner in seinem Werk *Einheit der Sinne* radikalisieren die Einsicht in diese moderne Grundsituation dessen, was Erfahren heißt. Wenn das Vernehmen von Sinn schon eine eigene Leistung einbringt, dann spricht nichts dafür, dass dies immer dieselbe Leistung ganz unabhängig von der Art des Gegenstandes sein soll, sprich: dass diese geistige Leistung eine schematische sein soll. Plessner (1923) macht geltend, dass die Ingebrauchnahme formaler Apriori gebrochen sein könnte durch eigentümliche materiale Apriori, die den jeweiligen »Gegenstandstypen« (Stern 1926) geschuldet sind. Konkret durchgeführt anhand der Sinne: Das Hören habe ein eigenes materiales Apriori im Vergleich zum Sehen. Dies ist das Programm einer Ästhesiologie – Versinnlichung – der geistigen Leistung(en). Das wäre ein Baustein zu einer Pluralität auch von Modi des Verstehens. Bestimmtes in Raum und Zeit zu sehen, wäre *kategorial* etwas anderes, als Bestimmtes in Raum und Zeit zu hören – es wäre nicht einfach nur ein Unterschied des sinnlichen Materials. Hier gäbe es dann doch eine innere Abhängigkeit des Sinns des Hörens von akustischer Sinnlichkeit, wenn auch nicht von dem sinnlichen Material, sondern von der Form des Akustischen. Eben das meint eine Ästhesiologie des Geistes.

Wenn man sich auf diese These einlässt, dann kann man versuchen, ob sie nicht auch im Falle der Rede vom Sinn der Welt trägt. Wenn das Unergründliche verbindlich Moment des Logischen ist, in welchem Sinne ist es dann nicht nur verstehbar, sondern auch erfahrbar? Auch hier ist Erfahrbarkeit zunächst durch formale Apriori gesichert: Die Ideen der Vernunft – die transzendentalen Bedingungen der Möglichkeit von Erfahrung von Welthaftigkeit *überhaupt* – entspringen den Erfahrungen, die das verständige Denken mit sich selbst macht, z. B. dort, wo es beim Bedenken seiner selbst auf Antinomien stößt. Aber wenn es denn richtig ist, dass in der Moderne auch die Rede von Welt nur im Plural zu haben ist: Was heißt es dann, dass die Ideen der Vernunft in der Erfahrung einer je spezifischen Welt durch eben diese spezifische Welt gebrochen werden?

Hubert Tellenbach (1968) hat neben dem Gehörsinn, dem Sehsinn, dem Geruchs- und Geschmackssinn etc. einen Sinn fürs Mundane identifiziert, gar als grundlegenden Sinn aller anderen Sinne.[59] Er zeigt diesen Sinn für Atmosphärisches zunächst als ein »Simultanes« des Oralsinns auf, denn in keiner anderen Erfahrung unserer Sinne werde »so deutlich, daß über das im engeren Sinne Vernommene hinaus sich etwas vom Wesen dessen mitteilt, dem das Duftende entstammt«. Aber ein solches »Mehr« über das im engen Sinne Gegenständliche, das auf die Welt verweist, in der dieses Gegenständliche verortet ist, finde sich »in nahezu jeder Erfahrung unserer Sinne« (ebd. 46 f.). In sinnlichen Erfahrungen gibt es eine Formatiertheit durch die »atmosphärische[ ] Bestimmung einer Situation und vom Geschmack (im höheren Sinne)« (ebd. 41). Das hat »die methodische Schwierigkeit« (ebd. 59–63), dass Atmosphärisches den Sinnen nicht gegeben, sondern mitgegeben ist, weshalb es in diesem Sinne nicht »objektivierbar«, sondern nur »qualifizierbar« ist (ebd. 63). Aber solcherart Qualifizierung des »immer spezifische[n]« (ebd. 47) Atmosphärischen sei nichts Privatistisches, sondern eine eigene Erkenntnisweise, die nicht auf Vages, sondern auf »etwas ganz Bestimmte[s]« gerichtet ist (ebd. 63). Dieser Atmosphären-Sinn hat kein eigenes Organ – in gewissem Sinne ist der Leib als solcher sein Organ. Das wäre dann *eine* Konkretion (von vermutlich mehreren) von Feuerbachs Rede eines »spekulativen Leibes« oder auch von Friedrich Nietzsches Insistieren auf einer leiblichen Vernunft.

4.7 Elementares Verstehen

Wie angekündigt (s. o., Kap. 4.2) erweitert Misch aus methodologischen Gründen erst in einem zweiten Schritt den Einsatz beim Ausdruck hin zu den leiblichen Ausdrucksbewegungen. Im Hinblick auf die Bestimmung des Logischen hatte er für gesichert gehalten, dass der Mensch das (einzige) Wesen sei, das über den *logos* verfügt, und deshalb die Korrelativität von Ausdruck und Verstehen zunächst am Fall der meinenden Rede analysiert. Bereits dies war (zwar) eine Erweiterung einer verbreiteten Begrenzung des Logischen vom Bereich der Verstandes-Urteile hin zum Bereich der Rede, aber erst in diesem zweiten Schritt (kann und) soll geprüft werden, ob man einen Begriff des Logischen auch in Bezug auf Nichtrede-Ausdrücke, hier allgemein »leibliche Ausdrucksbewegungen« genannt, in Anschlag bringen kann. Streng genommen muss dies die Unterscheidung zwischen *schriftlicher* wortsprachlicher Rede und leiblichen Ausdrucksbewegungen sein, denn selbstverständlich ist auch die gesprochene Rede a) selbst eine leibliche Ausdrucksbewegung *und* b) von nicht-wortsprachlichen leiblichen Ausdrucksbewegungen begleitet, paradigmatisch in Italien. Diese Strenge ist im Folgenden mit der Unterscheidung von »Rede« und »leiblicher Ausdrucksbewegung« gemeint; dass sie der Sache nach so streng nicht ist, weil bereits die gesprochene Rede beides ist, mag daran erinnern und gemahnen, dass es eben ganz generell um das Sinn-Verstehen von Ausdrücken geht.

Dieser zweite methodologische Schritt des Einsatzes bei leiblichen Ausdrucksbewegungen ist nun seinerseits zweigeteilt, da Misch jetzt ausdrücklich das Feld des Verstehens von Ausdrücken und ›das Logische‹ sondert. Im ersten Teilschritt geht es darum, die Unterscheidung von personalem und nichtpersonalem Benehmen nachdrücklich *nicht* zu treffen, sondern das Feld des leiblichen Ausdrucksverhaltens als Gemeinsames von menschlichem und tierlichem Verhalten (= Benehmen) zu nehmen, um dort bestimmen zu wollen, was es heißt, leibliche Ausdrucksbewegungen zu *verstehen*. Er wird dieses Verstehen als »elementares Verstehen« charakterisieren. Das Paradebeispiel leiblicher Ausdrucksbewegungen sind für diesen ersten Teilschritt die Gemütsbewegungen, also die leiblichen Ausdrücke von Affekten (Misch 1994: 138), da Misch bei ihnen für gesichert hält, dass sie sowohl im menschlichen als auch im tierlichen Ausdrucksbenehmen auftauchen. Dies im Unterschied etwa zu den hinzeigenden Gebärden als einer anderen Art von Ausdrucksbewegungen: »Kein Tier kann hinzeigen« (ebd. 231). Der zweite Teilschritt (s. u., Kap. 4.9) fragt dann nach der Grenze der Sphäre des Logischen innerhalb dieses Feldes des elementaren Verstehens (wobei hier und jetzt offenbleiben kann, ob diese Grenze des Logischen mit der Grenze des Personalen und mit der Grenze des Geistigen übereinstimmt).

Der mit diesem zweiten, seinerseits zweiteiligen Schritt angezielte Rückgang der Analyse des Ausdrucksverstehens hinter die Analyse der meinenden Rede ist, auch nach Mischs eigenem Bekunden, der typisch lebensphilosophische Grund- oder Schachzug. Ein Lebewesen, das Gemütsbewegungen vollzieht, meint damit nichts (im Sinne der meinenden Rede). Insofern liegt ihrem Vollzug keine Ausdrucksintention zugrunde, »die von der Person ausginge« (ebd. 141); ihr Vollzug geschieht gleichsam, wiewohl er einen bestimmten Affekt *dieses* Lebewesens zum Ausdruck bringt. Eine Gemütsbewegung wird »nicht mit der ratio, sondern mit dem Leibe« (ebd.) vollzogen. Gleichwohl sind Gemütsbewegungen sowohl bestimmt (diese, nicht jene) als auch verständlich. Folglich muss es ein Ausdrucksverstehen geben, das nicht dem meinenden *logos* geschuldet ist, also nicht jenem *logos*, für den die Differenzierung von meinendem Subjekt und gemeintem Objekt konstitutiv ist. Der Rückgang der Verstehens-Analyse hinter die meinende Rede hin zum leiblichen Ausdrucksgeschehen ist ein Rückgang hinter die Subjekt-Objekt-Unterscheidung des Handelns, wie sie für die Sinn-Artikulation im Urteil klarerweise, aber auch für die Sinn-Artikulation der meinenden Rede gegeben ist (s. u., Kap. 4.9). Dass die den Lebewesen gleichsam geschehenden, nicht aber von ihnen begonnenen Gemütsbewegungen dennoch verständlich sind, das kann nun nicht – so der typisch lebensphilosophische, aber auch der typisch praxisphilosophische Schachzug – einem besonderen Vermögen einzelner Leiber und auch nicht besonderen Gemüts-, Wollens- oder Gefühlskompetenzen einzelner Leiber geschuldet sein, sondern nur einem »ganzen Typus des Lebensverhaltens, innerhalb dessen die Ausdrucksbewegungen, zur Kundgabe und Verständigung dienend, auftreten« (ebd.). Dieser Typus des Lebensverhaltens hat zwei Pole:

Zum einen ist er (mit Uexküll) auf eine speziesspezifische Umwelt bezogen, zum anderen ist es der Typus nicht eines einzelnen Leibes, sondern einer Spezies, einer Gemeinschaft von Leibern in deren Miteinander. Hier »geht dem Ich das Wir voran« (ebd. 259).

Diese Formulierung ist zur Charakterisierung eines Typus von Lebensverhalten – kurz: einer Lebens- oder Praxisform – doppelt missverständlich. Erstens ist ein bestimmter Leib kein Subjekt, das eine Intention *haben* könnte, und zweitens ist damit nicht angezielt, ein individuelles durch ein kollektives Subjekt zu hintergehen. Das »Vorangehen des Wir besagt nicht etwa bloß, daß ein gemeinsames Subjekt, ein Verbandssubjekt vor das einzelne Ich-Subjekt träte, als ob wir nun den Pluralis an die Stelle des Singularis der Pronomina Personalis setzten, sondern das Wir bedeutet hier in der Schicht des leibhaftigen Lebensverhaltens überhaupt nichts von Subjekt, Subjekt gegenüber von Objekt, es bedeutet die Aktionszentren des Verhaltens im Hinblick auf ihre gemeinschaftlichen Ausdrucks-, Benehmens- und Verständigungsformen hin, die selber wiederum unabtrennbar sind von der gemeinschaftlichen Umwelt, von der durch Ausdruck und Tun sich gestaltenden Struktur der Welt, in der die betreffende Tierart lebt. Denn zu jeder Gattung von Lebewesen gehört ja eine artverschiedene Umwelt, die ›Merkwelt‹, wie v. Uexküll dafür sagte, die dem Vitalsystem der betreffenden Tierart entspricht. So bedeutet das ›wir‹, sofern das persönliche Fürwort unserer Sprache überhaupt auf die Aktionszentren des Verhaltens anwendbar ist, nicht bloß das ursprüngliche Miteinanderdasein in der artgemäßen Gemeinschaft, sondern gleichursprüngliches Darinnensein in der artgemäßen Umwelt« (ebd. 259; vgl. ebd. 248 f.). Eine Lebens- bzw. Praxisform ist also jenes eigenbedeutsame, wenn auch nicht eigenständige Dritte des lebendig-gerichteten Verhältnisses einer Spezies in und durch ihre Umwelt.

Man kann diesen lebensphilosophischen Impuls teilen, ihn dann aber in der Durchführung verfehlen. Der gemeinsame Impuls ist der Rückgang hinter die Subjekt-Objekt-Unterscheidung. Aber dies ist kein Rückgang zum Leben (bzw. zur Praxis), wenn das rationale Ich lediglich durch einen einzelnen, gar spürenden Leib ersetzt wird; wenn das einzelne Subjekt lediglich durch ein Kollektiv ersetzt wird; wenn die meinende Intentionalität ersatzlos *als Gerichtetheit* zugunsten von ominösen leiblichen Vermögen gestrichen wird.

Deshalb sind Mischs Auseinandersetzungen mit Nietzsche, Klages und Heidegger immer zweischneidig: Sie heben den gemeinsamen Grundzug hervor *und* sie markieren die Stelle(n), an denen die irrationalistisch-lebensphilosophische Durchführung zu einem Dualismus von Lebensverhalten und Wissenschaft, bei Abwertung der *ratio*, gerät.

In die andere Richtung liegt hier die tiefe Übereinstimmung mit Plessner. Auch Plessner beschwört *nicht* den Leib, auch kein Kollektiv von Leibern, sondern sein Einsatzpunkt ist die »Umwelt*intentionalität* des Leibes« (Plessner & Buytendijk 1925: 79). Das ist keine meinende Intentionalität – der Leib *hat* keine Intention, die ihn *auf* etwas richtet –, aber es ist gleichwohl eine, gleichsam seiende, Gerichtetheit. »Das Kind, das gehen lernt, macht nicht einen Kursus in Bewegungsphysiologie durch, setzt sich nicht wie ein Konstrukteur seiner eigenen Maschinerie in Gang, sondern versucht, seinen Leib als ein Ganzes in fortschreitende Richtung zu bringen, und zwar durch einfache *in dem Verhältnis seines Leibes zur Umgebung* vorgezeichnete Aktionen« (ebd. 78). Und auch die ausnehmend besondere Rolle des Wir, die das Man einer Lebensform charakterisiert, hat Plessner explizit ausgesprochen, wenn auch nicht am Fall von zentrischen Lebensformen, so doch nachdrücklich am Fall der exzentrischen, der personalen, der geistigen Lebensform: »Wir, d.h. nicht eine aus der Wirsphäre ausgesonderte Gruppe oder Gemeinschaft, die zu sich Wir sagen kann, sondern die damit bezeichnete Sphäre als solche ist das, was allein in Strenge Geist heißen darf. Denn in Reinheit gefaßt, unterscheidet sich Geist von Seele und Bewußtsein.« (Plessner 1928: 303)

Im Rückblick heißt das: Die Sphäre der meinenden Rede ist grundgelegt durch eine Subjekt-Objekt-Unterscheidung. Meinendes Reden ist klarerweise ein personales Handeln und insofern einer Person zurechenbar, die im Reden etwas meint. Oder – eingedenk des erst noch zu bestimmenden Verhältnisses von Ausdrucksverstehen und Logischem – vorsichtiger: Beim meinenden Reden ist das Gegenständliche der Rede, also ihr gemeintes Etwas, ein Doppeltes von Bedeutung und Gegenstand. Misch nennt die im meinenden Reden auftretende Differenzierung von Bedeutung und Gegenstand das »gegenständliche Auffassen«. Dieses gegenständliche Auffassen ist der ernsthafte, aber nun ausdrücklich zu prüfende Kandidat zur spezifischen Bestimmung des Personalen, des Geistigen, des Logischen. Dementsprechend leugnet Misch zwar nicht eine mögliche Gegenständlichkeit von Gemütsbewegungen, aber im genannten ersten Teilschritt dieses Rückgangs hinter die Sphäre der Rede thematisiert er eine mögliche Gegenständlichkeit ausdrücklich nicht. Der erste Teilschritt nimmt die Bestimmtheit des leiblichen Ausdrucksverstehens ausschließlich als *Sinn*-Verstehen, um das Feld des Gemeinsamen von personalem und nicht-personalem Benehmen zu analysieren.

Der Einstieg in diesen ersten Teilschritt ist die Frage, was in die Wahrnehmung fällt (Misch 1994: 161–164). Hintergrund dieser Frage ist die Frage, ob man Freude *sehen* oder ob man Euphorie *hören* kann; oder ob es zur ›Wahrnehmung‹ von Freude oder Euphorie einer geistigen Leistung bedarf; oder ob das Wahrnehmen eine (eigene) *geistige* Leistung ist. Insofern Sinn nämlich unsinnlich ist, stellt sich mit der These des Sinn-Verstehens von Gemütsbewegungen »das große Rätsel der Unsinnlichkeit dessen, was ist« (König).

Was nun klarerweise in die Wahrnehmung fällt, sind die Sinnesdaten. Dies ist sogar derart klar, dass ganz unklar sein kann, ob überhaupt irgendetwas anderes in die Wahrnehmung fällt. Misch macht die mögliche und wirkmächtig vertretene Position, dass *ausschließlich* Sinnesdaten ins Wahrnehmen fallen, an René Descartes fest. Dort finde sich die paradigmatische Position, »die intellektuelle Ebene der wissenschaftstheoretischen Einstellung« (Misch 1994: 162) auch auf die Ebene des elementaren alltäglichen Lebensverkehrs zu übertragen. Descartes könne nicht anders, als repräsentisches Verstehen als einzig mögliches Modell auch für das Verstehen leiblicher Ausdrucksbewegungen anzusehen. Er postuliere, dass wir zwar so reden, dass wir dort vor unserem Fenster jemanden vorbeigehen sehen, dass das aber nicht wahr sei, denn wir sehen »nichts als Hüte und Kleider, unter denen sich doch auch Maschinen verbergen könnten«. Auch das ist, so Misch, in Descartes' Sinne bereits eine gewagte Aussage, denn dass wir Hüte und Kleider sehen, ist auch noch allzu sehr dem alltäglichen Reden entnommen. »Konsequent müssten wir sagen: das, was ich wirklich sehe, sind nur so und so gefärbte und geformte Körper, die in einer Ortsveränderung begriffen sind« (ebd.).

Merleau-Ponty (1960: 23–25) hat darauf aufmerksam gemacht, dass dieses Modell dann konsequenterweise auch bei der Selbstwahrnehmung Pate steht. Zugleich bringt er die dafür zentrale Metapher des Spiegels ins Spiel. Ein Cartesianer, so Merleau-Ponty, »erkennt nicht sich im Spiegel«. Er erkennt eine Gliederpuppe und er schließt, dass diese Gliederpuppe wohl er sein müsse. Dazu müsste dieser Cartesianer aber schon von woanders her wissen, wie er aussieht, um dieses Bild mit dem Spiegelbild der Gliederpuppe vergleichen zu können. Usw. Das war offenkundig nicht die Frage, denn es ging eben um *die* Situation, in der man sich erkennt.

Im gleichen Sinne kann deshalb Misch, anti-cartesianisch, darauf insistieren, dass wir da draußen tatsächlich Hüte und Kleider sehen und nicht nur gefärbte und geformte Körper und dass wir tatsächlich unsere Nachbarin oder eine Unbekannte sehen und nicht nur eine Synthese von Hüten, Kleidern, Hautfarben, Brillengestellen etc. und dass wir tatsächlich jemanden *gehen* sehen und nicht nur einen Vollzug von Ortsveränderungen. Gleichwohl verschiebt das nur das Ausgangsproblem, wie Misch in Auseinandersetzung mit Klages deutlich macht: Ist Wahrnehmen ein Zweikomponentenkleber aus Anschauung und Verständlichkeit? Oder nicht doch *ein* in sich differenzierter Vorgang? »Also, gewisse Bewegungen lebendiger, menschlicher oder tierischer, Körper sind uns wahrnehmungsmäßig deutlich und in eins damit zugleich verständlich. Das ist das, was man als den Tatbestand formulieren muß. Aber fraglich bleibt nun, ob der Tatbestand in dieser Formulierung angemessen formuliert ist, nämlich durch bloße Nebeneinanderstellung der sinnlichen Anschaulichkeit und der Verständlichkeit« (ebd. 171).

In Abkehr von jenem cartesianischen Sensualismus insistieren u. a. Johann Wolfgang v. Goethe und die Gestaltpsychologie auf der Gestalthaftigkeit des Wahrgenommenen. Der Terminus der Gestalt verweist auf drei Aspekte: Eine Gestalt ist a) eine eigene Ganzheit, also nicht lediglich eine Synthese, also keine Zusammensetzung von Atomar-Einzelnem. Eine Gestalt ist b) *eine* Gestalt und insofern in *einem* Bild gegeben; im Sinne dieses Singulars ist sie gleichsam statisch: das Bild der Gestalt ist nicht selbst ein Vollzug, auch dann nicht, wenn die Gestalt ein diskursives Nacheinander ist. Eine Melodie ist *eine*, auch wenn sie ein Nacheinander von Klängen ist; das Gehen ist *eines*, auch wenn es ein Nacheinander von Schritten ist.

»Der Ausdruck dauert, während das Tun sukzessiv abläuft« (ebd. 182). Insofern kann eine Gestalt auch eine »Bewegungsmelodie« (Uexküll; vgl. ebd. 175; Plessner & Buytendijk 1925: 77 f., Anm. 4) sein. Der *eine* Sinn eines Gesichtsausdrucks ist eher ein Nebeneinander von Momenten, also eher eine Gestalt im engeren Sinne; der *eine* Sinn eines Mienenspiels markiert schon einen Übergang; der *eine* Sinn eines Wutausbruchs ist eher ein Nacheinander von Momenten, also eher eine Bewegungsmelodie. Eine Gestalt ist c) in der Anschauung gegeben, und darauf kommt es letztlich hier an. Denn damit fällt auch das Bild der Gestalt in die Anschauung. Oder, vielleicht besser, in die andere Richtung: Anschauung ist dann mehr als bloße Sinnlichkeit, da nicht nur einzelne Sinnesdaten, sondern auch sinnliche Ganzheiten in die Anschauung fallen. »Man muß zugeben, daß zur Wahrnehmung auch nicht-sensuelle Daten gehören.« (Misch 1994: 176) Zugleich kann man dann sinnliche und nicht-sinnliche Anschauung voneinander unterscheiden, denn auch ein Gedicht oder ein mathematischer Zusammenhang mag auch ohne sinnliches Korrelat in der Anschauung gegeben sein. Sinnliche Anschauung hat insofern »einen bildhaften Charakter« (ebd. 175), während nicht-sinnliche Anschauung einen ideenhaften Charakter (*eidos*) hat. Der harte (Goethe'sche oder gestaltpsychologische) Punkt ist dann, dass Gemütsbewegungen (Freude, Euphorie) und leiblich-motorische Bewegungen (Vorübergehen) in die sinnliche Anschauung fallen, sofern sie bildhafte Gestalten sind.

Das Zwischenergebnis ist damit, dass »Gestalt eine primäre Kategorie [ist]« (ebd. 173). Das meint, dass sie nicht Zusammengesetztes, Synthetisiertes ist: die Ganzheitlichkeit einer bildhaften Gestalt ist eigenbedeutsam gegenüber den vielen einzelnen Sinneseindrücken, ohne die *diese* Gestalt nicht zu haben ist. Das meint aber, schärfer, eben auch, dass atomistisch konzipierte Sinnesdaten *keine* primäre Kategorie sind. Das Isolieren von Sinnesdaten ist ein *nachträgliches*, das die logisch primäre Gestalt-Wahrnehmung schon im Rücken hat. Primär gilt, dass der Genitiv für Sinnesdaten konstitutiv ist – immer sind es Sinneseindrücke *dieser* Wahrnehmungsgestalt. Erst nachträglich, in »theoretischer Einstellung«, mag man diesen Genitiv generalisieren, um typische Klänge typischer Melodien zu entdecken oder um herauszufinden, dass *das* Blaue eine Lichtstrahlung der Wellenlänge 450–460 nm ist.

Beinahe nebenbei bemerkt Misch (ebd. 173 f.), dass es neben der Gestalthaftigkeit eine zweite primäre Kategorie gibt, nämlich die des Namens. Er verweist auf altindische Metaphysik, um kenntlich zu machen, dass das primäre Zugleich von Gestalt und Name eine lange tradierte Vorstellung ist. Dort sei »nama-rupa«, Name und Gestalt, ein immer wiederkehrender Grundbegriff, der »zur allgemeinsten Kennzeichnung der Dinge in der Welt« diene. Endlich-Bestimmtes ist also anschaulich gegeben *und* namentlich ansprechbar. Auch dieser Hinweis von Misch ist ein Rückverweis auf die Unzulänglichkeit des cartesianischen Sensualismus. Dort gebe es nämlich weder die theoretischen Mittel, um »das Einander-Verstehen im Miteinander-Dasein« noch »das Verstehen von etwas als etwas«, also »das Verstehen, das wir im ursprünglichen Lebensverkehr üben«, einzuholen; aber aus gleichem Grund gebe es auch keine theoretischen Mittel, um »das Ansprechen von etwas als etwas, als Mensch, als Tier u.s.f., das in den Aussagen des menschlichen Lebensumgangs auftritt«, einzuholen (ebd. 163); »ansprechen« hier im Unterschied zu »prädizieren« (ebd. 229).

Gleichwohl formuliert Misch dann ein entscheidendes Aber: »Aber dieser Gestaltbegriff genügt nun nicht, um dem Eigentlichen der Ausdrucksbewegungen beizukommen« (ebd. 176). Misch nennt zwei Gründe. Zum einen nimmt man Gemüts- und leiblich-motorische Bewegungen, als bloße Gestalt genommen, noch »zu isoliert«; der bildhafte Charakter der Gestaltwahrnehmung ist auf »die Einzelkörper beschränkt«, also noch nicht in ihrer Umweltintentionalität genommen, noch nicht »als Orientierung, Hinwendung und Abwendung« (ebd. 176 f.). Zum anderen sei der Gestaltbegriff zu weit, da man »auch in bezug auf unbelebte Körper von Gestalten sprechen [kann]« (ebd. 177). Leibliche Ausdrucksbewegungen dagegen kommen nur im »organischen Lebensverhalten« vor; aber auch dort sind nicht alle Bewegungen auch *Ausdrucks*bewegungen, obwohl sie alle einen bildhaften Gestaltcharakter haben. Misch unterscheidet also *im* organischen Lebensverhalten »die sogenannten affektlosen Bewegungen, wie das Gehen, Schwimmen, Fliegen im Gegensatz zu Suchen, Fliehen« (ebd.). Angesicht von Wahrnehmungsbildern affektloser Bewegungsgestalten könne man durchaus, aber auch nur fragen, »was das ist oder was der Betreffende tut«, aber man könne nicht fragen, »was das bedeutet« (ebd.). Gestalthaft und ansprechbar ist also, so kann man es pointieren, durchaus jegliches Endlich-Bestimmte und nicht nur angesprochene *Ausdrucks*-Gestalten. Oder auch: Das bloße Wahrnehmen von etwas als etwas, in eins mit dem Ansprechen dieses Etwas als etwas, ist noch kein Sinn-Verstehen, so Misch.

Zum Zwischenergebnis gehört hier also auch, dass Misch in einen inneren Konflikt gerät. Zum einen kann das Namhaft-Machen im ursprünglichen Lebensverkehr keine wortsprachliche Namensgebung sein, erst recht nicht im nicht-personalen Lebensverkehr. Dies muss aber kein Einwand sein, denn es mag auch ein nicht-wortsprachliches individuierendes Kennzeichnen geben. Allerdings wäre dann die Differenz zwischen Gemütsbewegungen und zeigenden Gebärden nicht mehr so scharf, wie Misch es gerne hätte. Es mag ja sein, dass kein Tier hinzeigt, aber ohne jegliches an›sprechende‹ Diese-Gemütsbewegung-da wäre auch eine Gemütsbewegung keine bestimmte Bewegung. Zentraler ist der Konflikt, ob innerhalb des Ansatzes von Misch die Frage (an eine sog. affektlose Bewegung), was das ist und was da jemand tut, eine *primäre* Frage sein kann. Man weiß, was Misch als Befund im Sinn hat: Ein schnelles Rennen zum Bus *bedeutet* etwas anderes als ein schnelles Rennen weg vor einem hinterherrennenden Bären; gleichwohl kann man den Unterschied im Bedeuten vernachlässigen, um allein das schnelle Rennen als eben schnelles Rennen anzusprechen. Aber konnte das schnelle Rennen dem Modus entfliehen? Ist es nicht ein nachträgliches Isolieren, das das Verständnis von Fliehen und Noch-erreichen-Wollen schon im Rücken hat? Und auch dann, wenn wir das schnelle Rennen als schnelles Rennen betrachten, losgelöst davon, ob es Fliehen oder Zielerreichen-Wollen bedeutet, betrachten wir es dann nicht so, dass es eben Rennen und nicht Gehen *bedeutet*? Ist das Namhaft-Machen etwa nicht ein Sinn-Verstehen nullter Stufe? In diesen inneren Konflikten wurzelt das Verhältnis zu Plessner (s. u., Kap. 4.10).

Doch wie immer man diese Konflikte im Hinblick auf Sinn-freie Gestalten auflösen mag: Das Zwischenergebnis in Bezug auf leibliche Ausdrucksbewegungen ist jedenfalls, dass das anschaulich gegebene Bild der Wahrnehmungsgestalt als solches noch kein Verstehen begründet. Dazu muss das in der Anschauung gegebene Bild zugleich ein Sinnbild sein. »Die Ausdrucksbewegungen oder allgemein: die Bewegungen, in denen eine Verhaltens*weise* [Hervorhbg. VS] sich äußert, Suchen und Finden, Drohen und Fliehen u.s.f., sind mehr als ein Inbegriff von Gestalten. Zwar stellt sich das Verhalten immer in Gestalten da. Diese bildhafte Formschicht ist einfach da und fällt in die Wahrnehmung. [...] Aber ich schaue diese Bewegungsgestalten nun nicht bloß bildhaft an, sondern verstehe sie als Äußerung eines Lebens, als Weisen eines Verhaltens, und das kommt daher, weil ihnen außer der Bildhaftigkeit noch ein Sinn einwohnt.« (Misch 1994: 177 f.)

Dass das anschaulich gegebene Wahrnehmungsbild nun zugleich ein Sinnbild ist, das gründe, so Misch, genau in dem, was der Gestalt, nimmt man sie als bloße Gestalt, noch mangelt, nämlich eine leib-umweltlich-gerichtete Ganzheit zu sein. Doch dieser Hinweis benötigt zwei Einschränkungen. Zum einen geben Plessner & Buytendijk (1925: 86) ein Beispiel dafür, dass durchaus auch ein Gestaltbild eine gewisse Gerichtetheit zeigt: »An einem geworfenen Ball sehe ich die Richtung, in der er fliegt, als Verlängerung seines sinnlich anschaulichen Fluges. [...] Ich sehe den Ball ›in diesem Sinne‹ fliegen. Aber solche Art Sinn braucht man nicht und kann man auch nicht im Vollklang des Wortes ›verstehen‹. Solchem Sinn fehlt dazu noch etwas. Ihm fehlt die nichtgegenständliche Mitgegebenheit des Unanschaulichen.« Mischs Verweis ist daher kein Verweis auf die sinnliche Anschauung als solche. Sein Verweis auf die gerichtete »Grundbeziehung Leib-Umwelt« (Misch 1994: 178) ist aber auch kein Verweis auf die gerichtete *Beziehung*, sondern auf das Verhalten, das diese gerichtete Beziehung realisiert, und in diesem Verhalten »liegt die *sinnvolle* [Hervorhbg. VS] Beziehung auf die Umwelt, das Eingespieltsein auf sie, das Eingeschlossensein in das Miteinandersein« (ebd.). Der lebensphilosophische Grundzug des Rückgangs ›zum Leben‹ ist also ein Rückgang nicht nur hinter die Subjekt-Objekt-Beziehung der meinenden Rede, sondern auch hinter die Leib-Umwelt-*Beziehung* des umweltintentionalen leiblichen Ausdrucks. Leibliche Ausdrucksbewegungen sind im lebensphilosophischen Grundzug vielmehr genommen als Ausdruck eines Verhaltens, genauer einer Verhaltensweise. Dieser lebensphilosophische Grundzug unterscheidet sich insbesondere vom phänomenologischen Grundzug (wie sehr immer dieser im Laufe der Geschichte der Phänomenologie relativiert und repariert worden sein mag). Der lebensphilosophische Rückgang auf einen Vollzug ist kein bloßer Rückgang auf eine nicht näher bestimmte ›Prozessualität‹ oder ›Tätigkeit‹. Dass Bewusstsein eine »Tätigkeit« sei (Warren; s. o.), ist im phänomenologischen Grundzug kein Verweis auf eine Performation, sondern auf einen instrumentell verstandenen Vorgang, der eine Synthesis-Leistung mit dem Ergebnis einer Konstitution erbringt. Der Verweis auf eine Lebensform dagegen ist der Verweis auf ein Sinn-Geschehen, also auf ein allmähliches Verfertigen, das Aktionszentren kennt, in dem aber keine Konstitutionsleistung erbracht wird. Vor allem aber ist der lebensphilosophische Grundzug überhaupt ein Rückgang zu einem Vollzug. Damit ist *ausgeschlossen*, dass (z. B.) die Wahrnehmung das letzte Wort einer Fundierung hat (so Erhard 2023: 177), und auch das phänomenologische »Prinzip aller Prinzipien« kann nicht unangetastet bleiben, denn auch (und gerade) das, was uns »jede originär gebende Anschauung« gibt, wäre nicht »einfach hinzunehmen« (so Alloa 2023: 149 mit Husserl), sondern rückzubeziehen auf eine Verhaltensweise.

In genau diesem Sinne sind die Ausdrücke, also die sinnbildlich-verständlichen Gestalten einer Leib-Leib-Umwelt-Beziehung, gerade *keine* letzten Ausgangspunkte, da sie rückverweisen auf eine sinnhafte Verhaltensweise. Insofern ist der Einsatz beim Ausdruck als objektiviertem Geist kein direkter Zugang zum Geistigen, sondern ein vermittelter Zugang, der rein als solcher noch offenlässt, ob die ›sinnhafte‹ Ausdrucksgestalt nicht ein naturaler Ausdruck war. Freilich gehört zu einem nicht-schematischen lebensphilosophischen Grundzug das Insistieren darauf, dass sich eine Verhaltensweise »immer in Gestalten dar[stellt]«. Das hat die methodologische Pointe, gar keinen unmittelbaren Zugang zum Geist kennen zu können, da dieser Weg, anti-schematisch, nur über den objektivierten Geist erfolgen kann. Aber der Rückgang hinter den objektivierten Geist erfolgt andererseits nicht ins Nichts: *Verständlich* ist eine Bewegungsmelodie als Ausdruck einer Verhaltensweise. Das Geistige als Geistiges ist daher ein Vollzug, der dem Modus nicht entfliehen kann. Den ersten, wesentlichen Schritt zu dieser Einsicht hatte Max Scheler (1913/16: 386–392) getan: Das Geistige als Geistiges sei reiner Vollzug.[60] Bei Scheler blieb diese Einsicht aber noch schematisch. Der geistige Vollzug ist dort deshalb rein, weil er an keine leibliche Bestimmtheit gebunden ist. Im Gegenteil ist für Scheler (der christliche) Gott in einem eminenten Sinne Person, weil er an keinen Leib gebunden ist. Die Idee eines Diesseitig-Geistigen kann daher nicht schematisch verfahren, da sie nur leibhaftige Personen zulässt (vgl. Schürmann 2021). Es ist daher zentral, dass der Rückgang ›zum Leben‹ ein Rückgang nicht pauschal in ein Verhalten, sondern in eine Verhaltensweise ist, was zugleich dasjenige näher spezifiziert, das in Kapitel 2 »Verhalten als Benehmen« hieß. Dieser Rückgang spezifiziert zugleich die Reden von »Prozess« resp. »Vollzug« (s. o.) und von »Leib«: Leibliche Ausdrucksbewegungen wollen nun, so Misch sehr beiläufig, als sich in »Leibhaltungen« vollziehendes Tun (Misch 1994: 159) analysiert werden.

Kurz und gut: Bei lebensphilosophischem Schachzug ist die in der Wahrnehmung gegebene Ausdrucksgestalt mehr als bloß eine Bildgestalt, nämlich zugleich ein Sinnbild, weil sie rückverweist auf die »übergestalthafte Ganzheit des Verhaltens« (ebd. 177) als sinnhafter Verhaltensweise. Dieses methodologische Postulat ist dann in sachlicher Hinsicht ein Appell daran, dass sich die gerichteten Bewegungsmelodien in dem Augenblick, »während ich mit dem anderen Lebewesen im Kontakt des Verstehens bin«, gar nicht als etwas rein Bildhaftes, sondern eben als Sinnhaftes darstellen (ebd. 178). Hier kommt ein zweiter anti-schematischer Grundzug zum Tragen. Dieser Kontakt des Verstehens im Lebensverhalten ist nicht nur, wie ausgeführt, formatiert durch die speziesspezifische Lebensform, sondern auch gebunden an die konkrete Situation. Es gibt, so die These, kein Uralphabet von Ausdrucksweisen, weil es im Lebensverhalten nicht *den* Sinn *des* Verhaltens gibt, sondern nur »den Sinn des Verhaltens, wie er sich in den Lebensbezügen je nach Situation gestaltet« (ebd. 180). Weil dann die Sinnhaftigkeit des Benehmens a) an einen konkreten situierten Vollzug einer b) durch eine bestimmte Lebensform formatierten Verhaltensweise gebunden ist, könne man erst nachträglich zwischen Bildhaftigkeit und Sinnhaftigkeit der Gestalt unterscheiden. »Erst wenn ich aus diesem Kontakt heraustrete, wie ich als Mensch das kann, und das Geschehen aus der Distanz ästhetisch ansehe [...], lösen sich aus dem Gesamteindruck die anschaulich zusammengehörigen Züge als Bildgestalt heraus, die ich als Ausdruck der Freude oder der Gier verstanden habe« (ebd.). Dieser Appell schließt ein, dass das elementare Verstehen *im* Lebensverhalten, also im lebendigen Kontakt des Verstehens, ein realer Lebensbezug und keine ideelle Beziehung ist (s. o.), dass es aber ein präsentisches und kein repräsentisches Verstehen ist: Die Gemütsbewegung steht dort nicht *für* Freude oder *für* Euphorie, sondern *ist* ein Sinnbild von Freude oder Euphorie. In diesem Sinne hat sich eine sinnhafte Verhaltensweise als integraler Bestandteil der Wahrnehmung manifestiert, nämlich als anschauliches Gestaltbild, das zugleich ein unsinnliches Sinnbild ist.

Das wiederum heißt, dass ein präsentisches unsinnliches Sinnbild zwar in die Wahrnehmung fällt, aber entweder nicht in die Anschauung oder dass auch unsinnlicher Sinn (in einer dann wohl spezifischen Weise) anschaulich ist. Bei Plessner & Buytendijk (1925: 86) ist das gleiche Ergebnis festgehalten, wenn auch terminologisch leicht verschoben und deshalb schon mit einem Lösungsvorschlag versehen. Dort liegt der Akzent darauf, dass in der Anschauung nur Gegenständliches gegeben sein kann und dass folglich Nicht-Gegenständliches unanschaulich sei: »Dieses Gerichtetsein, das einen ›Sinn‹ ausmacht, ist rein formal betrachtet eigentlich nichts anderes, als daß uns mit den anschaulichen Daten auch Unanschauliches *nicht-gegenständlich* mitgegeben ist. Dieses Nicht-Gegenständliche ist aber gegeben, trotzdem wir es, wenn wir scharf darauf achten, weder im Objekt noch im Subjekt der Betrachtung unterbringen können.«

4.8 Zwischenfazit II: Der lebensphilosophische Grundzug

Jene enge, im Lebensverhalten wurzelnde Verklammerung, ja Untrennbarkeit von Wahrnehmungs- und Sinnbild ist die vorläufige Antwort auf das von Misch aufgeworfene Problem: *Sehen* wir die Freude? Oder ist das *Wahrnehmen* (nicht Meinen) von Freude eine geistige Leistung? So oder so ist diese enge Verklammerung der Befund: »Demgegenüber ist das Auffassen der Bedeutung eines Gesichtsausdrucks oder eines in Leibeshaltungen verlaufenden Tuns nicht von der anschaulichen Erscheinung ablösbar, die beim Vorgang des Verstehens in die Wahrnehmung fällt« (ebd. 159). Und so reden wir durchaus auch, wenn wir uns über diesen Befund verständigen: »Diese Einheit ist in unserer deutschen Sprache durch eine Redewendung fixiert, die ich schon mehrfach heranzog: die

Wendung mit dem Verb ›ansehen‹. ›Dir sieht man sofort alles an‹« (ebd. 160).

Dadurch ist aber das Rätsel der Unsinnlichkeit des Sinnhaften noch nicht gelöst. Nach wie vor ist nicht klar, wie das Verstehen des sinnlich-Sinnhaften zu verstehen ist. Dass dieses Sinn-Verstehen »in die Wahrnehmung fällt«, ist eine Abwehr eines schematisch oder rein geistig verstandenen Verstehens. Das allein klärt aber noch nicht, ob wir hier, in Fällen der sinnlichen Anschauung, auch den unsinnlichen Sinn *anschauen* oder ob es sich schon bei diesem elementaren Verstehen um eine *geistige* Leistung handelt. Fällt das unsinnliche Sinnbild – das, was wir jemandem *an*sehen – als *anschauliches* Bild in die Wahrnehmung?

Die erste Antwort ist, dass der Rückgang ›zum Leben‹ ein Bruch mit dem Primat der Anschauung ist (Misch 1994: 186, 191, 210). Ausdrücke wollen letztlich eben nicht *schauend* verstanden sein[61] – dann würden sie als letzte Ausgangspunkte herhalten können –, sondern sind nur als Ausdruck einer Verhaltensweise verständlich. Weil die Anschauung eine gerichtete Leib-Umwelt-*Beziehung* voraussetzt, ist die (in aller Vorsicht; vgl. Scheler 1913/16: 383) ›Fundierung‹ der Sinnhaftigkeit im Vollzug einer Verhaltensweise zugleich die These, dass das elementare Sinn-Verstehen in die Wahrnehmung fällt, aber nicht in die Anschauung. Deshalb muss Misch auch seine These, dass wir in einer Ausdruckswelt (und nicht in einer Erlebniswelt) leben, in wesentlicher Hinsicht näher bestimmen: »Die Welt, in der wir leben, ist, so formulierte ich vordem, nicht bloß eine Ausdruckswelt, sondern eine durch Ausdruck und Tat gestaltete Welt.« (Misch 1994: 186) In diese Spezifizierung geht der Richtungssinn der Ausdrucksgestalten und die Vollzughaftigkeit des Benehmens konstitutiv ein.

Die zweite Antwort ist dann, wesentlich, eine Antwort auf eine Weichenstellung: Ist das elementare Verstehen des Sinnbildlichen im Wahrnehmen eine geistige Leistung? Oder bedarf es zum Verstehen lediglich einer (auch Tieren zukommenden) Intelligenz? Plessners Programm einer Ästhesiologie des Geistes ist hier eindeutig: Das Verstehen leiblicher Ausdrucksbewegungen ist geradezu das Paradebeispiel der Versinnlichung *des Geistes*. Misch ist auf seine Weise genauso eindeutig, wenigstens in Bezug auf Gemütsbewegungen und auf leiblich-motorische Bewegungen. Er verortet diese ausdrücklich im *organischen* Lebensverhalten, und er behauptet ausdrücklich, dass verständliche Ausdrucksbewegungen auch beim situierten Miteinander im Darinnensein eines zentrischen Umweltbezugs vorkommen. »Die Ausdrucksbewegungen wie die des Bienentanzes [sind] dank ihrer Sinnhaftigkeit in der Bienenwelt leibhaftig verständlich, indem da die Bedeutung unmittelbar zur Erscheinung kommt für die in der Lebensgemeinschaft Verbundenen« (ebd. 288). Für Misch gibt es also auch intelligentes, nicht lediglich geistiges *Sinn*-Verstehen.

Die Pointe des lebensphilosophischen Grundzuges ist daher die These der Formatiertheit des Ausdrückens und Verstehens von Sinn durch die je bestimmte Lebens- bzw. Praxisform. Deshalb sind ›Ausdrücke‹ nicht die letzten, festen Ausgangspunkte, denn ihr Verstehen verlangt einen Rückgang ›zum Leben‹ bzw. ›zur Praxis‹. Dies bedeutet wesentlich das Postulat der Aktionsrelativität der Ausdrücke bei Bruch mit dem Primat der Anschauung. In Plessners *Einheit der Sinne* (Plessner 1923) ist dieser Grundzug ebenfalls angelegt, um dann in Plessner (1970) in den Mittelpunkt gestellt zu werden. Thomas Dworschak (2017) hat diesen Grundzug am Beispiel der Musik stark gemacht.

»Lebensform« verweist dabei auf ein Doppeltes. Die genannte Pointe ist einerseits der Kantischen Einsicht geschuldet, dass Gegenstände nicht einfach vorliegen (Misch 1994: 340). Deshalb muss man (auch) das *Verhältnis* der Wahrnehmung dynamisieren; es geht dann immer um Wahrnehmen, und der Analyseeinsatz bei Wahrnehmungen ist, so Misch, ausdrücklich kein letzter Ausgangspunkt. Andererseits ist der Verweis auf die Aktionsrelativität des Wahrnehmens der Uexküll'schen Einsicht geschuldet, dass Leiber im Wahrnehmen nicht je für sich stehen, sondern eo ipso auf eine speziesspezifische Umwelt bezogen sind. Diese Einsicht formuliert Misch lediglich konsequent zu Ende, wenn er den Verweis auf die Spezifik der Spezies nicht nur auf die Umwelt, sondern auch auf die Leiber bezieht: Auch an jenem Pol kann es nicht primär um den Leib als individuellen, sondern als typisch spezieshaften gehen. Das meint gar nicht so sehr (manchmal auch) ein Absehen von individuellen Eigenarten zugunsten einer Typik, sondern meint in allererster Linie, dass es auch den individuellen Leib nicht atomistisch einzeln, sondern nur im Verhältnis zu anderen Leibern der Spezies gibt: jenes Miteinanderdasein und Darinnensein in einer speziesspezifischen Umwelt, gebunden an eine konkrete Situation.

Dieser Doppelverweis auf Kant und auf Uexküll verweist auf die doppelte Rolle von Lebensformen. Sie treten sowohl als kategoriales Format als auch als phänologisch-generisch zu bestimmende Verhaltensweise auf,[62] und zwar zugleich in ›Doppelgängertum‹. Genau an dieser Stelle sind, wie oben schon mehrfach behauptet, der Rückgang auf das geistige Leben und der Rückgang auf die Praxis strukturäquivalente Grundzüge (vgl. Schürmann 2019) – bei allen Unterschieden, die ansonsten bestehen mögen.

Den Kern des lebensphilosophischen Grundzuges des geistigen Verstehens kann man daher vorläufig auf drei Momente bringen, ein strukturales, ein prozessuales und ein kriteriales: Das strukturale Moment ist die situierte Umweltintentionalität einer »Zwischenleiblichkeit« (Merleau-Ponty; vgl. Meyer-Drawe 1984) von leibhaftigen »Aktionszentren« (Misch), aber rückgebunden an eine bestimmte Lebensform, also genommen als geronnenes Produkt eines Prozesstypus. Das prozessuale Moment ist die produktive resp. performative Leistung der Sinnbildung im Mitvollzug des Verstehens: Der Sinn ist nicht *vor*gegeben, um lediglich angeschaut werden zu müssen, sondern bildet sich im Vollzug der allmählichen Verfertigung des Ausdrucksgeschehens (Misch 1994: 222–225). Das Ausdrucksgeschehen ist dann terminologisch als Artikulation bestimmt: »Produktiv-objektivierend also ist das Geschehen, was hier eintritt. Und es ist eine Artikulation [...]. Artikulation also, die produktiv-objektivierend ist. Mit diesem Begriff besiegeln wir das Geschehen, das durch Eintreten des *logos* gekennzeichnet ist« (ebd. 261). Das kriteriale Moment ist die Angabe dessen, was Geistiges als Geistiges bestimmt. Bisher gibt es dafür drei Bestimmungsstücke: i) Geistiges ist als Geistiges Vollzug (Scheler); ii) Geist ist eine Sphäre als solche, keine Gemeinschaft von Aktionszentren *in* einer solchen Sphäre (Plessner); schließlich gibt iii) Misch als »Grundform alles Geistigen« die bedeutungslogische Figur der »Einheit in der Mannigfaltigkeit« an (Misch 1994: 94).

4.9 Das Logische im Feld des elementaren Verstehens

Misch (1994: Kap. V) versucht, das Logische durch zwei Aspekte und deren Verhältnis zu bestimmen, nämlich durch ›Denken‹ resp. ›Besinnung‹ einerseits und ›Gegenständlichkeit‹ andererseits. Ausgangspunkt der Suche nach der Sphäre und den Bestimmungen des Logischen ist der (auch für Misch) klare Fall, bei dem das Denken die Form von (Verstandes-)Urteilen und die Gegenständlichkeit die Form eines klaren Gegenüberstehens eines »Objekts« (Subjekt-Objekt-Unterscheidung) annimmt. Dieser klare Fall hatte den Logismus der Tradition dazu gebracht, das Logische – die Sphäre des Wahrheitsfähigen – auf diesen klaren Fall einzuschränken. Mischs Anliegen ist es, diesen Logismus zu überwinden bzw. zu unterlaufen.

Deshalb hatte Misch das Logische zunächst an die Sphäre der Rede und nicht an die der Urteile gebunden. Fraglich war ihm dann, ob und inwiefern das Logische auch im Bereich der leiblichen Ausdrucksbewegungen anzusiedeln ist. Dort ist zwar von einem elementaren Sinn-Verstehen auszugehen, aber dadurch ist noch nicht geklärt, ob solches Verstehen auch logisch, also im Hinblick auf Wahrheitsfähigkeit, bestimmt ist. Der springende Unterschied ist der Modus der Gegenständlichkeit. In der Sphäre der Rede kommt es sprunghaft zu dem, was Misch »gegenständliches Auffassen« nennt. Auch das elementare Verstehen ist ein Sinn-Verstehen, ein »Verstehen durch Bedeutung, kein bloßes Einfühlen«, aber dieses elementare Verstehen ist »leib- und umwelt-situationsgebunden. Im gegenständlichen Auffassen dagegen wird das Gemeinte frei und sachlich bedeutet, indem wir sagen können, was wir meinen.« (Misch 1994: 332) Die Art und Weise des »Erfassens durch Bedeutungen« (ebd. 331) ändert sich also, und Misch fragt, ob dieser Unterschied auch logisch relevant ist.

Im Bereich der Rede hat die Intentionalität des Verstehens die Form des Etwas-Meinens. Dies ist deshalb ein gegenständliches Auffassen, im Unterschied zum »vorgegenständliche[n] verstehende[n] Darinnensein in den Lebensvollzügen« (ebd.), weil mit dem Auftreten der Polarität von Person und Gegenstand auch das auseinandertritt, was im elementaren Verstehen noch nicht gesondert ist: »Denken und Anschauung« (ebd.) resp. Wahrnehmungsbild und Sinnbild. Intentionalität in der Form des Etwas-Meinens ist eine triadische Struktur Person – Bedeutung – Gegenstand, in der sich Bedeutung und Gegenstand tatsächlich sondern. Das »maßgebende, logisch wesentliche Moment« für den Sinn der Rede ist »die Intention des Bedeutens und nicht die Anschauung von etwas Vorfindlichem«, also nicht der Gegenstand im direkten Sinne (ebd. 333). Das Gemeinte ist die Bedeutung und nur darüber vermittelt der Gegenstand, auf den die Bedeutung verweist. Deshalb ist es für den Sinn der Rede nicht notwendig, dass der Gegenstand anschaulich präsent ist. In gewissem Sinne ist das »anschauungslose Meinen« sogar der Normalfall der Rede; dort stehen die Worte symbolisch, als Anzeichen für ihre Bedeutungen, sind aber nicht durch sie stützende Anschauungsbilder unterlegt (vgl. ebd. 334 f.). Husserl und Misch ziehen daraus die Konsequenz, zwischen intentionalem Meinen und Erkennen zu unterscheiden. Das Meinen werde (erst) durch einen die Bedeutung anschaulich erfüllenden Akt zur Erkenntnis: »Die Bedeutungserfüllung ist das Gegenwärtighaben dessen, was mit einem Ausdruck gemeint ist, in der Anschauung, und das ist die Aufgabe der Erkenntnis« (ebd. 335). Dann ist nicht nur das Verstehen eine produktiv-objektivierende Artikulation, sondern auch das Erkennen, nämlich als allmähliche Verfertigung des schon Verstandenen im Vollzug seiner anschaulichen Erfüllung (ebd. 337 f.).

Diese ausdrückliche Sonderung von Bedeutung und Gegenstand macht sinnfällig, dass Bedeutungen die Psyche transzendieren. Zwar sind die *gemeinten* Gegenstände durchaus psychischer Natur. Sind sie aber vermittelt durch Bedeutungen gemeint, muss man zwar nicht leugnen, dass auch Bedeutungen »als ein Produkt aus der schöpferischen seelischen Lebendigkeit hervortreten«, aber man kann dann anerkennen, dass Bedeutungen selbst kein psychisches Vorkommen sind. Bedeutungen leben nicht im Psychischen, sondern in der Sphäre des Geistes. In dieser klaren Unterscheidung von psychischen Vorgängen und dem Bereich des Bedeutungs-Logischen ist die Abwehr eines jeden Psychologismus in einer Theorie des Wissens begründet – eine Abwehr, die in der Philosophie eine lange Geschichte hat und von Husserl »mit sagenhafter Klarheit« herausgestellt wurde (ebd. 329). Die Verortung von Bedeutungen im Nicht-Psychischen rechtfertigt die Position, dass das Intendieren in der Form des Etwas-Meinens über sich als psychischen Akt und Aktinhalt hinausweist und insofern ein »Aktfremdes« (Scheler, nach ebd. 324) ist.[63] Dies »ist der Grundsatz von der Transzendenz der intentionalen Gegenstände über das hinaus, was j[e] von ihnen [in der Psyche und] im Bewußtsein aktuell gegeben ist« (Misch 1994: 326).

Mit diesem Grundsatz ist ein »Verständnis für die Identifizierbarkeit« (ebd.) gewonnen, oder pathetisch-schärfer gefasst: ein Verständnis für die Wurzel der Humanität im Sinne von Hegel, auf Übereinkunft zu zielen. Ein völlig gleiches psychisches und völlig gleiches Bewusstseinsvorkommnis kann es gar nicht geben, »weder im eigenen Bewußtsein, noch gar bei verschiedenen Individuen« (ebd.). Aber es ist möglich und auch wirklich, dass verschiedene Individuen dasselbe meinen, »eben weil das Gemeinte hinausliegt über die jeweiligen in einem Individuum gegenwärtigen Bewußtseinsinhalte« (ebd.). Hier greift zugleich die Abwehr eines platonischen Schnitts zwischen Geist und Subjekt: Verschiedene Subjekte meinen dieselbe objektivierte, geistige Bedeutung, aber sie meinen sie unhintergehbar in je persönlichem Modus. Hier greift die *bedeutsame Differenz* (s. o., Kap. 1.5).

Die Spezifik der Intentionalität in der Form des Etwas-Meinens ist also an die Sonderung (nicht: Trennung) von Bedeutung und Gegenstand gebunden. Weil Bedeutung und Gegenstand dort zweierlei sind, deshalb hat das »Erfassen durch Bedeutungen« dort die Form des Repräsentischen: Das Gemeinte ist die Bedeutung, die stellvertretend für den Gegenstand steht. Da bisher mit solchem Etwas-*Meinen* noch keine Intentionalitäten in der Form des Etwas-Fühlens oder des Etwas-Wollens ›gemeint‹ waren, konnte zwischen den Dreiheiten Denken – Gedachtes – Gegenstand und Meinen – Bedeutung – Gegenstand hin und her gewechselt werden. Im Sinne dieser Einschränkung des Intentionalen auf das Gedachte resp. das Kognitive (im durchaus weiten Sinne; vgl. ebd. 102–106) zielt eine etwas-meinende Rede qua repräsentischer Bedeutung auf Sachlichkeit und ist wahrheitsfähig, sei es im Sinne der Wahrheitsdefinitheit im Falle urteilender Rede, sei es im Sinne der (un-)treffenden Rede.

Dehnt man nun – »entsprechend der geläufigen Klassifikation der geistigen Akte in Denken, Fühlen, Wollen« (ebd. 103) – die Intentionalität der Rede auf sprachliche Ausdrücke aus, in denen ein Etwas-Fühlen und ein Etwas-Wollen zum Ausdruck kommen, so steht man zunächst vor der Frage und Weichenstellung, ob die Intentionalitäten des Fühlens und des Wollen je eigene, gleichsam aus eigener Kraft kommende Intentionalitäten sind oder ob sie nur qua Denken im engeren Sinne (als Gegenbegriff zu Fühlen und Wollen) resp. qua »theoretischem Verhalten« (ebd. 103 f.) Intentionalitäten sind. Misch argumentiert, dass diese zweite Möglichkeit ein kognitivistisches Vorurteil sei. Wenn man stattdessen an einer Eigenbedeutsamkeit fühlender und wollender Gerichtetheit festhalten will, dann kann man gleichwohl an der Formel festhalten, dass die Rede ein *Gedanken*ausdruck sei, aber dann bezieht sich »Gedanke« gerade nicht alleine auf das Denken als Gegenbegriff, sondern auf den gesamten Kreis des Geistigen (vgl. ebd. 105; vgl. analog für die Phänomenologie Breyer 2023: 155).

Der oben herausgestellte klare Fall des (theoretischen) Etwas-Meinens war an die klare Sonderung von Bedeutung und Gegenstand gebunden. Deshalb ist es ein Meinen, welches das psychische und das erlebende ›Meinen‹ transzendiert, oder auch: Dasjenige, durch das man im theoretischen Meinen gerichtet ist, meint man auch bloß und hat es nicht. Dies ist der Unterschied zum Erleben. Zwar transzendiert das Erleben das Psychische, aber es bleibt ein entscheidender Unterschied: »Das, was ich vorstelle oder worüber ich urteile, habe ich nicht, wenigstens nicht ganz, sondern nur teilweise; als Ganzes meine ich es nur. Als dieses Gemeinte ist der Gegenstand grade das, was nicht erlebnismäßig für mich da ist. Deshalb wurde mit Recht erklärt, Vorstellungen seien gar keine Erlebnisse« (ebd. 314).

Beim Etwas-Wollen liegt auch eine Gerichtetheit auf ein Ziel hin vor; auch dort ›meint‹ man etwas resp. hat ›etwas im Sinn‹. Aber hier tauchen Fälle auf, in denen das Gewollte noch unklar ist und man noch nicht sagen kann, was gewollt wird. In diesem Sinne liegt auch hier ein »Gerichtetsein auf etwas [vor], was man nicht hat« (ebd. 317). Zugleich ist klar, dass das Gewillt-Sein »einen anderen Charakter hat« als das theoretische Gemeint-Sein, denn beim »Gewillt-Sein werden wir schwerlich so scharf scheiden können zwischen dem für das Erleben charakteristischen Haben oder Leben im Besitz und dem bloßen Vermeinen« (ebd.).

Beim Etwas-Fühlen ist ganz unklar, ob man hier noch von Intentionalität sprechen kann oder sollte, weil hier kein Gerichtetsein-auf-etwas vorliegt, sondern eher die »umgekehrte Richtung«, nämlich ein »In-sich-Hineinnehmen des Begegnenden, Erlebten«

(ebd. 318). Da man sich aber *über* etwas freut oder traurig ist, *auf* etwas zornig ist, *vor* etwas ängstlich ist, liegt auch hier durchaus eine bedeutungsvermittelte Gerichtetheit vor, wenn auch eine pathische Gerichtetheit-durch (ebd. 320). Hier blitzt auch auf, dass der Fall von Stimmungen noch einmal ein ganz anderer ist; auch Stimmungen sind gegenständlich im Sinne einer Bestimmtheit und auch Stimmungen erfassen wir bedeutungsvermittelt, aber sie erlauben nicht die Präpositionen, die den Gefühlen eigen sind. Heiterkeit ist keine Freude über etwas Diskretes und Weltschmerz ist kein Leiden an etwas Diskretem, sondern sind die Färbung, in die das momentane Denken, Wollen und Fühlen getaucht ist.

An dieser Stelle baut Misch zum einen eine methodologische Vorsichtsmaßnahme ein. Weil unklar ist, ob die allmähliche gerichtete Verfertigung von Gemütsbewegungen überhaupt ein Aktionszentrum von Intentionalitäten hat oder benötigt, sei es »geboten«, hier nicht wie bei der Rede »von der produktiven Seite auszugehen«, sondern von der rezeptiven Seite, also »von der Seite dessen, der die Ausdrucksbewegungen gewahrt und sie versteht, indem er sie deutet« (ebd. 143).

An dieser Stelle wurzelt zum anderen das Unbehagen und die eigentliche Frage von Misch. Wenn man auch die pathischen Fälle einer Gerichtetheit-durch-Bestimmtes nach dem Modell des Gerichtetseins-auf-Bestimmtes rekonstruiert, dann »überspannt man den Bogen«, so der Vorwurf gegen Brentano und Husserl (ebd. 309, 312). Eine kognitivistische Lesart aller geistigen Akte (die in der Phänomenologie spätestens seit Merleau-Ponty als außer Kraft gesetzt gelten kann) liegt dann dadurch nahe, dass man die Gegenständlichkeit des Gerichtetseins ausschließlich nach dem Fall des Bewusstseins-von-etwas modelliert, was aber dem elementaren Verstehen (und dem Erfahrungsbegriff) nicht gerecht wird. Prima facie blieben dann nur zwei Möglichkeiten: Entweder kann man jede Gegenständlichkeit leugnen; dann reduziert man die triadische Struktur Person – Bedeutung – Gegenstand für den Fall des elementaren Verstehens wieder auf eine Zweierstruktur Person – Bedeutung, was zugleich das Transzendieren des subjektiven Aktes des elementaren Verstehens hin zu »Aktfremdem« leugnet: das Hohelied der Unmittelbarkeit und des Präreflexiven (so etwa Scheler [1927/28: 192] in Bezug auf von ihm sog. »ekstatisches Wissen« oder die Neue Phänomenologie). Oder aber man schließt das elementare Verstehen aus einer Theorie des Wissens aus und gewährt diesem nur dadurch Eingang in die Sphäre des Wissens, dass es in wortsprachlicher Rede Ausdruck gefunden hat, was dem elementaren Verstehen seinen Stachel bricht: »Schön, dass wir mal drüber geredet haben!« Ein Sonderfall der ersten Möglichkeit ist dort gegeben, wo das Transzendieren des subjektiven Aktes zwar nicht geleugnet, aber mit dem Preis eines platonischen Schnitts bezahlt wird.

Die Problematik der zweiten Möglichkeit zeigt sich insbesondere dort, wo elementares Verstehen in der Form wortsprachlicher Rede vorliegt. Dieser Fall war bis dato noch nicht thematisiert, denn das Etwas-Meinen der Rede galt ausnahmslos als repräsentisches Verstehen. Festgehalten war aber bereits, dass auch das Etwas-Meinen der Rede verschiedene Modi annehmen kann; in wissenschaftlicher Rede z. B. ist es keine Meinung. Insofern hat man auch mit jenen Fällen der Rede zu rechnen, in der präsentisches Verstehen zum Ausdruck kommt, die also noch nicht an das gegenständliche Auffassen gebunden sind. Metaphorik etwa ist ein Kandidat für elementares Verstehen. Es ist aber wenig überzeugend, *jede* Metaphorik als bloßen Redeschmuck anzusehen, der im Prinzip durch wortwörtliche Rede ersetzt und somit aus einer Theorie des Wissens ausgeschlossen werden könne. Dann wäre die Möglichkeit »notwendiger« (König, Holz) oder »absoluter« (Blumenberg) Metaphern von vornherein ausgeschlossen. Metaphorik ist daher ein Fall elementaren Verstehens, der *in* der Theorie des Wissens zu verorten ist. Auch Königs Unterscheidung theoretischer und praktischer Sätze (König 1948, 1953 ff.) ist nicht ohne die Grundidee der Wirksamkeit des elementaren Verstehens *im* Bereich der Rede zu haben.

Eine Voraussetzung, um auch das elementare Artikulieren von Sinn in Gemütsbewegungen als gerichtet zu fassen – obwohl Gemütsbewegungen nicht in leiblichen Aktionszentren *beginnen*, sondern primär etwas mit diesen Aktionszentren machen –, ist die Präsenz des Sinns in Gemütsbewegungen. Wir verstehen sie durch eine Bedeutung hindurch und fühlen uns nicht ein, aber eine Gemütsbewegung ist kein Sinn-Ausdruck, der repräsentisch für Freude steht, sondern ein Sinn-Ausdruck von Freude. Deshalb ist das Wahrnehmungsbild hier zugleich ein Sinnbild und dieses Zugleichsein ist derart eng, dass man ernsthaft darüber nachdenken kann, ob auch das Sinnbildhafte des Wahrnehmungsbildes anschaulich gegeben ist. Das Sinnbild ist hier kein anzeigendes oder symbolisches Zeichen für einen Sinnüberschuss, der außerhalb der Wahrnehmung liegt: »Der Affektausdruck bedeutet nicht mehr als was leibhaftig gegenwärtig ist.« (Misch 1994: 183) In diesem Sinne drückt sich in dieser Gemütsbewegung Freude aus und nicht ein freudig affizierter Leib; dies gelingt freilich nur mittels eines freudig affizierten Leibes. Formulierungen von König (1937: 200) aufgreifend, könnte man sagen: Ein Affektausdruck von Freude ist ein Ausdruck *von Freude* aus der eigenen Kraft der Bedeutung ›Freude‹ heraus, aber *Ausdruck* der Freude nur kraft des freudig affizierten Leibes. Ein Affektausdruck von Freude ist i) gegenständlich durch Freude, nicht durch Schadenfreude oder Gram gerichtet; er ist ii) leiblich vermittelt, selbst-gerichtet; er ist iii) im personalen Fall *geistig* durch eine Bedeutung gerichtet, also weder psychisch durch einen physiologisch beschreibbaren organischen Zustand noch phänomenalbewusstseinsmäßig durch ein Erleben von Freude gerichtet. Oder formelhaft zuspitzend: Was von rezeptiver Seite aus ein Verstehen von Gemütsbewegungen ist, ist von produktiver Seite aus ein Selbst-Artikulieren von Freude. Diese Selbstartikulation ist *deshalb* kein vitiöser Zirkel, weil sie eine vermittelte ist: Sie findet statt, wenn sie denn stattfindet, im Medium eines leiblichen Ausdrucksgeschehens.

So oder so: Misch nähert sich der Bestimmung des Logischen durch den Einsatz bei den Gemütsbewegungen und bei den mit einer Leibhaltung vollzogenen leiblich-motorischen Bewegungen, weil hier die Bestimmtheit des Ausgedrückten noch nicht im Modus des gegenständlichen Auffassens vorliegt. Das Logische an den Gemütsbewegungen bleibt auch für geistig-personale Affektausdrücke noch unklar, weil auch (oder vielleicht gerade) bei einer Gerichtetheit durch die Bedeutung ›Freude‹ in einer präsentischen Sinn-Artikulation fraglich ist, ob ein freudig affizierter Leib diese Freude falsch oder ob er falsche Freude zum Ausdruck bringen kann. Deshalb gilt es, die Bedeutungsgliederung leiblicher Ausdrucksbewegungen näher zu analysieren.

Nimmt man dann die doppelte Gliederung der Rede zum Vorbild, so kann man einerseits festhalten, dass auch Gemütsbewegungen und leiblich-motorische Bewegungen eine dreifach-vertikale

Gliederung in Ausdrucksgestalt/Bewegungsmelodie, Sinn/Bedeutung und Bestimmtheit aufweisen. Andererseits aber haben sie als leibliche Ausdrücke keine horizontale Gliederung. Gemütsbewegungen sind gerade nicht diskursiv gegliedert, denn sie stellen die Bedeutung mit einem Schlage hin; sie manifestieren sich als *ein* Sinnbild, als *ein* Sinngebilde: auch dann, wenn das Ausdrücken sukzessiv verläuft, *dauert* das Sinnbild (s. o.). Das, was in der Bewegungsmelodie eines Wutausbruchs nacheinander erfolgt, ist nicht in sich vielfältig, anders als es im Falle einer musikalischen Melodie sein kann, die sich in gegeneinander abgrenzbare Klänge oder Phrasen gliedern mag. Oder auch: Der Ausdruck, das Sinnbild von Freude oder eines Wutausbruchs selbst ist eine Einheit, aber keine Einheit in der Mannigfaltigkeit; ihm fehlt also auf den ersten Blick die geistige Grundform.[64] Hier benötigt es die Wieder-Umkehr der zunächst vorgenommenen methodologischen Vorsichtsmaßnahme. Gemütsbewegungen *nur* von der rezeptiven Seite des Verstehens aus zu analysieren heißt notwendigerweise, dass das *Verstehen* eines Wutausbruchs trotz aller Sukzession solchen Ausbrechens kein Nach- oder Mit-Vollzug im strengen Sinne ist, sondern eine *intuitio*. Erst der Wechsel zur produktiven Seite, zum *Artikulieren* des Sinns des Wutausbruchs verweist auf einen Vollzug, nämlich auf den Vollzug eines bestimmten Benehmens, das jenen Wutausbruch realisiert. Von diesem Artikulieren wiederum ist unklar, ob es ein geistiges oder ein lediglich intelligentes Artikulieren ist. Es ist durchaus möglich und plausibel, die Bewegungssteuerung des gegliederten Vorgangs des Ausbrechens von Wut rein funktional zu fassen (s. o., Kap. 3), und dann ist von geistigem Artikulieren nicht die Rede.

Erst dann also, wenn man das Verstehen solch nicht-diskursiver Sinnbilder auf die Artikulation ihres Sinns rückbezieht, wird kenntlich, dass ihre *intuitio* kein ereignishafter Geistesblitz ist, oder besser: nicht darauf reduzierbar ist. Plessner stellt es am Verstehen eines Witzes heraus. Dass man ihn nicht erklären kann, »ohne ihn um seine Wirkung zu bringen«, ist dem Umstand seines »nur in blitzartiger Erhellung erheiternde[n] Effekt[s]« geschuldet; aber dies habe »gleichwohl Sprachlichkeit zu seiner Grundlage«, da alle Formen des Witzes mit »Doppelbedeutungen vorn Worten« und Ähnlichem arbeiten. Und Karikaturen etwa, die »zur Erhöhung des Effekts auf Worte verzichten«, »verschweigen« diese Worte nur (Plessner 1967: 463). Und allgemeiner: Auch nicht-diskursive Sinnbilder sind »im Vollklange des Wortes« nur als Mitvollzug eines Benehmens verständlich. Hier lohnt ein Seitenblick auf die Einwortsätze (Misch 1994: 444, 450), die im Felde der diskursiven Rede den Fall der nicht-diskursiven Sinnbilder gleichsam simulieren: Ein Einwortsatz ist (qua Rede) an sich selbst diskursiv, was er aber selbst nicht kenntlich macht – ein nicht-diskursives Sinnbild ist geronnenes, gleichsam stillgestelltes Produkt des Vollzugs eines bestimmten Benehmens. Von der dortigen Diskussion kann man zwei Aspekte lernen: Das je in Frage stehende Verhältnis von Einheit und diskreter Vielheit solcher nicht- oder pseudo-diskursiver Sinngebilde bleibt so lange ein Rätsel, solange man unterstellt, dass der Ausdruck ein Abbild und eben nicht ein Ausdruck des Sinns sei (ebd. 451, 473). Die (wort-)sprachliche Gliederung und die Bedeutungsgliederung der Rede stehen senkrecht zueinander; sie verlaufen gerade nicht parallel, weshalb man nicht nach Eins-zu-eins-Entsprechungen von Satzteilen und Bedeutungsmomenten fahnden kann oder muss – und so auch das Verhältnis von ausdrücklicher (Nicht-)Gliederung und Bedeutungsgliederung der leiblichen Ausdrucksbewegungen. Zweitens ist das Ganze des *einen* Sinns eines Sinnausdrucks nur als »hervorbringendes Tun«, nicht als Sinnereignis zu haben. Noch als geronnene Ausdrucksgestalt trägt sie den »Charakter des Entsprungenen in sich« (ebd. 473). Solcher Sinn *ist* nicht (vor-gegeben), er steht auch nicht »in simultaner Einheit« (ebd.) mit dem Ausdruck plötzlich vor uns, und insofern springt er uns nicht an – sondern er entspringt in einem bestimmten Sinngeschehen, in einem sinnhaften Benehmen. Auch solcher Sinn ist somit konstitutiv an eine doppelte Differenzierung gekoppelt: Er hat anderen Sinn neben sich – Sinnbild von Wut, nicht etwa von Ärger –, und er hat anderen Sinn hinter sich – Sinnbild von Wut, nicht mehr von Gemütsruhe; verbunden mit der ›wahrheits‹definiten Möglichkeit des doppelten und ganz verschiedenen Vorwurfs: Wie kannst Du in dieser Situation Wut zeigen, in der Trauer einzig angemessen wäre? Wie kannst Du in dieser Situation Deine Wut ausbrechen lassen, was die ganze Situation verdirbt?

Diese Rückbindung des rezeptiven Verstehens im Modus der *intuitio* an einen Vollzug, an die Artikulation dieses Sinns erweist den Sinn von Gemütsbewegungen und von leiblich-motorischen Bewegungen als ein Verhältnis von endlich-bestimmtem und unergründlichem Sinn. Nimmt man leibliche Ausdrucksbewegungen nicht als letzte Ausgangspunkte, sondern als Objektivationen des Lebens, dann (erst) sind sie verständlich und nicht lediglich subjektiv ›spürbar‹, wobei der Modus ihrer Verständlichkeit als Gedankenmäßigkeit von Unergründlichem keine reine Feststellbarkeit ist.

Nun wissen wir nicht so recht, ob sich Bienen in ihrem Tanze wechselseitig Vorwürfe machen oder sich loben (könnten). Wir Personen unterstellen, dass sie das nicht tun. Wir unterstellen, dass der Tanz der Bienen weder ihnen selbst noch uns als freies Tanzen gilt, so dass sie nichts falsch machen könnten und wir sie für ihr Tanzen nicht zur Verantwortung ziehen – und sie sich wohl auch nicht, aber das wissen wir eben nicht so recht. Es spricht deshalb einiges dafür, dass sich die Sphären des Personalen und des Logischen decken. Personales produktiv-objektivierendes Artikulieren von Sinn ist an sich selbst der Situation angemessen oder unangemessen artikuliert, und artikulierter Sinn ist dann und nur dann angemessenheitsdefinit, wenn er personal artikuliert ist.

Auch wenn man die Vorstellung eines Uralphabets von sinnhaften Ausdrucksgestalten vehement ablehnt, um stattdessen dem lebensphilosophischen Grundzug des Rückgangs ›zum Leben‹ zu folgen, so kann und muss man nicht bestreiten, dass wir Personen Wutausbrüche *nicht* rein im Hier und Jetzt, in einer puren Gegenwart, verstehen. Wir Personen verstehen dieses Sinnbild (falsch oder richtig), weil wir ›aus unserem früheren Leben‹ schon ähnliche oder ganz gegenteilige Sinnbilder kennen, und dies keineswegs (nur) aus eigenem Erleben, sondern von Fotos, Filmen, Romanen, wissenschaftlichen Untersuchungen. Wir Personen verstehen Sinnbilder also situativ in unserer personenspezifischen Umwelt, in unserer personalen *Welt*, die je schon fungierende, aber wesentlich auch objektivierte Sinn-Unterscheidungen bereithält, wenn wir in diese Welt hineinwachsen und wenn wir uns Sinn-artikulierend in ihr bewegen. Auch der Artikulation und dem Verstehen von leiblichen Ausdrucksgestalten liegen also schon – keine uralphabetlichen, aber individuell, situativ, kulturell geprägte – Sinnbilder voraus, ganz so, wie jedem Reden schon Worte vorausliegen, die die Rede in Gebrauch nimmt und ggf. produktiv-schöpferisch um- oder gar neubildet, die sie aber nicht im Reden aus dem Nichts erschafft (vgl. Misch 1994: 217). Die Existenz eines objektiven Geistes in personalen Welten spricht deshalb dafür, das produktiv-objektivierende Artikulieren von Sinn in personalen Welten als *geistiges* Artikulieren anzusprechen, das produktiv-gegenwärtige Artikulieren von ›Sinn‹ in nichtpersonalen Umwelten dagegen als nichtgeistiges, lediglich intelligentes Artikulieren anzusprechen. Das hätte die Konsequenz, dass die Bienen in ihrem Tanz nicht übereingekommen sind und sich folglich auch nicht dazu drängen könnten, übereinzukommen oder eine bessere Streitkultur auszubilden – dass sie intelligent synchronisiert ›tanzen‹, aber nicht in konflikthaft-einvernehmlichem Geiste tanzen, geschweige ihre momentane Tanzordnung zum Tanzen bringen können. Der ›Tanz‹ der Bienen als in ihrer Umwelt situiert-prästabilierte Harmonie von Körpermaschinen – das Tanzen von Personen als störungsanfälliges Einvernehmen von weltoffenen Leibern.

Oder mit Hans-Peter Krüger gesprochen: »Das leibliche Selbstbewusstsein kann aus dem [Mit- und] Nachmachen in sozialen Mitverhältnissen hervorgehen.« (Krüger 2019: Kap. 8.4 [2014], S. 207) Aber Mit- und Nachahmen in sozialen Mitverhältnissen ist noch kein Nachahmen resp. Darstellen in personalen Mitwelt-Verhältnissen: »Mimicry ist *nicht* imitation« (ebd. 209). Nachahmen setzt Mit- und Nachmachen voraus, und »beide Voraussetzungen müssen bei Nachahmungen habituell mitlaufen« (ebd.). Noch schärfer müsste man wohl formulieren, dass diese Formen des Mitmachens nicht nur mitlaufen, sondern als Momente *der Nachahmung* auch anderes bedeuten als außerhalb, also bei zentrischem Mit- und Nachmachen. Jenes elementare Sinn-Verstehen als Mitvollzug in einem Lebensverhalten dürfte in einer Welt, die als Welt auch eine Welt objektivierten Geistes ist, kein bloß zentrisches intelligentes Mitmachen, ggf. Nachmachen, sein, sondern bereits ein geistiges Mitmachen – ein Mitmachen, das im Mitmachen einen Blick auf sich als Mitmachen wirft. Jedenfalls ist dies der zu vermutende Unterschied zwischen Misch und Plessner resp. deren Interpretation des (vermeintlich) Gemeinsamen von Tier und Mensch. Die »rein vitale Erwiderung von Ausdrucksbewegungen (und Bewegungen überhaupt) […] [zeigen] Mensch und Tier gleichermaßen, obwohl in der menschlichen Ausdruckserwiderung die Distanz zu ihr mit verarbeitet wird« (Plessner 1948a: 396). Oder auch: »Auf Schritt und Tritt verfolgt ihn dieses Ansichtigsein seiner selbst als latente Möglichkeit in seinem ganzen Verhalten.« (Plessner 1967: 463)

Zunächst neutral gegenüber der Unterscheidung von intelligentem und geistigem Artikulieren ist die Verhältnisbestimmung von ›Sinn‹haftigkeit und Unendlichkeit des artikulierten ›Sinns‹. Die Pointe des lebensphilosophischen Grundzugs ist es, den ›Sinn‹ von endlich-Bestimmtem in doppelter Weise durch Bestimmt-Unendliches imprägniert sein zu lassen. Zum einen ist jedes Verstehen von Endlich-Bestimmtem – von Bestimmtem *in* der speziesspezifischen Umwelt – formatiert durch die speziesspezifische Lebensform, und diese ist ein Bestimmt-Unendliches, weil sie ein bestimmtes All alles dessen ist, was in ihr Endlich-Bestimmtes ist, und zwar genauer: ein bestimmtes eigenes All und nicht nur eine Ansammlung. Das All einer Lebensform ist seinerseits dreifach gegliedert: Innerhalb der »Übergestalthaftigkeit« der je bestimmten Lebensweise differenzieren sich die beiden Pole der bestimmt-unendlichen Zwischenleiblichkeit und der bestimmt-unendlichen Umwelt. Zum zweiten ist jedes Verstehen von Endlich-Bestimmtem konstituiert durch das All einer Situation, die ebenfalls als konstituierende Situation nicht lediglich eine Ansammlung konstituierender Situationsmerkmale ist, sondern eben die je spezifische Färbung, die eine Situation dem Zusammenspiel ihrer konstituierenden Merkmale und dem Verstehen in ihr gibt. »Ein sich-Auskennen in Situationen [ist] prinzipiell nicht reduzierbar auf ein Kennen von Dingen in diesen Situationen.« (Schürmann 1999: 320) Insofern es sich in beiden Fällen um ein All und nicht um eine bloße Ansammlung handelt, ist der ›Sinn‹ einer solchen Ganzheit ein Bestimmt-Unendlicher. Also ist das Verstehen von ›Sinn‹ von Bestimmt-Endlichem eo ipso (d. h.: qua lebensphilosophischem Grundzug) das Verstehen eines ›Sinn‹verhältnisses, nämlich des Verhältnisses von diskretem und unendlichem Sinn.

Es bleibt der grundlegende Unterschied, dass ›Wir Personen‹ das Verhalten, also intelligentes Artikulieren, und Handeln, also geistiges Artikulieren, anders verstehen. Die Ganzheit der jeweiligen Lebensform ist kategorial und nicht bloß phänologisch-generisch zu bestimmen; die Situationsganzheit des Verhaltens ist ein Bedingungsgefüge, die des Handelns dagegen ein Bedeutungsgewebe. Dies macht den Unterschied zwischen *response* und *Antworten* aus. Der Unterschied zwischen intelligentem und geistigem Artikulieren ist dann ein Modusunterschied in dem, was dabei Unendlichkeit heißt, denn nur der Sinn eines Bedeutungsgewebes ist unergründlich, während der ›Sinn‹ eines Bedingungsgefüges ausschließlich das prägende systemische ›Mehr‹ einer Ganzheit gegenüber einer Ansammlung von situativen Bedingungen ist. Insofern mag man mit Misch, aber auch mit Wolfgang Jantzen und Matthias Wunsch (s. o., Kap. 1, Anm. 6) den an Funktionalität und Teleologie gebundenen Unterschied zwischen *Reaktion* auf zahllose Bedingungen und *response* auf ein Bedingungsgefüge als eine ›sinn‹hafte *response* markieren. Aber nur exzentrisch positionierte Lebewesen verhalten sich in einer Situation zu dieser Situation, *weil* sie in ein Bedeutungsgewebe, in einen objektiven Geist, verstrickt sind und umgekehrt.[65] Das prägende ›Mehr‹ eines Bedeutungsgewebes ist mehr als bloß eine Determination, denn diese Unendlichkeit prägt qua Sinn, genauer: qua Unergründlichkeit. Die Distanziertheit einer *response* (im Vergleich zu einem ungebrochenen ›behavioristischen‹ Determinismus) ist eine andere Distanziertheit als die eines freien Antwortens. Zentrisch positionierten Lebewesen »fehlt der Sinn für's Negative« (Plessner 1928: 270).

Liest man die hier mit Misch und Plessner herausgestellte *Situiertheit* des Verstehens also seinerseits mit Plessner, dann wäre eine exzentrisch positionierte Situiertheit als Situiertheit eine andere als eine zentrisch positionierte Situiertheit. Diese reflexive Struktur von Situiertheit macht feine Unterschiede. Beispielsweise kommt dann die Unterscheidung der beiden Momente von ›faktischer Stellung oder Standpunkt‹ von Lebewesen *in* einer (Um-)Welt einerseits und ›intentionales Stellungnehmen oder Sich-Verhalten *zur* Welt‹ (so Erhard 2023) gleichsam zu spät.[66] Im Rahmen einer positionierten Situiertheit ist die Stellung der Lebewesen in der Welt keineswegs lediglich faktischer Standpunkt, sondern, weitaus wichtiger, der Blick- oder »Sehe-Punkt« (Chladenius), von dem aus gerichtetes Sinn-Verstehen ein perspektivisches ist. Vom Ort der Situiertheit aus ist Sinn-Verstehen nicht nur auf dieses oder jenes gerichtet, sondern dieser Ort modifiziert auch die Gegebenheitsweise des Intendierten. Das »Korrelationsapriori« (Alloa 2023) gilt auch hier. Dann aber ist das zweite oben unterschiedene Moment dasselbe Moment vom anderen Pol aus betrachtet. Wenn Situiertheit des Verstehens ein perspektivisches Verstehen ist, dann versteht man nicht nur dieses oder jenes perspektivisch, sondern dann kommt von vornherein nur Bestimmtes in den Blick. Das macht ein Leben in einer ›Merkwelt‹ ja gerade aus: Bienen merken nur Bienendinge und Katzen nur Katzendinge. Die nicht nur faktische, sondern bedeutungslogische Situiertheit des Verstehens ist daher bereits ein Stellung-genommen-Haben. Beim Sinn-Verstehen *in* der Welt ist diese Welt bereits präsent, und sie begegnet nicht erst, wenn man zu ihr Stellung nimmt. Im Rahmen einer positionierten Situiertheit ist es daher falsch zu sagen, dass »ohne positionale Akte uns keine Welt erscheinen [würde] und wir uns nicht als Subjekte in der Welt erfahren [würden]« (Erhard 2023: 175). Oder anders: Die leibliche Verankerung in der Welt unterläuft nicht nur ein »intellektualistisches« Verständnis von Positionalität resp. Situiertheit (ebd.), sondern unterläuft vor allem die Idee, der von Personen qua Exzentrizität immer schon vollzogene Blick im Tun auf das Tun sei eine in Akten erst zu erbringende Leistung.[67]

Was dieses Detail mitzeigt, ist der Umstand, dass das Korrelationsapriori auch für das je eigene Philosophieren gilt. Eine lebenslogische Hermeneutik in der hier vorgelegten Version sieht eben anders und anderes als eine orthodoxe Phänomenologie oder als eine häretische Phänomenologie. Auch die kleine Welt des Sinn-Verstehens ist je verstehbar gemacht worden; auch diese Welt redet nicht zu uns, so dass wir nur gut genug zuhören müssten. Dies nicht einsehen zu wollen, war ein früher Vorwurf Plessners an die Phänomenologie – er warf ihr vor, eine ›analytische Philosophie des Gegebenen‹ zu sein (Schürmann 2011a); es war der Vorbehalt Plessners gegen Nicolai Hartmann am Ende einer ansonsten geradezu hymnischen Besprechung (Plessner 1933); es ist der Vorwurf, den man heute dem *Agentiellen Realismus* von Karen Barad machen kann, die sich explizit darauf beruft (Barad 2003: 601), dass sich die Welt selbst artikuliert; es ist ein Vorwurf, den man dem »spekulativen Realismus« machen kann, der ein »Denken der Welt ohne denkendes Sein« kennt und der damit »einen unausrottbaren ›Korrelationismus‹« bekämpfen möchte (Alloa 2023: 152). Es ist einigermaßen schwer, auf Übereinkunft zu drängen, wenn man mit der Zumutung konfrontiert wird, die Welt würde selbst denken und unsereins müsste ihr nur korrekt nach-denken.

Alles bisher Gesagte gilt daher nur, wenn überhaupt, unter einer Bedingung. Es gilt unter der Bedingung, dem lebensphilosophischen Grundzug zu folgen. *Falls* man diesem Grundzug folgt und zum Beispiel den mystischen Grundzug der irrationalistischen Lebensphilosophie oder den nominalistischen Zug des Atomismus verweigert, dann bleiben gleichwohl bisher zentrale Grundprinzipien dieses Grundzuges rein appellativ bzw. programmatisch. Dass geistiges Sinn-Artikulieren in grundlegenden Fällen ein Selbst-Artikulieren sei, das mag plausibel hergeleitet sein, aber dass ein solches Zirkel-Geschehen auf logisch nicht-vitiöse Weise Bestand haben kann, ist damit nur postuliert, nicht gezeigt. Dass geistiges Sinn-Artikulieren produktiv-objektivierendes Vergegenständlichen ist – dass Sinn also in allmählicher Verfertigung allererst entspringt und nicht nur in ›kreativer‹ Kombinatorik von schon bestehenden Sinngebilden aufgesammelt werden muss –, das mag plausibel hergeleitet sein, ist damit aber nur postuliert, nicht gezeigt. Dass der Unterschied zwischen geistigem und intelligentem Sinn-Artikulieren an den Unterschied zwischen Umwelt und Welt und damit an den Unterschied zwischen sozial-vitaler Lebensgemeinschaft einerseits, lebendig-zwischenleiblicher Gesellschaft-im-Geiste (»Gemein(d)e/Allmende«, Hegel) andererseits gebunden ist, das mag plausibel hergeleitet sein, beschwört den prinzipiellen Unterschied zwischen sozialer Lebensgemeinschaft und personaler Gesellschaft aber eher, als ihn als erfahrbaren Unterschied auszuweisen.

An dieser Stelle, und in diesem Buch nur als Verweis, sei versichert, dass das Metaphern-Konzept von König in diese Lücke einspringen will. König kennt »notwendige« Metaphern. Das sind solche Metaphern, die nicht nur schöner Schmuck der Rede sind, sondern die nicht ohne Bedeutungsverlust in nicht-metaphorische Rede übersetzt werden können. Daraus wiederum folgt nicht, dass notwendige Metaphern notwendigerweise einzigartig sind. Es mag durchaus sein, dass es auch andere Metaphern gibt, die für denselben Sachverhalt als sozusagen eigentliche Ausdrucksweise geeignet sind. Notwendig sind Metaphern dort nur deshalb, weil sich der fragliche Sachverhalt nicht nicht-metaphorisch ausdrücken lässt.

Das allein wäre gemessen am heutigen Stand der Metapherntheorien noch nicht aufregend. Bei König kommt aber ein entscheidender Punkt hinzu: notwendige Metaphern fungieren als Prototypen. Das meint Folgendes: Notwendige Metaphern stiften nicht nur ein notwendiges Sprachbild, um den fraglichen Sachverhalt zu veranschaulichen (den man, so die These, nicht nicht in irgendeinem Sprachbild veranschaulichen kann). Sondern sie sind zugleich ein Sachverhalt, den man selbst nur durch denjenigen Sachverhalt versteht, den diese Metapher veranschaulicht. Das wäre so, als wäre die biologische Angabe dessen, was ein Löwe ist, notwendig darauf angewiesen, die Eigenschaft der Tapferkeit in diese Angabe aufzunehmen. Ein König'sches Beispiel ist die Metapher des Spiegels. Diese Metapher ist nicht nur die sprachliche Veranschaulichung eines bestimmten Verhältnisses, von König Selbstunterschied genannt, sondern der Spiegel ist selbst ein Selbstunterschied *als veranschaulichter*. Wir verstehen ihn nicht *als Spiegel*, wenn wir ihn nicht als Selbstunterschied verstehen. Durch diese Prototypen-Struktur ist gewährleistet, dass die metaphorische Charakterisierung eines bestimmten Verhältnisses als ein Spiegelverhältnis mehr ist als die bloß gedankliche *Forderung*, man möge sich dieses Verhältnis bitteschön so denken. Der Verweis auf den Spiegel als faktisch realisiertes Selbstunterschieds-Verhältnis macht zugleich kenntlich, dass es einen Fall eines solchen Selbstunterschieds in Wirklichkeit gibt (ausführlicher Schürmann 2023: Kap. 6.4).

Das betrifft nun alle drei oben aufgelisteten Charakteristika des geistigen Sinn-Artikulierens, die bis dato im Status (plausibler) gedanklicher Forderungen verbleiben. Für alle drei Charakteristika bieten die Analysen Königs einen Prototypen an: Für geistiges Artikulieren als Selbst-Verstehen die notwendige Metapher des Spiegels; für geistiges Artikulieren als produktiv-objektivierende Vergegenständlichung, also als Fall einer *geschichtlichen* Kontinuität die notwendige Metapher des Weckens; für die Differenz zwischen sozial-vitaler Lebensgemeinschaft und lebendig-zwischenleiblicher Gesellschaft die notwendige Idee des Geistes, die wiederum an unterschiedlichen Phänomenen festgemacht werden kann, z. B. am ›Sich im Blick des Anderen Erblicken‹ (Feuerbach) oder am Besiegeln einer solchen Gesellschaft in der Versöhnung qua Handschlag (so dargestellt in Königs Hegel-Vorlesungen [Nachlass]).

4.10 Zwischenfazit III: Misch und Plessner

Der Lackmustest des Verhältnisses von Misch und Plessner ist Unterscheidung von zentrischer und exzentrischer Position bzw. von Umwelt und Welt: Eine Aktionsrelativität des Verstehens heißt in der (mit Plessner gelesenen) Welt der Kultur immer auch, die ›existentielle‹ Situation, an die jedes Verstehen gebunden ist, im Verstehen zu vergegenständlichen, also sich nicht nur in der Situation, sondern in der Situation auch zu der Situation, also *antwortend*, zu verhalten. Das Beispiel des Bienentanzes zeigt, dass Misch diese Unterscheidung zwischen *Antwort* und *response* nicht einführt. Sein Versuch, die Spezifik des Logischen ›von unten‹ her zu bestimmen, leugnet, dass solcherart ›genetische‹ resp. naturhistorische Bestimmungsversuche immer nur in einem kategorialen Raster, in einem bestimmten Bereich von Bedeutungsunterschieden, stattfinden können.[68] Bei Misch ist der Verweis auf die jeweilige Lebensform daher *nur* ein Verweis auf eine speziesspezifische Lebensweise und nicht auch ein Verweis auf ein kategoriales Format. Bei Plessner ist das entschieden anders. Paradigmatisch führt er das am Beispiel der »Grenzreaktionen« des Lachens und Weinens vor (Plessner 1941). Dies sind Verhaltensweisen, die geradezu maximal dafür stehen, dass sie mit den Lachenden und Weinenden geschehen und gerade nicht von den Lachenden und Weinenden aus ihren Anfang nehmen. Sie sind Paradebeispiele für das von Feuerbach geltend gemachte »passive Prinzip« im personalen Benehmen und damit auch Paradebeispiele für das, was *Erfahren* meint. Gleichwohl insistiert Plessner darauf, dass auch das Lachen und Weinen noch *Antworten* der Person sind, indem der Leib das Antworten übernimmt – als Person »in einem Mittelzustande, nie als ein völliges Tier« (Herder). Das gelingt ihm, da er die Unterscheidung zwischen Exzentrizität und Zentrizität zugrunde legt, und das gelingt ihm, weil er diese Unterscheidung als kategoriale Differenz zugrunde legt und nicht lediglich als einen Unterschied der menschlichen und tierlichen Lebensweise (vgl. Krüger 2019: Kap. 8.4 [2014], S. 208 f.). Seine Abhandlung zum Lachen und Weinen beginnt mit der, heutzutage ausschließlich verstörenden, Bemerkung, dass Lachen und Weinen »Äußerungsformen [sind], über die im Vollsinn der Worte nur der Mensch verfügt« (Plessner 1941: 225). Heutzutage gehört es zum guten Ton anthropologischer Bemühungen, den Menschen nur noch als »anderes Tier« ansprechen zu wollen, weil sonst vermeintlich Speziesismus drohe (s. o., Kap. 2.3). Plessner dagegen war zu sehr an Kant geschult, um nicht zu wissen und ernst zu nehmen, dass uns die Andersheiten von diesen und von jenen Lebewesen und ihren Lebensweisen nicht anspringen, sondern dass wir sie erfahrbar *machen* müssen. Die *kategoriale* Differenz von Exzentrizität und Zentrizität macht, dass Lachen und Weinen von exzentrisch positionierten Lebewesen etwas anderes *bedeutet* als die analogen Phänomene bei zentrisch positionierten Lebewesen. Und so auch im Ergebnis: Es hat sie gegeben, die Theorien, die das Lachen und Weinen als bloßen *response* (auf einen Kitzel) gefasst haben (im Anschluss an Freud etwa); und es hat sie gegeben, die Theorien, die das Lachen und Weinen ausschließlich als vom Menschen hergestellte Äußerungsweise, als gespieltes Lachen, gefasst haben (Bergson etwa, dessen Text Lachen nur als Auslachen kennt). Diese Theorien scheitern nicht *direkt* am Phänomen – im Gegenteil fangen sie je einen höchst plausiblen Aspekt ein –, sondern sie scheitern daran, dass sie eine Bedeutungsdifferenz von Lachen (und Weinen) nivellieren, über die wir verfügen und die in unserem Lebensverkehr von erheblicher Relevanz ist, nämlich die Unterscheidung zwischen gespieltem und ungespieltem Lachen. Ungespieltes Lachen kann es in jenen Theorien gar nicht geben, weil dort das Lachen entweder gar kein Antworten oder aber ein hergestelltes Antworten ist. Plessner beharrt darauf, dass ungespieltes Lachen – Lachen »im Vollsinn« des Wortes – ein *nicht*-hergestelltes Antworten der Person ist, in der der Leib der Person in und auf eine Situation von reflexivem Orientierungsverlust für die Person die einzig mögliche Antwort gibt, die noch möglich war. Angesichts eines »Verlust[es] der Beherrschung im Ganzen« ist Lachen und Weinen jeweils »die einzig passende Antwort« (ebd. 274).

Plessner hat den Unterschied zwischen (speziesspezifischer) Lebensweise und kategorialem Format, wenn auch verschämt, kenntlich gemacht: »In der exzentrischen Position ist die formale[!] Bedingung angegeben, unter der die menschlichen Wesensmerkmale und Monopole in ihrer (dem Sinne nach) unauflöslichen Verbundenheit erscheinen« (ebd. 245). Deutlicher kann man eigentlich, so denkt man, den transzendentalphilosophischen Joker nicht ausspielen, dass alle Erscheinungen gewissen Bedingungen der Möglichkeit ihres Erscheinens unterliegen, sprich: uns nur unter der Bedingung gewisser kategorialer Gehalte überhaupt erscheinen. Aber Plessner selbst hält diese Einsicht 1941 nicht (mehr) durchgehend fest. In personalen »Grenzreaktionen« zeigt sich Exzentrizität als Exzentrizität – dieser Umstand scheint auf irgendeinem Wege dazu zu verführen, nur dort Exzentrizität auch als formale Bedingung festzuhalten, unter der dann eben auch Exzentrizität als Exzentrizität erscheint. Aber Exzentrizität ist auch die formale Bedingung, unter der alle ›gewöhnlichen‹ Reaktionen, diesseits der Grenzreaktionen, in ihrer personalen Eigenheit erscheinen. 1941 aber hat Plessner – gegen eigene Einsicht – kein Problem damit, »Vorgänge des Errötens, Erblassens, Erbrechens, Hustens, Niesens« als vegetative Prozesse, also als bloße *responses*, anzusprechen. Da ist er plötzlich wieder da: der Joker des vermeintlich Gemeinsamen von Tier und Mensch, das dann, logisch sekundär, kulturell überformt werde.

Gegen all das bleibt festzuhalten: Der lebensphilosophische Grundzug des Rückgangs ›zum Leben‹ ist ein Rückgang zu einer Lebensform, die ihrerseits ein Doppelgänger von kategorialem Format und phänologisch-generisch zu bestimmender Lebensweise ist. ›Doppelgänger‹ meint hier, dass sich uns ontische (»reale«) Lebensvollzüge nur in einem kategorialen Raster, also onto-logisch, nicht aber an sich selbst zeigen; dass sich das Ontische aber an diesem kategorialen, ontologischen Gehalt »bemerkbar machen muss« (Plessner 1928: 128). Dieser Rückgang ist deshalb *nicht* schematisch, weil sich eine Lebensweise ausschließlich in situierten Verhaltensweisen instantiiert. Folglich ist auch eine je bestimmte Benehmensform ein Doppelgänger von phänologisch-generisch zu bestimmender Verhaltensweise und kategorialem Format – mit der Folge im z. B. personalen Fall, dass die Umwelt eine Welt ist und die Situation eine »mit anderen Augen« gesehene, eine reflexive Situation ist. Mit Cantors Unterscheidung gesprochen: Misch leugnet die Unhintergehbarkeit eines Absolut-Unendlichen, hier: des kategorialen Formats der Exzentrizität, und Plessner ›vergisst‹ sie gelegentlich, gegen eigene Einsichten.

Mit dem bisher Erreichten kann man sagen: Verstehen ist gegenständliches Verstehen, also an sich selbst Verstehen-von-etwas.

Dieser Befund scheint nicht besonders aufregend, sondern derart selbstverständlich zu sein, dass nicht so recht einleuchtet, warum es für eine solche Binse ein ganzes Buch benötigt. Die Unselbstverständlichkeit dieses Befundes lebt daher von seinen Abgrenzungen.

Dass Verstehen gegenständlich ist, ist zunächst, und immer noch, eine Gegenposition gegen den Psychologismus und gegen eine Erlebens-Phänomenologie. Verstehen ist kein psychischer Vorgang und kein Vorgang im phänomenalen Bewusstsein, sondern ein geistiger, (bedeutungs-)logischer Vorgang, wiewohl jedes konkrete Verstehen selbstverständlich an einen psychischen Vorgang und an einen Erlebens-Vorgang gebunden ist. Aber »in Strenge« gesprochen unterscheidet sich Geist von Seele und von Bewusstsein (Plessner 1928: 303). Insofern hat Verstehen eine triadische Struktur: Person – Sinn – Gegenstand, oder, genauer, eine mediale Struktur: Die Beziehung Person – Gegenstand ist realisiert im (»lebt im«) Medium eines bestimmten Bereichs von Sinn-Unterscheidungen. Deshalb: Verstehen ist gegenständliches Sinn-Verstehen, und dies ist etwas grundsätzlich anderes als die Vorstellung, beim Verstehen handele es sich um ein (psychologisch oder soziologisch zu erklärendes) Zuschreiben von ›Sinn‹ oder um ein Erleben von Bedeutsamkeit.

Das Verstehen ist, zweitens, auch deshalb gegenständliches Verstehen, weil es kein »objektives« Verstehen ist. ›Verstehen‹ kennt keine Objekte rein als solche, sondern nur Gegenstände, also Objekte-wie-sie-uns-erscheinen, also nur Phänomene. Sich in der Moderne von jeder Möglichkeit eines göttlichen Blicks von außen auf unsere Welt verabschiedet zu haben – Feuerbachs Umstellung von theologischer auf anthropologische Metaphysik; Nietzsches »Gott ist tot!« –, verabschiedet jedes objektivistische Verständnis von Objektivität zugunsten eines unhintergehbaren »Korrelationsapriori« (Alloa 2023): Ein Gegenstand ist kein Objekt (Bloch 1959: Kap. 18), und Verstehen ist grundsätzlich situiert, d. h., dass zur »Gegenständlichkeit« des Verstehens unhintergehbar ein Was, eine bestimmte Sachhaltigkeit, *und* ein Wie, eine Gegebenheitsweise, des Verstehens gehört. Gegenständliches Verstehen ist objektivierend – es manifestiert sich in einem Ausdruck, beheimatet im Feld des objektivierten Geistes –, aber es ist nicht »objektiv«.

Das Verstehen ist, drittens, auch dort gegenständliches Verstehen, wo der Sinn nicht stellvertretend für den Gegenstand des

Verstehens steht, sondern wo er gegenständlich fungiert. Auch präsentischer, nicht nur repräsentischer Sinn ist gegenständlich, also gerichtet-durch-etwas. Auch hier versteht man etwas-als-etwas. Das ist eine Abgrenzung in zwei Richtungen. Zum einen sind damit logizistische Positionen abgewehrt, für die selbstverständlich ist, dass Sinn nur stellvertretend für Gegenstände stehen könne und dass folglich die Gerichtetheit des Verstehens ausschließlich ein Gerichtetsein-auf-etwas sein könne. Zum anderen sind damit mystische Positionen abgewehrt, die zwar im Unterschied zu logizistischen Positionen an der Wahrheitsfähigkeit der Phänomene des Präsentischen festhalten (und sie sogar gelegentlich zum eigentlich Wahrhaftigen überhöhen), aber bestreiten, dass es dort etwas objektivierend zu erkennen gebe. Dort herrsche das ganz Andere zum Sinn-Verstehen, erst recht zum Erklären. Dort, »diesseits der Hermeneutik« (Gumbrecht), braucht es einen spürenden Genius oder Analoges, aber keinen Geist. Teile der Phänomenologie haben eine solch mystische Schlagseite (denn sonst wären die Arbeiten von Tengelyi überflüssig), die sog. Neue Phänomenologie ist ein solch mystischer Ansatz (der nur Dualitäten, aber keine mediale Vermitteltheit kennt) und auch die existentialistischen Ansätze im Anschluss an Heidegger und/oder Carl Schmitt verweigern im Jargon der Eigentlichkeit für den Ausnahmefall des präsentischen Sinns das Humanum, das Drängen auf Übereinkunft (Hegel).

Das Verstehen ist, viertens, auch deshalb gegenständlich, weil es nicht schematisch ist. Dass es schematisch sein könnte, ist sehr naheliegend. Verstehen ist an einen Vollzug gebunden, und mehr noch *ist* das Geistige als Geistiges (mit Scheler) Vollzug. Weil man also abkürzend sagen kann, dass Verstehen als Verstehen Artikulation ist, liegt es mehr als bloß nahe, das Verstehen als eine Art Anwendung dieser Struktur auf Gegenstände zu konzeptualisieren, nach dem Motto: Dort, wo wir ein Artikulieren diagnostizieren können, dort liegt ein Verstehen vor – ganz egal, welcher Inhalt dort artikuliert wird. Schematisch würde dann also meinen, dass das Verstehen als Verstehen ein Artikulieren ist, das rein als solches nicht durch den artikulierten Inhalt gebrochen ist – und in diesem Sinne *nicht* gegenständlich, sondern gegenstandsüberfliegend wäre. Den Vorwurf eines schematischen, ungegenständlichen Prozessbegriffs erhebt Renate Wahsner gegen Hegel (vgl. Wahsner 1996: insbes. 111–113);

und ein solches Verständnis liegt auch den Ereignis-Ontologien zugrunde (s.u., Kap. 5.3). All dem gegenüber ist gegenständliches Verstehen kein angewandtes ›geistiges‹ Artikulationsgeschehen, sondern geistiges Artikulieren eines bestimmten Inhalts.

Angesichts der von Misch (und, selbstverständlich, anderen) aufgezeigten Vielfalt der Fälle ganz unterschiedlicher Gegenständlichkeit benötigt es einen Begriff von Gegenständlichkeit, der dieser Vielfalt gegenüber neutral ist und sich nicht schon von vornherein auf einen dieser Fälle festlegt. In diesem Sinne kann man einen weiten Begriff von Gegenständlichkeit terminologisch als *Bestimmtheit* fassen (s.o., Kap. 1.6). Dass Verstehen gegenständlich resp. Verstehen-von-etwas ist, heißt dann: Verstehen ist Verstehen-von-Bestimmtem, also Verstehen-von-diesem.

Nimmt man an dieser Stelle mit Plessner ernst, dass zentrisches ›Verstehen‹ als Verstehen ein anderes ist als exzentrisches Verstehen, dann kann man personales Verstehen als dasjenige Verstehen charakterisieren, dass im situierten Verstehen einen Blick auf das Verstehen wirft. Die Gegenständlichkeit personalen Verstehens nimmt dann die Form des situierten Verstehens von diesem-und-nicht-jenem an. Das Verstehen einer gegenständlichen Differenz macht (dann, mit Plessner) das personale Verstehen aus, und diese Differenzierung ist nichts, was in einem zweiten Akt zu einem vermeintlich ursprünglichen Verstehen-von-diesem hinzukäme, weder aus Binnensicht des Verstehenden noch aus Beobachterperspektive.

Am Beispiel des Marx-Operators gesprochen (vgl. Schürmann 2001a: 277; s.o., Kap. 1.3): Hunger ist Hunger, Tiere müssen ihren Hunger befriedigen und Menschen auch, und auch Tiere ›lernen‹ ggf., ihren Hunger so oder auch anders zu befriedigen, und auch Tiere verstehen Bestimmtes als Nahrung und bestimmtes andere auch nicht. Nimmt man den exzentrischen Blick in diesem Verstehen auf dieses Verstehen ernst, dann entspringt ein kategorialer Unterschied: Zentrisches Fressen ist etwas kategorial Verschiedenes gegenüber exzentrischem Essen, denn ein zentrisch positioniertes Wesen frisst entweder X oder Y oder Z, während ein exzentrisch positioniertes Wesen sich durch (X_1, und nicht X_2) oder (Y_1, und nicht Y_2) oder (Z_1, und nicht Z_2) ernährt. Oder plakativ: »Menschenkinder werden geboren, Dackelwelpen geworfen« (Schües 2011).

Auch dieser denkbar weite Begriff von personaler Gegenständlichkeit resp. Bestimmtheit meint nicht ›Alles und Nichts‹, sondern ist seinerseits bestimmt. Seine eigene Bestimmtheit liegt darin, dass er den Begriff der Erfahrung bestimmt, also unterscheidbar macht: Erfahrbar sind Unterschiede, und erfahrbar ist nicht, was unterschiedslos Eines ist. Wäre die ganze Welt rot, wir könnten es nicht erfahren. Auch ein monotheistischer Gott ist nicht erfahrbar. Dass die griechischen Götter Streit hatten und lachten, ist an ihre erfahrbare Vielheit gebunden – die Aufforderung, keine anderen Götter neben sich zu dulden, ist dagegen eine Aufforderung, an den einen Gott *zu glauben*.

Das alles klärt noch nicht, *wo* die Grenze zwischen Exzentrizität und Zentrizität verläuft, d. h. welche Wesen exzentrisch und welche Wesen zentrisch positioniert sind. Klar ist lediglich, dass keine noch so akribische Analyse einer Lebensweise diese Frage klärt, weil *jede* solche Analyse unter der formalen Bedingung einer kategorialen Unterscheidung steht. Programmatisch klar ist auch, dass man mit diesem Argument einer prinzipiell und unhintergehbar kategorial formatierten Analyse von Lebensweisen nicht folgern kann, dass man den Grenzverlauf zwischen exzentrisch und zentrisch positionierten Lebewesen willkürlich und sachlich beliebig »konstruiert«. Das Ontische soll sich vielmehr am Ontologischen bemerkbar machen. Sowohl die generelle, gegebenenfalls kategorische (»Die Würde des Menschen ist unantastbar!«) Festlegung des Grenzverlaufs als auch eine je situative Festlegung (mein Haustier als mein Hausfreund) ist kontingent und bleibt streitbar, ist aber gleichwohl im Miteinander verstehbar und nicht dezisionistisch oktroyiert. Alle Texte zeigen an solchen Orten Unklarheiten und Unsicherheiten. Es spricht, gegen Misch, wenig dafür, dass Bienen exzentrisch positionierte Lebewesen sind. Dass sie sich im Miteinander eines Bienentanzes ›verstehen‹, würde dann heißen, dass ›verstehen‹ etwas anderes bedeutet als bei exzentrisch positionierten Wesen, schon deshalb, weil diesen auch der Tanz als Tanz etwas bedeutet (z. B. ein Tanz oder ein bloßes Gewimmel zu sein). Es spricht, gegen Plessner, wenig dafür, dass personales Erröten oder auch nur ein personaler Herzschlag als rein vegetativer Prozess ansprechbar ist, denn personale vegetative Prozesse finden nicht lediglich in einer Merkwelt statt, sondern sind *Antworten* in einer gestalteten und auf eine gestaltete Welt. Hier verlief z. B. lange wirkmächtig (oder verläuft?) die Grenze zwischen Schulmedizin und Psychosomatik. Kurz und gut: Man hat – hat man? kommt man hinter Kant zurück? – eine kategoriale Unterscheidung schon getroffen, wenn man danach sucht, *wo* die dieser Unterscheidung entsprechende Grenze innerhalb des Phänomenalen verläuft.

Dass Misch glaubt, ohne die kategoriale Unterscheidung von Exzentrizität und Zentrizität auskommen zu können, weil er »vorurteilsfrei« erst danach suche, wo die Grenze verläuft, ist eine typische Leugnung des Doppelgängertums der Lebensform, auf die er verweist. Dieses Leugnen gibt dem Ansatz einer hermeneutischen Lebenslogik eine innere Spannung. Der Verweis auf eine ›vorurteilsfreie‹ Suche hat seine tiefe Berechtigung darin, dass es in wissenschaftlicher Absicht nicht einfach darum gehen kann, den einen Standpunkt durch einen anderen zu ersetzen. Denn dann gerät man allzu leicht an »entgegengesetzte Standpunkte«, die lediglich das Vorzeichen gewechselt haben, aber die ihnen gemeinsamen »unhaltbaren« Voraussetzungen unangetastet lassen. In diesem Sinne kann Misch, völlig zu Recht, schreiben: »Diese Voraussetzung läßt sich durchsichtig machen, und das war unser prinzipielles Ziel, daß die Überwindung dieser Standpunkte nicht durch einen andren Standpunkt, sondern durch genauere Analyse, also auf sachlichem Wege, erfolgte.« (Misch 1994: 163 f.; vgl. auch ebd. 313 f.) Doch solches Beharren auf einem rein sachlichen Weg der Analyse hat die große (Selbst-)Suggestionskraft, ein solch sachlicher Weg könne seinerseits neutral und frei von Voraussetzungen sein. Folgt man dieser Suggestion, dann *ist* das das Leugnen der eigenen Situiertheit; aber zur hermeneutischen Lebenslogik gehört *auch* das nachdrückliche Anerkennen je eigner Situiertheit. Misch macht vehement geltend, dass metaphysisches Wissen – also auch sein eigener Ansatz einer Philosophie der Logik – *nicht* neutral ist, sondern eine Einheit von Ontos, Logos und Ethos (s. o., Kap. 4.4). Eine Philosophie wird ihre Normativität, also Nicht-Neutralität, qua Situiertheit nicht los. Misch führt selbst ein Beispiel vor: Die von ihm vorgenommene Unterscheidung zwischen einer geschichtlichen und einer organischen Kontinuität ist *keine* rein sachliche Unterscheidung, sondern eine solche, die allein ein *bestimmtes* Verständnis von Freiheit sichert. Aber es ist ein Leichtes, solche Normativität nicht wahrhaben zu wollen.[69]

Jenes Leugnen des Doppelgängertums der Lebensform macht sich aber auch intern bemerkbar, und zwar auch an entscheidenden Stellen – z. B. an dem für Misch grundlegenden Übergang von leiblichen Ausdrucksbewegungen zum gegenständlichen Auffassen im Falle der meinenden Rede. Misch formuliert diesen Übergang als Übergang von einer Situationsgebundenheit zu einer Situationsungebundenheit. Zunächst hält er fest, dass es um ein Übergehen, nicht um ein Ereignis geht: »Vielmehr müssen wir beides zusammen, das sprunghafte Auftreten der gegenständlichen Richtung und ihr Sichanschließen an das Lebensverhalten, beides zusammen im Auge behalten.« (Misch 1994: 265) Es werde daran aber auch klar, »welche Wendung erforderlich ist, damit Gegenstände auftreten können. Es muß eine Wendung sein, die über das Darinnensein im Lebensverkehr hinausführt und damit von der Situationsgebundenheit befreit. Das aber besagt nichts andres als: die Wendung besteht in einer Distanzierung, einem Abstandgewinnen von den Aktionsvorlagen, so daß das Zuhandene in die Ferne rückt« (ebd.). Dann stellt Misch selbst explizit den Zusammenhang zu Plessner her, denn »zur Möglichkeit der Distanzierung gehört eine *Positionalität*« (ebd., mit Verweis auf Plessners *Stufen*). Dann macht Misch noch einmal den Unterschied zwischen Warte und Hochsitz geltend, denn die »entscheidende Einsicht [sei], daß es sich bei dem Position-Nehmen, dem Standort-Einnehmen, das zu einer Distanzierung nötig ist, gar nicht primär um ein Darüberstehen handelt« (ebd. 266). Es gehe vielmehr um »eine wirkliche Wendung, die am Lebensverhalten uns verständlich ist« (ebd.). Misch macht dann deutlich, dass folglich beim gegenständlichen Auffassen »die Gegenständlichkeit des Begegnenden in eins mit dem Selbstbewußtsein [entspringt]«, denn das Lebewesen müsse »sich selbst gefunden haben«, um »Abstand nehmen zu können« (ebd.). Und man könne nun auch noch sagen, worin diese korrelative Doppelheit entspringt, nämlich in einer »Rückwendung des Lebewesens zu sich«, in einer *reflexio* (ebd.). Misch macht aber nicht (hinreichend) deutlich, ob bzw. inwiefern auch die Situationsgebundenheit des elementaren Lebensverhaltens an eine Position, an eine Distanznahme, an eine Unterscheidung zwischen leiblichem Aktionszentrum und umweltintendiertem Etwas gebunden ist. Die Reflexion, um die es im Übergang zum gegenständlichen Auffassen geht, ist wie jede Reflexion »ergebnishaft«, und sie habe das Ergebnis, »daß wir von uns ›Ich‹ sagen können« (ebd.). Andererseits sei Reflexion »der geistige Grundakt, der in jeglichem[!] menschlichen Lebensverhalten vorliegt« (ebd.), also doch wohl auch im elementaren Lebensverhalten. Die postulierte Befreiung von der Situationsgebundenheit im gegenständlichen Auffassen kann so situationsungebunden nicht sein, bei Strafe eines rein schematischen Überfliegens über jede Situation; und die Situationsgebundenheit des leiblich-intentionalen Verhaltens kann so distanzlos nicht sein, bei Strafe einer bloßen *response* in der Situation und Leugnung eines Antwortens in der Situation auf sie. Mindestens sei das Verstehen des elementaren Lebensverhaltens ein distanziert-gebrochenes, denn es ist »ein Verstehen durch Bedeutungen, kein bloßes Einfühlen« (ebd. 332). Kurz und gut: Der Wechsel von der Umweltintentionalität des Leibes zum gegenständlichen Auffassen ist ein Wechsel im Modus der Gegenständlichkeit, nicht aber ein Wechsel von Ungegenständlichkeit zu Gegenständlichkeit; und der Wechsel von Situationsgebundenheit zur Befreiung davon ist ein Wechsel im Modus der distanzierten Gebundenheit, der Situiertheit, nicht aber ein Wechsel von Distanzlosigkeit zu freier Sicht. Schon im elementaren Lebensverhalten stellt sich dem exzentrisch Positionierten das Verhältnis von Körper-Haben und Körper-Sein »noch einmal dar« und wird ihm selbst zum »Problem« (Plessner 1941: 242; mit Verweis auf Kleists Erzählung *Über das Marionettentheater*).

Dieses Insistieren auf verschiedenen Modi von Gegenständlichkeit und deren Wechsel betrifft dann auch Plessner. Dort, wo er 1925 gemeinsam mit Buytendijk von einem in der Anschauung mitgegebenem »Nicht-Gegenständlichen« gesprochen hatte, konnten und wollten die Autoren nicht leugnen, dass *Bestimmtes* mitgegeben ist. Was sie mit dem Titel des ›Nicht-Gegenständlichen, gleichwohl Gegebenem‹ im Blick hatten, war der Umstand, dass dort nicht Endlich-Bestimmtes, sondern Bestimmt-Unendliches, eine kleine oder große Welt, eine ›Ganzheit‹, eine Übergestalthaftigkeit mitgegeben ist.

Die Bestimmtheit des Verstehens ist also je nach »Gegenstandstypus« (Stern) eine je verschiedene, allerdings eine verschiedene innerhalb der grundsätzlichen Gemeinsamkeit einer Formatiertheit durch Lebensform und je bestimmter Situation. Mindestens die folgenden Fälle sind zu unterscheiden:

i) Das Bestimmte des Verstehens ist eine diskrete Sache (*in* einer Welt), sei es ein Sachverhalt i. e. S., sei es ein Gefühltes, sei es ein Gewolltes; ein diskret-Bestimmtes ist im personalen Verstehen kein Atomistisch-Einzelnes, sondern an eine Differenz gebunden, gleichwohl hat es (diakritische) Dinghaftigkeit resp. Diskretheit: dieses-Etwas und-nicht-jenes;
ii) das Bestimmte des Verstehens ist eine Relation oder ein Relationengebilde (eine Struktur); man kann beispielsweise bestimmte Herrschaftsverhältnisse erfahren oder auch Gerechtigkeit im Unterschied zu Wohltätigkeit; dann hat die Bestimmtheit nicht den Charakter von diakritischer Dinghaftigkeit, sondern von Strukturellem;
iii) das Bestimmte des Verstehens ist ein Typus des Handelns; man versteht, dass dieses bestimmte Tun ein Fliehen, und kein Sprinten-um-ein-Ziel-zu-erreichen ist;
iv) das Bestimmte des Verstehens ist eine kleine oder große Welt resp. Kultur; man versteht, dass man in diesem Café darum bittet, sich den Salzstreuer ausleihen zu dürfen (Bourdieu 1982: 297 f.), und hat dadurch verstanden, was ein bürgerliches von einem proletarischen Café unterscheidet.

In allen Fällen gibt es die Binnendifferenzierung des präsentischen und des repräsentischen Verstehens des jeweils Bestimmten. Dies ist jeweils der Unterschied zwischen fungierender Gegenständlichkeit und »gegenständlichem Auffassen« (Misch). In beiden Fällen ist es eine durch eine Bedeutung vermittelte Gegenständlichkeit, aber der Modus dieser Bedeutungsvermitteltheit und dadurch der Modus der Gegenständlichkeit ist ein anderer: eine »Bedeutung des Lebens«, die im präsentischen Verstehen »als reine Bezugsgrundlage« fungiert und noch nicht, wie im repräsentischen Verstehen, »als Wissen von der Bedeutung auftritt« (Misch 1994: 222).

Weil die Wahl von Namen von Begriffen immer missverständlich ist, sei eigens darauf hingewiesen, dass angesichts dieser Vielfalt an Gegenständlichkeiten die Rede von produktiv-objektivierender Vergegenständlichung nichts gemein hat mit einem Objektivismus (Identifizierung von Gegenstand und Objekt) und auch nicht mit einer per se gegebenen Verdinglichung (Identifizierung von bestimmt und dinglich). Eine produktiv-objektivierende Vergegenständlichung als Artikulation eines Sinngeschehens zeigt nicht zwingend und rein als solche jene Charakteristik, die etwa Georg Lukács oder Theodor W. Adorno als »Verdinglichung« zu fassen versucht haben. Auch in kommunistischen Gesellschaften wäre Verstehen noch ein solches Vergegenständlichen, was wiederum weder im Hier und Jetzt noch dereinst davon befreit, gelingende und ›verdinglichende‹ Modi dieses Vergegenständlichens kritisch zu unterscheiden. Insbesondere wird im personalen Handeln immer auch Bestimmt-Unendliches mit-vergegenständlicht, nämlich minimal die große Welt der Gesellschaft und die kleine Welt der Situation. Hier kommt freilich die Rede von »Vergegenständlichen« an die äußerste Grenze, da mitgegebene Welten zwar Bestimmtheiten, aber nicht im gleichen Sinne Gegenstände sind wie die Gegenstände *in* Welten. Tellenbach (1968: 63) hat beides daher auch terminologisch auseinandergehalten: Weltliches sei nicht »objektivierbar«, wohl aber, als Bestimmtes, »qualifizierbar«. Ich halte gleichwohl an dem *einen* Terminus des Vergegenständlichens fest, um die Mit-Gegebenheit des Weltlichen zu betonen, also den Umstand, dass das Weltliche »nicht vom *Gegenstand* ablösbar ist« (ebd. 60).

Diese Abwehr von naheliegenden, ja geradezu eingefleischten Missverständnissen ist nicht lediglich eine individuelle Versicherung, die sich auf die »Absichten« eines Autors beruft. Diese Abwehr ist vielmehr die tragende These des lebenslogischen Grundzuges: die Gegenständlichkeiten des Verstehens sind keine vorgegebenen »Gegenstände«, weder dort, wo diese Gegenständlichkeit dem oder der Verstehenden im gegenständlichen Auffassen gegenübersteht, noch dort, wo diese Gegenständlichkeiten fungieren. Der Rückgang ›zum Leben‹ ist die Rückbindung von »Gegenständen« an einen Lebensvollzug und bestreitet damit, dass »Gegenstände« die letzten Ausgangspunkte des Verstehens sind. Die Thematisierung präsentischen Verstehens spielt deshalb hier eine doppelte Rolle. Zum einen reiht es sich ein in die vielfach unternommenen Versuche, die Subjekt-Objekt-Unterscheidung nicht zum Ausgangspunkt aller Personalität und Rationalität zu machen, sondern dahinter zurückzugehen, ohne im Sumpf des bloß Subjektivistischen zu versinken. Zum zweiten aber zieht es eine Binnendifferenzierung in diese Versuche ein: Im Bruch mit jedem Primat der Anschauung wettet der lebenslogische Grundzug auf die »allmähliche Verfertigung« von Sinngebilden, also auf deren Performanz.

Hier wurzelt auch die Relevanz des Sports für eine solche Hermeneutik. Die jüngeren Performanztheorien machen aus sehr guten Gründen die Theatermetaphorik stark. Eine Theateraufführung auf der Bühne ist eines *der* Paradebeispiele für eine »allmähliche Verfertigung« von Bedeutungen, denn eine Theateraufführung ist nicht darauf reduzierbar, das aufgeschriebene Theaterstück lediglich praktisch umzusetzen. In der Aufführung entsteht der Sinn dieser Aufführung, denn sonst wäre nicht verständlich, dass dasselbe Theaterstück ganz unterschiedliche, aber gleichermaßen treffende Aufführungen erlaubt. Wäre eine Theateraufführung lediglich eine Umsetzung des aufgeschriebenen Stücks, dann gäbe es nur *eine* (dann wohl unerreichbare) ›wahre‹ Aufführung und viele ›Abweichungen‹ vom vermeintlich eigentlichen Sinn, den Schillers *Räuber* meint (vgl. Simmel 1908). Die Theatermetaphorik steht und fällt aber mit dem Bühnencharakter; Theateraufführungen sind Kunstwerke, so dass die Übertragung der Theatermetaphorik auf Vollzüge außerhalb des Theaters – das zentrale Anliegen der Performanztheorien – seinerseits eine metaphorische Übertragung ist. Der Sache nach machen die Performanztheorien, und die Lebenslogik von Misch ganz explizit, den Vollzugscharakter letztlich nicht an ›höherstufigen‹ Sinngebilden wie etwa Kunstwerken fest, sondern am elementaren Verstehen in ›alltäglichen‹ bzw. in typisch personalen Lebenszusammenhängen. Auch deshalb ist es methodologisch bedeutsam, dass Misch das elementare Verstehen anhand von Gemütsbewegungen und von leiblich-motorischen Bewegungen bestimmt. Dort wird der Vollzugscharakter, wie bei Theateraufführungen auch, an Vollzügen (und nicht etwa an Vollzugsprodukten wie Texten oder Statuen) herausgestellt, aber anhand von Vollzügen, deren situative Gebundenheit noch keine Institutionalisierung, noch keine eingerichtete Bühne ist. Deshalb wird dort die Senso-Motorik dieser Vollzüge sehr viel direkter zum Bezugspunkt der »allmählichen Verfertigung« von Sinngebilden. Damit ist ein impliziter Zusammenhang zum Sport gegeben, denn es sind die leiblich-motorischen Bewegungen, die im Sport ihre Bühne bekommen, also dort unter ›künstlichen‹ und damit methodisch leichter kontrollierbaren Bedingungen studiert werden können.

5. Praxeologische Hermeneutik

> »Die Grundeinsicht der Philosophie ist, dass wir nur durch Teilnahme an geistigen, d. h. personal kooperativen, Praxisformen selbst [Personen sind und] zu Personen werden.« (Stekeler-Weithofer 2023: 101; Einschub VS)

Es geht in diesem Kapitel darum, den hier verfolgten Ansatz einer Hermeneutik auf ein vorläufiges systematisches Fazit zu bringen. Das geschieht in der Weise einer Bündelung, Verlängerung und Vereindeutigung des lebenslogischen Grundzuges einer solchen Verstehenswissenschaft hin zu einem praxisphilosophischen Grundzug.

5.1 Der praxisphilosophische Grundzug

Der praxisphilosophische Grundzug ist der lebensphilosophische Grundzug der Hermeneutik, der um seine eigene Situiertheit weiß. Im Anschluss an das Bisherige heißt das programmatisch, dass sich eine solche philosophische Hermeneutik mit Helmuth Plessner offensiv als situierte Philosophie durchführt, in Abwehr gegen jeden Kontingenzexorzismus, der unterstellt, die philosophische Darstellung von ›Welt‹ um diese Dargestelltheit kürzen zu können. Philosophie, die sich als situierte Philosophie weiß, bestreitet die Möglichkeit eines Gottesaugen-Blicks, also eines Ortes, von dem aus ›Welt‹ vermeintlich neutral lediglich geschaut, also mehr oder weniger perfekt protokolliert werden könnte. Die praxisphilosophische Verlängerung der Texte von Plessner besteht in der expliziteren Rückbindung von Exzentrizität und Personalität an historisch und kulturell bestimmte Gesellschaftsformationen. Dieses Programm ist mit Plessner und mit und gegen Georg Misch und Josef König eine Vereindeutigung eines Spannungsverhältnisses der hermeneutischen Lebenslogik, die einerseits in ihrem Beharren auf konsequente sachlich-logische Analyse falsche, weil voreilige Eingangstüren der Metaphysik vernageln möchte, aber dadurch dazu neigt, die eigene Situiertheit zu verblenden; die aber andererseits offensiv um die Einheit von Ontos, Logos und Ethos weiß und also weiß, dass auch der eigene Ansatz ein eigenes Ethos hat, durch das die Metaphysik schon eingetreten ist. Die Operationalisierung dieser Vereindeutigung ist das Beharren darauf, dass eine Lebens- bzw. Praxisform ein Doppelgänger von situiertem kategorialem Format und phänologisch-generisch zu bestimmender Lebensweise ist. Der praxisphilosophische Name für Situiertheit ist Parteilichkeit, weil dieser Name das unhintergehbar normative Moment von Situiertheit kenntlicher macht.

»Praxisphilosophisch« heißt dieser Grundzug in gewollter Anknüpfung an die Marx'schen Feuerbach-Thesen (Marx 1845). Diese Thesen sind zwar ohne Georg Wilhelm Friedrich Hegel und ohne Ludwig Feuerbach nicht zu haben, stiften aber wirkungsgeschichtlich eine eigene Traditionslinie, nämlich diejenige, die konstitutiv mit der Frage ringt – also nicht schon entschieden hat –, ob der nachhegelsche radikale Bruch mit vormaligem Philosophieren ein Bruch mit jeder Metaphysik oder aber eine radikale Umformatierung von Metaphysik ist bzw. sein sollte. Schon der frühe Karl Marx hat darauf beharrt, dass die »Philosophie sich verweltlicht [hat]«. Dies einzusehen, sei »der Vorzug der neuen Richtung«, die Welt nicht dogmatisch antizipieren, »sondern erst aus der Kritik der alten Welt die neue finden [zu] wollen«. Überweltliche Philosophie sah sich demgegenüber in der Lage, »die Auflösung aller Rätsel in ihrem Pulte liegen« zu haben, quasi als »gebratene Tauben der absoluten Wissenschaft«. Der »schlagendste Beweis« dieser Verweltlichung sei der Umstand, dass »das philosophische Bewußtsein selbst in die Qual des Kampfes nicht nur äußerlich, sondern auch innerlich hineingezogen ist« (Marx 1843: 344).

Akademische Philosophie mag ob dieser neuen Richtung erschrecken; immerhin ist die dort angemahnte »rücksichtslose Kritik alles Bestehenden« (ebd.) keine Kritik mehr vom Hochsitz, geschweige aus dem Lehnstuhl heraus, sondern spekulativ, von einer Warte aus – eine Kritik also, die als »Kritik im Handgemenge« (Marx 1844: 381) einen situativen Überblick verschafft. Als Philosophie auch innerlich in die Qual des Kampfes einbezogen zu sein heißt, Wahrheit nicht schon zu besitzen, um diese lediglich ›kämpferisch‹ durchsetzen zu müssen, sondern heißt, dass die Wahrheit des eigenen Philosophierens in einem Kampf um »Hegemonie« (Antonio Gramsci) allererst ausgetragen wird.

Es gibt freilich auch akademisch anerkannte, also nicht von vornherein erschreckende Versionen dieser praxisphilosophischen Einsicht. Im Kern ist diese Einsicht überall dort formuliert, wo sich das eigene Philosophieren nicht mit einem Historismus, einem Relativismus, einem Evolutionismus begnügt, weil es erstens transzendentalphilosophisch geschult darum weiß, dass jede Analyse von Genesen bereits in einem je bestimmten kategorialen Format stattfindet, und weil es zweitens zugleich erhebliche Skrupel hat, aus diesem Wissen den Schluss auf ein ahistorisches Überformat zu ziehen. Philosophische Positionen, die kategoriale Formate als Dispositive (Michel Foucault) oder als Raster (Judith Butler) ansprechen, gehören etwa hierher, wenn diese auch dazu neigen, die Geschichtlichkeit der kategorialen Formate dann doch wieder ihrerseits in eine vermeintlich unformatierte Genese kippen zu lassen.

Eine mit dem praxisphilosophischen Grundzug sehr eng verwandte Konzeption von Hermeneutik liegt mit den Arbeiten von Wolfram Hogrebe vor. Ihm geht es darum, die »Deutungsnatur des Menschen« freizulegen (Hogrebe 1992). Das ist das topologische Äquivalent zu der Einsicht, dass jede erkenntnistheoretisch-methodologische Hermeneutik bereits philosophisch grundgelegt ist, weil jedes Verstehen(1) schon die Differenzoperation eines Verstehens(2) im Rücken hat (s. o., Kap. 1.1). Allen kulturellen Deutungspraktiken, also aller »Deutungskultur« (Hogrebe), liegt daher schon eine im weiten Sinne anthropologisch zu bestimmende Grundstruktur derjenigen Sphäre zu Grunde, in der diese kulturellen Deutungspraktiken stattfinden und die diese ermöglichen – zunächst unabhängig davon, ob man diese Grundstruktur als Dasein, als Exzentrizität, als Personalität, als Sphäre des Geistes oder wie immer sonst anspricht. Hogrebes Arbeiten teilen zudem faktisch das Plessner'sche Postulat, dass solcherart anthropologische Grundbestimmung nur als Naturphilosophie zu haben ist; auch deshalb der dort gewählte Name der »Deutungsnatur«.

Auch für Hogrebe ist das Feld des präsentischen Sinns der entscheidende Ort, an dem die Verwiesenheit einer auslegenden Bedeutungslehre auf eine Bedeutungslogik der Auslegung sichtbar wird. Deshalb verweist, in seinen Worten, jede Semantik auf eine grundlegende Mantik, die als »semantische Unterwelt« präsentiert wird. Diese Wortwahl hält an der qualitativen Differenz fest, denn eine Unterwelt ist eben nicht Teil der semantischen Oberwelt, sondern von deren Ermöglichungsstruktur; aber diese Wortwahl verhindert auch, dass diese qualitative Differenz zu einer Zweiweltentheorie umschlägt: Auch die semantische Unterwelt ist noch in und nicht diesseits der semantischen Welt verortet. Weil der präsentische Sinn auch für Hogrebe diese sichtbar machende differenzierende Rolle spielt, sieht auch er die prinzipielle Verwandtschaft mit den Arbeiten von Hans Ulrich Gumbrecht (Hogrebe 2019: 15, Anm. 15). Er sieht auch, dass man »mit Gumbrecht Holzwege [betritt]« (ebd.), aber nicht deshalb, weil es dort mit dem Appell an ein Diesseits der Hermeneutik einen mystischen Grundzug gibt, sondern weil Gumbrecht auch noch im Hinblick auf präsentischen Sinn von »Produktion« spreche, also offenbar ohne passives Prinzip auskommen wolle. Dieser Vorwurf scheint mir zwar unberechtigt zu sein – Gumbrecht kennt eher zu viel Heidegger'sche fatale ›Gelassenheit‹ –, aber zutreffend dürfte sein, dass Gumbrechts Vorstellung von Pfingstwunder-Epiphanien dieses passive Prinzip nicht in der Natur, sondern im Himmlischen, sprich: im Genialischen vermutet. Der dortige Wunsch nach »Erlösung« im Diesseits wird, anders als Heinrich Heine, die fatale Sehnsucht nicht los, diese Erlösung möge geschickt werden.

Hogrebes Absage an alle Reduktionen der Hermeneutik auf Analysen der Deutungskultur, sein Einklagen einer grundlegenden Deutungsnatur, mündet in das Postulat der Notwendigkeit eines »transhistorischen Geltungssinns«, den es gegen bloß auslegende Hermeneutik und gegen jeden Konstruktivismus »festzuhalten gilt« (Hogrebe 1992: 204f.). In der begründenden Formulierung ist das *auch* ein massiver Vorbehalt gegen den lebenslogischen und den praxisphilosophischen Verweis auf den *Vollzugs*charakter des Geistes, oder genauer: ein massiver und völlig korrekter Vorbehalt gegen jene lebenslogischen und praxisphilosophischen Durchführungen, die unterwegs den Doppelgängercharakter von Lebens- und Praxisformen zugunsten einer lediglich phänologisch-generischen Bestimmung von Lebensweisen verblenden. »Wenn Sinnsubstanzen nur im Vollzugssinn des Existierens greifbar sind, droht der Begriff der Geltung, der unsere Intuition einer subjektunabhängigen Objektivität führt, im Faktischen zu verenden« (ebd. 206). Hogrebe sieht und schätzt zwar das dortige Anliegen, den »platonisierenden Geltungstheorien« entgehen zu wollen, aber er fürchtet aus guten Gründen eine »drohende Einflachung des Geltungssinnes in ein geschichtliches Milieu«. Demgegenüber müsse man dem Geltungssinn geben, »was des Geltungssinnes ist: den Adel des Transhistorischen« (ebd. 207).

Mit dieser Adelung droht nun freilich selbst ein innerer Konflikt. Wenn tatsächlich *jeder* Verweis auf Historisches eine Nivellierung von Geltung wäre, dann wäre Transhistorisches eine Überhöhung ins Ahistorische, was wiederum einer verweltlichten Philosophie nicht zugänglich ist. Hogrebe hat dafür eine feine Sensibilität. Wer, wie Martin Heidegger nach seiner sogenannten Kehre, einen transhistorischen Geltungssinn in der »ontologische[n] Außengeschichte des Daseins« verortet, der zahle für diese Lösung einen hohen Preis: »ein nennenswerter Freiheitsbegriff, der über ein Offenhalten für die Botschaft des Seins hinausgeht, ist nicht mehr in Sicht« (ebd. 208). Andererseits ist ihm, Hogrebe, aber der Preis zu hoch, in den transhistorischen Geltungssinn die Kontingenz des Geschichtlichen einzuziehen. Vermeintlich drohe dann eine bloße Dezision für einen bestimmten Geltungssinn, also ein Kampf um Deutungshoheit als bloßer Kampf um Herrschaft, in den die Philosophie nur äußerlich, aber nicht innerlich einbezogen wäre. Situierter transhistorischer Geltungssinn wäre dann nicht lediglich situiert-parteilich, sondern parteinehmend. Hogrebes Verdikt gegen Marx ist vernichtend: »[I]n der ausschließlichen Bestimmung des Menschen als gesellschaftlichem Wesen ›fällt für Marx die substantielle Bestimmung des Menschen als Subjektivität fort‹ (J. Ritter). Das hat Folgen, die in nach-revolutionären Phasen *zwangsläufig* zu totalitären Zügen führten« (ebd. 109, Anm. 46; Hervorhbg. i. O.).

Gerade aber dann, wenn so oder so ein nennenswerter Freiheitsbegriff auf dem Spiel steht, kann die Konsequenz nur sein, die Transhistorizität des Geltungssinns gerade nicht als Ahistorizität zu konzipieren, denn außerhalb des Historischen gibt es keine Gestaltungsfreiheit, sondern ausschließlich geschicktes Fatum. Der, mit Berufung auf Josef Simon, simonistische Grundzug von Hogrebe (ebd.: § 5) zieht diese Konsequenz nicht explizit und kokettiert daher schwankend mit der Ahistorizität. Stattdessen aber ist die Transhistorizität, und dies ist die Wette des praxisphilosophischen Grundzuges, als Normativität kategorialer Gehalte zu konzipieren. Immerhin kennen wir – die Deklarationen der Menschenrechte sind das Paradebeispiel – an historische Gesellschaftsformationen gebundene *kategorische* Geltung. Kategorisch ist diese Geltung nicht deshalb, weil sie machtvoll (vom Westen) durchgesetzt wurde – was bis heute hohe kapitalistisch-soziale, kapitalistisch-ökologische, patriarchale, koloniale, rassistische Preise zahlt –, sondern kategorisch ist die Geltung der Menschenrechte, weil sie republikanisch, Wir-über-Uns, *deklariert* und somit als eine erkämpfte und deshalb auch stets prekäre Errungenschaft in Geltung gesetzt wurde. Es ist gleichsam die höchste Freiheit und zugleich die Grundlage aller Freiheit, deklariert zu haben, nicht mehr mit uns reden lassen zu wollen, *ob* Menschen als Würdewesen gelten, sondern kategorisch zu arretieren, dass alle Menschen als Würdewesen zu behandeln sind. Dass diese Geltungssetzung eine Errungenschaft ist, ist ohne Bezugnahme auf eine menschliche und eine außermenschliche Natur nicht zu begründen, wenn man die Bedeutungsdifferenz von republikanischer *Deklaration* und machtvoller *Dezision* aufrechterhalten will. Kurz: Menschen sind nicht von Natur aus Würdewesen, sondern weil wir es so wollen; aber dass wir es kategorisch so wollen, ist eine Parteinahme für den Schutz einer *verletzlichen* menschlichen Natur und eine Selbstverpflichtung darauf, dass ausschließlich freie Würdewesen für die Wahrung der Schöpfung verantwortlich sein können. Man kann also durchaus dem Geltungssinn auch anderen Adel als den des Ahistorischen geben: den Adel des Weltbürgerlichen – man darf dann bei »Bürger« nur nicht an den weißen, heteronormativen, offen oder verschämt christlichen, nichtbehinderten Bourgeois denken, der gemeinsam mit seinen Mitprivilegierten »Wir« zu sich sagt, sondern an die Sphäre des Citoyenhaften als solche. Das, was des Geltungssinnes ist, ist dann: freier, personaler Geltungssinn zu sein.

Eine praxeologische Hermeneutik ist daher eine *philosophische* Hermeneutik, sie ist als *Ausdrucks*-Hermeneutik sowohl eine objektivierende, nicht subjektivistische als auch eine anti-rationalistische Verstehenswissenschaft und sie wettet darauf, den Lackmustest des Freiheitsverständnisses zu bestehen (s. o., Kap. 1.9).

Eine durch den praxisphilosophischen Grundzug fundierte, eine praxeologische Hermeneutik ist durch vier Momente bestimmt.

Sie ist *erstens* – gesellschaftstheoretisch-anthropologisch – durch die Praxisform des Personalen bestimmt (s. u., Kap. 5.2). Personales Handeln ist Sinn-verstehendes Handeln; auslegendes Verstehen ist personales Handeln; das je zu Verstehende ist Personal-sinnhaft-Gegenständliches, nicht Ontisch-Objektives. Daraus ergibt sich: Auch Erklären ist personales Handeln, aber das zu Erklärende ist Personal-asinnhaft-Gegenständliches, will sagen: Es ist der Fall personalen, Sinn-verstehenden Verstehens, bei dem vom Sinngehalt des Gegenständlichen abgesehen wird resp. bei dem der Sinngehalt eingeklammert wird.

Sie ist *zweitens* – ontologisch – durch die Vollzugsform des Personalen bestimmt (s. u., Kap. 5.3). Personales Handeln, insbesondere auslegendes Verstehen, ist ein Vollzug resp. ein Prozess; und auch die kleinste Analyseeinheit des zu Verstehenden, also des Personal-Gegenständlichen, ist ein Prozess. Prozesse können die beiden Aggregatzustände fließender Prozesse und geronnener Prozesse (Produkte) annehmen. Dies ist der praxisphilosophische Grundzug i. e. S., denn hier ist das Postulat formuliert, die Ausdrücke des Ausdrucks-Verstehens nicht für die letzten Ausgangspunkte zu nehmen, sondern hinter sie zurück zum Ausdrucksgeschehen zu gehen. Personen leben in einer Ausdrucks-, und nicht in einer Erlebenswelt, aber diese Ausdruckswelt ist eine durch Ausdruck und Tat gestaltete Welt.

Sie ist *drittens* – politisch-normativ – durch Situiertheit resp. Parteilichkeit bestimmt (s. u., Kap. 5.4). Personales Handeln, insbesondere auslegendes Verstehen und Erklären, ist, anti-schematisch, durch eine unhintergehbare Situationsgebundenheit bestimmt. Dies ist die besondere Pointe des praxisphilosophischen Grundzuges, denn solche Situiertheit gilt dann konsequenterweise auch für jedes philosophische Verstehen, also auch für jede philosophische Wissenschaft vom Verstehen, also in Selbstanwendung auch für eine praxeologische Hermeneutik.

Sie ist *viertens* – naturphilosophisch – durch das Prinzip der Fremdheit im Verstehen bestimmt (s. u., Kap. 5.5). Praxeologisch konzipiertes Verstehen nimmt ernst, dass das Gegenständliche des Verstehens nicht mit dem Objektiven zusammenfällt. Das von dir, mir, uns Verstandene – und nur Personal-Gegenständliches kommt zum Ausdruck – wird in einem praxeologisch konzipierten Verstehen verbindlich-unergründlich, als offene und offen zu bleibende Frage, verstanden. Es ist der Versuch, »der Beteiligung der Welt an dem, was wir über sie denken und wie wir sie behandeln, ein großes Gewicht [beizumessen]« (Meyer-Drawe 1999: 265). Das unterscheidet eine materialistische von einer idealistischen Hermeneutik.

5.2 Die Praxisform des Personalen

Die Praxisform des Personalen gibt es zunächst im Singular. Sie meint das Personale, genommen als Sphäre, im Unterschied zu nicht-personalen Lebensformen. Innerhalb dieser Praxisform kann man dann Praxisformen im Plural voneinander unterscheiden, weil auch die Sphäre des Personalen nicht unterschiedslos-homogen nur Eine ist. Sodann gibt es die Praxisform des Personalen und die Praxisformen im Personalen nur im Doppelgängertum von kategorialem Format und phänologisch-generischer Bestimmung personaler Lebensweise. Plessner (1928: IV) spricht in Bezug auf die Stufungen der Positionalität von einer »Korrelationsstufentheorie von Lebensform und Lebenssphäre«, und das ist (s)eine Antwort, sich auf das Spannungsverhältnis von Philosophie und (Natur-)Wissenschaften einen neuen, einen guten, einen konsistenten Reim zu machen (ebd. IIIf.). Hier gilt all das schon Ausgeführte: Keine phänologisch-generische Bestimmung einer Lebens- bzw. einer Verhaltensweise verfährt positivistisch; keine solche Bestimmung protokolliert lediglich Gegebenes, sondern ist unhintergehbar formatiert durch kategoriale Unterscheidungen, d. h.: Jede phänologisch-generische Bestimmung von Weisen einer Praxis findet in einem je bestimmten Raum von Sinnunterscheidungen statt. Nicht zuletzt gibt es Praxisformen in gleichsam zwei Aggregatzuständen: Grundlegend werden die Formen und Normen einer Praxisform mitlaufend praktiziert – sie fungieren in dieser Praxis, sie sind empraktisch beherrscht; so, wie die Grammatik in den Muttersprachen fungiert und empraktisch, ohne expliziten Grammatikunterricht, beherrscht wird. Davon zu unterscheiden ist ein i. e. S. institutionalisierter Aggregatzustand dieser Praxisform, in dem manche der empraktisch schon beherrschten Formen und Normen expliziter und normierender herausgestellt sind (Stekeler-Weithofer 2010b: 269). Dabei benötigt das Verhältnis beider Aggregatzustände je einen Index; beispielsweise ist die Praxisform der Wissenschaft entschieden expliziter als die Praxisform des Alltagslebens, gleichwohl wird aber auch die ›reflexivere‹ Praxisform der Wissenschaft zunächst einmal empraktisch beherrscht, ablesbar daran, dass in sie eingeführt und dass sie eingeübt werden muss (vgl. ebd. 280).

Im Hinblick auf eine Bestimmung solcher Praxisformen hat das eine zunächst verstörende Konsequenz. Eine Praxisform ist als kategoriales Format ein normatives, insofern kontingentes, aber absolut Unendliches. Das wird auch daran sichtbar, dass die phänologisch-generische Bestimmung der Weise solcher Praxis in gewissem Sinne nicht falsch sein kann. Generisches Wissen ist Normalfallwissen, und deshalb liegt die Pointe einer generischen Bestimmung gerade in ihrem Appell, dass man das bei uns so sieht oder so macht. Sogenannte »Lebensformurteile« (Wunsch 2019: 195f., im Anschluss an Michael Thompson) sind allgemeine Urteile, die den aktuellen Stand der Selbstverständlichkeit eines Normalfalls artikulieren. Wir wissen eben, dass ein Stieglitz etwa 12 cm groß ist, dass eine Katze vier Beine hat, dass die Eiche aus einer Eichel und nicht aus einer Buchecker, wächst, und wir wissen, dass dies selbstverständlich stimmt, auch wenn uns mal eine dreibeinige Katze begegnet oder wenn es genauso selbstverständlich ist, dass aus Millionen von Eicheln keine Eiche wächst. Wer ernsthaft verlangt, man möge ihm ›beweisen‹, dass eine Katze vier Beine hat, der hat nicht verstanden, was generisches Wissen ist. Phänologisch-generische Urteile zur Weise einer Praxis sind keine Behauptungen im engeren Sinne, sondern Artikulationen jener Selbstverständlichkeiten, die man bei uns eben mit dieser Praxis verbindet. Solche Urteile, und dies ist das zunächst Verstörende, lassen sich »nicht sinnvoll infrage stellen« (Stekeler-Weithofer 2010b: 266; vgl. ebd. 284).

Gleichwohl ist auch generisches Wissen kontingent. Auch generisches Wissen ist kein Fall bloßen Protokollierens. Das ist schon daran sichtbar, dass generisches Wissen der einzige Fall ist, in dem Kritik konstruktiv zu sein hat, um es von bloßem Lamentieren zu unterscheiden. Was in allen anderen Fällen von Kritik eine Zumutung ist, ist im Falle generischen Wissens der Fall: Wer die artikulierten

Selbstverständlichkeiten nicht teilt, der möge einen besseren Vorschlag machen (ebd. 270). Der Sache nach wurzelt die Kontingenz auch und gerade von generischem Wissen in dem Umstand, kategorial formatiert zu sein. Unhintergehbar ist auch generisches Wissen in einem je bestimmten Raum bestimmter Sinnunterscheidungen verortet – und insofern kann sinnvoll infrage gestellt werden, ob das zugrunde liegende kategoriale Format der ›selbstverständlichen‹ Sache angemessen ist. Die Frage, ob es einen Zusammenhang zwischen der eigenen Biographie und gewissen Sternenkonstellationen gibt, haben wir beim Lesen von Horoskopen mit anderer Selbstverständlichkeit beantwortet als im biologischen Labor. Und die Frage, worum es bei der Philosophie, der Wissenschaft, dem Recht ›selbstverständlich‹ gehe, kann selbstverständlich ganz unterschiedlich beantwortet werden. Was dem phänomenologischen Grundzug der Philosophie ganz selbstverständlich ist, kann phänomenologisch nicht in Frage gestellt werden – häretische Abweichungen werfen eo ipso das Problem auf, ob sie noch dazu gehören –, aber diese Selbstverständlichkeit gilt dort eben als die bessere Antwort als das, was dem analytisch-philosophischem Grundzug als selbstverständlich gilt. Und nicht zuletzt: Die Praxisform des Personalen wird in einer Locke'schen Traditionslinie gänzlich anders bestimmt als in einer Herder'schen. Insofern *ist* jede Bestimmung von Praxisformen, bei aller phänologischen Sättigung und bei aller argumentativen inneren Konsistenz, immer auch ein *Appell*, was als selbstverständliche Grundlage gelten möge. Die Bestimmung einer Praxisform ist qua kategorialer Formatiertheit eo ipso situiert; sie kann normativ nicht neutral sein, da sie auch an anderes hätte appellieren können, was sie aber aus Gründen eines *bestimmten* Verständnisses von Freiheit und Befreiung nicht getan hat. Dies ist auch historisch klar: Unterschiedliche Gesellschaftsformationen appellieren an unterschiedliche Selbstverständlichkeiten. In der Antike galten Sklaven und Frauen selbstverständlich nicht als Freie; in der Moderne gelten sie kategorisch als Freie, weshalb man es nun sanktionieren könnte, wenn sie noch immer als Unfreie behandelt werden. Oder plakativ: Die These, dass Eigentum Diebstahl sei (Proudhon), ist keine besonders ausgefallene, pfiffige oder blödsinnige Bestimmung von Eigentum, sondern will die Färbung wechseln, innerhalb derer man sich über Eigentum verständigen sollte.

Praxisformen als kategoriale Formate sind also *notwendige* Bedingungen der Möglichkeit, Praxisweisen so zu bestimmen, wie sie jeweils phänologisch-generisch bestimmt werden; aber sie sind gleichwohl bedingt-notwendig, denn sie haben andere Götter neben sich.[70] Das macht verständlich, dass man sie auch als Dispositive oder als Raster ansprechen kann, um sie auch machttheoretisch analysieren zu können. Das wiederum heißt: Da personales Handeln durch die Praxisform des so-oder-auch-anders bestimmten Personalen formatiert ist, ist Verstehen immer auch politisch, was hier meint: eine Positionierung in einer Auseinandersetzung um Deutungshoheit. »Was gewöhnlich als Streit der Interpretationen abgebildet wird, reflektiert die Kräfteverhältnisse im Kampf um die Deutungshoheit.« (Orozco & Jehle 2004: 64)

Das *Historisch-Kritische Wörterbuch des Marxismus* wendet diesen Grundsatz ideologiekritisch auf das Verstehen von ›Hermeneutik‹, also auf das Verstehen einer Lehre vom Verstehen an. Was immer in der Geschichte der Hermeneutik genau unter ›Verkünden, Dolmetschen, Auslegen‹ (abkürzend: Auslegen) gemeint sei, immer gehe »es um ein ideelles Vergesellschaftungshandeln, bei dem es um die Koordinierung der Vielen auf der Linie eines gesellschaftlichen Konsenses ankommt, der dann, nach innen genommen, in die Ausbildung individueller Kohärenz eingreift« (ebd. 63). Die Praxisform des Auslegens bildet dort ein »hermeneutisches Dispositiv« aus (ebd. 64). Die »zentrale Figur« dieses Dispositivs »ist der befugte Interpret, dem auf Grund seiner Position innerhalb dieses Dispositivs die Kompetenz der Auslegung zukommt, die vom Standpunkt des fertigen Resultats als Eigenschaft der Person selbst erscheint« (ebd.). Die Geschichte der Hermeneutik steht dort, völlig unumkämpft, dafür, dass das Auslegen, vor allem eine Wissenschaft der Geschichte, »fürs konservative Bürgertum nur als ›Wissenschaft des Geistes‹ erträglich« sei (ebd. 71), wodurch letztlich »der Doppelsinn hermeneutischen ›Verstehens‹ greifbar [wird]: Der Inkompetenz der vielen steht die Verstehens-Kompetenz ›befugter Interpreten‹ gegenüber. […] Die modernen Illusionsindustrien haben hier ihre geistesgeschichtlichen Wurzeln. ›Verstehen‹ wird so zur Grundform der Ideologentätigkeit« (ebd. 72).

So bedenkens- und beachtenswert dieser Fokus ist, dass das Handeln *in* einer Praxisform selbst ein bestimmtes Dispositiv ausbildet, weil es dominant die herrschend-fungierenden und empraktisch beherrschten Formen und Normen dieser Praxis reproduziert, so wenig wird auch dort kenntlich gemacht, dass solches Handeln in einer Praxisform durch diese Praxisform formatiert ist, also auch anders formatiert sein könnte, also umstritten ist. Dass das Verstehen daher nicht nur Grundform der Ideologentätigkeit ist, sondern auch Grundform emanzipatorischer Tätigkeit, wird dort ausgeblendet. Der Ansatz von Alfred Lorenzer ist ein leuchtendes Beispiel gegen solche ›ideologiekritische‹ Verblendung des Verstehens. Eine psychoanalytisch grundierte »Hermeneutik des Leibes« (Lorenzer 1988) ist gerichtet *gegen* die Inszenierung des Arztes »zum allein Kundigen« (Lorenzer 1986b: 117); sie ist damit an eine »Revolution des Arzt-Patienten-Verhältnisses« gebunden, wie Lorenzer »nicht zöger[t]« zu sagen (ebd. 118). Dem »diagnostizierenden Arzt [wurde] zugemutet, sich in einen interpretierenden Zuhörer zu verwandeln« (ebd. 121), und genau das wird »zum Fundament eines emanzipatorischen Widerstands gegen das schlecht Bestehende« (ebd. 129; vgl. Lorenzer 1986a: 73; Lorenzer 2002: 63).

5.3 Die Vollzugsform des Personalen

Die Vollzugsform des Personalen ist, wie gesagt, der praxisphilosophische Grundzug i. e. S. und zugleich der Kern der Übereinstimmung mit dem lebenslogischen Grundzug. Diese Vollzugsform des Personalen macht eine praxeologische Hermeneutik zu einer Prozess-Ontologie (s. o., Kap. 2.6), denn der Rückgang ›zum Leben‹ bzw. ›zur Praxis‹ unterläuft jede Ding-Eigenschafts- und jede Relationen-Ontologie.[71] Hier ist zugleich begründet, dass die kategorialen Formate gegenständlich als Bewegungsformen bestimmt sind; und hier ist auch eine mediale Konzeption kategorialer Formate begründet: Bewegungsformen sind nicht in Extrapolation über atomistisch gedachte Substanzen gewonnen und sie sind nicht den Substanzen und Verhältnissen bedeutungslogisch vor-geordnete holistisch gedachte Ganzheiten, sondern Bewegungsformen sind Medien, in denen substantielle Verhältnisse bewegt, insbesondere lebendig sind.

Die Vollzugsform des Personalen ist aber auch eine Abgrenzung gegen Ereignis-Ontologien. Diese Ontologien teilen den theoriebaupolitischen und normativen Impuls, hinter Ding-Eigenschafts-Ontologien und Strukturalismen zurück gehen zu wollen; aber ein Rückgang zum Ereignis, und nicht zum Vollzug des Lebens oder der Praxis, beschwört ein Pfingstwunder. Eine Ereignis-Ontologie ist eine Absage an die Gestaltbarkeit von Prozessen, die eo ipso eine *Um*gestaltbarkeit ist, also ein Anders-oder-so-Weitermachen-wie-bisher. Die Vollzugsform des Personalen lebt, im Gegensatz zu Ereignis-Ontologien, vom Erbecharakter der Kultur, in die man hineingeboren wird – die Ereignisform des Personalen bleibt fatal(istisch), da sie darauf wettet, dass ein Blitzschlag in den »naiven Volksboden« hineinfährt. Der Unterschied zwischen Ereignis- und Prozess-Ontologien ist der Unterschied der mystischen und der verbindlichen Version von Unergründlichkeit. Deshalb ist die Entscheidung zwischen Misch und Heidegger im Grundsatz, bei allen Übereinstimmungen, Differenzen und Reparaturnotwendigkeiten im Einzelnen, eine Entweder-oder-Unterscheidung. Analoges gilt in Bezug auf Gumbrecht: Nur eine Prozess-Ontologie verortet das Präsentische in, und nicht diesseits, der Hermeneutik. Selbst noch Hogrebes Mantik bleibt zu unbekümmert um diesen Unterschied und kokettiert allzu sehr mit einer Ereignis-Ontologie.

Milo Rau hat den hohen Preis aufgezeigt, den wir bei einer Hegemonie von Ereignis-Ontologien zahlen. Er nennt diesen Preis »totale Gegenwart«, was die Diagnose einer Gegenwart meint, die keine Eingebundenheit in Vergangenheit und Zukunft mehr hat – also eine Absage daran ist, dass wir »das sprunghafte Auftreten der gegenständlichen Richtung und ihr Sichanschließen an das Lebensverhalten, beides zusammen im Auge behalten [müssen]« (Misch, s. o., Kap. 4.10). Die Gegenwart, in deren Mitte wir stehen, »vernichtet alles Vergangene wie alles Kommende: jede Erinnerung, jeden Zusammenhang und damit jedes Verstehen« (Rau 2023: 18 f.). Rau hat diesen Preis am Beispiel der Kunst aufgezeigt, was zum einen mit seiner eigenen Expertise zu tun hat, zum anderen aber auch damit, dass es eine strukturelle Nähe zwischen Kunst und Ereignishaftigkeit gibt. Sehr plakativ gesprochen, zelebriert die Kunst den Augenblick, da »die Fülle des Moments das Verfließen der Zeit überhaupt erst erfahrbar [macht]« (ebd. 20). Rau bricht deshalb auch nicht mit dem Ereignis-Vokabular, sondern ist bemüht, dem Begriff des Ereignisses eine andere Bedeutung als die der totalen Augenblicklichkeit abzuringen. In der Sache ist das dann eine hier so genannte Prozess-Ontologie, deren Gegenwartsbegriff gerade nicht durch einen Bruch mit der Vergangenheit und durch Gleichgültigkeit gegenüber der Zukunft definiert ist. Raus Gegenbegriff zur totalen Gegenwart ist der der »offenen Gegenwart«. Genauso plakativ gesprochen: Um den Augenblick zelebrieren zu können, müsse die Kunst »vor allem eines tun: Vergangenheit erforschen und Zukunft zurückerobern. Sie muss der Gegenwart hinten und vorne die Ausgänge freihalten, um uns, in einem Satz, wieder in geschichtliche Bewegung zu bringen. Denn nur eine offene Gegenwart, in der man aus Distanz zum Geschehen Stellung nehmen kann, ist darstellbar. Und nur eine darstellbare Gegenwart kann als veränderbar begriffen werden« (ebd. 20 f.).

Eine praxeologische Hermeneutik macht dies zu einem Charakteristikum personalen Lebens: die Verankerung im Augenblick, gegen habituelle Nostalgie und gegen abstrakten Utopismus, aber auch gegen eine Verankerung in einem punktuellen Jetzt. Also eine Verankerung im Augenblick, in dem die Zukunft Herkunft hat (s. o., Kap. 2.2). König (1937: Kap. 4) hat es »lediglich präsentisch« genannt. Man mag dieses Charakteristikum für eine Grundbestimmung von *Dialektik* halten, so schon frühe *Prolegomena einer materialistischen Hermeneutik* (Sandkühler 1973: 399). Jedoch gerät eine solche Dialektik praxistisch, wenn sie jene Verankerung im Augenblick lediglich zeitlich und nicht auch räumlich, als Verankerung im Hier *und* Jetzt, fasst. Eine *Dialektik der Gegenwart* kann nicht umhin, »Dialektik als Strukturmodell der Simultaneität zu verstehen« (Zimmer 2023: 13).

5.4 Parteilichkeit

Situiertheit resp. Parteilichkeit ist hier durch drei Momente bestimmt, nämlich als Gebundenheit an eine Situation, durch den normativen Gehalt der dadurch gegebenen Perspektivität und durch den Selbstbezug einer so gegebenen Analyse.

Situiert ist jedes personale Handeln insofern, als es in doppelter Weise in eine ›Ganzheit‹, in eine große und in eine kleine Welt, eingebunden ist. Es ist zum einen eingebunden und formatiert durch die Praxisform des Personalen resp. durch die Welt des Geistes resp. durch die ›große‹ Welt der Weltgesellschaft (s. o., Kap. 5.2; s. u., Kap. 5.5); zum anderen ist personales Handeln eingebunden in eine ›kleine‹ Welt der Situation dieses Handelns. Die Situation ist eine Welt, weil es nicht um eine endliche Anzahl situativer Bedingungen, sondern um die Unendlichkeit einer ›Ganzheit‹ geht *und* weil es nicht lediglich um ein Bedingungsgefüge, sondern um ein unergründliches Bedeutungsgewebe zu tun ist, das die Gerichtetheit des Handelns, und dadurch das Handeln insgesamt, sinnmäßig prägt. Oder auch: Jedes personale Handeln ist in doppelter Weise mundanes Handeln, und die beiden Welten der Gesellschaft und der Situation sind je ein Doppeltes von kategorialem Format und phänologisch-generisch bestimmter personaler Lebensweise bzw. typisch-situativer Antwortweise.

Man kann so charakterisiertes mundan-verstehendes Handeln auch szenisch-verstehendes Handeln nennen (Hogrebe 2009, Meyer-Drawe 2021). Gemeint ist damit, dass wir »zugeben [müssen], daß in die Struktur unserer erkennenden Energie a priori eine noch nicht von Wissen angereicherte Form einer Gewahrung eines Ganzen, in dem wir existieren, verankert ist. Wir leben vor Ort, aber doch immer auch in einem Ganzen. Und das ist uns präsent, selbst wenn wir davon nur eine diffuse Vorstellung haben. Schleiermacher sprach hier deshalb von einem Gefühl oder Instinkt für das Universum. Ich nenne es das Szenische. In dieses Szenische werden wir hineingeboren, um uns vor Ort finden zu können.« Der Name *Szene* mag für die gegebenenfalls sehr kleinen Welten einer Situation treffender als der Name *Welt* sein und auch treffender als der Name *Kultur*, bei dem wir immer eigens daran erinnern müssen, dass man ihn im Deutschen auch im Falle kleiner Welten gebraucht: die Kultur meiner Stammkneipe im Unterschied zur Kneipenkultur zwei Straßenecken weiter. Von der Namenswahl sowieso nicht berührt ist die Fülle des Materials, das Hogrebe und Käte Meyer-Drawe zusammentragen, um solch szenisches Verstehen zu charakterisieren, um es abzugrenzen, um es vor Verkürzungen zu schützen. Der Punkt, an dem ich begriffspolitisch nicht folge, ist der Wissensbegriff. Dass die »Gewahrung eines Ganzen« eine »noch nicht von Wissen angereicherte Form« sei, folgt dem Impuls, dass all unser Wissen ein Verhältnis von Wissen und Nichtwissen sei. Dieser Impuls ist in Abgrenzung zu aller Hybris wichtig und unhintergehbar, der gemäß Wissen in Feststellbarkeiten oder gar Messbarkeiten aufgehe: »Im szenischen Verstehen geht es um einen bestimmten Umgang mit unseren Erfahrungen, in denen sich Gegebenheiten noch nicht zu Gegenständen versteift und Gewahrungsweisen sich noch nicht zu Erkenntnissen verhärtet haben.« (Meyer-Drawe 2021: 21) Gleichwohl ist auch dort die Pointe, dass auch solches Gewahren, dass »Ahnungen, Vermutungen und Intuitionen« (Hogrebe 2014: 122) im Verstehen »verankert« sind (vgl. auch ebd. 126, 168). Dann aber gilt, dass auch jenes sogenannte Nichtwissen noch Moment des Wissens ist, und der begriffspolitische Schachzug, solches Nichtwissen nicht als Wissen anzusprechen, scheint mir noch zu sehr einem logizistischen Verständnis verhaftet zu sein – obwohl es dort erklärtermaßen durchaus auch, oder besser: vor allem, darum geht, dass solcherart Weltwahrung angemessen oder unangemessen, treffend oder weiniger treffend und gerade deshalb praktisch höchst relevant sein kann. Statt also von einem grundsätzlich realisierten Verhältnis von Wissen und Nichtwissen zu sprechen, sei hier weiter der Begriffspolitik von Misch gefolgt: Mundan-verstehendes Handeln ist sinngerichtet durch ein Verhältnis von Gedankenmäßigkeit und Unergründlichkeit.

Der genannte begriffspolitische Schachzug ist nicht unschuldig. Es gibt in den Texten von Hogrebe eine Tendenz, das gelegentlich selbst so bestimmte *Verhältnis* von Wissen und Nichtwissen *genetisch* wieder aufzulösen: als Weg *vom* Nichtwissen *zum* Wissen. Dort liegt dann der Akzent darauf, dass man eines Ganzen gewahr geworden sein muss, *bevor* man Gegenständlichkeiten *in* diesen Ganzheiten wahrnehme: »Stets ist solchen Bezügen die szenische Gewahrung vorhergegangen.« (Hogrebe 2009: 32) In solchen Formulierungen oder ausdrücklichen Hervorhebungen – »*vorausgeht*« (ebd. 95) – deutet sich eine Tendenz an, auch eine »*Metaphysik von unten*, eine[] Metaphysik nicht als Überbau, sondern als Unterbau« (Hogrebe 2014: 170; vgl. Hogrebe 1992) holistisch zu begreifen, also als Vorordnung der Gewahrung eines Ganzen *vor* der Wahrung von Details dieses Ganzen. Der bedeutungslogische Punkt daran ist völlig zutreffend: »Im szenisch registrierten Detail ist schon ein nur ›vorschwebendes‹ Ganzes präsent, sonst wäre es ja kein Detail.« (Hogrebe 2009: 34) Aber dieser bedeutungslogische Punkt gilt auch umgekehrt: Ohne vage-registrierte Details schwebt keine Welt vor – Ganzes wovon denn dann? –, sondern dann würde einem ein unterschiedslos-homogenes Eine tatsächlich vor-schweben. Nach dem Motto: Alles ist Wasser!, und mit der Konsequenz: Über allen Wassern ist Ruh! Dagegen hatte schon Aristoteles hinreichend treffend polemisiert: Keine Welt kann entstehen, wenn man einen Übergang denkt vom Einen zum Vielen, vom bloß Möglichen zum Wirklichen (Aristoteles, Met XII, 6). Deshalb ist mundan-verstehendes Handeln hier, gegen jene Tendenz bei Hogrebe, nicht holistisch, sondern medial konzipiert: Personales Verstehen ist doppelt *eingebunden* in eine große und eine kleine Welt, d. h.: Es vollzieht sich im Medium, im Lebenselement einer situativ getakteten Welt des Personalen. Oder mit Hogrebe formuliert: Personales Handeln findet sich »im Leben vor Ort« (Hogrebe 2009: 49 f.). Diese Eingebundenheit in eine Szene der Welt betrifft, gegen Hogrebe, die Geltung und nicht lediglich die Genese, wie Hogrebe Christoph M. Wieland zustimmend zitiert (ebd. 91 f.).

Hogrebe hat den Begriff des ›szenischen Verstehens‹ von Lorenzer (1970: Kap. V) aufgegriffen.[72] Dort ist er in einem psychoanalytischen Kontext eingeführt, aber Hogrebe (2009: 55 f.) insistiert zu Recht, dass er ganz allgemein das personale Handeln und insbesondere auslegendes Verstehen charakterisiere, weil er die prinzipielle Gebundenheit an eine Situation meint. ›Szenisches Verstehen‹ charakterisiere »unsere primäre Stellung in der Lebenswelt« (ebd. 55). In der Tat ist der Begriff des ›szenischen Verstehens‹ bei Lorenzer *auch* unabhängig von der psychoanalytischen Einbettung, weil er entschieden das Mundane herausstellt. Die Gerichtetheit des Verstehens ist keine Gerichtetheit auf ein atomistisches Etwas, sondern eine Gerichtetheit in einer »Szene« durch diese Szene. Auch dann, wenn es eine Gerichtetheit durch Diskretes ist, ist es diakritisches Verstehen von Bestimmtem: von diesem-und-nicht-jenem, denn es geht stets um »Objekt*beziehungen*« (Lorenzer 1983: 17), einschließlich des Verhältnisses zu diesem Diskreten. Ausschlaggebender für den Gebrauch des Namens ›szenisch‹ ist aber, dass alles Diskret-Bestimmte unhintergehbar Bestimmtes einer Ganzheit, einer kleinen Welt ist (ebd.; Lorenzer 2002: 135–137). Deshalb »[ist] die ›Bedeutung‹ der Sprachfiguren die aktuell-konkrete Szene« (Lorenzer 1983: 19). Die »Eigenart der ›Bedeutung‹ des Wortes« sei, »in ihrem

Kern *szenisch*« zu sein. »Ihr Bezug ist […] kein abgegrenzter Gegenstand, sondern ein szenisches Gefüge. Der Name bezieht sich auf die Szene, er überschreitet notwendig den engen Rahmen einer one-to-one-Denotation. Der Name ist kein ausgestanzter Punkt, sondern der ›Knoten‹ eines Bedeutungsnetzes – als Repräsentant eines komplexen szenischen Gefüges, nicht bloß einer ›Sache‹« (ebd. 20; vgl. Lorenzer 1986a: 42).[73]

Die Gebundenheit an die Psychoanalyse ist bei Lorenzer sehr entschieden keine Eingrenzung auf die psychoanalytische Therapie. Ihm geht es auch um szenisches Verstehen in Kulturanalysen, paradigmatisch am Fall des psychoanalytischen Verstehens von Kunstwerken (Lorenzer 1986a). Dabei ist sein zentrales Anliegen, die gravierenden Unterschiede zwischen Therapie und Kulturanalyse herauszustellen (ebd. 17 f., 28, 64 f.), um z. B. »den[n] platte[n] Biographismus vieler psychoanalytischer Deutungen in der Literatur« als »Sackgasse« zu vermeiden (ebd. 19; vgl. 25). Lorenzer ist sehr entschieden: Ein psychoanalytisch-szenisches Verstehen in anderen Feldern als der Therapie setzt voraus, »Sonntagsnachmittags«-Interpretationen z. B. von Kunstwerken zu unterlaufen, »die eilfertig das psychoanalytische Kategoriennetz den Texten überwerfen« (ebd. 77). Da es gleichwohl um *psychoanalytische* Therapie und um *psychoanalytische* Kulturanalysen geht, insistiert Lorenzer auf der Notwendigkeit einer »Freudsche[n] Metapsychologie« als gemeinsamem Dach der ganz unterschiedlichen Verstehensweisen (ebd. 93).

Die Spezifik der Psychoanalyse ist die qualitative Unterscheidung des Unbewussten vom Bewussten. Psychoanalytisch verstandenes Unbewusstes ist nicht lediglich eine Unterabteilung des Bewussten – etwas ›Un‹bewusstes als Noch-nicht- oder Nicht-mehr-Bewusstes –, sondern ein zweites Sinnsystem neben dem des Bewussten: »Der Mensch als ein von *zwei* Sinnstrukturen bestimmtes Wesen, das ist der entscheidende Beitrag der Psychoanalyse zur Anthropologie.« (Lorenzer 1988: 170) Die Drehtür zwischen beiden Sinnsystemen heißt »Verdrängung« bzw. »Rekonstruktion« des Verdrängten. Erst dadurch gewinnt der Begriff des Szenischen seine spezifische Kontur. Der Psychoanalyse geht es entschieden um die subjektive Dimension des Szenischen, emphatisch: um die Emanzipation des Subjekts; aber szenisches Verstehen ist keine Nabelschau eines vermeintlichen Innenlebens, denn die Psychoanalyse unterstellt die

Wirform des Ich. Szenisch ist das Verstehen daher grundlegend in dem Sinne, dass es grundsätzlich um das Verstehen von »Interaktionsformen«, also von sozialen Gefügen, geht (Lorenzer 1970: 104–108). Verdrängtes ist dann das in und von solchen Interaktionsformen Tabuisierte resp. das »sozial Unerlaubte« (Lorenzer 2002: 76). Hier geht eine kritische, ja revolutionäre gesellschaftstheoretische Diagnose ein, die das gesellschaftlich Bestehende als schlecht Bestehendes charakterisiert: »Es ist die Eiszeit unserer gesellschaftlichen Gegenwart, die als Hintergrund allen individuellen Verhaltens erkannt werden muß« (ebd. 149; vgl. Lorenzer 1986b: 128f.). Das hat die durchaus heikle Konsequenz, dass diese Eiszeit auch dort hintergründig abkühlt, wo unsere Stellung in der Lebenswelt nicht offensichtlich krank gemacht hat, »sondern auch *amused* oder *betört*« (Hogrebe 2009: 55). Wem dann an Emanzipation gelegen ist, der ist notwendig an eine »tiefenhermeneutische« Analyse verwiesen (Lorenzer 1986a).

Das ist strukturell eine Anknüpfung an die Bibelexegese der Reformation als Katalysator der Hermeneutik: Heilige Schriften können und wollen ausgelegt sein, denn (auch) ihr Sinn steht, allen zugänglich, im Text, aber er liegt nicht offen zutage. Auslegendes Verstehen ist dort überflüssig, wo sich Sinn von selbst versteht. Aber genau dieser Grundsatz generiert eine heikle Gratwanderung. Jede ›Tiefen‹-Hermeneutik steht völlig zu Recht im Verdacht, eine Verdachts-Hermeneutik zu sein, was wiederum deshalb brisant ist, weil das eine *Absage* an Emanzipation wäre. Jede Verdachts-Hermeneutik lebt von einer Hohepriester-Funktion, also von einem personifizierten Ort, an dem um den ›eigentlichen‹ Sinn gewusst wird, der den Laien und Banausen noch verborgen ist. Andererseits aber wäre jede Emanzipation überflüssig, wenn es schon vollkommen selbstbestimmt zuginge. Verdrängtes liegt gerade nicht offen zutage, und es ist gerade nicht zugänglich durch bloße Analyse des Bewussten, und sei diese noch so akribisch. Szenisches Verstehen ist gleichsam die Institutionalisierung dieser Gratwanderung; Lorenzer (1986a: 29, 32) insistiert, dass eine Tiefenhermeneutik keinen »Tiefsinn« schürft, und letztlich kommt hier die für die psychoanalytische Therapie konstitutive »Revolution« im Arzt-Patient-Verhältnis zum Tragen (s.o.; vgl. ebd. 73). Diese Revolution hat bei psychoanalytischen Kulturanalysen kein *striktes* Entsprechungsstück, aber doch ein Analogon, nämlich immer wieder auf den Text resp. das Sinngebilde zurückzukommen (Lorenzer 1986a: 14, 58). Sinngebilde sprechen nicht zu uns (wie Patientinnen zur Therapeutin), aber sie haben gefälligst ein Wort mitzureden bei ihrer Auslegung, was, immerhin, gemeinsam geteilt methodisch kontrollierbar ist.

Diese Gratwanderung hat ihre Basis in einer Doppelcharakteristik des Unbewussten. Das Unbewusste ist, so Lorenzer, ein systemischer Zusammenhang von »Erinnerungsspuren« resp. »Triebwünschen« (Lorenzer 2002: 144), und diese Erinnerungsspuren sind ein Doppeltes von (resp. ein Drittes zwischen) physiologischen Sachverhalten und Sinneinheiten: »Abdrücke realer Welterfahrung (vom intrauterinen Anbeginn an) und ›sachhaltige konkrete‹ Modelle des Umgangs mit der Welt« (Lorenzer 1983: 18). Das Unbewusste ist ein physiologisch manifestes Sinnsystem, und eben deshalb ist szenisches Verstehen des Unbewussten eine »Hermeneutik des Leibes« (Lorenzer 1988). Die Pointe dieses Insistierens ist die Markierung des grundsätzlichen Unterschieds der beiden Sinnsysteme des Unbewussten und des Bewussten: »Das Unbewußte kann nicht direkt erfaßt werden, es muß sich in ›Abkömmlingen‹ zeigen, wie Freud das immer wieder genannt hat.« (Lorenzer 2002: 70 f.) Das theoriebautechnische Folgeproblem liegt darin, wie man dann den Zusammenhang beider handlungswirksamer Sinnsysteme, wie man auch sie als »Verhältnis« (ebd. 94), hier: als Binnenverhältnis des Bewusstseins, denken kann, ohne deren qualitative Differenz aufzugeben.

Lorenzer löst dieses Folgeproblem dadurch, dass er mit Berufung auf Sigmund Freud den qualitativen Unterschied zwischen Unbewusstem und Bewusstem als Unterschied zwischen Sprache und Nicht-Sprache fasst (exemplarisch ebd. 99–118). Geradezu formelhaft: »Psychoanalyse sucht mit Sprachmitteln das Nichtsprachliche zu erkunden. [...] Auf dem Boden der Psychoanalyse sollte jedenfalls eindeutig sein, daß Sprache und Unbewußtes einander ausschließen.« (Lorenzer 1983: 14 f.) Diese Lösung ist strukturell übereinstimmend mit der von László Tengelyi: Das Unbewusste als die Sphäre unausgedrückten Sinns, wenn auch im Vorhof der Sprache, da die physiologische Manifestation gleichsam der vorsprachliche ›Ausdruck‹ unbewussten Sinns ist. Für Lorenzer ist präsentischer Sinn das Vermittlungsglied zwischen nichtsprachlich

Unbewusstem und sprachlich-repräsentisch Bewusstem. Präsentischer Sinn hat bei Lorenzer die Form von Sprachbildern, und an solchen Sprachbildern kann man, im Unterschied zu sprachlich-repräsentischen Sinngebilden, die Dimension manifesten Sinns von der Dimension latenten Sinns unterscheiden. Beides stehe im selben Text, aber dieser Text habe teil an »zwei verschiedenen dramatischen Zusammenhängen« (Lorenzer 2002: 72). Der latente Sinn solcher Sprachbilder ist nicht identisch mit dem Unbewussten, denn auch ein Sprachbild ist eine symbolische Interaktionsform, aber er ist jener Abkömmling des Unbewussten, in dem sich Unbewusstes zeigt. Auch und gerade an diesem Ort insistiert Lorenzer, dass das Unbewusste sinnhaft *und* nicht-symbolisch sei; die latent-symbolisierten Abkömmlinge schon für das Unbewusste zu nehmen, sei ein typischer Kulturalismus resp. Idealismus. Dagegen gilt es zu »erkennen, daß es unterhalb *aller* Symbolebenen jene fundamentale psycho-physische Schicht unbewußter Lebensentwürfe gibt« (ebd. 156), und dieses Beharren auf einer Eigenbedeutsamkeit neurophysiologisch begründeter Lebensentwürfe – vorsymbolische Triebwünsche – sei »der Weg, die Psychoanalyse als kritische Theorie und d. h. als eine geschichtsmaterialistische Erfahrungswissenschaft zu begründen« (ebd. 150). Lorenzer macht diesen Punkt mit und gegen Jacques Lacan fest. Er stellt dessen Satz »Das Unbewußte ist wie eine Sprache strukturiert« den Satz gegenüber »Die Sprache ist wie das Unbewußte strukturiert« (ebd. 84 f.), wobei ein solcher Satz »das Wechselverhältnis der beiden Systeme, des Unbewußten und des sprachlich geordneten Bewußtseins, keinesfalls verdunkeln darf« (ebd. 174).

Das zentrale Motiv dieser Rede vom Vorsymbolischen ist das Beharren auf dem Vollzugscharakter der Praxis. Praxis generiere in ihrem Vollzug selbst Sinn, und es sei nicht so, dass Praxis auf jene Fälle reduzierbar sei, die man als Ratifizieren eines schon bestehenden Sinns fassen kann: »Jede Interaktionsform ist Teil dieser Praxis und daher weiter, umfassender als die Sprache.« (Lorenzer 1986 a: 47; s. o., Kap. 2.7 den analogen Satz von Leont'ev) Insofern fundieren Praxisfiguren symbolische Interaktionsformen, nicht aber umgekehrt. Unklar bleibt dann allerdings – und dies reproduziert die analoge Unklarheit bei Tengelyi –, wie man sich denken soll, dass auch Praxisfiguren sinnhaft sind, sich also im Medium bereits vorgefundener Sinnunterscheidungen vollziehen. Lorenzer macht diesen Punkt zwar geltend – dies mache gerade den Unterschied zwischen Praxisfiguren und tierlichem Verhalten aus (Lorenzer 2002: 162 f.) –, aber er appelliert mehr an ein solches Verhältnis, als dass er es zeigt; letztlich deshalb, weil er es bei einer dualen Struktur belässt und die leib-seelischen Vollzüge nicht explizit im Medium der Praxis verortet (sondern sie selbst schon für Praxisfiguren nimmt). Oder anders: Das Szenische bezieht sich bei Lorenzer in vielfältiger Weise auf die Situationsgebundenheit personalen Handelns, thematisiert dabei aber bei aller programmatischen Klarheit die große Welt der personalen Praxisform, in der sich das alles vollzieht, nicht explizit genug.

Nimmt man den Punkt auf, dass Hermeneutik eine Tiefenhermeneutik zu sein hat, dann wird der Punkt sichtbar, dass die Situationsgebundenheit des Verstehens auch eine (normative) Situiertheit resp. Parteilichkeit ist. Zwar gibt es ohne Zweifel eine Spezifik psychoanalytischer Tiefenhermeneutik, nämlich den Verweis auf zwei qualitativ unterschiedene wirkmächtige Sinnsysteme; aber zugleich ist der Ausdruck »Tiefenhermeneutik« auch ein weißer Schimmel, da jedes Verstehen überflüssig wäre, wenn der Sinn offen zutage läge. Nimmt man dann Lorenzers Ansatz als eine Folie, werden Orte sichtbar, an denen jedes Verstehen an normative Unterscheidungen gebunden ist, zu denen es sich nicht nicht verhalten kann. Zum Beispiel: Wenn Sinn geborgen werden muss, weil er nicht offen zutage liegt, dann hat sich jede Hermeneutik in ein Verhältnis dazu gesetzt, ob sie die Verstehenden mit dieser Aufgabe alleine lässt, ob sie im Verstehen eine Hilfestellung angeboten hat oder ob sie eine Hohepriesterfunktion eingebaut hat. Oder, anderes Beispiel: Wenn Verstehen situationsgebunden ist, macht es einen normativen Unterschied, ob und wie man die Wechselspiele zwischen kleinen und größeren Situationen konzipiert; sowohl ein die Konkretheit der kleinen Situation überfliegendes Verstehen als auch ›kleingeistiges‹ Ignorieren größerer Sinnwelten sind keine bloßen ›Erkenntnis‹-Probleme, sondern bedeuten einen Unterschied in der Orientiertheit des Handelns. Oder, drittes Beispiel: An dem Ort der mitgegebenen Antwort auf die Frage, worum es bei der Bergung des Sinns überhaupt geht, ist Lorenzers Tiefenhermeneutik klar: Der verborgene Sinn liegt »auf dem Grund [eines] Leidens« (Lorenzer

2002: 63) oder hat, mit Ernst Bloch, ein utopisches Potential (ebd. 153 f.). Aber auch, wenn verborgener Sinn auf dem Grund einer Freude oder auf dem Grund eines Staunenswerten oder wo immer läge: Hogrebe (2009: 56) hat darauf aufmerksam gemacht, dass unser »szenisches Existieren« eine »normative Wechselseitigkeit« ist, die noch vor jeder »reguläre[n] Ethik« als »Mitmenschlichkeit in affektiven Symmetrien« verortet ist. Die Bedingungen, denen personales Handeln unterliegt, »erhalten hier einen szenischen Index, durch den sie zu Anmutungen verletzender oder tröstlicher Art ›gebrochen‹ werden« (ebd.).

Nimmt man diesen Punkt allgemeiner, dann ist die Situationsgebundenheit personalen Handelns insofern eine (normative) Situiertheit, weil sie eine Positionierung 0. Stufe ist. Situationsgebundenheit und Positionierung bilden eine »situative Differenz« (Bedorf 2023). Es gibt sie nur miteinander, nicht aber je getrennt derart, dass man sie nachträglich in ein Verhältnis setzen könnte. Auf den ersten Blick scheint diese Charakterisierung abwegig, da beides auch ausschließend-getrennt voneinander ist. Die Situationsgebundenheit personalen Handelns kann nicht nicht sein, während eine Positionierung auch anders erfolgen könnte, also eine Art Wahl ist. »Man *ist* je schon situiert, aber man positioniert *sich*« (ebd. 941). Aber die Wahl der Positionierung ist keine willkürliche, sondern an die Situationsgebundenheit rückgebunden. In der Terminologie von König kann man sagen, dass Positionierung eine »notwendige Möglichkeit« der Situationsgebundenheit ist: Mit jeder Situationsgebundenheit ist notwendig eine Positionierung verbunden, aber man kann aus der Situationsgebundenheit nicht herausklauben, wie man sich zu ihr positioniert: »Im Sinne der situativen Differenz besteht nicht die Möglichkeit, sich *nicht* zu positionieren. Gleichwohl folgt aus einer gegebenen Situation nicht eine *bestimmte* Position« (ebd.). Insofern ist jede Situationsgebundenheit je schon irgendeine Positionierung und in diesem Sinne eine, hier so genannte »naive«, Situiertheit 0. Stufe. Im Einzelfall ist diese naive Positionierung die des göttlichen Tricks, also die Borniertheit, sich als neutral gegenüber der Situationsgebundenheit zu wähnen. Situiertheit nimmt dann paradoxerweise die Form der »unsituierte[n] Situiertheit« an, also die Form der Unterstellung, die eigene Position würde »sich *nicht* einer Situiertheit verdank[en]« (ebd. 938). Diese situative

Differenz, also die normative Situiertheit als notwendige Möglichkeit einer Positionierung in einer Situationsgebundenheit, ist eine Art Übersetzung oder Konsequenz exzentrischer Positionalität. Im personalen Handeln einen exzentrischen Blick auf dieses Handeln zu werfen heißt eben auch, sich in der Situationsgebundenheit zu dieser Situationsgebundenheit zu verhalten, also sich positioniert zu haben. Auch in dieser Hinsicht hat man sich mit anderen Augen, also mit den Augen der Anderen gesehen. Der Ausgang der Person aus ihrer nicht zwingend selbstverschuldeten naiven Positionierung verlangt dann freilich tatsächliche Anstöße der anderen, denn »nur im (kontroversen) Kontakt mit anderen Situiertheiten« (ebd. 939) wird die je schon getroffene naive Positionierung auch als Wahl und damit als gestaltbar kenntlich. Hier spätestens erweist sich der Logos als agonal (Herrmann 2023; Richter 2008; Schürmann 1999: 370, Anm. 135).

Solche Situiertheit resp. Parteilichkeit gilt dann insbesondere für das Philosophieren. Auf diesen Punkt hat Plessner vehement aufmerksam gemacht. Philosophieren sei »nichts als das Legen des Grundes« (Plessner 1918: 174) und insofern hätte es auch anderen Grund legen können; philosophische Anthropologie habe sich schon im Ansatz ihrer Frage entschieden, hätte sich also auch anders entscheiden können und zahle deshalb notwendig einen normativen Wetteinsatz (s. o., Kap. 4, Anm. 66). Bei Luigi Pareyson (2023: 271) liest sich das wie folgt: Philosophie »[mache] vor nichts Halt, da die Philosophie vor allem sich selbst in Frage stellt. Sie ist keine Philosophie, wenn sie nicht zugleich Philosophie der Philosophie ist, so dass sie mit nichts anderem beginnen kann als mit einer Rechtfertigung des eigenen Gesichtspunktes und mit einer Begründung ihrer eigenen Möglichkeiten.«

5.5 Das Fremde im Verstehen

Die Welt des Personalen ist für uns die größte aller Welten. Auch der Kosmos, in den diese Welt ohne Zweifel eingebettet ist, ist für uns nur aus unserer Welt des Personalen heraus zugänglich und ist in diesem Sinne eine Welt *in* der Welt des Personalen. Zugleich können wir aber in dieser Welt wissen, sogar zweifelsfrei, dass unsere Welt nur eine unbedeutend-verschwindend kleine Welt in den unendlichen Weiten des Kosmos ist. Deshalb sind es bekanntlich »zwei Dinge«, die das Gemüt mit »Bewunderung und Ehrfurcht erfüllen«, nämlich der »bestirnte Himmel über mir, und das moralische Gesetz in mir« (Kant, KpV: A 289). Dass wir aus unserer Welt nicht herauskommen, die deshalb die für uns größte ist, macht einen Anthropomorphismus all unseres Wissens und Könnens unhintergehbar. Selbst das Wissen, dass diese Welt des Personalen ein Außen hat, ist noch unser Wissen; es hebt den Anthropomorphismus nicht auf, hat aber die Potenz, jeden Anthropozentrismus zu depotenzieren: Wir gestalten unsere Welt, aber schaffen sie nicht.

Plessner hatte diesen Umstand auf die Isosthenie zweier Grundsätze gebracht: Personen sind ausnehmend besondere Wesen, die in einer Welt leben, die auf sie bezogen ist; und sie sind lebendige Dinge der Natur, die gleichwertig neben allen anderen naturalen Entitäten stehen. Seine Anthropologie, die nur als Naturphilosophie zu haben sei, will deshalb so gebaut sein, dass unentscheidbar bleibt, welches dieser beiden Prinzipien den Primat hat. Eugen Fink hat einen »kosmischen Weltbegriff« im Unterschied zur Welt des Personalen eingeführt, um diesem Umstand gerecht zu werden (Fink 1972: 50). Er spricht von der »kosmologischen Differenz« (ebd. 43), um kenntlich zu machen, dass die Welt kein Gegenstand ist, auf den wir Bezug nehmen könnten, »weil sie in ihrer Offenheit überhaupt erst Gegenstände begegnen läßt« (ebd. 41). Insofern bedarf auch die unhintergehbare Gerichtetheit unserer Weltbezüge ihrerseits noch einer philosophischen Grundlegung, die der kosmologischen Differenz gerecht wird (ebd. 47 f.). Die Übereinstimmung mit Plessner ist mit Händen zu greifen. Die personale Welt ist die Welt der Phänomene, die Welt der Dinge, wie sie uns erscheinen. »Ganz anders aber wird die Welt gedacht, wenn sie als allumfangendes Universum verstanden wird […]. Bei diesem Ansatz hat der Mensch keinen besonderen Rang, er ist ein Ding unter Dingen, ein geist- und sprachbegabtes Ding, jedoch nicht weltnäher als der Fisch im Wasser oder der Vogel in der Luft« (ebd. 49).

Man kann diesen Umstand auch so ausdrücken, dass Natur das Fremde der Kultur ist (Schürmann 2014: Kap. 6.3). In unserer Deutungskultur sind die Gegenständlichkeiten das Andere des deutenden Selbst, und zwar unabhängig davon, ob der Deutung eine

Subjekt-Objekt-Unterscheidung zugrunde liegt oder ob das deutende Selbst ein leibliches Aktionszentrum ist. Selbst und Anderes sind korrelativ, und die Phänomene, durch die ein Selbst gerichtet ist, ist eben eine Bestimmtheit-wie-sie-uns-erscheint. Das Fremde aber geht nicht darin auf, ein Anderes zu sein; es ist auch keine Steigerungsfigur des Anderen, also kein exorbitant Besonderes, kein gefühlt ganz doll anderes Anderes. Das Fremde ist gar nicht auf ein Selbst bezogen; eher macht es etwas mit einem Selbst. Dass die Deutungskultur zwar nicht auf das Fremde bezogen ist, gleichwohl der Möglichkeit nach aber vom Fremden betroffen ist, gründet in dem Umstand, dass das Fremde auch nicht das ganz Andere ist bzw. sein kann, denn dann wäre es gar nicht kenntlich, auch nicht als Fremdes. Ein Selbst muss offen sein für das Fremde, wie wir so sagen, denn sonst ist diesem Selbst nichts mehr fremd. Die Korrelation ist deshalb nicht Selbst – Anderes, sondern Eigenes – Fremdes. Deshalb hat das Fremde die Potenz, die Hybris, die in Selbst-Anderes-Verhältnissen latent angelegt ist, zu depotenzieren.

Diese Differenz von Anderem und Fremdem betrifft nun auch das Verstehen; ja mehr noch: Hier liegt der vielleicht ausschlaggebende Grund, dass die Vollzüge und Akte des auslegenden Verstehens einer Bestimmung jener Sphäre bedürfen, in der sich auslegendes Verstehen vollzieht – dass also eine methodologisch-erkenntnistheoretische Hermeneutik einer ›Fundierung‹ in einer philosophischen Hermeneutik bedarf.

Verstehen hat eine triadische Struktur: Person – Bedeutung – Gegenstand. Bis dato hieß das, dass das Verstehen bedeutungsvermittelt gegenständlich gerichtet ist: Verstehen *meint* etwas, hier im weiten Sinne von ›meinen‹ als sinnhafter Gerichtetheit, vermittelt über eine Bedeutung. Bis dato lag der Nachdruck darauf, dass Bedeutungen Objektivationen sind, aber dieser Nachdruck konnte es dabei belassen, dass der je gemeinte Gegenstand ein psychisches oder ein bewusstes Vorkommnis ist. Aber genau so, wie Bedeutungen als Vorkommnisse des objektivierten Geistes den subjektiven Vorgang transzendieren, genau so gilt es jetzt festzuhalten, dass (in anti-idealistischer Perspektive: selbstverständlich) der Gegenstand als solcher ebenfalls den subjektiven Vorgang transzendiert: Das, was je gemeint ist, geht nicht darin auf, ein Anderes des verstehenden Selbst, also ein Gegenstand zu sein, sondern ist darüber vermittelt ein ontisches Objekt. Das gilt auch für den Fall, dass der gemeinte Gegenstand ein Einhorn ist. Einhörner gibt es nur in Fabeln, Erzählungen, literarisch, und es gibt sie, soviel wir wissen, nicht ›in echt‹. Aber in den Fabeln, den Erzählungen, der Literatur gibt es sie wirklich, d.h. nicht nur von Gnaden der Fabulierenden, Erzählenden, Literat*innen – mit Feuerbach: nicht nur gedacht. Sie führen gleichsam ein Eigenleben, denn man kann von ihnen *weiter*erzählen, was nicht möglich wäre, wären sie lediglich subjektive Vorkommnisse derjenigen, die vorher davon erzählt hatten. Im Einzelfall ändern Einhörner sogar im Weitererzählen ihren Charakter – im minimalen Sinne ist das sogar selbstverständlich und unvermeidbar, wie man sich am Kinderspiel ›Stille Post‹ oder rein theoretisch am Konzept ›Wiederholung‹ (vgl. Waldenfels 2001) klar machen kann.

Vollzieht man auch dieses zweite Transzendieren des Verstehens explizit, dann kann man zu dessen Kenntlichmachung mit Bloch noch einmal terminologisch umstellen: Das bedeutungsvermittelte, also durch einen bestimmten Bedeutungsraum kategorial formatierte *Gegenständliche* der triadischen Struktur des Verstehens ist das »sachhaft-objektgemäß Mögliche« (Bloch 1959: 264–271); das gegenständlich vermittelte Objektive ist das »objektiv-real Mögliche« (ebd. 271–278), also das ontisch *Objektive*. Hier wird dann auch sichtbar, dass eine erkenntnistheoretisch-methodologische Hermeneutik als Auslegungslehre von Sinn weder direkt mit Gegenständen, geschweige mit Objekten des Verstehens zu tun hat, sondern – bei gegebenen, bereits konstituierten Sinngebilden – mit dem »sachlich-objektiv Möglichen« (ebd. 259–264), also mit zu erkennenden *Sachverhalten*, mit dem Sinn von Sinngebilden.

Hier ist der (ich bekenne: unhintergehbare) Impuls des sog. Neuen Materialismus zu verorten, der wie weiland Bloch und wie jeder Materialismus darauf beharrt, dass der Gegenstand nicht mit dem Objekt identisch ist – in einer Formulierung von Donna Haraway (1988: 92): Dass das Objekt nicht darin aufgeht, »anzueignende Ressource« und »Rohmaterial« zu sein. Aber hier ist auch der abstruse Lärm zu verorten, den der Neue Materialismus um diesen seinen Impuls macht: Dinge werden zu Aktanten, bei Karen Barad artikuliert die Welt sich selbst – alle Einsichten ignorierend, dass Objekte nicht zu uns Personen, und Gott ist in der Moderne gestorben, reden, ja uns nicht einmal etwas zuflüstern. Spätestens seit

Immanuel Kant ist unhintergehbar, dass wir Objekte nur vermittelt durch Gegenstände verstehen. Im Parlament der Dinge sitzen keine Objekte, sondern Gegenstände – von denen wir freilich wissen können, und anti-idealistisch, anti-kapitalistisch, anti-patriarchal, antirassistisch, anti-kolonial, anti-ableistisch wissen sollten, dass die von ihnen vertretenen Objekte nicht nur nicht in der Verfügungsgewalt von Personen stehen, sondern geradezu umgekehrt in deren zerbrechlicher Objektivität geschützt werden müssen.

Hier liegt die eigentliche Bewährungsprobe des sonst bloßen Lippenbekenntnisses, dass das Artikulieren des Sinns von Sinngebilden ein *Erfahren* ist. Erfahren ist der Gegenbegriff zu bloßer Selbstbespiegelung. Oder anders: Erfahren ist dann und nur dann *Erfahren*, wenn die Differenz von Anderem und Fremdem gewahrt wird, und d. h.: wenn im Erfahren die Unergründlichkeit des Erfahrenen gewahrt wird. Die Stärke der materialistischen Tradition, von der idealistischen erst gar nicht zu reden, ist es gerade nicht, diese Unergründlichkeit der Objekte zu wahren – hier bringt der Neue Materialismus nichts Neues, sondern macht nur die fatale Respektlosigkeit der materialistischen Tradition vor dem Fremden auf groteske Art sinnfällig, dort zynischerweise ideologisch noch als Kritik am Anthropomorphismus verschleiert. Bereits Friedrich Engels hatte nichts Besseres zu tun, als über Feuerbach zu lästern. Dort sei, bei aller Anfangsbegeisterung, kein Materialismus zu finden, sondern nur Schwulst: »immer wieder Liebe« (Engels 1886: 287). Es braucht dann offenbar Literatur, um Feuerbachs Impuls wieder freizulegen. »Echte Liebe« (wie man auf der Süd in Dortmund sagt), also Liebe im Geiste (der Personalität) gibt es vielleicht dann, sicher aber nur dann, wenn man sich den*die Andere*n nicht nach seinem eigenen Bilde malt: »Du sollst Dir kein Bildnis machen!« (Max Frisch)

Um es an einem zentralen Detail kenntlich zu machen: Oben (s. Kap. 3.2) war der *pädagogische* Begriff des Lernens als »Sich-zueigen-Machen« bestimmt worden. Lernen wurde also als Aneignen bestimmt und sogar das personale, handelnde Erfahren von Welt ganz generell wurde als Aneignen, eben als Sich-zu-eigen-Machen gefasst. Nun kann man wissen, dass die Metaphorik der Aneignung hoch problematisch ist (vgl. Meyer-Drawe 2002, die sich ihrerseits auf Rodi 1967 bezieht). Die Metaphorik des Aneignens ist geradezu *die* Metaphorik der Respektlosigkeit gegenüber dem Fremden. Friedrich Nietzsche hat dies sichtbar gemacht, wenn er »die ›Einschlürfung des Gegners‹ an[prangert], für die dasjenige, was sie nicht bezwingen kann, nicht existiert. Sein Augenmerk gilt dabei einem herrschsüchtigen Ich, das sich in seiner Erkenntnisgewißheit Gott am nächsten fühlt und das dafür seine Nachbarschaft zu den Dingen opfert.« (Meyer-Drawe 2002: 164) Aber auch und gerade dort, wo solche »Einverleibung« (Nietzsche) kritisiert wird, wird häufig genug nicht das Modell des Erfahrens geändert, sondern lediglich das Vorzeichen gewechselt. Das beschworene Fremde bleibt schlicht gänzlich außen vor, was im freundlichsten Fall auf zynische Gleichgültigkeit hinausläuft. Fremd ist dann, unter Beibehaltung des Modells der Einverleibung, nicht »das noch Unverdaute, sondern das schlechthin Unverdauliche, die Wackersteine im Bauch des Wolfes« (Rodi 1967: 434; zit. b. Meyer-Drawe 2002: 164). Der freundlich lächelnde Furor des Ethnopluralismus ist die Inkarnation dieser bloßen Vorzeichenvertauschung: Das oberflächlich wohlwollende »Anerkennen« der Vielheit von ganz eigenständigen Kulturen ist dort das Vehikel, in den Kulturkampf für die Reinheit, für die von jeder Fremdheit unbefleckten je eigenen Kultur zu ziehen.

Dagegen steht Plessner: »Von dieser Unheimlichkeit und Fremdheit kommt der Mensch nicht einmal durch die Humanitätskonzeption los. Sie ermöglicht ihm zwar die Bildung des Allgemeinbegriffs Mensch, der die Differenzen der Völker, Rassen, Staaten, Kulturen und Individuen als Unterformen und Fälle unter sich befaßt. Aber diese befriedende Entdeckung einer natürlichen Gemeinsamkeit läßt sich in keinen absoluten Kriterien sichern, die nicht wieder mit der Vereinseitigung des Menschlichen und der Monopolisierung eines bestimmten historisch gewordenen Menschentums verbunden wäre. In der Konsequenz der Humanitätskonzeption liegt gerade die Relativierung ihrer selbst, damit die Preisgabe einer *natürlich gesichterten* Vormachtstellung gegenüber anderen menschlichen Positionen und Daseinsformen.« (Plessner 1931: 193)

Will man dann gleichwohl, eingedenk der Unhintergehbarkeit eines Anthropomorphismus, die Charakterisierung personalen Handelns und auslegenden Verstehens als ›sich zu eigen machen‹ nicht aufgeben (etwa zugunsten der Stilblüten des Neuen Materialismus), dann bleibt nur, den Respekt vor dem Fremden *in* diese Charakterisierung einzubauen. Gerade an diesem systematischen

Ort gilt es hervorzuheben, dass die Weltgerichtetheit personalen Handelns per se eine (qua Bedeutung und qua Gegenstand doppelt) vermittelte ist. Sich etwas zu eigen zu machen, ist per se keine »Einverleibung«, sondern eine Übernahme nach einem Muster, oder abkürzend: Es ist prototypisches Aneignen (s. o., Kap. 1, Anm. 1 und Kap. 4.9; vgl. Schürmann 2010c). Sosehr daher zunächst das *aktive* Moment des Aneignens betont werden muss (s. o., Kap. 2.5), so sehr ist dann auch festzuhalten, dass das Angeeignete »per se« eine Differenz von Fall und Muster ist. Das Angeeignete ist auch in dem basalen Sinn bedeutungsvermittelt, als es ein konkreter Fall dessen ist, wie *man* das sieht oder macht – und sei diese Man-Welt noch so klein (s. o., Kap. 2.5, Anm. 31).

Dass Aneignen diese Charakteristik »per se« hat, heißt entschieden nicht, dass diese Charakteristik faktisch immer gewährleistet ist. Im Gegenteil. Jene Hybris des Einschlürfens, die Respektlosigkeit gegenüber dem Fremden, dürfte mindestens in der westlichen Moderne der hegemoniale Modus des Aneignens sein. Dort ist die »per se« gegebene Vermitteltheit des Aneignens machtvoll gebrochen. Freilich ist die Charakteristik des Aneignens selbst dafür ›anfällig‹. Die Differenz von Fall und Muster ist zunächst gleichsam unsichtbar, da ein Muster zunächst schlicht ein Default-Fall ist, was, zunächst, nicht einmal sinnvoll aufleuchten lassen kann, dass sich eine Person den konkreten Fall auch nach anderem Muster hätte aneignen können. Das Man-Muster ist zunächst eine Üblichkeit resp. eine »Selbstverständlichkeit« (Stekeler-Weithofer 2010b: 289), die so ist, wie sie ist. Wer sich aneignet, dass diese Üblichkeit auch eine andere sein könnte, der tut dies sekundär: Es könnte anders sein, als es zunächst war.[74]

Verstehen, so sollte gezeigt werden, ist übergreifend über sich und sein Gegenteil, das Erklären. Deshalb muss man den Unterschied zwischen Erklären und Verstehen, das ist der Witz des Ansatzes, verstehen und kann ihn nicht erklären. Das übergreifende Verstehen hat (im Unterschied zum übergriffenen Verstehen) keinen Gegenbegriff; es ist nicht eine von mehreren Erkenntnisarten neben anderen. Aber zu diesem übergreifenden Verstehen gehört intrinsisch, dass das gegenständlich vermittelte Objekt des Sinn-Verstehens als unergründlich postuliert wird, was an diesem systematischen Ort der Ausweis des Respekts vor dem Fremden ist. Dies ist das Ethos einer praxeologischen Hermeneutik. Hier ist sie nicht neutral, nicht verortet »über dem Kampfplatz der Streitigkeiten« (Kant), sondern mittendrin im »Handgemenge der Kritik« (Marx), wenn auch mit dem Versprechen, als Verstehenswissenschaft spekulativ zu sein, d.h. sich bei Gelegenheit auf eine Warte zurückzuziehen, von der man das Handgemenge auch überblicken kann. Die »Verwirklichung« (Schürmann 2001b) dieses Ethos ist freilich nichts, was sich ausschließlich konzeptionell absichern lässt: Die Wahrung von Unergründlichkeit verlangt nach organisatorisch abzusicherndem Schutz.

Das praxeologisch-hermeneutische Ethos aber besagt: Man kann sich dann und nur dann *etwas* zu eigen machen (und nicht bloß: sich im Anderen selbstbespiegeln), wenn es das Fremde noch erfahrbar gibt – wenn es weder eingeschlürft wurde noch draußen vor der Tür warten muss. Das wäre auch ein *pädagogisch* erträgliches und ertragreiches Verständnis von Aneignen, denn die Grundbedeutung ist dann gerade nicht an die Unterscheidung gebunden, etwas bloß auswendig oder doch aneignend-inwendig gelernt zu haben (vgl. Rodi 1967: 425f.). Die Grundbedeutung des Aneignens verweist ausschließlich darauf, dass Personen sich die Welt nicht nicht aneignen können; sie verweist auf das Moment der freien Aktivität des Handelns, im Unterschied zum Verhalten in einer Umwelt. Diese Grundbedeutung des Aneignens ist normativ deshalb nicht unschuldig, weil das Aneignen dem Modus nicht entfliehen kann – es ist etwa einschlürfendes oder respektvolles Aneignen. Der pädagogische Begriff der Bildung (einer Person als Persönlichkeit) hat dann einen normativen Maßstab im Gebrauch, gelingende Fälle von Aneignung von weniger oder gar nicht gelingenden Fällen zu unterscheiden. Z.B. gibt es dann gute Gründe für die Haltung, dass gelingende Weltaneignung weder dort vorliegt, wo die Welt untertan gemacht wird, noch dort, wo die Welt gleichgültig bleibt. Gelingende Bildung ist der Versuch, »ohne Zynismus auszukommen« (Bourdieu 1998: 143).

Es gibt Prototypen des präsentischen Verstehens und daher einer praxeologischen Hermeneutik. Ein solcher Prototyp ist die Musik, was sich in dem Diktum verdichtet: »Musik deuten heißt Musik machen.« (Plessner 1967: 471; vgl. ebd. 465f.) Ein anderer Prototyp ist der Sport, denn auch für ihn gilt: Sport verstehen heißt Sport machen. Beide Prototypen konfrontieren mit dem Typus des Außerhalb solchen Verstehens: dem Unmusikalischen bzw. dem Unsportlichen. Es dürfte rein schauend unentscheidbar sein, ob diese Typen auf ein aristokratisches Moment der praxeologischen Hermeneutik zurückwerfen oder ihre prinzipielle Kontingenz sichtbar machen: dass man sich Welt per se auch nach anderem Muster aneignen kann, als man es je tut. Es kömmt darauf an, das Aristokratische, im Einzelfall Faschistoide, außer Kraft zu setzen.

5.6 Die Wahrheit des Verstehens

Die vielleicht nötigste Charakterisierung des praxisphilosophischen Grundzuges ist eine Abgrenzung. Wirkungsgeschichtlich gesehen handelt es sich um eine Binnendifferenzierung, da der Verweis auf eine Vollzugsform bzw. auf eine Prozess-Ontologie zwei grundverschiedene Lesarten zulässt. Der Verweis auf ein »Fließen« lädt geradezu dazu ein, den praxisphilosophischen Grundzug als Grundlage eines relativistischen Historismus zu lesen. Die kritischen Bemerkungen von Hogrebe (1992: 206; s. o.), dass bei bloßem Verweis auf einen »Vollzugssinn« der »Begriff der Geltung« drohe, »im Faktischen zu verenden«, stehen exemplarisch für diese Lesart, und sie stehen auch exemplarisch dafür, wie verbreitet diese Lesart sowohl bei Anhängern als auch bei Kritikern ist. Die andere Seite derselben Medaille ist ein theoretizistischer Wahrheitsdogmatismus, der unter dem Titel des »Praxiskriteriums der Wahrheit« nicht wahrhaben will, dass sich Wahrheit erst in der (agonalen) Praxis bildet. Die gängige wirkungsgeschichtliche Lesart dieses »Praxiskriteriums« war vielmehr, dass die Praxis eine bereits bestehende (und von der Partei in Besitz genommene) ›Wahrheit‹ beweise oder, selten, widerlege (Schürmann 2023: Kap. 8).

Eine praxeologische Hermeneutik grenzt sich von solchem »Praxismus« (Pareyson 2023: 4, 22) ab. Ihr Verweis auf eine Vollzugsform ist keine Auflösung von Geltung, sondern im Gegenteil der Verweis darauf, dass es Geltung auch im Vollzug und nicht bloß vorgegeben gibt. Ihr Insistieren auf der Gedankenmäßigkeit des Unergründlichen mag die Verständnisse von Geltung und Wahrheit verschieben, ist aber gerade keine Verabschiedung beider. Für eine solche Abgrenzung steht etwa Pareyson, der 1971 ein flammendes Plädoyer für das Festhalten eines (philosophischen) Wahrheitsbegriffs gehalten hat, das jetzt auch in deutscher Übersetzung vorliegt.

Im Kern argumentiert Pareyson mit Heidegger gegen Heidegger. Man dürfe »nicht vergessen, dass das wahre Denken, d. h. das seines Namens würdige Denken, zuallererst ein Denken des Seins« sei, was aber, recht verstanden, ausschließe, Wahrheit als »objektiv« oder als »rein metahistorisch« zu konzipieren (ebd. 5). Das wiederum gelinge nur unter zwei Voraussetzungen. Zum einen sei Wahrheit kein Objekt des Denkens, nicht »Ergebnis, sondern Prinzip der Vernunft«; zum anderen zeige sich Wahrheit »nur innerhalb einer geschichtlichen und persönlichen Interpretation«, sie sei »unabtrennbar von dem Zugangsweg, auf dem sie gewonnen wird« (ebd.). Deshalb hänge alles »von der Aufrechterhaltung und der Weiterentwicklung des Konzeptes des ontologischen Verhältnisses ab, mit dem Heidegger die heutige Philosophie zu Recht wiederbelebt und verstärkt hat. Dabei muss man aber die Sackgassen vermeiden, mit der er die Philosophie mit ihrer ausschließlich negativen Ontologie und der totalen Ablehnung der westlichen Philosophie von Parmenides bis Nietzsche gefangen hält« (ebd. 5 f.). Systematisch gesprochen: Heidegger verwechsele die »Unerschöpflichkeit mit der Unaussprechlichkeit« und er ignoriere die von der Ontologie »unabtrennbare personalistische Dimension«, wodurch er »letztlich die Verhältnisse zwischen Sein und Zeit bzw. zwischen Nicht-Zeitlichem und Geschichte verstellt« habe (ebd. 6).

Daraus ergibt sich der Grundsatz des eigenen Gegenprogrammes: »So ist mein grundlegender Punkt, die ursprüngliche Solidarität von Person und Wahrheit zu denken, die das eigentliche Wesen von ›Interpretation‹ ausmacht« (ebd.).

In der Durchführung gibt es ein hohes Maß an Übereinstimmung mit dem Prinzip der Verbindlichkeit der Unergründlichkeit von Misch und mit dem Grundsatz der Situiertheit von Haraway bzw. der situierten Ontologie von Jutta Weber. Freilich dokumentiert die Durchführung auch noch einmal die Differenz zwischen einer Lebenslogik und einer Daseinsontologie, denn sie hat, bei aller Übereinstimmung, auch eine existentialistische Schlagseite. Sein Konzept von Personalität meint sehr strikt die einzelne Person – das

Konzept der »Gemeinsamkeit (comunanza)« (ebd. 282) ist nicht im strengen Sinne durch eine Wirform des Ich charakterisiert, sondern durch »Ähnlichkeit« zwischen einzeln Bestehenden; dies als vermeintlich einzige Möglichkeit, die »Singularität« der einzelnen Person nicht zu negieren. Zudem sind die Ausführungen zur »Anwesenheit« *des* Seins in »geschichtlichen Gestalten« (etwa ebd. 48 ff.) nur schwer von einem ›Beweis durch vollständiges Überreden‹ unterscheidbar und letztlich nur verständlich, wenn man Sein und Gott gleichsetzt. Das alles ändert nichts an der programmatischen Übereinstimmung. Aufgewiesen werden soll die »Untrennbarkeit von Universalität und Geschichtlichkeit« im personalen Leben (ebd. 278 ff.); dies wiederum verlange einen Bruch mit jeder Dualität von Geschichtlichkeit einerseits und Universalität andererseits zugunsten eines triadischen Verhältnisses – bei Pareyson dann freilich mit *der* ontologischen Öffnung *des* Menschen als drittem Glied dieser Dreierbeziehung. Der vielleicht wichtigste Punkt der programmatischen Übereinstimmung ist der Respekt vor dem Fremden: Ohne »Anerkennung einer überpersönlichen Grenze [müsste] die Freiheit in Anmaßung umschlagen und der Personalismus in Narzissmus degenerieren«, woraus folge, »dass die Persönlichkeit diese Grenze nicht vernichten darf« (ebd. 280). Freilich müsste diese überpersönliche Grenze dann ihrerseits als historisch situiert gedacht werden.

Eine praxeologische Hermeneutik würde jenen Grundsatz der ursprünglichen Solidarität von Wahrheit und Person durch eine Umstellung der Ausführungen von Pareyson zum Verhältnis von Philosophie und gemeinem Menschenverstand (ebd. 258–287) realisieren, nämlich durch Umstellung auf das Verhältnis von Philosophie und gemeinem Personengeist. Das wäre sozusagen ein mit Gramsci gelesener und aktualisierter Vico. Pareyson erweist »dem größten der italienischen Philosophen eine besondere Ehre«, insofern er »Vico als den großen Denker des gemeinen Menschenverstandes« vorstellt (ebd. 277). »Groß« u. a. deshalb, weil mit dessen Konzept des gemeinen Menschenverstandes mit Recht bestritten werden kann, »dass die Wahrheit ausschließliches Privileg von einem Einzelnen sein könnte und dass die einzige Art, sie zu besitzen, jene der philosophischen Reflexion sei« (ebd. 276). Gramsci bestreitet dies ebenfalls, wenn auch klarer als Pareyson auf der Grundlage, dass die einzelne Person zwar unaustauschbar-einmalig, aber gerade nicht Einzelne ist, weil sie in der mitweltlichen Sphäre des Geistes verortet ist: »Man muß das weitverbreitete Vorurteil zerstören, die Philosophie sei etwas sehr Schwieriges aufgrund der Tatsache, daß sie die spezifische intellektuelle Tätigkeit einer bestimmten Kategorie von spezialisierten Wissenschaftlern oder professionellen und systematischen Philosophen ist. Man muß daher vorab zeigen, daß alle Menschen ›Philosophen‹ sind, indem man die Grenzen und die Wesenszüge dieser ›spontanen Philosophie‹ definiert, die ›jedermann‹ eigen ist, nämlich der Philosophie, die enthalten ist: 1. in der Sprache selbst, die ein Ensemble von bestimmten Bezeichnungen und Begriffen ist und nicht etwa nur von grammatikalisch inhaltsleeren Wörtern; 2. im Alltagsverstand und gesunden Menschenverstand; 3. in der Popularreligion und folglich auch im gesamten System von Glaubensinhalten, Aberglauben, Meinungen, Sicht- und Handlungsweisen, die sich in dem zeigen, was allgemein ›Folklore‹ genannt wird.« (Gramsci 1932/33: § 12, S. 1375)

5.7 Nachklang

Verstehen heißt niemals nur zu verstehen(1), welcher bestimmte Sinn gemeint ist, sondern heißt immer auch zu verstehen(2), das zu Begreifende überhaupt als Sinngestalt zu nehmen, also als ein Moment der Welt der Kultur. Da die Welt der Kultur, der große Rahmen des Geistes, kein unterschiedslos-homogenes Einerlei ist, ist das Verstehen(2) immer zugleich ein bestimmtes Verstehen(2b), die Sinngestalt in einem bestimmten Bedeutungsraum, also in einem bestimmten kategorialen Rahmen zu verorten. Pars pro toto: Eine Sternenkonstellation nimmt man üblicherweise nicht als Sinngestalt, sondern als naturale Tatsache; falls man sie als eine Sinngestalt nimmt, ist sie im Rahmen einer Kulturgeschichte anders verortet als im Rahmen der Astrologie oder als im Rahmen einer Alltagsfolklore. Radikale Freiheit vergönnt nicht nur Spielräume innerhalb eines praktizierten Rahmens resp. in einer gegebenen Welt. Radikale Freiheit ist das Versprechen, solche Rahmen, also die je wirksamen kleinen oder großen Welten selbst, gestalten zu können. Die Parole, dass Gott tot sei, ist der republikanisch-weltbürgerliche Appell von uns an uns, sich solche radikale Freiheit herauszunehmen und Welten nicht weiter als gottgegeben, sondern als gestaltbar zu traktieren. Die Parole, dass Gott tot sei, gerät unter angebbaren Bedingungen leicht zu der bürgerlichen Hybris, dass sich herrschende Erdenbürger in der Rolle kleiner Götter wähnen, nach eigenem Gutdünken tun und lassen zu können, was das Ego, das sie zu besitzen meinen, meint. Dereinst alle Verhältnisse umzuwerfen, in denen der Mensch ein erniedrigtes, ein geknechtetes, ein verlassenes, ein verächtliches Wesen ist, das ist nichts, was von einer philosophischen Hermeneutik bewerkstelligt wird, denn das könnten wir nur selber tun. Aber eine philosophische Hermeneutik, die nicht mit Wahrheitsanspruch und Streitlust den erniedrigenden, knechtenden, isolierenden, verachtenden Sinn solcher Verhältnisse artikulieren will oder kann, ist ein aktiver Beitrag, mittels einer anderen Interpretation diese Welt so zu lassen, wie sie ist. Eine solche Hermeneutik möge an der Selbstzerrissenheit ihrer weltlichen Grundlage zu Grunde gehen.

ANMERKUNGEN

1 Ich greife gelegentlich, und so auch hier, auf Vokabular zurück, das bei Pirmin Stekeler-Weithofer eingeführt und prominent ist. Da wir bei einem Thema nicht über »alles und nichts« reden, ist ein Titelwort eine notwendige und hinreichende Eingrenzung dessen, worum es grob geht. Ein Titelwort ist kein bloßes Label, sondern ein unvermeidbarer, aber möglichst minimaler Vorgriff des Themas. Ein Titelwort verlangt daher nach einem Prototypen resp. Paradebeispiel, an das es zur Bestimmung dieser minimalen Inhaltlichkeit appelliert (vgl. Tegtmeyer 2008: 77 ff., der nicht von Paradebeispiel, sondern von allegorischer Hypostasierung spricht). Das Paradebeispiel der titelwortartigen Charakterisierung von Hermeneutik als Lehre vom Sinn-Verstehen ist hier die Junius-Einführung zur Hermeneutik, deren erster Satz lautet: »Hermeneutik ist die Lehre vom Verstehen.« (Jung 2001: 7) Auch dort ist Sinn-Verstehen gemeint; es geht darum, »Symbole zu entschlüsseln«, und »um die Deutung einer menschlichen Welt« (ebd. 8).

2 »Der Begriff des Verstehens ist nicht mehr ein Methodenbegriff, wie bei Droysen. Verstehen ist auch nicht, wie in Diltheys Versuch einer hermeneutischen Grundlegung der Geisteswissenschaften, eine dem Zug des Lebens zur Idealität erst nachfolgende inverse Operation. Verstehen ist der ursprüngliche Seinscharakter des menschlichen Lebens selber.« (Gadamer 1960: 264)

3 Ob Gadamers Darstellung, diesen entscheidenden Bruch der Begriffsgeschichte allein an Heidegger festzumachen, berechtigt ist oder nicht, ist hier für das Argument gleichgültig. Hier ist alleine wichtig: Seit Heidegger kann man um die Differenz *und* ihre Relevanz wissen. – In der Sache spricht viel dafür, dass mit Georg Mischs *Lebenslogik* ein vergleichbarer Durchbruch gelingt. Das setzt, gegen Gadamer, voraus, Misch nicht nur als Exegeten des letztlich psychologistisch-subjektivistischen Ansatzes von Wilhelm Dilthey zu lesen (vgl. Schürmann 1999: insbes. 47 ff., 350 ff., 366 f.). Umgekehrt ist die Verengung auf Heidegger, immerhin schwer raunende und faschistoide Texte, eine scheinlegitimierende Steilvorlage dafür, von einer philosophischen Dimension der Hermeneutik nichts mehr wissen zu wollen (ein Katechismus dieser Abwehr bei Detel 2011: 161–168).

4 Ein weiteres Beispiel ist Luigi Pareyson 2023; s. dazu u., Kap. 5.6.

5 An dieser Stelle verlangt der Katechismus von Detel ein Bekenntnis zu der Behauptung, dass der Hermeneutik-Begriff einer philosophischen und der einer methodologischen Hermeneutik eine Homonymie sei, unter deren Dach Heidegger »schlicht den Gegenstand der Untersuchung« wechsele (Detel 2011: 163). Ebenso bekommt man dort mitgeteilt, was ein richtiges Verständnis von Transzendentalität ist und was ein angemessenes Verständnis einer Bedingungsana-

lyse sei (ebd. 166 f.) – freilich, um das Mindeste zu sagen, völlig ungetrübt von jeder Einsicht in den Unterschied zwischen Prämissen und Präsuppositionen.

6 Anders sieht dies etwa Wolfgang Jantzen 1994. Anders auch Matthias Wunsch 2021, der einen Begriff organismischen Verhaltens vorschlägt, der an einen minimalen Sinnbegriff gebunden ist, weil (auch) nicht-personale Organismen nicht nur auf Bedingungen reagieren, sondern, im Anschluss an James J. Gibson, auf Gelegenheiten ihrer Umwelt (affordances) *antworten*. Daraus ergibt sich eine Präzisierung des Sinnbegriffs, der in diesem Buch gebunden ist an *personale Welten*, also nicht auf Umwelten ausgedehnt wird, und dabei den Unterschied zwischen zentrischer und exzentrischer Positionalität in Anspruch nimmt, um eine Differenz zwischen personalem Sinn und nicht-personalem ›Sinn‹ zu behaupten (ausführlicher s. u., Kap. 2.7). Letztlich sind es zwei unterschiedliche Akzentsetzungen: Jantzen und Wunsch betonen auf je ihre Weise, dass kultureller Sinn nicht vom Himmel fallen kann, sondern seinerseits geworden sein muss – demgegenüber ist kultureller Sinn hier ein Ausweis für den *kategorialen* Unterschied zwischen Kultur und Natur, also für die Spezifik der nicht auf Evolution reduzierbaren kulturhistorischen Entwicklung. Unten wird diese unterschiedliche Akzentsetzung anhand des Spannungsverhältnisses von Misch und Plessner dargestellt (s. u., Kap. 4).

7 »[...] Das hat nichts zu tun mit einer Suche nach den Intentionen des Absenders; hier geht es vielmehr um die Feststellung des kulturellen Rahmens, in den man die Botschaft einzufügen hat. Bei der Botschaft *Herr, schütze mich*, fragt man sich ganz spontan und zu Recht, ob sie von einem betenden Mönch stammt oder von einem Bauern, der einem Feudalherrn huldigt. – [U]nser Interpret [...] könnte ausgehend von dieser anonymen Botschaft eine Vielzahl von Signifikaten und Referenten ausprobieren ... Aber er hätte nicht das Recht, zu sagen, die Botschaft könne *Beliebiges* bedeuten.« (Eco 1992: 16) – Wer diesen Unterschied zwischen Sinn-Haben und Sinn-Zuschreiben nicht kennt oder nicht beachten oder nicht wahrhaben will, der mag eine von Peter Bichsels *Kindergeschichten* lesen, nämlich *Ein Tisch ist ein Tisch* (Bichsel 1969).

8 Selbstverständlich weiß auch Weber, dass »die ›subjektiven‹ Sichtweisen und die Akte der Sinngebung notwendigerweise intersubjektive Regelungen voraussetzen, die sie auch für andere Akteure nachvollziehbar machen« (Balog 2008: 76; vgl. ebd., Anm. 8). Aber diese »vorausgesetzten« intersubjektiven Regelungen sind der Sache nach nicht, wie dort suggeriert, Voraus-Setzungen, sondern Raster, in denen sich individuelle Sichtweisen vollziehen. Nicht viele individuelle Sichtweisen stabilisieren sich zu einem intersubjektiv nachvollziehbaren Netz, sondern individuelle Sichtweisen *sind* Sichtweisen in einem mitweltlichen Sinngewebe – deshalb Wirform des Ich und deshalb der Unterschied zu Simmel (s. u.). Andreas Balog ›meint‹ es freilich genau so, wie das Beispiel des Holzhackens zeigt (ebd. 76 f.); er verweist aber selbst auf den methodologischen Individualismus, der eben den Weg vom Individuellen zum Transindividuellen postuliert (ebd. 79). Gert Albert (2009) macht das »Paradigma Weber« noch komplizierter, da er den methodologischen Individualismus mit einem modera-

ten ontologischen Holismus für vereinbar hält bzw. für eine »dritte Soziologie« plädiert: ein holistischer Individualismus. »Mit dem moderaten methodologischen Holismus, wie er von Norbert Elias vertreten wird, verbindet der holistische Individualismus von Max Weber mehr als mit dem atomistischen Individualismus des Rational-Choice-Ansatzes« (ebd. 518). Aber wie gesagt: Wenn Weber es so ›meint‹, könnte er es auch so sagen. Simmel und Plessner sagen das Gemeinte eben anders. Deshalb halte ich hier daran fest, dass es, trotz alledem, »richtig [ist], Weber als methodologischen Individualisten einzuordnen« (ebd.).

9 Das Buch von Hörisch hat Eingang in die Sportwissenschaft gefunden. Bei Tim Bindel (2015) gibt es aber nichts mehr, was mit den Doppeldeutigkeiten spielt, sondern der bei Hörisch schon angelegte Effekt ist dort vollständig ›gelungen‹: Im Namen von Bedeutsamkeit kommt es bei Bindel zu einer durchgehenden Identifizierung der semantischen und der psychologischen Bedeutung von *Bedeutung*.

10 Das »Je ne sais quoi« steht für Unbegreifliches bzw. Unerklärbares (Köhler 1976); es hat deshalb wesentlich eine Nähe zur Mystik. Dieser Formel die Form des Heine-Seufzers zu geben, ist dem Anliegen geschuldet, das Unbegreifliche in seiner Eigenart zu wahren, gleichwohl aber als nicht lediglich subjektivistisch zugänglich und insofern als ›begreiflich‹ zu erweisen. Wolfram Hogrebe (1992: 125 f.; vgl. 155 f.) macht den Heine-Seufzer zu einem Charakteristikum der Mantik und verortet ihn damit in einer »Protosemantik«, also innerhalb eines Unternehmens der »geistige[n] Aneignung der Natur« (vgl. auch Hogrebe 1990).

11 Diese Redeweise ist orientiert an den Formeln der signifikativen Differenz (Waldenfels) sowie der korporalen und der situativen Differenz (Bedorf 2023).

12 Hier geht die oben (Kap. 1, Anm. 6) schon benannte Voraussetzung ein, Sinn an personale Welten, also an Kulturen zu binden. Der bloße Verweis auf einen Richtungssinn ist nicht spezifisch für personale Welten. Hier geht also ein minimaler Saussure ein, der Zeichen nur in Differenz zu anderen Zeichen in einem je bestimmten Zeichensystem kennt, und ein minimaler Geertz, der einen semiotischen Kulturbegriff vertritt, der personales Tun prinzipiell in ein Bedeutungsgewebe eingebettet sieht.

13 Hier ist nachdrücklich nicht von »bloß perspektivisch« die Rede. Es geht unter diesem Titel nicht darum (so etwa, als willkürlicher Beleg, Römer [2023: 88]), dass ein und dasselbe, also den Perspektiven vermeintlich vorgegebene Etwas lediglich von verschiedenen Seiten angesehen wird.

14 Hier ist der endgültige Punkt, der mit Schurz nicht zu haben ist. Auch er kennt Was-Erklärungen (Schurz 2004: 169), und auf der Oberfläche sagt auch er, dass man schon etwas verstanden haben muss, wenn man erklärt, »was damit gemeint ist«. Aber sein Credo der Korrelativität und Umfangsgleichheit macht aus dem Was-Erklären eine Bedingung des Was-Verstehens: Ich verstehe, *wenn* ich es erklären kann. Spätestens angesichts des Fahrradfahrens erweist sich das als rationalistischer Intellektualismus. Ich habe etwas verstanden, wenn ich Fahrradfahren kann, aber deshalb kann ich noch lange nicht erklären, was ich tue, damit es jetzt gelingt. Auch umgekehrt: Mit Sinnunterscheidungen verste-

hend umzugehen, ist nicht zwingend daran gebunden, Gründe zu geben; wohl kann man Gründe nur dann geben, wenn man sie für A-und-nicht-für-B gibt. Daher leben Personen nicht im Raum der Gründe, sondern im Raum der Sinn-Unterscheidungen.

15 In der Linearen Algebra ist eine *Basis* (oder ein Erzeugendensystem) eines Vektorraums V eine Anzahl von (Basis-)Vektoren dieses Vektorraums, die a) linear unabhängig voneinander sind – d. h.: von denen keiner überflüssig ist, weil er schon durch die anderen erzeugt werden könnte – und aus denen b) jeder beliebige Vektor von V durch Linearkombination erzeugt werden kann. Die Menge aller Linearkombinationen der Basisvektoren ist also der gesamte Vektorraum V (vgl. Jänich 1981: 44).

16 »Borniert ist jemand, der im besten Glauben an die Objektivität seiner Aussagen nicht bemerkt, welche Voraussetzungen, etwa auch implizite Machtansprüche, hinter den von ihm scheinbar ohne eigenes Interesse vertretenen objektiven Wahrheiten stehen.« (Stekeler-Weithofer 2000: 71)

17 Hier wird deutlich, dass die Philosophische Anthropologie von Plessner und die lebenslogische Hermeneutik von König im Grundsatz übereinstimmen. »Diese Situation der Exzentrizität (wiewohl nicht in dieser Formulierung und nicht als Lebensform) als Boden und Medium der Philosophie zum ersten Male bestimmt zu haben, ist das Verdienst des Buches ›Der Begriff der Intuition‹ (Halle 1926) von Josef König. Mit seinen systematischen Untersuchungen ergeben sich daher überraschende, weil weder im Problemansatz noch im Ziel der Untersuchung selbst vorgeahnte, Weise Beziehungen, deren Erörterung kommenden Arbeiten vorbehalten bleibt.« (Plessner 1928: VI; vgl. König & Plessner 1994)

18 »Daß in den Lagern nicht mehr das Individuum starb, sondern das Exemplar, muß das Sterben auch derer affizieren, die der Maßnahme entgingen.« (Adorno 1966, S. 355)

19 Damit ist, wie gesagt (s. o., Kap. 1.9, Anm. 15), primär die mathematische Bedeutung von *Basis* angesprochen. Aber selbstverständlich ist es auch eine Anspielung auf das Marx'sche ›Basis-Überbau-Theorem‹ (vgl. Schürmann 2010a). Wenn man die Anspielung in beide Richtungen hört, dann ist klar, dass eine Marx'sche »Basis« kein Fundament ist, auf dem dann noch zusätzlich weitere Etagen gebaut wurden.

20 Im angegebenen weiten Sinne einer umkämpften Festlegung in bestimmter Geschichtlichkeit und bestimmter Kulturalität.

21 Zum Verhältnis von Hermeneutik, Phänomenologie und phänomenologischer Methode vgl. auch Krüger 2006.

22 »Erfahrung gibt viel, aber nicht ihre eigene Grundlegung.« (Plessner 1928: 75) Deshalb geht es Plessner nicht um eine Phänomenologie im engeren Sinne, sondern um eine »Phänologie des lebendigen Verhaltens« (ebd. 63).

23 Plessner & Buytendijk (1925: 84) verweisen mit Verweis auf Plessners *Einheit der Sinne* darauf, dass es keinesfalls zufällig sei, dass sich hier Metaphern aus dem Bereich der Musik aufdrängen, denn dort gäbe es »eine in manchen Beziehungen ähnliche Indifferenz«.

24 Die Arbeiten von Hans-Peter Krüger heben diesen Aspekt der *philosophischen* Biologie Plessners eindringlich heraus. Exemplarisch: »Plessner denkt den Rahmen des philosophischen Kategoriennetzes als ein Spektrum an strukturell-funktionalen Spielpotentialen, des Ein-Spielens und der Eingespieltheit in beide Richtungen, sowohl des Organismus auf die Umwelt als auch umgekehrt der Umwelt auf den Organismus.« (Krüger 2019: Kap. 7 [2019], hier: S. 180)

25 Toepfer (2011d: 679) stößt auf die Möglichkeit, dass nicht strikt objektive, sondern »methodische[..] Erwägungen« den Unterschied zwischen Verhalten und Handeln (mit) bestimmen könnten. Aber weil er seiner Weber-Lesart treu bleibt, unter Sinn nur subjektiven Sinn zu begreifen (ebd. 678), denkt er keinen *perspektivischen* Unterschied. Stattdessen erwägt er die Möglichkeit einer disziplinären Zuordnung, die er dann aber zu Recht als nicht tragfähig verwirft (ebd. 679 f.).

26 Sie erfolgt im Anschluss an Friedrich Engels (1873–82). Deshalb ist die Tätigkeitstheorie Leont'evs im Grundsatz kompatibel. Aber auch bei Plessner ist eine solche Ontologie angelegt, wenn er von einer »dynamischen Form« spricht (Plessner 1928: 136; dezidierter dann Plessner 1970; zum Verhältnis Engels/Plessner vgl. Holz 2003: insbes. 117 ff.). Entschieden unvereinbar ist die hier verfolgte Prozess-Ontologie mit der ebenfalls so heißenden Ontologie von Alfred N. Whitehead 1929, die Bewegtheit als notwendige Eigenschaft jeder Entität, nicht als deren Seinsweise postuliert.

27 Das normative Moment z. B. von *Leben* wurzelt also zunächst darin, dass der Gegenstand ›Leben‹ nicht nicht in bestimmter Perspektive, also nicht nicht situiert dargestellt werden kann. Das ist eine andere, aber primäre Normativität gegenüber der Frage, ob dem Gegenstand ›Leben‹ auch als Gegenstand ein normatives Moment zukommt (dazu Toepfer 2011a: 452–454). Bemerkenswert in dieser Hinsicht ist, dass ›Verhalten‹ zwei wortgeschichtliche Wurzeln hat. Anders als das englische ›behaviour‹ steht es ursprünglich im »Bedeutungskontext der Zivilisierung und Selbstdisziplinierung des Menschen« (Toepfer 2011d: 653), meint also so etwas wie *Betragen*. Bemerkenswert auch, dass die Verhaltensweisen im Mittelalter mit ›mores‹ bezeichnet werden konnten (ebd. 656).

28 »Etwas anderes als dies bedeuten die beiden Ausdrücke: Idealismus und Materialismus ursprünglich nicht.« (Engels 1886: 275) Dies ist ein anderer Begriff von Materialismus als jener, den etwa auch Toepfer verwendet, um Positionen als »materialistisch« zu charakterisieren, die »das spezifisch Lebendige an der stofflichen Natur der Lebewesen festmachen« (Toepfer 2011a: 444). Eine solche reduktionistische Position inszeniert sich als Gegenposition gegen jeden Vitalismus, ist aber gerade die Position, die einen solchen Vitalismus notorisch heraufbeschwört, denn selbstverständlich »[ist] der Stoff als solcher weder organisch noch unorganisch« (Häberlin; zit. n. ebd. 445; vgl. auch ebd. 451 f.). Eben deshalb ist Engels dort auch falsch aufgelistet, denn Engels sagt nicht, dass Leben eine Anhäufung oder Ansammlung der Eiweißkörper sei, sondern deren »Daseinsweise« (zit. n. ebd. 444).

29 Diese Dimensionen lauten: »Eine Weise zu sein […] – Inbegriff besonderer

Tätigkeiten […] – Zustand von Körpern […] – Eigenschaft komplexer Materieeinheiten […] – Einheit der individuellen Lebensgeschichte […] – Summe von Lebewesen einer Region oder Zeit […] – Einzelne Körper übersteigende Dynamik […] – Mengenbegriff […].« (Toepfer 2011a: 422, Tab. 158; dort jeweils mit näheren Erläuterungen)

30 »Unergründlich sind die historischen Objekte nicht als solche; vielmehr bringt die Unergründlichkeit eine Betrachtungsweise hervor.« (Giamusso 2012: 169)

31 Nur unzureichend ist dieser Unterschied zwischen Anpassung und Aneignung z. B. bei Gottfried Eisermann (1991: 21–25) am Beispiel der Aneignung von Rollen berücksichtigt. »Bereits beim Kind« wird nicht ein individuelles Tun imitiert, sondern am Fall einer imitierten Person ein Muster eingeübt, also etwas, was *man* typischerweise tut. Diese prinzipielle Vermitteltheit mag auf den ersten Blick nicht auffallen, wird aber spätestens in dem Konflikt virulent, den das Kind austrägt, wenn die Mutter des besten Freundes es anders tut als der eigene Vater – dann weiß es nicht mehr so recht, wie *man* es denn tut, und es öffnet sich ein Spalt der Freiheit (s. u., Kap. 5.5).

32 In der Terminologie von Tomasello: Auch Säuglinge bis zur Neunmonatsrevolution zeigen Verhaltensweisen, die, »dem allgemeinen Primatenmuster« entsprechend, ihre Sozialität bezeugen; sie zeigen auch, anders als nichtmenschliche Primaten, »ultra-soziale« Verhaltensweisen, nämlich Proto-Konversationen und modifizierende Nachahmungen. Aber diese Proto-Konversationen seien noch nicht durch Intersubjektivität geprägt, weil das voraussetze, »die anderen als Subjekte von Erfahrungen [zu] verstehen« (Tomasello 2002: 81), was erst mit neun Monaten der Fall sei. Die Proto-Kommunikationen seien also noch keine personalen, keine sinnhaften Verhältnisse, weil das voraussetze, dass sich beide Seiten wechselseitig auch als Personen verstehen. »Aufmerksamkeit« auf andere zu richten und »Rollenwechsel« zu praktizieren – dies sind die Charakteristika der Proto-Konversationen – sind bei Tomasello also bloße Verhaltenseffekte (solche, die bei nichtmenschlichen Primaten noch nicht zu beobachten seien), aber sie kommen als Verhaltenseffekte ohne den Raum von Bedeutungen aus. Auch die modifizierenden Nachahmungen sprechen, so Tomasello, für Identifikationen mit den »Artgenossen«, aber der Umstand, »ein natürliches Verhalten (das Herausstrecken der Zunge) modifizieren [zu können]« (ebd.), gilt dort nicht als ein Einüben von Bedeutungs-/Modusunterschieden des Herausstreckens der Zunge – als Medium einer proto-*kommunikativen* Identifizierung. Es scheint mir nicht zwingend, dass das Verstehen der anderen als Person die Voraussetzung für proto-personales Handeln ist – und auch nicht plausibel, da die Betreuungspersonen sich ihrerseits in diesen Proto-Kommunikationen nicht verhalten, sondern handeln.

33 »Umrandung und Konturierung indizieren den Sachverhalt, sind aber nicht mit ihm identisch. Umrandung, Kontur lassen sich zeichnen, der Sachverhalt der Begrenzung läßt sich nur verstehen, aber nicht zeichnen.« (Plessner 1928: XX)

34 Zur Relativierung dieser Eingrenzung von Phänomenologie auf Erlebens-Phänomenologie s. u., Kap. 4.2.

35 Zeitgenössisch sei hier vor allem auf die Werke von Käte Meyer-Drawe verwiesen, die durchgehend getragen sind von einer, immer freundlich formulierten, Aversion gegen jede Hybris einer rein aktivistischen Konzeption des Handelns (exemplarisch Meyer-Drawe 2002; einschlägig auch der freundliche, wenn auch nicht ganz korrekte Titel: »Illusionen von Autonomie [Autarkie]«; Meyer-Drawe 1990). Genauso einschlägig auch Martin Seels »Sich bestimmen lassen« (Seel 2002), bei ihm auch explizit auf das Philosophieren bezogen: »Nichtrechthabenwollen« (Seel 2018).

36 Die Sportmotorik ist eine Teildisziplin der Sportwissenschaft, im hier vorliegenden Buch paradigmatisch vertreten durch Hossner & Künzell (2022). »Motorik« ist dabei eine bestimmte wissenschaftliche Perspektive auf Bewegung. Es ist einerseits schwierig, diese Perspektive genau zu bestimmen, und andererseits ist es einladend, unter dem Titel »Bewegung« aneinander vorbei zu reden. Z. B. kann man die Sportwissenschaft ganz generell als eine »Bewegungswissenschaft« begreifen (exemplarisch Tamboer 1994) – dann schwingen Abgrenzungen mit, etwa dagegen, sie als »Körper/Leib-Wissenschaft« zu begreifen, oder dagegen, sie auf den Gegenstand ›Sport‹ engzuführen; der Sportwissenschaft geht es dann um Bewegungskulturen mit dem Sonderfall des Sports. »Bewegungswissenschaft« ist aber auch eine Bezeichnung für eine Untergruppe sportwissenschaftlicher Disziplinen mit einer traditionell natur- oder lebenswissenschaftlichen Perspektive auf ›Bewegung‹: Sportbiomechanik, Sportbiologie, Trainingswissenschaft, Sportmotorik. Dann mag man, so Hossner und Künzell, argumentieren und im Buchtitel plakatieren, dass es innerhalb dieser Gruppe eine Bewegungswissenschaft i. e. S., nämlich die Sport*motorik*, gibt. Mit einigen Körnchen Salz ist die Sportmotorik das sportwissenschaftliche Pendant zu dem, was z. B. Plessner (1923; 1970) als »Sensomotorik« thematisiert. Ein plakatives Beispiel für die enorme Spannweite des Bewegungsbegriffs in den Sportwissenschaften – und damit der Möglichkeit, mit einem ausgewiesenen Argument an einem Großteil der Sportwissenschaft vorbeireden zu können – findet sich bei Bindel (2015: 73 f.): Dass sich leibliches Erfahren wesentlich auf Bewegen beziehe, sei eine Reduzierung »auf sein motorisches Realisierungsmoment«. Dem meint Tim Bindel entgegenhalten zu müssen, dass man leibliche Erfahrungen »auch in unbewegter Weise – im Autositz auf dem Weg zum Training« macht. Einem großen Teil der Phänomenologie und der phänomenologisch orientierten Sportwissenschaft, an die Bindel anzuknüpfen meint, ist dieses Argument jedoch verbaut, da dort das Bewegen als Modus des In-der-Welt-Seins gilt, also nicht als etwas, das man *auch* tun kann oder es bleiben lassen kann. Dort ist es ganz selbstverständlich, dass Ruhe ein Sonderfall von Bewegtheit ist.

37 Um all denen, die hier reflexartig relevante Unterschiede im Sporttreiben einklagen, und um insbesondere Bindel (2015) verständlich zu bleiben: Dieses typische, personenübergreifende Moment gibt es sowohl in formellen als auch

in informellen Sportkulturen. Auch und gerade ein ›Trick‹ in Skater-Cliquen ist nichts, was man individualistisch begreifen könnte, denn dann könnte und müsste ein solcher Trick nicht nachgeahmt werden.

38 Hossner & Künzell (2022: 451) entziehen sich dieser Verstörung – oder verschärfen sie, je nach Lesart –, indem sie Trainingssituationen, oder allgemeiner: auf Verhaltensänderung zielende Interventionen, nicht zwingend und rein als solche als pädagogische Situationen nehmen. Zugespitzt: Dass sich solche Interventionen an der Würde der Person zu orientieren haben, ist dort etwas, was es *zusätzlich* zu bedenken gelte, also nichts, was klarerweise gilt und wovon eine Verhaltenstheorie zu bestimmten Zwecken abstrahiert. Oder vorsichtiger formuliert: Was die Sportmotorik in ihrer eigenen *Theorie*bildung qua Perspektivismus klarerweise beachtet, ist beim Theorie-Praxis-Transfer gar nicht gegeben. Bei Nitsch et al. (1997: 38f.) ist die normative Dimension im Begriff des Trainings integriert, denn auch Trainieren sei »Handeln in Situationen«.

39 Vgl. Sandra Schmidt: Die Grazie des Herrn Uchimura, in FAZ v. 30.10.2015, S. 31.

40 Dieser Punkt kann und soll hier nicht entschieden werden. M. E. stellen die technisch-kompositorischen Sportarten die funktionsanalytische Sportmotorik nicht grundsätzlich in Frage; Ulrich Göhner (2013) etwa nutzt auch Beispiele aus dem Gerätturnen. Der Stachel dieser Sportarten ist vielleicht umgekehrt: Überall dort, wo der grundsätzliche Unterschied zwischen Training und Wettkampf nicht anerkannt, geschweige strukturell gewährleistet wird, macht dies missbräuchliche Trainingspraktiken wahrscheinlicher, weil dadurch die vermeintliche Herstellbarkeit der sportlichen Bewegung suggeriert wird.

41 Eine Lücke wahrzunehmen muss nicht zwingend heißen, ein Sinngebilde wahrzunehmen. Loibl steht in einer Traditionslinie, die sich auf James J. Gibsons Affordanzen beruft, so dass die ›Sinn‹haftigkeit einer Lücke nicht zwingend ein kultureller Sinn sein müsste. Da es aber um Bewegungs*pädagogik* geht und da sich Loibl wesentlich auf Wagenschein (vgl. Wagenschein 1968) bezieht, nehme ich seine Rede von »Lücke« hier als Verweis auf ein Sinngebilde.

42 Das ist zwar nach wie vor strittig, aber auch die von Tobias Schlicht (2018) referierten und vertretenen Einwände gegen eine »Trennung« von Kognition und Bewusstsein scheinen eher für Hossner und Künzell zu sprechen. Informationsverarbeitung muss man heutzutage keineswegs mehr nach dem Computer-Modell begreifen, und der Einbau von Repräsentationen und Metarepräsentationen funktioniert auch ganz ohne Rückgriff auf ein phänomenales Bewusstsein (vgl. Krüger 2019: Kap. 8 [2014]). Gleichwohl ist die Frage der Trennbarkeit von Kognition und phänomenalem Bewusstsein eine offene Debatte, und der Verweis von Schlicht (2018: 169–172) auf das Problem philosophischer Zombies mag davon einen Geschmack geben.

43 Zur prinzipiellen Übereinstimmung, Perspektiven nicht miteinander vermischen zu wollen und zu können, vgl. Hossner & Künzell (2022: 454). Das entbindet dann aber nicht von der Folgefrage, ob (z. B.) das sportmotorische Lernverständnis tatsächlich und wenn ja: mit welchen Konsequenzen sportpä-

dagogisch neutral ist, und auch nicht von der Folgefrage, ob das Fruchtbarmachen sportmotorischen Wissens im sportlichen Training tatsächlich normativ neutral sein kann (s.o., Anm. 38).

44 Hossner & Künzell (2022: 253) benutzen das Wort »semantisch« anders als im Sinne von ›die Bedeutung betreffend‹, nämlich in dem Sinne, dass ein Zeichen etwas bezeichnet, nicht im Sinne, dass ein Zeichen eine Bedeutung hat (vgl. Misch 1994: 223). (Dies ist, nebenbei, ein bemerkenswerter Nebenaspekt der dortigen Didaktik, bei Fremdwörtern deren griechischen oder lateinischen Ursprung und dafür *eine* Übersetzung anzugeben. Das ist dann notgedrungen neutral gegenüber der fremdwörtlichen und der terminologischen Verwendung von Fremdwörtern.) Ein gemeinsames Charakteristikum bleibt jedoch erhalten, nämlich der Umstand, dass sich »semantisch« nicht »auf persönlich Erlebtes« bezieht, sondern auf Überindividuelles bzw. Mitweltliches. Freilich handelt eine Verhaltens-Motorik gar nicht von Personen, so dass sie folglich auch nicht von überpersönlichen Bedeutungen resp. von *personalem* Wissen handelt, sondern ggf. von organismischen Stellvertretern solcher Bedeutungen.

45 Vgl. als weiteres Beispiel auch die Unterscheidung zwischen »psychologischer« und »analytischer« Handlungstheorie bei Gunnar Drexel (1990). Deren Unterschied ist nicht einfach ein mehr oder wenig großer gradueller Unterschied bei gleichem Verständnis von ›Handeln‹, sondern ein paradigmatischer Unterschied, so dass beide Handlungstheorien einen je anderen »Verbund von Problemsicht, möglicher Problemstellungen und, was selten ein- und zugestanden wird, auch möglicher Problemlösungen dar[stellt]« (ebd. 129). Der dort entscheidende Unterschied liegt darin, dass die analytische Handlungstheorie Handeln als kulturelles (»institutionelles«), nicht aber als individuelles Handeln bestimmt (also auch nicht als individuelles Handeln, das ganz selbstverständlich auch kulturellen Bedingungen unterliegt).

46 Vgl. ausführlicher zu dieser Unterscheidung Schürmann (2008b). Dort ist vor allem die logische Struktur dieser Unterscheidung herausgestellt, die sich nicht einem Appell an einen phänomenalen Befund erschließt. Die z.B. am Phänomen der Bewegungskorrekturen geübter Sportler*innen unstrittig diagnostizierbare »Untrennbarkeit« von Bewegung und Reflexion ist bei einer fungierenden Reflexion im strengen Sinne eine logische Simultaneität, ein logisches Zugleich und nicht nur, wie man *dasselbe* Phänomen auch deuten könnte, lediglich eine »eingeübte Verkürzung der Umschaltzeiten zwischen den Phasen der Planung, Ausführung und Auswertung: Bei der Frage, ob es Fälle praktischer Reflexion tatsächlich gibt, hilft es also nicht, noch so suggestive Phänomene zu beschwören. Rein phänomenal ist der Streit zwischen beiden Modellen unentscheidbar, denn der unstrittig angenommene phänomenale Befund sagt oder begründet nicht schon, ob er als optionale [Reflexion-auf] oder als praktische Reflexion beschrieben sein will« (ebd. 60).

47 Die »romantische« Diagnose besagt, dass das »gestaltlose[..], bild- und wortlose[..] menschliche[..] Innenleben [...] durch jeden Ausdruck festgemacht, verfestigt und damit verfälscht werde« (Misch 1994: 79). Die Mystiker und alle

»Philosophen, die von der Mystik irgendwie berührt sind«, reden von »der Unsagbarkeit des Geheimnisses des Sich-in-eins-Findens mit der Gottheit, aber auch die mit ihnen verwandten Metaphysiker aller Zeiten und Länder sind darin einstimmig« (ebd. 80). Ein Einfallstor ist der Heine-Seufzer – »Ich weiß nicht, was soll es bedeuten« –, den man gegen Heine auch mit mystischen Konsequenzen hören kann.

48 Das *Handbuch Phänomenologie* verzeichnet entsprechend auch eine »Hermeneutische Wendung« der Phänomenologie (Römer 2023). Die »Figur von Martin Heidegger« steht dort für den »Punkt, an dem die Geschichte der Hermeneutik und die Geschichte der Phänomenologie [sich kreuzen]« (ebd. 86). Wie es sich für ein Handbuch Phänomenologie gehört, bleibt es dort bei einer hermeneutischen *Phänomenologie.* Zwar wird in der Figur von Paul Ricœur noch einmal an Wilhelm Dilthey angeknüpft, aber dort gibt es keinen Verweis auf die mit Heidegger zeitgleichen Figuren von Misch und Plessner, mit denen sich eine eigenständige (und durchaus phänologische [s. o., Kap. 2, Anm. 22]) Hermeneutik von einer Phänomenologie trennt.

49 König hebt das in seinem schon als Druckfahne vorliegenden, dann nicht veröffentlichten Beitrag zur Misch-Festschrift nachdrücklich hervor: »Die Ablehnung des Logismus [...] hat nicht die Bedeutung der Aufrichtung von Asylen für ›Irrationalismen‹ welcher Art immer. Sie kann sich vielmehr nur zur Existenz bringen auf dem positiven Wege eines Forschens, dem es gelingt, *in selber logischer Weise* das Wirkliche noch tiefer und besser zu verstehen, als jener Logismus es vermag. Das *Recht* zu der Unterscheidung von Logismus und Logik ist insofern recht eigentlich das hic rhodus hic salta dieser Philosophie.« (König 1948: 136)

50 Hier zeigt sich zugleich die Unklarheit der Rolle der Mitwelt resp. des Geistes resp. der Kultur. Auch das Lallen des Säuglings ist schon eine Lebensbewegung in der geistigen Sphäre der Mitwelt. Deshalb steht zu vermuten, dass diese artikulierte Kundgabe als Kundgabe eine andere ist als die tierlichen Kundgaben; vgl. die obigen Anmerkungen zu Tomasello.

51 Hier ist einer der Orte, an denen sich ein Vergleich der Lebenslogik mit John L. Austins Sprechakttheorie aufdrängt, hier: ein Vergleich der Unterscheidung zwischen Sprechen und Reden mit Austins Unterscheidung von Satz und Äußerung: »Haben wir uns einmal klargemacht, daß wir *nicht* den Satz, sondern die Äußerung in einer Sprechsituation untersuchen müssen, dann können wir nicht mehr übersehen, daß eine Handlung vollzieht, wer eine Feststellung trifft.« (Austin 1972: 158; vgl. Krüger 2001: 61–70)

52 Eine Philosophie kann sich deshalb nicht damit herausreden, welche sprachlichen Differenzierungen ihr zur Verfügung stehen oder auch nicht zur Verfügung stehen (besonders beliebte Beispiele für diesen Gestus: die Unterscheidung zwischen Leib und Körper oder die Unübersetzbarkeit des deutschen Wortes Heimat). Aber man kann erwarten, dass sie diesen Umstand methodisch kontrolliert reflektiert. Fräulein Smilla hat bekanntlich ein anderes Gespür für Schnee als unsereins, weil sie in ihrer Kultur durch mehr Wortunterscheidungen

in solches Gespür eingeübt wurde; aber das ist keine Rechtfertigung für Unbildung, also für Differenzierungsunfähigkeit in Sachen Schnee.

53 Dieser andere Modus ist in den mengentheoretischen und semantischen Antinomien offengelegt worden. Wenn man fragt, ob ›heterologisch‹ selbst heterologisch oder autologisch ist, dann ist ›heterologisch‹ nicht einfach ein weiteres Adjektiv in der unabschließbaren Reihe von Adjektiven, sondern stiftet eine Selbstbezüglichkeit, die sich als Antinomie zeigt. Im ersten Schritt kann man diese Antinomie verhindern, indem man den Selbstbezug durch Einführung von Sprachstufungen verhindert. Aber das funktioniert nicht in allen Fällen, denn in welcher Sprache kann man sich z. B. über Sprachstufungen verständigen (fragte Hilary Putnam)? Oft auch ganz alltäglich: Das Buchstabieren von ›buchstabieren‹ ist kein Buchstabieren zweiter Ordnung (Ludwig Wittgenstein); vgl. dazu Schürmann (1999: 161–164), Schürmann 2008c.

54 »Die ›Umständlichkeit‹ der Metapher wäre somit nichts Umständliches, sondern das Erfordernis einer Präzision, die es darauf anlegt, die angesprochene Sache in den Umständen ihrer Relevanz zur Geltung zu bringen [...] Diese alte Einsicht [von Chladenius] könnte fast zu einer terminologischen Neubildung verlocken. Von der ›gegenständlichen‹ wörtlichen unterschiede sich die metaphorische als ›umständliche‹ Rede.« (Seel 1990: 258–262, hier: 259; vgl. Schürmann 1999: 16 f.)

55 Hier schließt sich dann ein Bogen. Oliver R. Scholz (s. o., Kap. 1.1) hat diese ›Philosophie‹ der Normalsprache bei Savigny gelernt. Es ist dann nicht überraschend – obwohl selbstverständlich auch produktive Anknüpfungen möglich wären –, dass Scholz im Hinblick auf eine philosophische Hermeneutik mit den Ableitungen Heideggers nichts anfangen kann. Aber er kann, wohlgemerkt, nicht deshalb nichts damit anfangen, weil es bloß sprachliche organische *Ableitungen* sind, sondern weil er den *Inhalt* dieser Ableitungen für unwissenschaftliches Geschwätz hält. Zur Kritik an diesem Konzept von ›Normalsprache‹ vgl. auch Luigi Pareyson (2023: 259 f.).

56 Es wäre eine eigene Aufgabe, die für Misch grundlegende Rolle dieses *Doppel*prinzips der Verbindlichkeit der Unergründlichkeit in Auseinandersetzung mit vorliegender Literatur zu Misch herauszuarbeiten. Direkte Bezugnahmen auf solche Literatur sind hier kaum möglich, weil dort die eigenständige Rolle der Verbindlichkeit in der Regel unklar bleibt. In dieser Regel gilt Misch dort als bloßer Schüler Diltheys, der dessen Philosophie gegebenenfalls punktuell repariert haben mag, aber nicht mit Verweis auf das Prinzip der Verbindlichkeit grundsätzlich erweitert hat; vgl. etwa Ginev 2011, Kühne-Bertram 2015, Soboleva 2014.

57 Die »Denkbestimmungen« sind das ganz Gegenwärtige, »von denen wir allenthalben Gebrauch machen, die uns in jedem Satze, den wir sprechen, zum Munde herausgehen« (Hegel WdL I: 12).

58 Ausführlich behandelt Tengelyi das Thema in *Welt und Unendlichkeit* (Tengelyi 2014). Zu einem Vergleich phänomenologischer und hermeneutischer Metaphysik und der Rolle von Cantor in diesem Vergleich vgl. Schürmann 2017.

59 Ich verdanke die Kenntnis dieses Buches von Tellenbach dem geradezu euphorischen Hinweis von Plessner (1970: 393).

60 Man könnte statt auf Scheler auch, so wie auch Misch (1994: 269), auf Fichtes Tathandlung verweisen.

61 Misch nennt dies, in dieser Hinsicht gleichbedeutend, entweder »theoretische« oder »ästhetische Einstellung«, von *theoria* = Schau.

62 Vgl. dazu formelhaft Pirmin Stekeler-Weithofer (2023: 100): »Jede Rede von einem Wesen oder Gegenstand verlangt daher zu seiner Analyse und Explikation einer *Phänomenologie*, wie Hegels geniale und daher wirkträchtige Wortschöpfung sagt.« Und weiter: Über Praxisformen »sprechen wir mit Notwendigkeit ›generisch‹«, und das meint in erster Näherung: »›generisch‹, also so, als wären sie Personen mit Eigenschaften, Beziehungen und Tätigkeiten«. Das Wort »phänologisch« greift den Sprachgebrauch von Plessner auf, um gegenüber der Husserl'schen Phänomenologie den Bruch mit dem Primat der Anschauung zu kennzeichnen. In zweiter Näherung betrachtet meint »generisch« die Man-Perspektive und in dritter Näherung kann Generisches wissenschaftlich durch sogenannte »Lebensformurteile« zum Ausdruck gebracht werden (vgl. Wunsch 2019 im Anschluss an Michael Thompson; allgemein zu »generisch« Heyer 1987).

63 Ein Hinweis zur Terminologie: Scheler (1913/16) hatte unterschieden zwischen psychischen Funktionen und geistigen Akten; an der hier von Misch zitierten Stelle (Scheler 1927/28: 190) spricht er von intentionalen Akten. Scheler selbst nennt das Aktfremde »Gegenstand«, nicht wie hier ›Bedeutung‹, um ein idealistisch-berkeleyanisches Missverständnis von ›Gegenständlichkeit‹ zu unterlaufen.

64 Es ist, zugegeben, nicht leicht, diesen Unterschied zwischen Sukzession und Vollzug in Strenge festzuhalten. Der Appell ist der folgende: Das, was beim Ausbrechen von Wut nach-einander geschieht und insofern gegen-einander unterscheidbar ist, ist nicht seinerseits ein Ausdruck *von Sinn*. Nur der Verlauf als solcher ist ein Sinngebilde, nicht eine seiner Momentaufnahmen. Wer nur die Fratze von Jürgen Klopp sieht, ist geneigt, dies anders zu sehen, denn die scheint für sich selbst zu sprechen; aber auch dann (und vielleicht gerade dann) gilt noch, dass eine bloße Momentaufnahme des Nacheinanders des Verlaufs dem nicht gerecht wird, was da als Sinn-Ausdruck geschah. Im Unterschied zu: Eine Rede ist in der Regel ein Nacheinander von Sätzen. Es ist essentiell, dass der Sinn dieser Einzelsätze in der Rede *nicht* aus sich heraus besteht, sondern nur im Verweis aufeinander, denn die Rede ist kein Kompositum aus Sätzen, sondern eben *eine* Einheit in der Mannigfaltigkeit von Sätzen. Trotzdem ist es hier *auch* so, im Unterschied zum Wutausbruch, dass die einzelnen Sätze auch ihre selbständige Bedeutung haben. So etwas kommt vor, »auch in der Wissenschaft, wo eine verständliche Darlegung auf einen einzigen Satz hinauslaufen kann, der ihr Resultat zusammenfaßt, sei es eine Definition, sei es ein Gesetz« (Misch 1994: 449).

65 »Die Mitwelt *trägt* die Person, indem sie zugleich von ihr getragen und gebildet *wird*.« (Plessner 1928: 303; s. o., Kap. 2.1)

66 Bei Plessner findet sich der bemerkenswerte Satz, dass »eine neutrale Position gegenüber diesem Kampf nicht möglich ist, sondern jede Position schon im Kampffelde liegt, so daß es keine indifferente Wesensbetrachtung des Menschen gibt, die sich nicht schon im Ansatz ihrer Frage für eine bestimmte Auffassung entschieden hätte« (Plessner 1931: 221). Es gibt also grundlegende Fälle, in denen nicht erst die stellungnehmende Antwort situiert ist.

67 Dieser Unterschied wird sichtbarer, wenn man im Deutschen den Namen *Situiertheit* wechselt und stattdessen von *Parteilichkeit* spricht. Es ist dann klar, wenn auch schwer verständlich zu machen, dass Parteilichkeit keine Parteinahme ist (vgl. Schürmann 2010b). Die für Wissenschaft unhintergehbare sog. »Unparteilichkeit« ist das Gebot, sich nicht mit einer (der beteiligten) Positionen gemein zu machen, also nicht Partei zu *nehmen*; aber auch und gerade diese sog. Unparteilichkeit kratzt nicht an der prinzipiell gegebenen Situiertheit moderner Wissenschaft – bei Strafe eines vermeintlich »göttlichen Blicks« (Haraway; s. o., Kap. 1.2).

68 Zur mit Plessner notwendigen Unterscheidung zwischen Naturgeschichte und Naturphilosophie vgl. jetzt Edinger 2023.

69 König ist gleichsam die Inkarnation dieses Spannungsverhältnisses der hermeneutischen Lebenslogik. Ihm sind jegliche Ismen zuwider, er insistiert durchgehend, dass die Metaphysik nicht durch die falsche Tür eintreten darf, und beharrt deshalb – gegen Heidegger, gegen Nicolai Hartmann – darauf, dass man mit logischen Argumenten auch dort noch weiterkommen könne, wo andere bereits ein ontologisches Argument einspringen lassen. Er selbst macht aber nirgends kenntlich, wo denn die rechte Eingangstür der Metaphysik wäre (vgl. Schürmann 1999: 107 f., 308 f.; ergänzend ebd. 54–60).

70 Khurana (2017) versucht diese eigentümliche Freiheit mittels des Konzepts der *zweiten Natur* zu bestimmen, das sich als »kritischer Begriff« erweise, »der die Spannung von Freiheit und Natur in sich aufgenommen hat« (ebd. 507 f.). Dafür ist u. a. die Idee leitend, dass »normative Verbindlichkeit in Freiheit gründet« (ebd. 10). Innerhalb der Lebensform-Konzeptionen ist dort eine Gegenkonzeption angelegt gegen Vorstellungen, »die vor allem darauf zielen, die Unhintergehbarkeit dieser Regeln hervorzuheben« (ebd. 16); demgegenüber können Lebensformen (bzw. Praxisformen) »nur um den Preis gelingen, prekär zu bleiben« (ebd. 520). Dies wiederum verlangt mehr als lediglich praxisimmanente Formen der Reflexion, nämlich eine Art Einklammern der Lebensform als solcher, so dass auch die grundlegende Frage möglich wird, »ob wir wirklich so leben wollen, wie wir als die, die wir geworden sind, unseren eigenen Gesetzen gemäß leben« (ebd. 522–525, hier: 523). – Das ganze Anliegen im Namen der zweiten Natur zielt darauf, einen Dualismus von Natur und Geist zu unterlaufen. Letztlich bleibt dieser Ansatz aber noch zu dual, weil auch Khurana Hegels Konzept des Übergreifens nicht nutzt (sondern das Wort »übergreifend« nur als Verweis auf einen Oberbegriff kennt; ebd. 517 f.). Das, was er mit Hegel formuliert, gibt es aber nur als Dreierstruktur, bedingt durch eine Doppeldeutigkeit von *Geist*, nämlich übergreifend und Gegenpol zu sein: »Geist gibt es nur durch die Unter-

scheidung von Natur und Geist, und nur insofern er diese Unterscheidung als seine eigene verstehen kann« (ebd. 517).

71 Hier liegt der systematische Grund der Abgrenzung gegen die *Bewegungspädagogik*, bei gleichem Anliegen (s. o., Kap. 3.5): Die Bewegungspädagogik geht von der »Relationalität als Grundstruktur der menschlichen Existenz« aus (Scherer & Bietz 2013: Kap. I.1.1).

72 Hogrebe (2009: 54) verweist auch darauf, dass dieser Begriff wohl älter sei und schon bei Otto Ludwig auftauche (ebd. 54 f.), was wiederum Lorenzer nicht bewusst sei.

73 Lorenzers Konzept des szenischen Verstehens ist also ein Gegenbeispiel gegen die arg grelle Behauptung, dass »die Psychoanalyse nie eine Unterart der Hermeneutik […] oder der Semiotik [war]« (Dolar 2009: 19). Richtig ist aber auch, dass Lorenzer meinte, sein hermeneutisches Verständnis der Psychoanalyse gegen verbreitete Naturalisierungen oder, umgekehrt, Kulturalisierungen der Psychoanalyse profilieren zu müssen.

74 Hier wurzelt wohl die ausnehmend besondere Rolle des Vertrauens in und für Weltaneignung, auf die etwa Hubert Tellenbach (1968: 49–51) so nachdrücklich hinweist, einschließlich all der dortigen Ausführungen zur Sichtbarkeit dieser Rolle in pathologischen Fällen. In Anknüpfung an Gregory Bateson und Paul A. Watzlawik könnte man von einem basalen *double bind* sprechen, wenn die Übernahme nach einem Muster von allem Anfang an *kein* Default-Fall, sondern ein Doppel-Muster ist. – Diese Grundstruktur *freien* Tuns: Übernahme nach einem Muster, das auch ein anderes hätte sein können, dessen Muster gleichwohl resp. deshalb zunächst fraglos gilt, also alternativlos scheinen muss, taucht immer wieder einmal auf; z. B. bei ästhetischen Urteilen, die »monovalent«, also nicht wahr oder falsch seien (Hogrebe 2009: 87), oder bei »thematischem Sinn« (Plessner), der in gewissem Sinne nicht missverstanden werden kann (Dworschak 2021).

Literatur

EP	Sandkühler, Hans Jörg (Hg.), *Enzyklopädie Philosophie*. In drei Bänden mit einer CD-ROM, Hamburg 2010.
GS	Plessner, Helmuth, *Gesammelte Schriften*. 10 Bände. Hg. v. G. Dux et al., Frankfurt/M 1980–1985.
GW	Feuerbach, Ludwig, *Gesammelte Werke*. Hg. v. Werner Schuffenhauer. Berlin 1967 ff.
HbPh	Alloa, Emmanuel; Breyer, Thiemo & Caminada, Emanuele (Hg.), *Handbuch Phänomenologie*, Tübingen 2023.
HHW	Hegel, Georg Wilhelm Friedrich, *Hauptwerke in sechs Bänden*, Hamburg 2015.
HW	Hegel, Georg Wilhelm Friedrich, *Werke*: in 20 Bänden, Frankfurt/M 1986.
HWB	Toepfer, Georg (Hg.), *Historisches Wörterbuch der Biologie. Geschichte und Theorie der biologischen Grundbegriffe*. 3 Bände, Stuttgart/Weimar 2011.
HWP	Ritter, Joachim; Gründer, Karlfried & Gabriel, Gottfried (Hg.), *Historisches Wörterbuch der Philosophie*. 13 Bände, Basel u. Darmstadt 1971–2007.
MEGA²	Marx, Karl & Engels, Friedrich, *Gesamtausgabe*, Berlin 1976 ff.
MEW	Marx, Karl & Engels, Friedrich, *Marx-Engels-Werke*, Berlin 1956 ff.

Adorno, Theodor W., *Negative Dialektik* (1966), Frankfurt/M [7]1992.

Albert, Gert, *Weber-Paradigma*. In: G. Kneer & M. Schroer (Hg.), *Handbuch soziologische Theorien*, Wiesbaden 2009, 517–554.

Alkemeyer, Thomas; Schürmann, Volker & Volbers, Jörg (Hg.), *Praxis denken. Konzepte und Kritik*, Wiesbaden 2015.

Alloa, Emmanuel, *Korrelation: Phänomenologie als Korrelationsforschung* (2023). In: HbPh, 148–153.

Altrock, Hermann: *Grundfragen der Leibeserziehung*, Leipzig/Berlin 1935.

Aristoteles, *Metaphysik* (Met). 2 Halbbände, Neubearb. d. Übers. v. H. Bonitz; mit Einleitung und Kommentar hg. v. H. Seidl, Hamburg [3]1989/[3]1991.
– Politik (Pol). Übers. und m. erkl. Anmerkungen versehen v. E. Rolfes, Hamburg [4]1981.
Austin, John L., *Zur Theorie der Sprechakte (How to do things with Words)* (1972), Stuttgart 1994.
Balog, Andreas, *Verstehen und Erklären bei Max Weber*. In: R. Greshoff et al. (Hg.), *Verstehen und Erklären. Sozial- und kulturwissenschaftliche Perspektiven*, München 2008, 73–93.
Barad, Karen, *Agentieller Realismus* (2003). In: S. Bauer et al. (Hg.), *Science and Technology Studies. Klassische Positionen und aktuelle Perspektiven*, Berlin 2017, 574–643.
Baumbach, Gerda, *Schauspieler. Historische Anthropologie des Akteurs.* Bd. 1: *Schauspielstile*. Leipzig 2012.
Becker, Ralf, *Methodischer Mechanismus und instrumentelle Vernunft. Warum Lebewesen keine Organismen sind*. In: Deutsche Zeitschrift für Philosophie 68 (2020) 5, 734–749.
Bedorf, Thomas, *Vier Grundbegriffe der Phänomenologie*. Unveröffentlichtes Manuskript, Juni 2020, Hagen.
– *Maschinenhermeneutik*. In: S. Gerlek et al. (Hg.), *Von Menschen und Maschinen: Mensch-Maschine-Interaktionen in digitalen Kulturen*, Hagen 2022, 16–31.
– *Situative Differenz. Situiertheit und Positionierung als Grundbegriffe einer politischen Phänomenologie*. In: Deutsche Zeitschrift für Philosophie 71 (2023) 6, 933–943.
Benner, Dietrich, *Über die eigenlogische Normativität der Erziehung und ihre Bezüge zu anderen Normativitätsansprüchen*. In: Vierteljahrsschrift für Wissenschaftliche Pädagogik 95 (2019), 317–332.
Bertram, Georg W., *Die Freiheit des Verstehens. Eine hermeneutisch-kritische Theorie*, Berlin 2024.
Bichsel, Peter, *Kindergeschichten* (1969), München 1995.
Bieri, Peter, *Generelle Einführung*. In: P. Bieri (Hg.), *Analytische Philosophie des Geistes*, Königstein/Ts 1981, 1–28.
Bietz, Jörg, *Bewegungslernen im Horizont von Bildung*. In: J. Bietz et al. (Hg.), *Didaktische Grundlagen des Lehrens und Lernens von Bewegungen – bewegungswissenschaftliche und sportpädagogische Bezüge*, Baltmannsweiler 2015, 200–222.

Bindel, Tim, *Bedeutung und Bedeutsamkeit sportlichen Engagements in der Jugend*. Aachen 2015.

Bloch, Ernst, *Das Prinzip Hoffnung* (1959), Frankfurt/M 1979.

Bockrath, Franz, *Grenzen der Standardisierung. Implizites Wissen – Körperliches Wissen – Negatives Wissen*. In: E. Franke (Hg.), *Erfahrungsbasierte Bildung im Spiegel der Standardisierungsdebatte*. Baltmannsweiler 2008, 99–124.

Bonnemann, Jens, *Wahrnehmung als leibliches Widerfahrnis. Eine Phänomenologie des Leib-Welt-Verhältnisses*, Münster 2016.

Borsche, Tilman, *Rechtszeichen*. In: J. Simon (Hg.), *Zeichen und Interpretation II. Distanz im Verstehen*, Frankfurt/M 1995, 239–259.

– *Mensch und Person*. In: fiph-Journal Nr. 5 (Feb. 2005), 1.

Borzeszkowski, Horst-Heino v. & Wahsner, Renate, *Physikalischer Dualismus und dialektischer Widerspruch. Studien zum physikalischen Bewegungsbegriff*, Darmstadt 1989.

Bourdieu, Pierre, *Die feinen Unterschiede. Kritik der gesellschaftlichen Urteilskraft* (1982), Frankfurt/M 1992.

– *Praktische Vernunft. Zur Theorie des Handelns*, Frankfurt/M 1998.

Breyer, Thiemo: *Intentionalität: Bewusstsein als Akt* (2023). In: HbPh, 153–157.

Bühler, Axel, *Hermeneutik* (2010). In: EP, Bd. 1, 988–992.

Butler, Judith, *Raster des Krieges. Warum wir nicht jedes Leid beklagen*, Frankfurt a. M. / New York 2010.

Calvino, Italo, *Unter der Jaguar-Sonne. Drei Erzahlungen* (1987), München 1991.

Cantor, Georg, *Über die verschiedenen Standpunkte in bezug auf das aktuelle Unendliche* (1885). In: G. Cantor, *Gesammelte Abhandlungen mathematischen und philosophischen Inhalts*. Mit erläuternden Anmerkungen sowie mit Ergänzungen aus dem Briefwechsel Cantor-Dedekind. Hg. v. Ernst Zermelo, Hildesheim 1932, 370–377.

Cassirer, Ernst, *Substanzbegriff und Funktionsbegriff. Untersuchungen über die Grundfragen der Erkenntniskritik* (1910), Darmstadt [6]1990.

Daniel, Ute, *Kompendium Kulturgeschichte. Theorien, Praxis, Schlüsselwörter*, Frankfurt/M 2001.

Demmerling, Christoph, *Bedeutung und Sinn*. In: C. Bermes & U. Dierse (Hg.), *Schlüsselbegriffe der Philosophie des 20. Jahrhunderts*, Hamburg 2010, 43–57.

Detel, Wolfgang, *Geist und Verstehen. Historische Grundlagen einer modernen Hermeneutik*, Frankfurt/M 2011.

Diderot, Denis, *Das Paradox über den Schauspieler* (1770–73). In: D. Diderot, *Ästhetische Schriften*. Zweiter Band. Hg. v. Friedrich Bassenge. Berlin u. Weimar 1967, 481–539.

Dolar, Mladen, Sinn oder Präsenz? In: Zeitschrift für Kulturphilosophie 3 (2009) 1, 17–34.

Dörre, Klaus, *Landnahme*. In: W. F. Haug et al. (Hg.), *Historisch-Kritisches Wörterbuch des Marxismus*. Bd. 8/I, Hamburg 2012, 664–687.

Drexel, Gunnar, *Bewegung im Wettkampfsport als ›performative‹ Handlung – ein Rahmenkonzept zur Erzeugung realer sowie moralisch perfekter bzw. moralisch defekter Bewegungs-Welten im Wettkampfsport*. In: K. Cachay et al. (Hg.), *Ethik im Sportspiel*, Clausthal-Zellerfeld 1990, 127–166.

Dworschak, Thomas, *Hörbarer Sinn. Philosophische Zugänge zu Grundbegriffen der Musik*. Freiburg/München 2017.

– *Der unmissverständliche Sinn der Musik. Ein Versuch mit Plessner und Adorno*. In: W. Fuhrmann & C.-S. Mahnkopf (Hg.), *Perspektiven der Musikphilosophie*, Berlin 2021, 120–149.

Eco, Umberto, *Semiotik – Entwurf einer Theorie der Zeichen*, München 1987.

– Die Grenzen der Interpretation. München 1992.

Eco, Umberto & Sebeok, Thomas A. (Hg.), *Der Zirkel oder Im Zeichen der Drei. Dupin, Holmes, Peirce*, München 1985.

Edinger, Sebastian, *Hinzutreten, Verwandeltsein, Anderssein. Plessner über Kausal- und Strukturbegriffe der Transformation*. In: Deutsche Zeitschrift für Philosophie 71 (2023) 4, 542–553.

Eggert, Manfred K. H., *Kultur und Materielle Kultur*. In: S. Samida et al. (Hg.), *Handbuch Materielle Kultur. Bedeutungen, Konzepte, Disziplinen*, Darmstadt 2014, 22–31.

Eisermann, Gottfried, *Rolle und Maske*, Tübingen 1991.

Engels, Friedrich, *Dialektik der Natur* (1873–82). In: MEGA², Bd. I/26 (1985).

– *Ludwig Feuerbach und der Ausgang der klassischen deutschen Philosophie* (1886). Nach dem revidierten Sonderdruck 1888. In: MEW, Bd. 21 (1984), 259–307.

Erhard, Christopher, *Positionalität: Stellungnahme, Einstellung, Haltung* (2023). In: HbPh, 175–180.

ESBD [ESport-Bund Deutschland e.V.], *ESport in Deutschland 2018. Strukturen, Herausforderungen und Positionen aus verbandlicher Sicht* (Veröff. durch das ESBD-Präsidium, 24.8.2018).

Feuerbach, Ludwig, *Vorläufige Thesen zur Reformation der Philosophie* (1843a). In: GW, Bd. 9 (²1982), 243–263.

– *Grundsätze der Philosophie der Zukunft* (1843b). In: GW, Bd. 9 (²1982), 264–341.

Fink, Eugen, *Die verkehrte Welt*. In: W. Beierwaltes & W. Schrader (Hg.), *Weltaspekte der Philosophie. Rudolph Berlinger zum 26. Oktober 1972*. Amsterdam 1972, 41–52.

Fischer, Sibylle, *Haitianische Revolution*. In: W. F. Haug et al. (Hg.), *Historisch-Kritisches Wörterbuch des Marxismus*. Bd. 5, Hamburg 2001, 1121–1130.

Freud, Sigmund, *Eine Schwierigkeit der Psychoanalyse* (1917). In: S. Freud, *Gesammelte Werke*. Chronologisch geordnet. Hg. v. Anna Freud, Bd. 12, London 1947, 1–12.

Frisch, Max, *Stiller. Roman* (1954). Frankfurt/M 1977.

Gadamer, Hans-Georg, *Wahrheit und Methode. Grundzüge einer philosophischen Hermeneutik* (1960). In: *Gesammelte Werke, Bd. 1: Hermeneutik I*, Tübingen ⁷2010.

– *Hermeneutik*. In: HWP, Bd. 3 (1974), 1061–1073.

– *Wahrheit und Methode. Ergänzungen. Register* (1986). In: *Gesammelte Werke, Bd. 2: Hermeneutik II*, Tübingen ²1999.

Geertz, Clifford, *Dichte Beschreibung. Beiträge zum Verstehen kultureller Systeme* (1983). Frankfurt/M 1987.

Gelhard, Andreas, *Kritik der Kompetenz* (2011), Zürich ²2012.

Giammusso, Salvatore, *Hermeneutik und Anthropologie*, Berlin 2012.

Ginev, Dimitri, *Das hermeneutische Projekt Georg Mischs*, Wien 2011.

Göhner, Ulrich, *Sportliche Bewegungen erfolgreich analysieren. Ein Arbeitsheft zur funktionalen Bewegungslehre*, Tübingen 2013.

Gouges, Olympe de, *Die Rechte der Frau und Bürgerin* (1791) [Auszug]. In: C. Menke & F. Raimondi (Hg.), *Die Revolution der Menschenrechte. Grundlegende Texte zu einem neuen Begriff des Politischen*, Berlin 2011, 54–57.

Gramsci, Antonio, *Elftes Heft: Einführung ins Studium der Philosophie* (1932/33). In: A. Gramsci, *Gefängnishefte, 1–29* (1929–1935). Kritische Gesamtausgabe. Hg. v. W. F. Haug. Bd. 6: *Philosophie der Praxis*, Hamburg 1994, 1365–1493.

Graumann, Sigrid, *Assistierte Freiheit. Von einer Behindertenpolitik der Wohltätigkeit zu einer Politik der Menschenrechte*, Frankfurt a. M. / New York 2011.

Greshoff, Rainer; Kneer, Georg & Schneider, Wolfgang L. (Hg.), *Verstehen und Erklären. Sozial- und kulturwissenschaftliche Perspektiven*, München 2008.

Gruschka, Andreas, *Erziehen heißt Verstehen lehren. Ein Plädoyer für guten Unterricht* (2011), Ditzingen [2]2019.

Gumbrecht, Hans U., *Diesseits der Hermeneutik. Die Produktion von Präsenz*, Frankfurt/M 2004.

– *Lob des Sports*, Frankfurt/M 2005.

– *Wie (wenn überhaupt) können wir entschlüsseln, was in Texten latent bleibt?* In: Zeitschrift für Kulturphilosophie 3 (2009) 1, 7–16.

Guttmann, Allen, *Vom Ritual zum Rekord. Das Wesen des modernen Sports*, Schorndorf 1979.

Habermas, Jürgen, *Die Zukunft der menschlichen Natur. Auf dem Weg zu einer liberalen Eugenik?* Frankfurt/M 2001.

Haraway, Donna, *Situiertes Wissen. Die Wissenschaftsfrage im Feminismus und das Privileg einer partialen Perspektive* (1988). In: D. Haraway, *Die Neuerfindung der Natur. Primaten, Cyborgs und Frauen*, Frankfurt a. M. / New York 1995, 73–97.

– *Das Manifest für Gefährten. Wenn Spezies sich begegnen – Hunde, Menschen und signifikante Andersartigkeit*, Berlin 2016.

Hegel, Georg Wilhelm Friedrich (Enc), *Enzyklopädie der philosophischen Wissenschaften im Grundrisse* [1830]. In: HHW, Bd. 6.

– (PhG), *Phänomenologie des Geistes* [1807]. In: HHW, Bd. 2.

– (VGPh I-III), *Vorlesungen über die Geschichte der Philosophie I–III*. In: HW, Bd. 18–20.

– (WdL I-II), *Wissenschaft der Logik I-II* [1831–1813/16]. In: HHW, Bd. 3–4.

Herder, Johann Gottfried, *Abhandlung über den Ursprung der Sprache* (1772). In: Werke. Hg. v. M. Bollacher, J. Brummack, U. Gaier et al. Bd. 1, Frankfurt/M 1985, 695–810.

Herrmann, Steffen K., *Demokratischer Streit. Eine Phänomenologie des Politischen*. Baden-Baden 2023.

Heyer, Gerhard, *Generische Kennzeichnungen. Zur Logik und Ontologie generischer Bedeutung*, München/Wien 1987.

Hitzler, Ronald; Reichertz, Jo & Schröer, Norbert, *Das Arbeitsfeld einer hermeneutischen Wissenssoziologie.* In: R. Hitzler et al. (Hg.), *Hermeneutische Wissenssoziologie. Standpunkte zur Theorie der Interpretation*, Konstanz 1999, 9–13.

Hogrebe, Wolfram, *Die Heine-Frage. Brouillon zur dichterischen Semantik.* In: W. Gössmann & M. Windfuhr (Hg.), *Heinrich Heine im Spannungsfeld von Literatur und Wissenschaft. Symposium anläßlich der Benennung der Universität Düsseldorf nach Heinrich Heine.* Essen 1990, 53–64.

– *Metaphysik und Mantik. Die Deutungsnatur des Menschen (Système orphique de Iéna).* Frankfurt/M 1992.

– *Riskante Lebensnähe. Die szenische Existenz des Menschen.* Berlin 2009.

– *Szenische Metaphysik.* Frankfurt/M 2019.

Holz, Hans Heinz, *Jean Paul Sartre. Darstellung und Kritik seiner Philosophie.* Meisenheim/G 1951.

– *Macht und Ohnmacht der Sprache. Untersuchungen zum Sprachverständnis und Stil Heinrich von Kleists* (1962). Erweiterte Ausgabe, Bielefeld 2011.

– *Mensch – Natur. Helmuth Plessner und das Konzept einer dialektischen Anthropologie*, Bielefeld: 2003.

– *Weltentwurf und Reflexion. Versuch einer Grundlegung der Dialektik*, Stuttgart 2005.

Hörisch, Jochen, *Bedeutsamkeit. Über den Zusammenhang von Zeit, Sinn und Medien*, München 2009.

Hösle, Vittorio, *Kritik der verstehenden Vernunft. Eine Grundlegung der Geisteswissenschaften*, München 2018.

Hossner, Ernst-Joachim & Künzell, Stefan, *Einführung in die Bewegungswissenschaft*, Wiebelsheim 2022.

Husserl, Edmund, *Logische Untersuchungen. II/1: Untersuchungen zur Phänomenologie und Theorie der Erkenntnis* (1900). ND der 2., umgearbeiteten Aufl. v. 1913, Tübingen [7]1993.

Jänich, Klaus, *Lineare Algebra. Ein Skriptum für das erste Semester.* Berlin/Heidelberg/New York [2]1981.

Jantzen, Wolfgang, *Am Anfang war der Sinn. Zur Naturgeschichte, Psychologie und Philosophie von Tätigkeit, Sinn und Dialog*, Marburg 1994.

Jung, Matthias, *Hermeneutik zur Einführung*, Hamburg 2001.

Kant, Immanuel (AprH), *Anthropologie in pragmatischer Hinsicht* [A:

1798; B: 1800]. In: *Werkausgabe*. Hg. v. Wilhelm Weischedel. Frankfurt/M, Bd. 12, 395–690.
– (KpV), Kritik der praktischen Vernunft [A 1788]. In: *Werkausgabe*. Hg. v. Wilhelm Weischedel. Frankfurt/M, Bd. 7, 103–302.
Keiling, Tobias, *Gegenständlichkeit: Gegenstand und Gegebenheitsweise* (2023). In: HbPh, 167–175.
Khurana, Thomas, *Das Leben der Freiheit. Form und Wirklichkeit der Autonomie*, Berlin 2017.
Kleist, Heinrich v., *Über die allmähliche Verfertigung der Gedanken beim Reden* (1805/06). In: *Sämtliche Werke und Briefe. Zweibändige Ausgabe in einem Band*. Hg. v. Helmut Sembdner. München 2001, Bd. 2, 319–324.
Kobusch, Theo, *Die Kultur des Humanen. Zur Idee der Freiheit*. In: A. Holderegger et al. (Hg.), *Humanismus. Sein kritisches Potential für Gegenwart und Zukunft*. Basel 2011, 357–386.
Köhler, Erich, *Je ne sais quoi*. In: HWP, Bd. 4 (1976), 640–644.
Konersmann, Ralf, *Kulturelle Tatsachen*, Frankfurt/M 2006.
König, Josef, *Der Begriff der Intuition*, Halle/S 1926.
– *Sein und Denken. Studien im Grenzgebiet von Logik, Ontologie und Sprachphilosophie* (1937), Tübingen [2]1969.
– *Der logische Unterschied theoretischer und praktischer Sätze und seine philosophische Bedeutung* (1948). Beitrag Misch-Festschrift; im Nachlass unter Cod. Ms. 68. In: M. Weingarten (Hg.), *Eine ›andere‹ Hermeneutik. Georg Misch zum 70. Geburtstag – Festschrift aus dem Jahre 1948*, Bielefeld 2005, 119–197.
– *Der logische Unterschied theoretischer und praktischer Sätze und seine philosophische Bedeutung* (1953 ff., Vorlesungen, aus dem Nachlaß). Hg. v. F. Kümmel, Freiburg/München 1994.
– *Georg Misch als Philosoph*. In: Nachrichten der Akademie der Wissenschaften in Göttingen aus dem Jahre 1967. Philologisch-Historische Klasse. Göttingen 1967, 152–243.
König, Josef & Plessner, Helmuth, *Briefwechsel 1923–1933. Mit einem Briefessay von Josef König über Helmuth Plessners ›Die Einheit der Sinne‹*. Hg. v. H.-U. Lessing & A. Mutzenbecher. Freiburg/München 1994.
Koßler, Matthias, *Sport und Askese*. In: V. Schürmann (Hg.), *Menschliche Körper in Bewegung. Philosophische Modelle und Konzepte der Sportwissenschaft*, Frankfurt a. M. / New York 2001, 288–306.
– *Leib und Körper. Zum Zusammenhang von Körperkult und Leibes-*

verachtung. In: Widerspruch. Münchner Ztschr. f. Philos. 24 (2004) 42, 80–88.
- *Charakter als praxistheoretischer Begriff*. In: T. Alkemeyer et al. (Hg.,) *Praxis denken. Konzepte und Kritik*, Wiesbaden 2015, 151–168.

Krämer, Sybille, *Sprache – Stimme – Schrift. Sieben Gedanken über Performativität als Medialität* (1998). In: U. Wirth (Hg.), *Performanz. Zwischen Sprachphilosophie und Kulturwissenschaft*, Frankfurt/M 2002, 323–346.

Krockow, Christian Graf v., *Die Entscheidung. Eine Untersuchung über Ernst Jünger, Carl Schmitt, Martin Heidegger* (1958), Frankfurt a. M./New York [2]1990.

Krüger, Hans-Peter, *Zwischen Lachen und Weinen. Bd. I: Das Spektrum menschlicher Phänomene*, Berlin 1999.
- *Zwischen Lachen und Weinen. Bd. II: Der dritte Weg Philosophischer Anthropologie und die Geschlechterfrage*, Berlin 2001.
- *Ausdrucksphänomen und Diskurs. Plessners quasitranszendentales Verfahren, Phänomenologie und Hermeneutik quasidialektisch zu verschränken*. In: H.-P. Krüger & G. Lindemann (Hg.), *Philosophische Anthropologie im 21. Jahrhundert*, Berlin 2006, 187–214.
- *Homo absconditus. Helmuth Plessners Philosophische Anthropologie im Vergleich*, Berlin/Boston 2019.

Krüger, Michael & Hummel, Albrecht, *Quatschen oder turnen. Zur Kritik am* reflective turn *der deutschen Sportpädagogik*. In: sportunterricht 68 (2019) 10, 469–473.

Kühne-Bertram, Gudrun, *Konzeptionen einer lebenshermeneutischen Theorie des Wissens. Interpretationen zu Wilhelm Dilthey, Georg Misch und Graf Paul Yorck von Wartenburg*, Würzburg 2015.

Kunath, Paul & Schellenberger, Hans (Hg.), *Tätigkeitsorientierte Sportpsychologie. Eine Einführung für Sportstudenten und Praktiker*, Frankfurt/M 1991.

Leibniz, Gottfried Wilhelm, *Die Prinzipien der Philosophie oder Die Monadologie* (1714). In: *Kleine Schriften zur Metaphysik*. Hg. u. übers. v. H. H. Holz, Darmstadt 1985, 439–483.

Leont'ev, Aleksej N., *Probleme der Entwicklung des Psychischen* (1959 [russ.]). Berlin [5]1975.
- *Tätigkeit – Bewusstsein – Persönlichkeit* (1975 [russ.]). Neu übers. v. Elena Hoffmann, hg. v. G. Rückriem, Berlin 2012.

– *Psychologie des Abbilds*. In: Forum Kritische Psychologie 9 (1982), 5–19.

Lessing, Hans-Ulrich, *Lebensverhalten, Ausdruck und Leiblichkeit. Georg Misch über die Genese der logischen Sphäre* (2000). In: Dilthey-Jahrbuch 12 (1999–2000), 73–89.

Liburkina, Ruzana & Niewöhner, Jörg, *Einführung* [in: Laborstudien]. In: S. Bauer et al. (Hg.), *Science and Technology Studies. Klassische Positionen und aktuelle Perspektiven*, Berlin 2017, 173–197.

Lichtblau, Klaus, *Simmel, Weber und die ›verstehende Soziologie‹*. In: Berliner Journal für Soziologie 3 (1993) 2, 141–151.

Lindemann, Gesa, *Das Soziale von seinen Grenzen her denken*, Weilerswist 2009.

Loibl, Jürgen, *Basketball – genetisches Lehren und Lernen*, Schorndorf 2001.

Lorenzer, Alfred, *Sprachzerstörung und Rekonstruktion. Vorarbeiten zu einer Metatheorie der Psychoanalyse*, Frankfurt/M 1970.

– *Sprache, Lebenspraxis und szenisches Verstehen in der psychoanalytischen Therapie* (1983). In: A. Lorenzer 2006, 13–37.

– *Tiefenhermeneutische Kulturanalyse* (1986a). In: A. Lorenzer (Hg.), *Kultur-Analysen*, Frankfurt/M 1986, 11–98.

– *»... gab mir Gott zu sagen, was ich leide« – Emanzipation und Methode* (1986b). In: A. Lorenzer 2006, 115–130.

– *Hermeneutik des Leibes. Über die Naturwissenschaftlichkeit der Psychoanalyse* (1988). In: A. Lorenzer 2006, 149–171 [auch in Lorenzer 2002].

– *Die Sprache, der Sinn, das Unbewusste. Psychoanalytisches Grundverständnis und Neurowissenschaften*. Hg. v. U. Prokop, Stuttgart 2002.

– *Szenisches Verstehen. Zur Erkenntnis des Unbewussten*. Hg. v. U. Prokop & B. Görlich. Marburg 2006.

Luckner, Andreas, *Phänomenologien der Erfahrung*. In: Philosophische Rundschau 57 (2010) 1, 70–83.

Marquard, Odo, *Frage nach der Frage, auf die die Hermeneutik eine Antwort ist* (1979). In: O. Marquard, *Zukunft braucht Herkunft. Philosophische Essays*, Stuttgart 2003, 72–101.

– *Zukunft braucht Herkunft. Philosophische Betrachtungen über Modernität und Menschlichkeit* (1988/91). In: O. Marquard, *Zukunft braucht Herkunft. Philosophische Essays*, Stuttgart 2003, 234–246.

– *Der Einzelne. Vorlesungen zur Existenzphilosophie* (SoSe 1974, SoSe 1978). Hg. v. F. J. Wetz. Stuttgart 2013.
Marx, Karl, *Briefe aus den ›Deutsch-Französischen Jahrbüchern‹* (1843). In: MEW, Bd. 1 (1983), 337–346.
– *Zur Kritik der Hegelschen Rechtsphilosophie. Einleitung* (1844). In: MEW, Bd. 1 (1983), 378–391.
– *Thesen über Feuerbach* (1845). In: MEW, Bd. 3 (1983), 3–7.
– *Einleitung* [zur Kritik der Politischen Ökonomie] (1857). In: MEW, Bd. 13 (1975), 615–642.
– *Zur Kritik der Politischen Ökonomie* (1859). In: MEW, Bd. 13 (1975), 3–160.
– *Das Kapital. Kritik der Politischen Ökonomie. Erster Band, 2. Aufl.* (1872). In: MEGA², Bd. II/6 (1987).
Mauss, Marcel, *Die Techniken des Körpers* (1935). In: M. Mauss, *Soziologie und Anthropologie*. Bd. 2, Frankfurt/M u. a. 1975, 197–220.
Mbembe, Achille, *Politik der Feindschaft*, Berlin 2017.
Meinberg, Eckhard, *Zum Ansatz einer ›verstehend-beschreibenden Sportpädagogik‹*. In: W. Brehm & D. Kurz (Hg.), *Forschungskonzepte in der Sportpädagogik*, Clausthal-Zellerfeld 1987, 37–56.
Merleau-Ponty, Maurice, *Das Auge und der Geist* (1960). In: M. Merleau-Ponty, *Das Auge und der Geist. Philosophische Essays*. Hamburg 1967, 13–43.
Meyer, Ingo, *Neue Notizen zur gegenwärtigen Lage der Ästhetik (mit Adorno)*. In: Philosophische Rundschau 70 (2023), 114–187.
Meyer-Drawe, Käte, *Leiblichkeit und Sozialität. Phänomenologische Beiträge zu einer pädagogischen Theorie der Inter-Subjektivität* (1984), München ³2001.
– *Illusionen von Autonomie. Diesseits von Ohnmacht und Allmacht des Ich*, München 1990.
– *Maschinen als Ebenbild des Menschen. Zu Sonnemanns Technikkritik*. In: C.-V. Klenke et al. (Hg.), *Existenz, Negativität und Kritik bei Ulrich Sonnemann*, Würzburg 1999, 265–273.
– *Die Dichte der Dauer. Phänomenologische Notizen zu den Grenzen des Verstehens bei Merleau-Ponty*. In: G. Kühne-Bertram & G. Scholtz (Hg.), *Grenzen des Verstehens. Philosophische und humanwissenschaftliche Perspektiven*, Göttingen 2002, 163–171.
– *»Persona bedeutet auch Maske«*. In: der blaue reiter 24 (2007) 2, 24–28.
– *Diskurse des Lernens* (2008). Paderborn ²2012.

– *Zum Sinn verdammt. Heidegger und Merleau-Ponty zum menschlichen Verstehen* (2018a). In: H.-U. Lessing & K. Liggieri (Hg.), *»Das Wunder des Verstehens«. Ein interdisziplinärer Blick auf ein ›außerordentliches‹ Phänomen*, Freiburg/München 2018, 63–79.
– *Die Wahrheit des getreuen Ausdrucks (Georg Misch). Zur rätselhaften Macht der Sprache* (2018b). In: R. Breuninger (Hg.), *Theorie der Schule aus philosophischer und pädagogischer Sicht. Zum Verständnis der Bildung in einer veränderten Welt*. Ulm 2018, 9–25.
– *Szenisches Verstehen*. In: V. Symeonidis & J. Schwarz (Hg.), *Erfahrungen verstehen – (Nicht-)Verstehen erfahren. Potential und Grenzen der Vignetten- und Anekdotenforschung in Annäherung an das Phänomen Verstehen*, Innsbruck/Wien 2021, 17–27.

Misch, Georg, *Vorbericht des Herausgebers* (1923). In: W. Dilthey, *Gesammelte Schriften, Bd. V: Die geistige Welt. Einleitung in die Philosophie des Lebens. Erste Hälfte*, Stuttgart/Göttingen 1924, VII–CXVII.
– *Die Idee der Lebensphilosophie in der Theorie der Geisteswissenschaften* (1924). In: F. Rodi & H.-U. Lessing (Hg.), *Materialien zur Philosophie Wilhelm Diltheys*, Frankfurt/M 1984, 132–146.
– *Der Weg in die Philosophie. Eine philosophische Fibel*, Leipzig/Berlin 1926.
– *Lebensphilosophie und Phänomenologie. Eine Auseinandersetzung der Diltheyschen Richtung mit Heidegger und Husserl* (1929/30), Darmstadt [3]1967.
– *Der Aufbau der Logik auf dem Boden der Philosophie des Lebens. Göttinger Vorlesungen über Logik und Einleitung in die Theorie des Wissens*. Hg. v. G. Kühne-Bertram & F. Rodi, Freiburg/München 1994.

Müller, Anselm W., *Totale Toleranz in Sachen Singer?* In: Zeitschrift für philosophische Forschung 51 (1997), 448–470.

Munzert, Jörn, *Bewegung als Handlung verstehen*. In: R. Prohl & J. Seewald (Hg.), *Bewegung verstehen. Facetten und Perspektiven einer qualitativen Bewegungslehre*, Schorndorf 1995, 77–97.

Nitsch, Jürgen R.; Neumaier, August; Marées, Horst de & Mester, Joachim (Hg.), *Techniktraining. Beiträge zu einem interdisziplinären Ansatz*, Schorndorf 1997.

Orozco, Teresa & Jehle, Peter, *Hermeneutik*. In: W. F. Haug et al. (Hg.), *Historisch-Kritisches Wörterbuch des Marxismus*. Bd. 6/I, Hamburg 2004, 63–82.

Orth, Ernst W., *Kultur. Eine prekäre Erbschaft*. In: H. Busche et al. (Hg.), *Kultur – Interdisziplinäre Zugänge*, Wiesbaden 2018, 407–416.

Pareyson, Luigi, *Wahrheit und Interpretation*. Hg. v. G. de Candia, Hamburg 2023.

Park, Anna, *Die Arbeit am Ausdruck. Zur ästhetischen Dimension von Bildung. Eine artikulationstheoretische Annäherung*, Bielefeld 2022.

Pascal, Blaise, *Über die Religion und über einige andere Gegenstände (Pensées)* (1937). Übertr. u. hg. v. E. Wasmuth. Darmstadt [5]1954.

Pasternack, Gerhard, *Philosophische Hermeneutik und materiale Hermeneutik*. In: G. Pasternack (Hg.), *Erklären, Verstehen, Begründen* (Schriftenreihe des Zentrum Philosophische Grundlagen der Wissenschaften; Bd. 1). Bremen 1985, 34–58.

– *Von der Auslegungslehre zur Konstitutionstheorie. Diltheys Hermeneutik des gegenständlichen Auffassens*. In: K. Garber & H. G. Klaus (Hg.), *Die Wunde der Geschichte. Aufsätze zur Literatur und Ästhetik*, Köln/Weimar/Wien 1999, 175–197.

Plessner, Helmuth, *Krisis der transzendentalen Wahrheit im Anfang* (1918). In: GS, Bd. I (1980), 143–310.

– *Die Einheit der Sinne. Grundlinien einer Ästhesiologie des Geistes* (1923). In: GS, Bd. III (1980), 7–315.

– *Die Stufen des Organischen und der Mensch. Einleitung in die philosophische Anthropologie* (1928). Berlin/New York [3]1975.

– *Macht und menschliche Natur. Ein Versuch zur Anthropologie der geschichtlichen Weltansicht* (1931). In: GS, Bd. V (1981), 135–234.

– *Geistiges Sein. Über ein Buch Nicolai Hartmanns* (1933). In: GS, Bd. IX (1985), 73–95.

– *Lachen und Weinen. Eine Untersuchung der Grenzen menschlichen Verhaltens* (1941). In: GS, Bd. VII (1982), 201–387.

– *Mensch und Tier* (1946). In: GS, Bd. VIII (1983), 52–65.

– *Zur Anthropologie der Nachahmung* (1948a). In: GS, Bd. VII (1982), 389–398.

– *Zur Anthropologie des Schauspielers* (1948b). In: GS, Bd. VII (1982), 399–418.

– *Die Frage nach der Conditio humana* (1961). In: GS, Bd. VIII (1983), 136–217.

– *Zur Hermeneutik nichtsprachlichen Ausdrucks* (1967). In: GS, Bd. VII (1982), 459–477.

– *Anthropologie der Sinne* (1970). In: GS, Bd. III (1980), 317–393.

– *Mit anderen Augen. Aspekte einer philosophischen Anthropologie*, Stuttgart 1982.
– *Philosophische Anthropologie. Göttinger Vorlesung vom Sommersemester 1961*. Hg. v. J. Gruevska et al. Berlin 2019.
Plessner, Helmuth & Buytendijk, Frederik J. J., *Die Deutung des mimischen Ausdrucks. Ein Beitrag zur Lehre vom Bewußtsein des anderen Ichs* (1925). In: GS, Bd. VII (1982), 67–129.
Portmann, Adolf, *Die Erscheinung der lebendigen Gestalten im Lichtfelde*. In: K. Ziegler (Hg.), *Wesen und Wirklichkeit des Menschen. Festschrift für Helmuth Plessner*, Göttingen 1957, 29–41.
Prohl, Robert, *Verstehensdefizite sportwissenschaftlicher Bewegungstheorien. Ein Problemaufriß*. In: Sportwissenschaft 21 (1991) 4, 368–383.
Rau, Milo, *Die Rückeroberung der Zukunft. Ein Essay*, Hamburg 2023.
Richter, Norbert A., *Grenzen der Ordnung. Bausteine einer Philosophie des politischen Handelns nach Plessner und Foucault*, Frankfurt a. M. / New York 2005.
– *Die Unvermeidbarkeit des Agonalen. Überlegungen zu einer politischen Phänomenologie des Wettkampfs*. In: Leipziger Sportwissenschaftliche Beiträge 49 (2008) 1, 89–103.
Rodi, Frithjof, *Zur Metaphorik der Aneignung*. In: Bildung und Erziehung 20 (1967), 425–438.
– *Erkenntnis des Erkannten. Zur Hermeneutik des 19. und 20. Jahrhunderts*, Frankfurt/M 1990.
Rölli, Marc, *Kritik der anthropologischen Vernunft*, Berlin 2011.
Römer, Inga, *Hermeneutische Wendung* (2023). In: HbPh, 85–94.
Röttgers, Kurt, *Das Soziale als kommunikativer Text. Eine postanthropologische Sozialphilosophie*, Bielefeld 2012.
– *Namenlosigkeit. Oder: Die Perversion der Postmoderne: Pandemie-Politiken*. In: META: Research in Hermeneutics, Phenomenology, and Practical Philosophy 13 (2021) 1, 138–161.
Sandkühler, Hans J., *Praxis und Geschichtsbewußtsein. Studie zur materialistischen Dialektik, Erkenntnistheorie und Hermeneutik*, Frankfurt/M 1973.
Savigny, Eike v., *Einführung*. In: E. v. Savigny (Hg.), *Philosophie und normale Sprache. Texte der Ordinary-Language-Philosophy*, Freiburg/München 1969, 7–18.
Scheier, Claus-Artur, *Programme und Spuren. Zur Differenz von Natur-*

und Geisteswissenschaften. In: Zeitschrift für Kulturphilosophie 14 (2020) 1, 115–122.

Scheler, Max, *Der Formalismus in der Ethik und die materiale Wertethik. Neuer Versuch der Grundlegung eines ethischen Personalismus* (1913/16). In: *Gesammelte Werke*. Hg. v. Manfred S. Frings. Bern/München, Bd. 2 ([5]1966).

– *Idealismus – Realismus* (1927/28). In: *Gesammelte Werke*. Hg. v. Manfred S. Frings. Bern/München, Bd. 9 (1976), 183–241.

Scherer, Hans-Georg, *Jan lernt Speerwerfen. Eine Lerngeschichte* (2001a). In: sportpädagogik 25 (2001) 4, 2–5.

– *Zwischen Bewegungslernen und Sich-Bewegen-Lernen* (2001b). In: sportpädagogik 25 (2001) 4 (Beiheft), 1–24.

– *Bewegung lernen und lehren. Bewegungslernen neu betrachtet: Aktualisierte und vollständig überarbeitete Fassung des Beitrages [Scherer 2001b]*. In: sportpädagogik 35 (2011) 3–4, 78–86.

Scherer, Hans-Georg & Bietz, Jörg, *Lehren und Lernen von Bewegungen*, Baltmannsweiler 2013.

Schlicht, Tobias, *Kognition und Bewusstsein*. In: H.-U. Lessing & K. Liggieri (Hg.), *»Das Wunder des Verstehens«. Ein interdisziplinärer Blick auf ein ›außer-ordentliches‹ Phänomen*, Freiburg/München 2018, 152–180.

Schmidt, Robert & Volbers, Jörg, *Öffentlichkeit als methodologisches Prinzip. Zur Tragweite einer praxistheoretischen Grundannahme*. In: Zeitschrift für Soziologie 40 (2011) 1, 24–41.

Schneider, Wolfgang L., *Verstehen und Erklären. Zur reflexions- und gesellschaftstheoretischen Karriere einer Unterscheidung*. In: J. Halfmann & J. Rohbeck (Hg.), *Zwei Kulturen der Wissenschaft – revisited*, Weilerswist 2007, 70–127.

Scholz, Oliver R., *Verstehen* (2010). In: EP, Bd. 3, 2905–2909.

Schreiter, Jörg, *Erklären/Verstehen* (1990a). In: H. J. Sandkühler (Hg.), *Europäische Enzyklopädie zu Philosophie und Wissenschaften*, Hamburg, Bd. 1, 904–906.

– *Hermeneutik* (1990b). In: H. J. Sandkühler (Hg.), *Europäische Enzyklopädie zu Philosophie und Wissenschaften*, Hamburg, Bd. 2, 538–548.

Schües, Christina, *Menschenkinder werden geboren, Dackelwelpen geworfen – Die Normativität der leiblichen Ordnung*. In: A. Reichold & P. Delhom (Hg.), *Normativität des Körpers*. Freiburg 2011, 73–95.

Schürmann, Eva, *Vorstellen und Darstellen. Szenen einer medienanthropologischen Theorie des Geistes*, Paderborn 2018.

Schürmann, Volker, *Die eigentümliche Logik des eigentümlichen Gegenstandes Sport – Vorüberlegungen* (2001a). In: V. Schürmann (Hg.), *Menschliche Körper in Bewegung. Philosophische Modelle und Konzepte der Sportwissenschaft*, Frankfurt a. M. / New York 2001, 262–287.

– *Verwirklichung der Philosophie* (2001b). In: HWP, Bd. 11 (2001), 1009–1010.

– *Heitere Gelassenheit. Grundriß einer parteilichen Skepsis*, Magdeburg 2002.

– *Prozess und Tätigkeit* (2008a). In: Behindertenpädagogik 47 (2008) 1, 21–30.

– *Reflexion und Wiederholung. Mit einem Ausblick auf ›Rhythmus‹* (2008b). In: F. Bockrath et al. (Hg.), *Körperliche Erkenntnis. Formen reflexiver Erfahrung*, Bielefeld 2008, 53–72.

– *Reflexive Bildung, Antinomien und die Offenheit von Erfahrung* (2008c). In: E. Franke (Hg.), *Erfahrungsbasierte Bildung im Spiegel der Standardisierungsdebatte*, Baltmannsweiler 2008, 125–143.

– *Basis/Überbau* (2010a). In: EP, Bd. 1, 204–208.

– *Parteilichkeit* (2010b). In: EP, Bd. 2, 1912–1916.

– *Prototypen. Zur Methodologie einer Hermeneutik des Sports* (2010c). In: Sport und Gesellschaft 7 (2010) 3, 236–257.

– *Die Unergründlichkeit des Lebens. Lebens-Politik zwischen Biomacht und Kulturkritik*, Bielefeld 2011.

– *Plessners parteiliche Anthropologie. Aspekte eines sperrigen Verhältnisses zur Phänomenologie* (2011a). In: Journal Phänomenologie 34 (2010), 11–21.

– *Rezension*: Emil Angehrn: Sinn und Nicht-Sinn. Das Verstehen des Menschen (2010); Wolfgang Detel: Geist und Verstehen. Historische Grundlagen einer modernen Hermeneutik (2011). In: Philosophisches Jahrbuch 119 (2012) 2, 413–416.

– *Souveränität als Lebensform. Plessners urbane Philosophie der Moderne*, München 2014.

– *Bedeutungen im Vollzug. Zum spezifischen Gewicht der Praxisphilosophie* (2015). In: Sport und Gesellschaft 11 (2014) 3, 212–231.

– *Theoretische Empirie in kategorialem Format. Hermeneutische und phänomenologische Metaphysik in diakritischer Differenz.* In: In-

terdisziplinäre Anthropologie. Jahrbuch 5/2017: Lebensspanne 2.0, 151–176.
- *Philosophische Anthropologie. Philosophie der Praxis als Ringen, der Moderne gerecht zu werden.* In: T. Bedorf & S. Gerlek (Hg.), *Philosophien der Praxis. Ein Handbuch*, Tübingen 2019, 247–281.
- *Geistiges Sein und Parteilichkeit.* In: E. N. Dzwiza-Ohlsen & A. Speer (Hg.), *Philosophische Anthropologie als interdisziplinäre Praxis. Max Scheler, Helmuth Plessner und Nicolai Hartmann in Köln – historische und systematische Perspektiven*, Paderborn 2021, 137–153.
- *Spekulativer Marxismus. Studien zu Hans Heinz Holz. Mit einem Beitrag von Dietmar Dath zu dessen ästhetischer Theorie*, Wien 2023.

Schürmann, Volker & Temme, Denis, *Grundannahmen von Bewegungs-Konzeptionen.* In: J. Bietz et al. (Hg.), *Didaktische Grundlagen des Lehrens und Lernens von Bewegungen – bewegungswissenschaftliche und sportpädagogische Bezüge.* Baltmannsweiler 2015, 83–99.

Schurz, Gerhard, *Erklären und Verstehen: Tradition, Transformation und Aktualität einer klassischen Kontroverse* (2004). In: F. Jaeger & J. Straub (Hg.), *Handbuch der Kulturwissenschaften. Bd. 2: Paradigmen und Disziplinen*, Stuttgart/Weimar 2011, 156–174.

Seel, Martin, *Am Beispiel der Metapher. Zum Verhältnis von buchstäblicher und figürlicher Rede.* In: Forum für Philosophie Bad Homburg (Hg.), *Intentionalität und Verstehen*, Frankfurt/M 1990, 237–272.
- *Die Zelebration des Unvermögens – Zur Ästhetik des Sports* (1993). In: M. Seel, *Ethisch-ästhetische Studien*, Frankfurt/M 1996, 188–200.
- *Sich bestimmen lassen. Studien zur theoretischen und praktischen Philosophie*, Frankfurt/M 2002.
- *Nichtrechthabenwollen. Gedankenspiele*, Frankfurt/M 2018.

Simmel, Georg, *Zur Philosophie des Schauspielers* (1908). In: *Gesamtausgabe*. Hg. v. O. Rammstedt, Frankfurt/M, Bd. 8 (1993), 424–432.
- *Vom Wesen des historischen Verstehens* (1918). In: *Gesamtausgabe*. Hg. v. O. Rammstedt, Frankfurt/M, Bd. 16 (1999), 151–179.

Soboleva, Maja, *Leben und Sein. Hermeneutische Bedeutungstheorien von Georg Misch und Josef König*, Wien 2014.

Stekeler-Weithofer, Pirmin, *Kritik der Erkenntnistheorie. Zur Logik von Gegenstandsbezug und Wahrheit bei Hegel (und Wittgenstein).* In: A. Arndt & C. Iber (Hg.), *Hegels Seinslogik. Interpretationen und Perspektiven*, Berlin 2000, 59–79.

– *Stolz und Würde der Person. Grundprobleme der (Bio)Ethik in einer mit Nietzsche entwickelten Perspektive*. In: Nietzscheforschung. Jahrbuch der Nietzsche-Gesellschaft 9 (2002), 15–29.
– *Teleologie als Organisationsprinzip. Zu Hegels Kritik an Kants (Krypto-)Physikalismus*. In: B. Sandkaulen et al. (Hg.), *Gestalten des Bewusstseins. Genealogisches Denken im Kontext Hegels*. Hamburg 2009, 102–134.
– *Präsupposition* (2010a). In: EP, Bd. 2, 2131–2136.
– *Explikationen von Praxisformen* (2010b). In: Allgemeine Zeitschrift für Philosophie 35 (2010) 3, 265–290.
– *Mit Hegel zum Ende der Kunst*. In: Philosophische Rundschau 70 (2023), 100–113.

Stern [Anders], Günther, *Über Gegenstandstypen. Phänomenologische Bemerkungen anläßlich des Buches: Arnold Metzger ›Der Gegenstand der Erkenntnis‹* (1926. In: Philosophischer Anzeiger 1 (1925/26) II, 359–381.

Sturma, Dieter, *Person/Persönlichkeit* (2010). In: EP, Bd. 2, 1922–1925.

Tamboer, Jan W., *Philosophie der Bewegungswissenschaften*, Butzbach/Griedel 1994.

Tegtmeyer, Henning, *Kunst*, Berlin 2008.

Tellenbach, Hubertus. *Geschmack und Atmosphäre. Medien menschlichen Elementarkontaktes*, Salzburg 1968.

Tengelyi, László, *Erfahrung und Ausdruck. Phänomenologie im Umbruch bei Husserl und seinen Nachfolgern*, Dordrecht 2007.
– *Welt und Unendlichkeit. Zum Problem phänomenologischer Metaphysik*, Freiburg/München 2014.

Toepfer, Georg, *Leben* (2011a). In: HWB, Bd. 2, 420–483.
– *Organismus* (2011b). In: HWB, Bd. 2, 777–842.
– *Selbstbewegung* (2011c). In: HWB, Bd. 3, 231–245.
– *Verhalten* (2011d). In: HWB, Bd. 3, 653–687.

Tomasello, Michael, *Die kulturelle Entwicklung des menschlichen Denkens. Zur Evolution der Kognition* (2002), Frankfurt/M 2006.

Treichel, Dietmar & Mayer, Claude-Hélène (Hg.), *Lehrbuch Kultur. Lehr- und Lernmaterialien zur Vermittlung kultureller Kompetenz*, Münster u.a. 2011.

Vygotskij, Lev S., *Denken und Sprechen. Psychologische Untersuchungen* (1934). Hg. u. übers. v. J. Lompscher & G. Rückriem, Weinheim/Basel 2002.

Wagenschein, Martin, *Verstehen lehren. Genetisch – Sokratisch – Exemplarisch* (1968). Weinheim/Basel [8]1989.

Wahsner, Renate, *Zur Kritik der Hegelschen Naturphilosophie. Über ihren Sinn im Lichte der heutigen Naturerkenntnis*, Frankfurt a. M. / Berlin / Bern 1996.

– *Der Widerstreit von Mechanismus und Organismus. Kant und Hegel im Widerstreit um das neuzeitliche Denkprinzip und den Status der Naturwissenschaft*, Hürtgenwald 2006.

– *Mechanismus*. In: A. Hand et al. (Hg.), *Schlüsselbegriffe der Philosophie des 19. Jahrhunderts*, Hamburg 2015, 283–302.

Wahsner, Renate & Borzeszkowski, Horst-Heino v., *Die Wirklichkeit der Physik. Studien zu Idealität und Realität in einer messenden Wissenschaft*, Frankfurt a. M. / Berlin / Bern 1992.

Waldenfels, Bernhard, *Der Spielraum des Verhaltens*, Frankfurt/M 1980.

– *Die verändernde Kraft der Wiederholung*. In: ZS für Ästhetik und Allgemeine Kunstwissenschaft 46 (2001) 1, 5–17.

Warren, Nicolas de, *Konstitution: Was das Bewusstsein leistet* (2023). In: HbPh, 162–167.

Watson, John W., *Der Behaviorismus*. Übers. v. E. Giese-Lang. Berlin/ Leipzig 1930.

Weber, Jutta (2003): Umkämpfte Bedeutungen. Naturkonzepte im Zeitalter der Technoscience. Frankfurt a. M. / New York: Campus.

Weber, Max, *Über einige Kategorien der verstehenden Soziologie* (1913). In: *Gesammelte Aufsätze zur Wissenschaftslehre*. Hg. v. Johannes Winckelmann, Tübingen 1973, 427–474.

– *Soziologische Grundbegriffe* (1921). In: *Gesammelte Aufsätze zur Wissenschaftslehre*. Hg. v. Johannes Winckelmann, Tübingen 1973, 541–581.

Weingarten, Michael (Hg.), *Eine ›andere‹ Hermeneutik. Georg Misch zum 70. Geburtstag – Festschrift aus dem Jahre 1948*. Bielefeld 2005.

Whitehead, Alfred N., *Prozeß und Realität. Entwurf einer Kosmologie* (1929), Frankfurt/M 1987.

Willimczik, Klaus, *Entwicklungstendenzen in der Sportwissenschaft an deutschen Universitäten in den vergangenen Jahren/Jahrzehnten*. In: Ze-phir 25 (2018) 1, 3–6.

Wunsch, Matthias, *Stufenontologien der menschlichen Person*. In: I. Römer & M. Wunsch (Hg.), Person: *Anthropologische, phänomenologische und analytische Perspektiven*, Münster 2013, 237–256.

– *Personale Lebensform. Der Personbegriff in der Philosophischen Anthropologie.* In: Zeitschrift für Kulturphilosophie 10 (2016) 2, 233–249.
– *Personalität, Würde und Lebensform.* In: J. Noller (Hg.), *Was sind und wie existieren Personen? Probleme und Perspektiven der gegenwärtigen Forschung*, Paderborn 2019, 185–207.
– *Das Verhalten von Tieren. Eine philosophische Definition* (erscheint in: Gräfe & Toepfer (Hg.), Wissensgeschichte des Verhaltens. de Gruyter). Unveröffentlichtes Manuskript, Mitte 2021, Universität Rostock.

Zimmer, Jörg, *Dialektik der Gegenwart. Grundprobleme ihrer Begründung.* Bielefeld 2023.
– *Gestische Exzentrizität. Zum Begriff des Schauspielers bei Helmuth Plessner und Bertolt Brecht.* Unveröffentlichtes Manuskript, Januar 2024, Girona.

PERSONENREGISTER

Kursivierte Zahlen verweisen auf Anmerkungen.